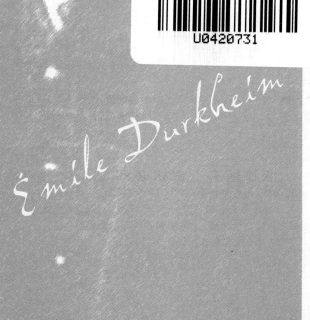

迪尔凯姆社会事实论研究
—— 基于唯物史观及其思想史视野的考察

吴辉 著

北京师范大学出版集团
安徽大学出版社

图书在版编目(CIP)数据

迪尔凯姆社会事实论研究:基于唯物史观及其思想史视野的考察/吴辉著.—合肥:安徽大学出版社,2017.1
ISBN 978-7-5664-1054-2

Ⅰ.①迪… Ⅱ.吴… Ⅲ.①迪尔凯姆,E(1858~1917)—社会学—研究 Ⅳ.①B565.49 ②C91-095.65

中国版本图书馆 CIP 数据核字(2015)第 302621 号

迪尔凯姆社会事实论研究
——基于唯物史观及其思想史视野的考察

吴 辉 著

出版发行:北京师范大学出版集团
安 徽 大 学 出 版 社
(安徽省合肥市肥西路3号 邮编230039)
www.bnupg.com.cn
www.ahupress.com.cn

印 刷:	安徽昶颉包装印务有限责任公司
经 销:	全国新华书店
开 本:	170mm×240mm
印 张:	24.75
字 数:	350 千字
版 次:	2017 年 1 月第 1 版
印 次:	2017 年 1 月第 1 次印刷
定 价:	48.00 元

ISBN 978-7-5664-1054-2

策划编辑:徐 健　　　　　　装帧设计:李 军
责任编辑:徐 健　　　　　　美术编辑:李 军
责任印制:陈 如

版权所有　侵权必究
反盗版、侵权举报电话:0551—65106311
外埠邮购电话:0551—65107716
本书如有印装质量问题,请与印制管理部联系调换。
印制管理部电话:0551—65106311

目 录

导 言 ………………………………………………………… 001

第一章　实证社会学传统的启蒙语境考察 ………… 001

第一节　启蒙和社会学传统关系的三种认定 ………… 001

第二节　启蒙的基本主题：理性、进步和自由 ………… 006

第三节　从发生学上考察 17 世纪为启蒙运动提供的基本原则 ……………………………………………………… 012

第四节　十八世纪启蒙运动对理性、进步秩序的推进和反叛 ……………………………………………………… 043

第二章　实证社会学传统的基本逻辑和建构思路 …… 074

第一节　悬置三种对实证社会学传统的理解方式 ……… 075

第二节　实证理性和启蒙理性的关系 …………………… 079

第三节　社会有机论和结构功能主义 …………………… 089

第三章　迪尔凯姆社会事实论的双重诉求 …………… 105

第一节　迪尔凯姆对实证社会学传统的基本判定仍是概念研究 …………………………………………………… 107

第二节 迪尔凯姆对康德道德学说的批判性复兴 …… 121

第四章 迪尔凯姆的社会事实论:确立社会学真正研究对象 …… 141

第一节 "社会事实"的基本界定和澄清 …… 141
第二节 "社会事实"的结构功能及对社会形态的理解 …… 149
第三节 社会事实论的真正源头阐释 …… 157
第四节 社会事实论的社会历史语境特征:后革命时代及社会转型 …… 175

第五章 社会"道德事实"的基本理解和整合:分工、团结及法团建构 …… 192

第一节 分工的社会根源和社会功能分析 …… 192
第二节 失范现象的研究及其理论意义:以反常分工和自杀为例 …… 206
第三节 社会道德秩序的整合路径:职业群体和道德教育 …… 220

第六章 迪尔凯姆社会事实论的思想史意义和当代性 …… 252

第一节 迪尔凯姆社会事实论的思想史意义 …… 253
第二节 迪尔凯姆社会事实论的当代性 …… 275

结 语 …… 349

参考文献 …… 355

附录 迪尔凯姆的生平简介 …… 369

后 记 …… 372

导 言

近些年来,在马克思主义哲学研究方面,学术界通过拓展相关思想史研究来推动对马克思主义当代性及其价值的研究,这已经成为一个重要的研究领域和关注的视角,可以说,推进和深化思想史视域中的马克思主义相关研究已成为一项急需着手去做的重要工作。我们知道,马克思主义在思想史上之所以能够实现跨越式发展和革命性突破,主要源于马克思主义实现了对自近代以来的启蒙精神及其各种演变思潮的批判性超越,这里面就包括马克思主义对实证社会理论传统的批判和超越。可以说,马克思主义的当代性研究,不仅需要重视对马克思主义自身理论的理清,而且还应该借助于与其他相关思想的直接对话乃至交锋来实现其当代性研究的推进。而在经典社会理论视野中,马克思、迪尔凯姆及韦伯分别代表着批判社会理论传统、实证社会理论传统和解释社会理论传统的主要开创者,并且在三种传统内部一直存在着密切的联系,同时也存在一定的冲突。这里面有待思考的问题有很多:比如马克思主义和实证社会理论传统在语境上有没有相似之处?又如实证社会理论传统和解释社会理论传统在一定程度上都批判马克思主义,这些指认是否正确?是否存在对马克思的误解?马克思主义的研究者要不要回应?又如实证社会理论到底是怎么产生的?其理论主张为什么显示出与马克思不同的理论诉求?这些问题都需要我们通过拓展思想史视野来进一步探讨和研究。但有一点是明确的,即三种社会理论传统之间一直存在着对话和交锋的语境,而这种语境恰恰使得经典社会理论传统内部的交锋和对话成为可能,同时这种对话也是必要的。因为,对马克思主义的很多基本问题的当代性阐释和研究,离不开思想史比较研究,而且只有将它和马克思主义的经典文本研究有机结合,共同推进马克思主义及唯物史观的相关课题的研究,才能对时代问题有更深入的把握和理解。

围绕这样的出发点和理论目的,所以本书的主要目标是在廓清实证社会理论传统的基本语境、基本主张和理论诉求的基础上,在思想史视野中,展开马克思主义开创的批判理论传统和实证社会理论传统之间的交锋和对话。围绕目标所展开的核心任务则是在经典社会理论视域中去澄清迪尔凯姆"社会事实论"的基本问题,在此基础上来阐释经典社会理论中的两大阐释路向:在迪尔凯姆制定出来的实证社会理论传统和马克思、恩格斯开创的批判社会理论传统之间进行沟通和互动。同时也把迪尔凯姆的社会事实论放在中国语境中加以考察,明确其对处于后革命时代及社会转型中的中国现实之建构的重要的借鉴意义。这样一来,迪尔凯姆的社会事实论及其实证社会学理论的当代性就能凸显出来;与之相应的是,唯物史观及其批判理论正是在面对迪尔凯姆实证社会学的挑战和对其回应中,不断澄清自身的理论前提,并直接拓展自身的问题域,使唯物史观研究进一步得到深化。

总的来说,通过对迪尔凯姆社会事实论作为经典社会理论之实证社会理论的基本支撑的理解研究,能澄清实证社会学自身的诸多基本问题,同时,也使对唯物史观的研究得到延伸。正是唯物史观和实证社会学传统甚至与韦伯开创的解释社会理论之间的批判性对话,才为当代唯物史观的研究奠定了坚实的、有文本依据的学术基础。

导　言

一、选题缘由

笔者之所以选择这个题目，主要是基于以下四个方面的考虑：

第一，迪尔凯姆是社会学家还是社会哲学家？这是笔者在最初关注其理论时就开始思考的问题。在一般意义上来说，人们都把迪尔凯姆看作社会学家，因为从其理论所遵循的社会学传统的孔德、斯宾塞路向，以及从其理论的社会学关注来看，这种指认大体是正确的，有根据的。但是，笔者认为，仅仅把迪尔凯姆定位到社会学学科之中，也有不足之处。因为，迪尔凯姆不仅是社会学家，而且可以说，他也是一位社会哲学家。笔者之所以下这样的判断，主要根据以下两个理由：一是从迪尔凯姆关注的问题域来说，他并没有仅仅局限于社会学学科，在他的思考中，哲学以及哲学意识和哲学问题并不在他的视野之外，相反，哲学问题在他的思路和文本中一直都是关注的重点，从他对孔德实证主义、政治经济学、康德道德学说、实用主义、心理主义、社会主义的批判性回应来看，他处理的是哲学问题；而且，在暂时还未被翻译过来的著作《1843—1844年哲学讲演录》(Durkheim's philosophy Lectures, 1833—1844)中，迪尔凯姆先后论述了客体(Object)、科学和哲学方法(Science and the method of Philosophy)、心理学(Psychology)、理性及理性原则(Reason, principles of reason)、自由和意识(on the Will and on Freedom)、逻辑(Logic)、伦理学(Ethics)、形而上学(Metaphysics)等问题，他对这些问题的论述和理解则为我们提供了指认迪尔凯姆存在哲学思考的直接证据。二是如果从其理论诉求来看，我们也能看出，一方面他是在为社会学寻求真正的研究对象，另一方面他也在同以往思想的交锋中努力去开启处理近代启蒙问题的新道路。社会学道路则是迪尔凯姆试图摆脱近代启蒙问题而不得不走的道路，可以说，这里面既有社会学的视野，也有哲学问题的困扰和哲学思考的推进，如果没有对康德道德学说的继承和批判，迪尔凯姆很难确立道德事实的基本观点。总之有一点是可以确认的，即在迪尔凯姆那里,社会学视野中的哲学维度是明显的,也是其理论的魅力之所在。因此,在此意义上,笔者认为,迪尔凯姆不仅是社会学家,而且更是一位社会哲学家。所以,笔者愿意把迪尔凯姆思想中哲学维度和社会学维度的许多结合点给凸显出来,于是决定以社会事实为根基去展开其理论的整个问题域和研究主题。本书通过这样的探讨力图去还原其理论的整体形象,同时也希望能借助于这个机会,和社会学学界同仁一起关注迪尔凯姆的哲学视野及其社会学的整个问题域。

第二,迪尔凯姆研究中的诸多基本问题还有待进一步澄清和界定。无论是在社会学学科还是在哲学学科甚至教育学等学科中,对迪尔凯姆理论仍有进一步探讨的空间,尤其是对其理论中的基本概念和思想史的语境及当代意义的把握,都需要做进一步的发掘。尽管国内已经有一些研究迪尔凯姆思想的著作,但是我们认为,对其理论中最基本的问题、社会事实及其展开的整个视野的关注仍存在不足。因此,我们希望通过对迪尔凯姆社会事实论的研究能够对其理论中最基本的概念及视野加以澄清和界定。这样,在一定意义上,这是推进迪尔凯姆的社会理论及相关学科研究的一种重要努力。

第三,之所以选择此项研究,是因为迪尔凯姆社会事实论是唯物史观及其批判理论研究的延伸性课题。唯物史观的当代研究,一方面需要从马克思、恩格斯的原著出发,另一方面也需要在和其相邻时代的一些大思想家的批判性对话中彰显其学说价值。而在经典社会理论中,我们熟知的三大社会理论传统,分别是由马克思、恩格斯开创的批判社会理论传统、迪尔凯姆的实证社会理论传统和由韦伯开创的解释学社会理论传统,这三大传统之间面对的语境和问题有很多相似之处,但是它们又有着本质的区别;而且,就它们各自的当代性而言,对其中任何一个传统的考察都离不开对其他两个传统对此传统的挑战和影响的分析和理解。所以说,唯物史观的当代研究离不开对迪尔凯姆社会理论和韦伯社会理论的考察和分析。

要把迪尔凯姆的社会事实论及其实证社会学理论作为唯物史观当代性研究的一个延伸性课题,就必须深入其理论内部去考察其与思想传统之间的关系,以及其理论自身的特点和当代性,而且要在经典社会学视野中,去重新理解迪尔凯姆的学说。

第四,迪尔凯姆的结构功能分析方法的独特魅力及所开启的学科意义同样也十分有价值。要正确理解当代社会科学及方法论,就离不开迪尔凯姆的学说。具体来说,其理论中的结构功能主义分析方法直接影响了当代社会科学学科的诸多分支,人类学、管理学、经济学、当代社会学、甚至与其对立的"冲突学派"也使用结构功能分析方法。另外,知识社会学、宗教社会学等学科的兴起,在一定意义上来讲,都能看出迪尔凯姆的学说价值。但是,在以往的研究中,迪尔凯姆社会事实论开启的学科意义和方法论意义并未得到系统的清理和阐发,因此,笔者认为在此方面仍留有进一步研究的空间。

第五,迪尔凯姆社会事实论关注社会转型及社会道德整合,这对社会与转型中的中国社会建设有启示作用。迪尔凯姆的社会理论强调社会道德整合、道德教育及职业教育。在他那里,理论的直接目的是为了解决现代社会因社会转型而出现的一系列社会问题。而反观中国现实,中国目前也存在着社会转型和社会结构调整的基本事实,也面临着伴随社会转型而出现的一些问题,甚至问题更为严重。因此,对迪尔凯姆社会事实论及其学说的把握和重估就显得非常有意义。本书希望能够通过对迪尔凯姆社会事实论的研究,为解决中国社会转型问题提供一些具体的建议和理论方案。

二、国内外研究现状

总的来说,就本论题的研究而言,国内外对此所做的系统性的理论研究并不多见。目前的国内外的相关研究成果主要有:

从专著方面来看,国外学者对迪尔凯姆的论述一般都是在社会学教程系列和社会学普及性著作中涉及。比如科塞的《社会思想名家》(石人译,上海人民出版社,2007);阿隆的《社会学主要思潮》(葛志强译,上海译文出版社,2005);特纳的《社会学理论的兴起》(侯均生译,天津人民出版社,2006)和《社会学的理论结构》(邱泽奇译,华夏出版社,2001);保罗的《二十世纪社会思潮》(张向东译,中国人民大学出版社,1990);瑞泽尔的《布莱克维尔社会理论家指南》(凌琪译,江苏人民出版社,2009年);吉登斯的《资本主义与现代社会理论》(文军译,社会科学文献出版社,2003);希林和梅勒合著的《社会学何为?》(李康译,北京大学出版社,2009);马尔图切夫的《现代性社会学:二十世纪的历程》(姜志辉译,译林出版社,2007);亚历山大的《社会学的理论逻辑》(唐少杰等译,商务印书馆,2008)等著作。这些著作一般都是从某一个主题入手,对迪凯姆的理论特点做了一些归纳和总结,如强调迪尔凯姆的生平、背景、思想来源,以及每一本著作的主要内容介绍;有的著作将相关的社会学理论收在一起并稍微加以比较,比如在吉登斯那里,他大致分析了迪尔凯姆和马克思甚至韦伯社会理论的不同和差异。当然这些研究是值得肯定的。

  另外,从暂未被翻译过来的英文原著来看,涉及迪尔凯姆的英文原著也有不少,比较有影响、比较突出的有如下著作:尼斯比特的(Robert. A nisbit, Emile durkheim: makes of modern social science, Prentice－Hall,1965)(《迪尔凯姆:作为现代社会科学的制定者》);Warren Schmaus 的(Rethinking Durkheim and his tradition, New York: Cambridge University Press,2004(《重估迪尔凯姆和他的传统》);Ken. Morrison(Marx, Durkheim, Weber . second edition,sagepublications,2006)(《马克思、迪尔凯姆和韦伯》);Massimo rosati(Ritual and Sacred: A Neo－Durkheimain Analysis of Politics,Religion and the Self,MPG books Ltd,bodmin,Cornwall,1996)(《仪式和神圣:新迪尔凯姆主义视角下的政治、宗教和自我》);Mike Gane(The radical sociology of Durkheim and Mauss, London and New York, Taylor&Francis e－library,2002(《迪尔凯姆和莫斯的激进社会学》);Cotterrell. Roger(Emile Durkheim:justice, morality and politics,Farnham,surrey: Ashgate,c2010)(《爱弥儿·迪

尔凯姆：公正、道德和政治》）；Marcel Mauss 和 Henri Hubert（Classsical Durkheim studies and society, Boulder, CO: Paradigm publishers, C2009)(《古典社会学迪尔凯姆研究》）。这些著作对迪尔凯姆的研究，主要重视迪尔凯姆的社会学影响及他与法国学术传统之间的关联，以及迪尔凯姆的政治、宗教和道德关注等方面的内容，可以说这些著作的的确确推进了迪尔凯姆研究。但是在哲学视野中，甚至在经典社会学视野中专门对迪尔凯姆的著作及其思想加以系统阐释的并不多见。而且可以说，在国外的迪尔凯姆的当代研究中，对其学说中最为基本的"社会事实(Social fact)"概念并没有做出详细的考察和澄清，往往都是把它当作一个既定的事实和结论接受下来，往往忽视对其理论的立足点本身的界定和分析。在笔者看来，任何一种理论的合法性依据，必须从其理论的基本概念及其思想发端处出发并加以寻求，只有明确其思路的来龙去脉和基本主张，我们才能更好地推进其理论研究的步伐，同时才能更好地同其他相关学科加以对话。

而就国内对迪尔凯姆的研究来看，有很大成绩，也有一定的不足。国内对迪尔凯姆的研究，最早起源于 20 世纪 20 年代。具体而言，早在 1929 年，许德珩先生最早翻译了迪尔凯姆的第一本著作《社会学方法论》，也就是现在的《社会学方法论的准则》一书；迪尔凯姆的另一部著作《社会分工论》在 1935 年由著名学者王了一先生翻译并被商务印书馆出版。当这两本著作被中国学界接纳以后，国内出现了迪尔凯姆研究热，一些著名的社会学家受其影响很深，其中之一有费孝通先生，他说："当我接触功能派的先锋法国涂尔干的著作以后，对第二种看法产生了兴趣，他比较明确地把社会看成本身是有其自身存在的实体，和生物界的人体脱了钩。"[①]可见，迪尔凯姆（也翻译为涂尔干）思想第一时间来到中国所受到的欢迎程度。但是，"文革"期间，迪尔凯姆的思想被定位为西方资产阶级自由化

[①] 费孝通，乡土中国 生育制度[M]，北京大学出版社，1998，第332页。

思想,而被打入冷宫,这时期的迪尔凯姆研究基本上没有进展。直到20世纪90年代以后,随着迪尔凯姆的相关著作被先后翻译为中文,这才为推进迪尔凯姆的研究提供了更好的素材。90年代以后迪尔凯姆的著作被翻译过来的分别有:1995年狄玉明重新翻译的《社会学方法论的准则》,1996年由冯韵文翻译的《自杀论》,2000年渠敬东翻译的《社会分工论》,此书由三联书店出版;随后由渠敬东翻译过来的六卷本《涂尔干文集》,以及《实用主义和社会学》《社会学和哲学》《原始分类》《迪尔凯姆论宗教》都一一出版了。这为国内迪尔凯姆研究提供了原著材料。

随后,国内学者研究迪尔凯姆的著作就纷纷出现,比较有代表性的著作有:渠敬东教授2006年著的《现代社会中的人性和教育:以涂尔干社会理论为视角》(三联书店),周晓虹教授2002年著的《西方社会学历史和体系》(上海人民出版社)第一卷经典贡献篇中写到迪尔凯姆;谢立中教授2007年著的《西方社会学名著提要》(江西人民出版社),以及他和杨善华教授2005合著的《西方社会学理论》(北京大学出版社);王小章教授2006年著的《经典社会理论和现代性》(社会科学文献出版社);刘少杰教授2006年著的《国外社会学理论》(高等教育出版社);郭大水教授2007年著的《社会学的三种经典研究模式:涂尔干、韦伯和托马斯的社会学研究方法论》(天津人民出版社)等。这些著作凸显的是迪尔凯姆的思想框架,并且都对迪尔凯姆社会学理论作了概述,其中对于迪尔凯姆的思想,是从不同的角度加以关注,比如渠敬东教授是从教育角度切入迪尔凯姆的思想,王小章教授是从现代性的角度去论述迪尔凯姆,郭大水教授是从比较的角度强调迪尔凯姆的方法特点。

研究迪尔凯姆的论文也有百篇,在中国期刊网上出现的比较有代表性的论文有:梁向阳写的《论迪尔凯姆的社会学研究方法》(社会学研究,1989年第1期);刘欣、王小华写的《迪尔凯姆教育社会学思想评述》(高等教育研究,1993年第4期);渠敬东写的《涂尔干的遗产——现代社会及其可能性》(社会学研究,1999年第1期);

张海洋的《涂尔干及其学术遗产》(社会学研究,2000年第5期);曾亦的《论涂尔干宗教社会学中的先验论倾向》(复旦学报,社会科学版,2002年第1期);谢立中的《现代性的问题及处方:涂尔干主义的历史效果》(社会学研究,2003年第5期);侯均生的《迪尔凯姆论法律的道德精神》(浙江大学学报,人文社会科学版,2004年第2期);胡辉华的《论知识社会学的困境》(哲学研究、2005年第4期);汪和建的《再论涂尔干:现代经济中道德的社会建构》(社会学研究,2005年第1期);刘文旋的《社会、集体表征和人类认知——涂尔干的知识社会学》(哲学研究,2003年第9期);刘少杰的《个人行动的社会制约——评迪尔凯姆关于个人行动、集体表象和社会制度的论述》(黑龙江社会科学,2009年第9期);库少雄的《迪尔凯姆自杀社会学理论模型研究》(中南民族大学学报,2014年第1期);渠敬东的《职业伦理与公民道德——涂尔干对国家与社会之关系的新构建》(社会学研究,2014年第4期);陈涛写的《道德的起源与变迁——涂尔干宗教研究的意图》(社会学研究,2015年第3期)等。另外,到目前为止,以迪尔凯姆为题的博士论文仅有一篇,是吉林大学王林平博士写的《集体表现和社会整合——迪尔凯姆感性制度思想及其当代意义》。而涉及迪尔凯姆的博士论文,也有两篇,分别是复旦大学侯艳兴博士写的《性别、权利和社会转型》和华中师范大学张兆曙博士写的《非常规行动和社会变迁》。

从以上专著和论文的内容来看,比起上个世纪的研究来说,新世纪的迪尔凯姆研究的确取得了很大的进步,对迪尔凯姆理论内容的关注较深,并且从不同的角度给予了分析和阐释。这说明国内外对迪尔凯姆的研究上了一个新台阶。但笔者认为,目前为止,在迪尔凯姆研究方面仍存在一些有待扩展和推进的空间,具体来说,集中体现在如下四个层面:

其一,是对迪尔凯姆所涉及的一些理论层面给予阐释和解读,但是缺乏系统性的、整体性的研究。也就是说,目前的国内外研究中对分工、社会转型、法社会学、社会学方法、教育、犯罪、集体表象、迪尔凯姆主义、自杀、道德等问题的理解需要做一番系统的清理和阐发。迪尔凯姆学说的根基性概念并未得到很好的澄清。其二,就迪尔凯姆自身理论来说,对其最为基本的概念"社会事实"的理解有待进一步深入解读,这是需要引起重视的。因为对社会事实及其功能的基本理解关系对迪尔凯姆学术传统的认定及其当代性的理解。其三,社会学视野中的哲学思考并未得到应有的重视,迪尔凯姆关于"道德事实"及"道德可求性"等基本见解和主张,以往的研究往往被忽视。其四,在以往的研究中,对其局部理论的重视,反而容易失去一个重要的且宏观的视野,即迪尔凯姆理论是在经典社会理论传统之中的。在此方面,笔者认为,把迪尔凯姆和唯物史观甚至和韦伯的解释社会传统放在一起进行系统的比较研究,也有待加强。

综上所述,笔者认为,我们很有必要对迪尔凯姆的学说重新加以解读和理解,我们只有明确其理论来源、思想史语境、基本含义和理路、现实意义和当代性,才能更好地展开迪尔凯姆学说的其他方面的内容,以及对相关课题的深入探讨和研究。可以说,对"迪尔凯姆研究"的国内外相关研究现状的深入分析和思考也是笔者选择此选题的一个重要因素。本书希望在整体性研究和比较研究方向上加深对迪尔凯姆和马克思思想的深入理解和把握。

三、行文逻辑及主要内容

本书的行文逻辑是遵循这样的思路来展开的,即始终围绕着"迪尔凯姆社会事实论是如何展开对实证社会学传统的批判和复兴"这个问题来层层推进。而要想解决这个问题,我们需要从其社会学传统的启蒙语境中来考察,之所以要这样做,是因为社会学创始人孔德,曾在文本中多次强调了启蒙语境对实证社会学的影响。因此,笔者顺着这样的思路,首先要去考察何谓启蒙语境,其基本的特征是什么?有哪些人物为其做了杰出的贡献?考察的结论便是,启蒙语境,作为一个大背景,尽管以理性主体性原则为基本特征,但是其内容仍有一些与之对应互动的思潮,也就是反启蒙思潮作为启蒙语境的另一面。大体来说,这种启蒙语境是内在充满张力的。明确这一点后,接下来,本书需要阐释的是,既然在这种语境下,那么,社会学传统的基本脉络和主张是怎么样的?迪尔凯姆又是如何实现对实证社会学传统甚至同时代其他思潮的批判和复兴?这样就依次展开各章的分析和理解。本书的主干部分,涉及对社会学传统和社会事实论的双重诉求、社会事实的澄清和理解、社会道德整合的路径等层面的探究。在理解迪尔凯姆和以往传统之间的关联后,迪尔凯姆自身的理论也慢慢得以展开。在完成这些章节的写作后,本书又对迪尔凯姆的思想史意义和当代性作出阐释,这一方面是要回应第一章的内容,即如何在启蒙传统中对迪尔凯姆加以准确定位;另一方面,笔者也需要在经典社会理论视野中去比较其与马克思的唯物史观及其批判理论之间的根本差别和区分,这种区分是至关重要的,也是必要的。最后,笔者进一步指认迪尔凯姆社会事实论及其实证社会学理论对处在社会转型中的中国现实的实践意义。而对于主题的把握,有助于我们理解并把握从迪尔凯姆社会事实论的源头理解到实现对社会学传统的批判性复兴,再到社会转型和社会整合的理论阐发的过程。应该指出,在此方面,邹诗鹏教授的论文和见解对本书的写作具有极为重要的参考价值。邹诗鹏教授在其文章《唯物史观在当代的发展和创新》(学术月刊,2005年第5期)、《马克思对现代性社会的发现、批判和重构》(中国社会科学,2009年第4期)、《唯物史观对启蒙的超越和转化》(哲学研究,2008年第6期)、《唯物史观与经典社会理论》(学术研究,2010年第1期)、《马克思主义宗教批判之辨析》(现代哲学,2011年第1期),以及《再论唯物史观及启蒙》(哲学研究,2011年第3期)等论文中,都特别强调对实证社会学传统的重新理解的必要性,以及在对其基本问题的探讨基础上同唯物史观展开批判性对话的意义,这无论是对迪尔凯姆本身的研究还是对唯物史观的当代性研究,都具有根本性的意义。

有了这样的思路,本书主要采取把文本解读和思想史还原相结合的方法,立足于迪尔凯姆的几乎全部著作和相关文献,努力通过对其理论的最基本问题的探讨去澄清其理论的基本原则和见解,这样在一定程度上能够纠正迪尔凯姆社会学形象,同时也能进一步系统性地、整体性地展开对迪尔凯姆学说的探讨和分析。具体来讲,本书的基本层次是这样推进的:第一个层次是实证社会学传统的启蒙语境考察;第二个层次是论述实证社会学传统的基本逻辑和建构思路;第三个层次是从思想史的角度明确迪尔凯姆"社会事实"论的双重诉求。也就是说,我们需要弄清楚迪尔凯姆如何为社会学确立真正的研究对象,如何通过对以康德道德学说为代表的传统道德学说的指认开出道德整合的路径来;第四个层次,主要是围绕迪尔凯姆社会事实论本身展开论述,包括社会事实的基本界定、社会事实的结构功能、社会事实论的真正源头,以及社会事实论的后革命时代及社会转型中的社会历史语境交代;第五个层次涉及迪尔凯姆对社会转型中的社会道德的理解和整合,其中对社会分工、社会团结及法团建构的梳理和理解,主要包括分工的社会根源和社会功能阐释、自杀问题、职业群体的重视和道德教育的强调,以及对社会作为宗教功能的理性替代物,社会是最高的实在等方面的论述和分析;第六个层次也是最后一个层次,内容则是对迪尔凯姆实证社会学理论所做的总评价及凸显迪尔凯姆对历史唯物主义的批判性指认和中国语境分析,以及唯物史观对它的回应。这六个层面先后围绕社会事实的基本理解和诉求,一步步走向对转型中的社会道德秩序的理解和整合路径的探讨上来。笔者正是想通过对迪尔凯姆思想的解读和梳理来展示迪尔凯姆实证社会学的真实语境及问题指向,同时对这些问题的探讨也是为本书第六章中搭建迪尔凯姆和马克思的交锋及批判性对话提供文本基础和理论铺垫。

和行文逻辑相一致的是本书的研究方法也力争做到如下四个方面的统一,即思想史和现实语境、现实关怀相统一,历史和逻辑相统一,理论总问题和个案研究相统一,总问题和分问题相统一。

四、理论成果及创新

首先,本文的理论成果主要表现在如下两个层面:第一,本书全面、系统地以迪尔凯姆"社会事实论"为根基而展开其实证社会理论的整个视野及问题域,到目前为止,这样的工作在国内迪尔凯姆的理论研究中算是集中式的整理并深入阐发的重要理论工作。重新清理并回归经典社会理论十分必要,笔者正是在做这样的尝试。第二,关于迪尔凯姆思想的启蒙语境以及对社会事实的基本澄清、对社会学传统的清理、理论源的真正发掘、与康德的批判性对话,以及对"后革命时代"的社会转型历史语境的揭示,这些内容均有一定程度上的新的发掘和理论呈现。

其次,从总体来看,本书的创新处主要体现如下:

第一,本书在学界已有的研究基础上,专门以"迪尔凯姆社会事实论"为题,对迪尔凯姆的学术谱系、根基性概念"社会事实"的系统分析和厘清,以及由此展开的迪尔凯姆的整个学术视野和问题域,及其在思想史上重新定位,并在经典社会学理论视野中彰显其和马克思的交锋和对话的必要性和意义。从目前的研究现状来看,本书可以看作国内目前从迪尔凯姆学说中最为基础的概念"社会事实"出发,对迪尔凯姆思想进行系统的、整体性研究之作。在章节内容上,本书对迪尔凯姆的问题正本清源,厘清他与以往传统的关联性,又重点突出其独特的理论内涵及品质,即立足本书,又切入现实问题;既抓贯穿其理论的"社会秩序的理解和道德秩序的重建和整合"主题,又对理论细节作出考察和分析,对社会事实、结构功能、社会学传统、启蒙语境和启蒙传统、心理主义、政治经济学、康德学说、实用主义、社会主义、马克思唯物史观、分工、自杀、社会转型和后革命时代、社会有机体、职业伦理、道德教育、法团建构、爱国主义等方面一一做了交代和阐发。可以说,本书基本做到了总问题和分问题之间的贯通和统一。从目前研究成果来看,本书可以看作国内第一本系统性、全局性的论述迪尔凯姆社会事实及其整个问题域的专著,或者至少可以看作"走进迪尔凯姆整体"的一次尝试性的努力。

第二，就本书内容而言，有些局部的理论细节的探究是做了一些深入的发掘，就此而言，也是有创新的。比如迪尔凯姆对康德道德学说的批判性回应，书中分析了迪尔凯姆是如何经过康德道德学说而提出"道德可求性"的主张，论述了迪尔凯姆的道德两重性的基本见解；澄清迪尔凯姆社会事实论的源头，在书中笔者指出迪尔凯姆思想源头不能仅仅追溯到孔德、斯宾塞就停止，而要追溯到圣西门甚至孟德斯鸠和卢梭对社会科学的奠基性贡献，这在迪尔凯姆研究中也可以看作基于思想史研究和文本解读基础上的理论主张的新呈现。再比如重估迪尔凯姆的思想史意义，对迪尔凯姆思想的界定，认为其仍在意识哲学中；在对迪尔凯姆思想考察时，指出其理论的"后革命时代"语境，并且针对迪尔凯姆对马克思的批判，用一种比较研究的视野，站在唯物史观立场上，相应地选择与之对应的"社会存在"概念，通过解读和分析，去回应迪尔凯姆的问题；还通过比较分析，抓住对应概念之间的本质分歧，去展开两种不同传统之间的根本差异，也可以视为研究方法上的一种综合和尝试。

第三，就研究意义而言，本书在一定程度上可以回应迪尔凯姆研究中的前后期"分裂论"倾向，这种分裂论认为迪尔凯姆理论中存在着前后期的断裂和转折，持有这种见解的以当代著名社会学家亚历山大为代表，在其著作《社会学的理论逻辑》(第二卷，夏光译，商务印书馆，2008)中，他认为迪尔凯姆从早期《社会分工论》中"强调调和工具性秩序与自由"[1]到晚期的"向作为精神力量之道德的转变"、"宗教模式与唯心主义社会理论"[2]，两者之间存在断裂和背离。他说："与《社会分工论》中的工具论背道而驰，涂尔干把行动问题完全理解为规范的与情感的问题，出于这种原因，他只能把秩序当作

---

[1] [美]杰弗里·C.亚历山大，社会学的理论逻辑(第二卷)[M]，夏光译，北京：商务印书馆，2008，第2页。

[2] 同上书。

一种道德力量,他所建立的理论从严格的哲学意义上说既不是唯名论的也不是现象学论的,相反却是社会学理论术语意义上的意志主义与唯心主义。"①笔者认同他对迪尔凯姆唯心主义的判断,但是有一点区别,在笔者看来,迪尔凯姆思想的前后期并未出现"前后的断裂",因为,从早期到晚期,迪尔凯姆思想始终都在围绕一个主线即"社会秩序的理解和道德秩序的重建和整合"展开,对分工问题的探讨也是为了凸显分工乃是作为社会道德秩序的基础,其晚期的宗教研究,也没有脱离这样的主题,在迪尔凯姆那里,宗教等同于社会,它是集体人格的表达和体现,同时也是社会团结的集中,宗教仪式等问题的研究是为了找到道德秩序中人与人之间的纽带,或者说,迪尔凯姆是立足于整体"社会有机体"这个概念,无论是分工还是宗教作为要素参与其中,都在社会整体中发挥着作用,不是因为晚期集中研究宗教就意味着忽视了分工的功能,而是说在迪尔凯姆探讨社会团结和社会整合时,宗教作为集体意识的集中体现,成为迪尔凯姆探寻加强社会团结路径时的重要关注问题。而且,从各个功能对整体的功效而言,彼此之间是具有关联性的,并没有非此即彼的对立关系。因此,在笔者看来,通过对社会事实论的论述,能够站在迪尔凯姆的立场上去回应迪尔凯姆研究中的"分裂说"、"转向说"甚至是"矛盾说",就此而言,本书在一定程度上也回应了相关学者的一些可能存在的一些误读。

也需要说明的是,由于本书只是在经典社会理论视野中对迪尔凯姆社会事实论及其当代性进行的初步研究,在很大程度上,它仅仅是一些基础性、阶段性的成果。本书的直接目的是希望通过思想史视野的研究可以把马克思主义的当代性研究引向深入。在书中,花了很多的章节和篇幅去系统展开迪尔凯姆的整个问题和基本主张,并把迪尔凯姆在诸多著作中研究的一些问题都纳入迪尔凯姆的

---

① [美]杰弗里·C.亚历山大,社会学的理论逻辑(第二卷)[M],夏光译,北京:商务印书馆,2008,第380页。

"社会秩序和道德整合"的基本主题下面,这样做的意义是重要的,也算是帮助我们全面梳理并理清迪尔凯姆思想的基本见解及背后语境等相关问题。并在此基础上回应迪尔凯姆对马克思的误解,通过马克思自身的思想为马克思做一些澄清,可以说,本书是沿着唯物史观及其批判理论传统深入研究的,通过对迪尔凯姆和马克思的解读和比较研究,在哲学和社会学乃至社会哲学方面做一些综合性的比较分析和阐发,可以说,本书是对马克思主义基础研究和跨学科研究的初步尝试。笔者认为,也始终相信,马克思主义的当代发展,需要嵌入更厚重的思想史背景中才能得到深入发展和丰富,也唯有如此,马克思主义的活力和理论意义才能不断被发掘出来,其基本思想和基本见解才得以不断的澄清和正名。我们希望,通过基于唯物史观及其思想史视角,对迪尔凯姆社会事实论做一番深入细致的考察,能够帮助我们真正理解并领会两种理论传统的真实主张,并以此为基础,帮助我们深入马克思主义的当代性研究的一些基本问题中去。只是本书作为一名青年学者的作品,受理解和学术积累的限制,在表述和思路方面可能还存在一些不足,敬请各位方家批评指正。

第一章

实证社会学传统的启蒙语境考察

为了更好地在经典社会理论视野中对迪尔凯姆社会事实论及实证社会理论加以把握,本章首先要通过思想史的考察来明确迪尔凯姆社会学所依循的社会学传统。而在一般意义上,在思想史中,社会学的源头从孔德那里开始。而如果联系孔德的实证社会学传统其所处的时代,就前后思想的继承性来说,一个基本事实是社会学传统处在启蒙语境中,同时也离不开启蒙精神对社会科学的推动。换句话说,孔德的实证社会学传统是借助了启蒙所带来的丰富思想资源及在不断对问题的回应中形成的。因此,本章的基本内容是考察实证社会学传统的启蒙语境,其中包括:启蒙语境中的对社会学理解的三种基本方式;启蒙主题以及17、18世纪对启蒙原则的继承和反叛。对这些问题的探讨是对实证社会学传统的继承人迪尔凯姆的思想加以讨论的前提性准备。

第一节 启蒙和社会学传统关系的三种认定

启蒙和社会学传统之间存在复杂关系,对这种关系的解读和理解,学术界大致将其概括为三种基本路向:

其一,社会学是从属于启蒙原则的,社会学的创立离不开启蒙语境。这也是笔者首先把社会学发源的基本原则置于启蒙的语境下加以考察的原因。对于社会学传统,如从其思想源头加以把握的话,首先需要强调社会学开创时的思想背景与在此之前的几个世纪具有连续性,具体而言,社会学产生时的时代和思想背景是由中世纪之后的数百年的种种变迁,以及具有张力的启蒙语境下的各种不同的思潮对这种变迁的种种回应塑造出来的。可以说,当社会学从中世纪的神学桎梏中挣脱出来的时候,凭借的正是启蒙运动的力量。在此意义上说,社会学传统面对着启蒙的语境,因从属启蒙的原则而得以独立。而在此以前,社会学面对的是神学的束缚,并没有自己的独立的解释模式。这一点正如米尔班克(Milbank,1990)所说:"在中世纪不存在任何世俗空间等着社会学角度的社会观去填补——即将社会视为人的产物。在多个领域诉诸人意而非神判,这样的思路在中世纪或许一直有所发展,教会的权威也曾遭到众多世俗当局和宗教改革运动的质疑,并以新教改革在根本上的世俗化影响为巅峰极致。"①尽管新教改革对业已脆弱的中世纪神意秩序观念有了致命的打击,但是,正如希林(Chris·Shilling)和梅勒(Philip·Mellor)共同所指出的那样:"在中世纪的大部分时间里,社会学家以后称之为'社会'的范畴,只是基督教王国这一单一共同体:这是一种神圣的、道德的秩序,借助仪式,将个体融入教会的圣事机制(sacramental apparatus),以此展开运作。"②由此可见,在中世纪的解释框架中,后来被称为社会学的社会范畴只是作为神意的局部环节而出现的。

在中世纪,神意具有重要的地位,在神意的安置下,从人类自身这个角度来建构道德秩序的努力并没有取得实质性进展。只有到了实证社会学的创始人孔德那里,社会学才成为一门独立的学科,并开始从人类自身的角度去理解人类行为和人类活动,且随着这种

---

① 克里斯·希林,菲利普·梅勒. 社会学何为?[M]. 李康译. 北京大学出版社. 2009. 第8页.
② 同上书.

理解社会学为自身领域划出了独立的空间,并获得了学科独立。这样的社会学传统及其阐释路径离不开启蒙运动给予的学理支持。持有这种观点的学者很多,比较突出的如汉密尔顿,他作为维多利亚时代英国哲学复兴的主要代表之一,坚持这样的判断,按照他的理解,社会学这门学科无异于为启蒙运动规划的某种延续。他说:"社会学是启蒙哲学(philosophes)那里典型的'批判理性主义'的逻辑发展……启蒙运动的哲学为社会学奠定了基础。"①在汉密尔顿看来,启蒙运动的哲学拒绝认为这样一种设定,即人的行动是由天意神授,人承载着神意;而主张对人类行为和社会活动的理解可以按照理性的步骤而求得规律性理解,因为人的行为和社会活动归根结底是由某种宇宙秩序所主导的,且这种宇宙秩序的确立已经被18世纪以来的自然科学及其迅猛发展的势头所证实。因此,社会学作为一门现代科学,其主要的目的是揭示人类行为和秩序规律具有正当性。在此意义上,持有这种观点的学者从启蒙和社会学传统两者关系的角度去对社会学及其理解路向做了基本的指认。持有类似观点的著名学者还有美国社会学家科塞等人。科塞在揭示社会学语境时说:"虽然孔德对启蒙运动中的某些观点持批判态度,但就其整个思想倾向而言,孔德的实证主义仍可被看作启蒙运动的直接产物。因为他赞成启蒙运动的理性主义和现世主义。"②持有这种观点的评论家看到了实证社会学传统与启蒙运动的直接关联性,这是一种阐释路向。

其二,对于启蒙和社会学传统之间的关系,还有另外一种解读方式和判断,即把实证社会学传统理解为对启蒙的合乎理性的反叛。与其说实证社会学和启蒙的关联很近,倒不如说它行走在反启蒙的道路上,依着反启蒙的逻辑而建构对社会整体的解释模式。持

---

① 克里斯·希林,菲利普·梅勒. 社会学何为?[M].李康译.北京大学出版社,2009.第9页.

② 刘易斯·科塞. 社会思想名家[M].石人译.上海人民出版社. 2007. 第134页.

有这种主张的学者以尼斯比特和伯林为代表。社会学家尼斯比特(Nisbet,1966)说:"这个学科(指社会学)如此关注社会道德秩序,关注共同体和宗教,使其成为反启蒙运动的产物。"①按照他的说法,实证社会学因为反对革命的逻辑,反对通过革命路线,也即反对对社会实体加以颠覆性的破坏,所以,社会学更看重的是宗教中对道德的强调,此道德同样有助于社会的重建,甚至把启蒙废弃的宗教的问题重新复活。在此过程中,社会学与启蒙路向是有差异的,倒是与反启蒙运动基本一致。因为在他看来,反启蒙的逻辑就体现在对启蒙运动的最高峰——法国大革命的批判上,他认为:"法国大革命中暴露无遗的暴力就是社会工程(social engineering)有弊无利的明证。"②而社会学也是反对暴力革命的,在此意义上,两者具有相似的思路。另外一个代表人物伯林(Berlin,1979)认为,社会学不具有革命性而具有保守性,这一点和反启蒙运动的立场契合度比较高。他对大革命这样评价道:"应用理性方法或科学方法来组织生命,即出于功利主义的目的或组织有序的幸福,来对人实施某种管制或征用,被视为庸俗的生命之敌。"③这是仅仅凭借理性所导致的后果对大革命所作的评析,而当我们反观反启蒙运动的基本立场时,可以看出,反启蒙运动也关注共同体,关注社会秩序与人的意义当中无关乎理性的(non-rational)维度,它的目标是"力图重新确认传统,为尘世权威源于的'下源'(descending)理论提供正当化理据,即认为尘世权威源于上帝,经由教会这一神圣身体,下授国王的神圣身体,反对'上源(ascending)'学说,即主张合法统治的基础在于民意"。④他们认为,这种反启蒙的思路对社会学的产生和发展有着持久的影响,他们论证的基本依据是社会学传统关注宗教对社会道德秩序的建构和维持的

---

① 克里斯·希林,菲利普·梅勒. 社会学何为? [M]. 李康译. 北京大学出版社. 2009. 第10页。
② 同上书。
③ 同上书。
④ 同上书。

重要意义,就可以被认为其基于保守主义角度,在此意义上,社会学的立场和作为反启蒙思潮之一的保守主义立场具有近似性。这是第二种对社会学这门学科及其传统和反启蒙关系的指认。

其三,西方理论界一些学者还持有第三种理解,即认为社会学同时具有双重逻辑,即是启蒙的又是反启蒙的,或者说社会学是游离在启蒙和反启蒙之间。持有这一观点的代表人物有科塞、西林、梅勒等人。在他们看来,社会学同时具有双重的逻辑:启蒙逻辑和反启蒙逻辑。

以上简要论述了人们对启蒙和社会学传统之间关系的三种理解,而笔者认为,究竟社会学传统是从属于启蒙路向还是从属于反启蒙的路向,或者说它具有启蒙和反启蒙的双重逻辑?对此做理论上的界定需要小心处理,因为它关系对社会学传统的基本理解以及在后面的章节中有关马克思唯物史观及其批判理论和此种社会学传统的比较。所以,对于社会学传统和启蒙及反启蒙关系的指认,只有深入这种传统内部,同时依托思想史考察才有可能弄清楚具体的关联性。一个基本的问题是实证社会学传统和启蒙语境到底有着怎样的关联?这需要从思想谱系中重新加以估量。作为实证社会学传统的开创人孔德在其《论实证精神》一书中,特别强调实证精神和启蒙哲学运动的关联性,他说:"实证哲学的第一次系统建立不会早于那次难忘的危机,其时,在两种精神的奇妙推动下,全西欧的整个本体论模式开始衰落:一是来自开普勒与伽利略的科学推动,二是归功于培根和笛卡尔的哲学运动。"[1]而且他还进一步指出:"因此,我们精神发展的整体,尤其是西欧自笛卡尔和培根以来所完成的伟大运动,今后只能经过许多必要的酝酿,最后形成人类理性的真正正常状态,此外别无其他出路。"[2]在这里,按照他的理解,人类

---

[1] 孔德.论实证精神[M].黄建华译.北京:商务印书馆.2009.第38页.

[2] 同上书.

理性的真正正常状态就是孔德本人所说的实证主义阶段,而实证主义就是要在新的基础上去修正内含在培根和笛卡尔各自路向中的特殊和普遍的的难题,最终的目标就是达成孔德所说的"这一段必然的漫长开端最后把我们逐渐获得解放的智慧引导到最终的理性实证状态"。①

从上述表述我们可以看出,实证主义作为社会学创立时期的基本原则,也即实证哲学,从思想史上把握的话,它来源于两种力量的推动,一是科学革命的推动力量,一是哲学革命的推动力量。并且,不难看出孔德对这两种推动力的认可,他用"奇妙"一词来修饰这两种力量,就说明他对这两种推动力的推崇和肯定。一般而言,在思想史上,培根和笛卡尔被看作启蒙的奠基人,因此,我们可以初步判断,孔德的实证主义及社会学传统具有启蒙的语境,受启蒙的推动。从他本人的论述中,我们也能看出,他要表达的是实证主义的目的就在于通过整合启蒙运动的思想资源并不断回应启蒙自身问题,从而从人类自身的角度去理解人的行为和社会生活的秩序和道德,以此来给解答生活之难题,最终把人们引导到理性实证状态中来。我们要问的是,启蒙到底是指什么?它的基本原则是怎样的?所以,明确启蒙主题和微观进路,以及启蒙运动自身问题和张力,是笔者接下来要加以考察的主要问题。而之所以要对此作一番考察和估量,是因为,对这几个问题的探讨和理解是我们对实证社会学传统及对继承人迪尔凯姆思想阐释分析的前提性工作。

第二节　启蒙的基本主题:理性、进步和自由

何谓启蒙运动?就启蒙的宏观意义而言,它指的是从17世纪到18世纪这百余年间的一场席卷西方社会的思想解放运动。在地域上,它首先发端于英格兰,随后波及西欧各国,并以法国为中心,

---

① 孔德.论实证精神[M].黄建华译.北京:商务印书馆.2009.第10页.

一般我们把法国大革命看成启蒙运动的高峰时期,随后启蒙运动转入同各种反启蒙思潮的不断冲突并在对它们的回应中延伸着自己的立场。也就是说,启蒙运动是波及面很广、持续时间长并很有历史意义的一场思想解放运动。那么,如何理解启蒙的基本主张呢?对此,学术界认为有广义和狭义之分:广义的启蒙泛指一种摆脱蒙昧状态的精神运动;而狭义的启蒙主要指17、18世纪的思想解放运动。我们从狭义上来理解,启蒙运动作为欧洲的一个历史事件,它到底是指什么?我们该当如何理解?在此,我们不妨借用康德的"启蒙"概念:"启蒙就是人类脱离自我招致的不成熟。不成熟就是不经别人的引导就不能运用自己的理智。如果不成熟的原因不在于缺乏理智,而在于不经别人的引导就缺乏运用自己理智的决心和勇气,那么这种不成熟就是自我招致的。要有勇气运用你自己的理智!这就是启蒙的座右铭。"①也就是说,启蒙的一个基本立场就是要凭借理智而达到对理性的真正自由运用,在此,启蒙和自由密不可分。自由作为人类的神圣权利推动启蒙迈进,这是一种进步。正如康德所说:"断然拒绝启蒙,那就无论是对其本人,尤其是对于后代,都可以说是侵犯且践踏了人类的神圣权利。"②而且康德也指出18世纪是启蒙的时代,虽然启蒙并未全部展开,但是事实上已经处于启蒙的基本语境之中了。康德认为:"如果有人问'我们现在生活在一个启蒙了的时代了吗?'那么答案是:'非也,但是我们确实生活在一个启蒙的时代。'"③如何理解这句话?康德补充道:"说人们在宗教问题上不需要别人的引导就完全能够自信而恰当地使用自己的理性,或者甚至只是说他们被置于这样的一种状况,那还为时过早。然而,有一些清楚的迹象表明:这个领域现在正在开放……而且,对普遍启蒙或者说对摆脱他们的自我招致的不成熟状态的障

---

① 詹姆斯·施密特编.启蒙运动与现代性.[M].徐向东.卢华萍译.上海人民出版社.2005.第61页。
② 同上书,第64
③ 同上书,第65页。

碍,也越来越少了,就此而论,这个时代乃是启蒙的时代。"①从中我们可以看出,康德对18世纪时代的基本判定。这种判定以启蒙为口号,目标是理性的自由。也就是说,启蒙的程度如何和理性自由运用的程度直接相关,理性作为支撑启蒙运动的基本原则,给18世纪带来新的活力,并注入一种解放的逻辑,此种意义上的解放,首要的任务就是要打掉神权和王权对人的思想束缚和社会政治束缚,从而冲破强加给人们思想的种种限制。在启蒙的语境中,理性获得了应有的权威。

在这里,我们还可以引用卡西尔的话来说明这个问题。他是德国新康德主义哲学家,同时又是马堡学派的思想领袖之一,他对启蒙问题有着更好的回答,在其《启蒙哲学》一书中对启蒙做了系统的、鞭辟入里的论述。他认为,尽管启蒙运动和前数世纪的思想发展有着很多内在的关联,但是启蒙运动还是有自己的独特性。他说:"尽管在内容上有这种依赖,启蒙哲学仍具有一种独具特色的哲学思维形式。虽说它只是把流行的观点加以修改,只是在17世纪奠定的基础(比如宇宙论方面)上继续前进,但一切都具有新意,显示新的面貌。"②这种新意就体现在发端于英国并以法国为中心的启蒙运动,是从摧毁哲学知识的旧形式开始的,这种运动并没有把哲学限制在一个系统的理论结构中,而是让哲学自由运动,不再相信"体系癖"。这种"不再相信"不是放弃体系精神,而是以另外一种更为有效的方式发挥这种精神。这种精神要求重新给予理性应有的地位,并凭此揭示理智的方方面面。正如他所说的:"哲学不仅不能与科学、历史、法学和政治学相分离,反而应当成为这些学科得以存在和起作用的氛围。哲学不再是孤立的理智力量,它的真正功能,它的研究和探索的特殊性质,它的方法和基本认识过程,把全部理

---

① 詹姆斯·施密特编.启蒙运动与现代性.[M].徐向东.卢华萍译.上海人民出版社.2005.第65页.

② [德]E·卡西尔.启蒙哲学[M].顾伟铭译.济南:山东人民出版社.2007.第2页.

智的面目披露无遗。"①他强调的是如果骄傲地赋予18世纪以"哲学世纪"的话,那么就必须认清哲学本来的面目;而要认清哲学的本来面目,就必然会涉及启蒙的基本信念,按照卡西尔的话来说,"因为启蒙哲学家有一个基本的信念,即理智活动必须以更深层的事物为基础"。②而且,"启蒙哲学的基本倾向和主要努力,不是反映和描绘生活。毋宁说,这种哲学信仰的是思维自发的独创……思维具有塑造生活本身的力量和使命。思维的认为不仅在于分析和解剖它是为必然的那种事物的秩序,而且在于产生这种秩序,从而证明自己的现实性和真理。"③从这种表述中,我们可以看出启蒙和理性、思维的运用有着直接的关联。启蒙运动要做的事情就是捍卫理性自主,并力图让它在各个领域中牢固确立下来。所以当我们反观那个时代的时候,用"理性"给18世纪冠名,就显得不奇怪了,因为,那个世纪,理性成为时代最大的驱动力。这也正如卡西尔所说:"即使是我们,也不能够并且不应当埋没那曾经将理性和科学推崇为人的最高官能的时代。"④这里所说的时代就是18世纪。而18世纪是前后的转折点,往前是15世纪的文艺复兴和16世纪的宗教改革运动,以及17世纪的笛卡尔的哲学运动。那么,18世纪是否有区别以前几个世纪的显著特征呢?对此,我们需要做一番论述。

在此,我们可以援引达朗贝尔这位当时最重要的学者和知识界的发言人的话佐证。在他的观点中,他认为18世纪是以崭新的面貌出现的。正如他说的那样:"一句话,从地球到土星,从天体史到昆虫史,自然哲学的这些领域中都发生了革命,几乎所有其他的知

---

① [德]E·卡西尔.启蒙哲学[M].顾伟铭译.济南:山东人民出版社.2007.第3页.
② 同上书,第4页.
③ 同上书,第4页.
④ 同上书,第7页.

识领域也都呈现出新的面貌。"①而当继续追问之所以造成这些新事物产生的原因时,得出的结论是,整个世纪所有的一切呈现新的面貌凭借的推动力是理智。即"贯穿18世纪的关于理智的'进步'问题就是在这种背景下出现的。大概没有哪个世纪像启蒙世纪那样自始至终地信奉理智的进步的观点……当18世纪想用一个词来表达这种力量的特征时,就称之为'理性'。'理性'成了18世纪的汇集点和中心,它表达了该世纪所追求并为之奋斗的一切,表达了该世纪所取得的一切成就……18世纪浸染着一种关于理性的统一性和不变性的信仰。理性在一切思维主体、一切民族、一切时代和一切文化中都是同样的。宗教信条、道德格言和道德信念等,是可变的,但从这种可变性中却能够抽取出一种坚实的、持久的因素,这种因素本身是永恒的,它的这种同一性和永恒性表现出理性的真正本质"。②从这种表述中,我们可以看出18世纪,理智规定着那个时代的基本精神,并且理性具有普遍性,试图覆盖生活世界的全部领域。

现在,我们不妨就启蒙的主题做出总结,从康德、卡西尔、达朗贝尔等人对启蒙运动所做的阐释和理解中,关于启蒙运动及启蒙的主要议题,总的来说大致有两点是可以明确的:其一,启蒙的主题是追求理性在社会生活的众多方面的自由运用,理性为启蒙运动的主导精神和基本原则。甚至我们可以说,启蒙时代的主导思想,即对理性、科学及教育、社会改革、宽容和开明政府的乐观信仰。这里面有对理性普遍性的孜孜以求的努力,也有对进步秩序的无比信任,更有对科学能力的坚信和支持。其二,18世纪的启蒙精神既有新的层面,也有对17世纪思想的继承。这一点,正如美国20世纪著名历史学家科尔顿所指认的那样:"18世纪的启蒙精神来自17世纪的科学和思想革命。启蒙运动发扬和普及了培根和笛卡尔、贝尔

---

① 转引自[德]E·卡西尔.启蒙哲学[M].顾伟铭译.济南:山东人民出版社.2007.第2页。
② 同上书,第4页。

和斯宾诺莎、特别是洛克和牛顿的思想。它发扬了自然法哲学观点和天赋权利哲学观念。从未有过一个时代对传统抱有如此的怀疑态度,对人的理性和科学能力抱有如此的信心,对大自然的规律性和和谐性抱有如此坚定的信念,从未有过一个时代是如此深刻地受到文明进步和发展观念的浸染。"① 从他的表述中我们可以看出,18世纪有对17世纪继承的方面,重要的是,18世纪对17世纪不仅是接纳,不仅是接着17世纪开创出来的事业往前走,而且对17世纪的思想资源也有怀疑和批判。但是,总的来说,启蒙理性仍是18世纪主要的基调,它延续着现代文明发端于17世纪的基本线索,虽然在两个世纪之间存在着张力。但概而论之,通过这场启蒙运动人们走出了以野蛮和黑暗著称的往昔时代,这在社会思想史上无疑是一个划时代的运动。

那么,从宏观的层面而言,即便我们知道了18世纪启蒙运动是以理性为基调,且信仰进步、秩序和科学,是不是就意味着我们就已经理解了那个时代了呢?换句话说,我们该怎么真实地理解启蒙语境呢?初看起来,留给我们的大致印象:它就是18世纪众多思想的汇总,因为在这场运动中涉及的人物及其思想很多,从表面上看起来是杂乱而无序的。是不是因此就能把它理解为个别学说(从培根、伏尔泰等人的思想到沃尔夫体系)的单纯总和,就可以很牢靠地理解启蒙语境呢?显然不是,在这里,我们想要更好地理解启蒙语境,就一定要尝试着去理解启蒙运动之所以能蓬勃开展起来背后的思想史铺垫和时代特征。在这一点上,我们同样可以参考卡西尔的提示:"只有着眼于它(启蒙运动)的发展过程,着眼于它的怀疑和追求,破坏和建设,才能搞清它的真正性质。"② 从这个线索出发,我们很自然地想到18世纪和17世纪的关联性这个问题,我们需要问,

---

① R.R. 帕尔默 乔·科尔顿 劳埃德·克莱默. 启蒙到大革命:理性与激情[M]. 陈敦劝. 孙福生译. 北京:世界图书出版社. 2010. 第90页.
② [德]E·卡西尔. 启蒙哲学 [M]. 顾伟铭译. 济南:山东人民出版社. 济南:2007. 第5页.

相对于17世纪,我们通常称之为"理性世纪"的18世纪有着怎么样的与众不同的特征呢?换句话说,我们在何种意义上使用"理性"一词?在此,我们需要明确的一点是:18世纪的"理性"以及随之而来的对进步的信心绝不是突然生发出来的,倘若我们想对18世纪"理性"一词做更为真实的理解,一定不能离开17世纪为它所奠定的基础。这一点,正如科尔顿所指出的那样,"进步思想常被描述为现代或自17世纪末叶以来欧洲文明的支配思想或特有思想……这一信仰的各要点在1700年以前就已经有了,然而,进步思想却是在1700年以后才日益变得明晰。"[1]从他的表述中我们可以看出,18世纪的进步思想已以显著的特征显现,然而,这样的根基是在18世纪前就有的。所以,我们需要弄清楚17世纪关于进步、自由、理性的原则何在,以及它们具有什么样的影响。为此,我们需要结合思想史个案来重点谈论这个问题。在下面的两节中,笔者为了厘清称之为"理性世纪"的18世纪真实的启蒙语境,而把对这个问题的探讨集中在对以下两个问题的分析上:一是从发生学上考察17世纪是如何为启蒙运动提供原则和基础,后文主要从哲学革命和科学革命的角度去论述这个问题;二是18世纪启蒙运动是如何推进和反判理性、进步秩序的,以及在此基础上总结启蒙自身问题及启蒙语境内在的张力。

第三节　从发生学上考察17世纪
为启蒙运动提供的基本原则

当我们考察17世纪的时候,我们常常把它命名为科学"现代化"的时代,并且我们认为欧洲思想的现代历史是从这个世纪开始的,或者至少可以说,在17世纪发生了我们将要描述的具有最深刻

---

[1] R.R.帕尔默 乔·科尔顿 劳埃德·克莱默. 启蒙到大革命:理性与激情[M].陈敦劤.孙福生译.北京:世界图书出版社,2010.第90页.

意义的文化思想的一系列"革命",而且,这个世纪所开创出来的基本精神导致了18世纪的启蒙运动。这正如美国当代著名的历史学家斯特龙伯格(Roland N. Stromberg)所认为的那样:"17世纪的革命是与主要发生在物理学和天文学领域的伟大的'科学革命'紧密相关的,后者包括在西方传统上无与伦比的人物伽利略和牛顿的成就。这一个革命还与以培根和笛卡尔为代表的哲学家和科学家一身二任的任务相联系,这些人大胆地尝试全新的思想方法,从而开创了'天才的世纪'。这一思想潮流导致了18世纪的启蒙运动。启蒙运动虽然在某些方面偏离了17世纪的主流,但毕竟坚实地建立在17世纪的基础之上。因此,17世纪被普遍认为是现代的黎明。"① 从他的表述中,无疑能够基本确认的是,对18世纪思想潮流及其语境的把握,一定不能离开17世纪所奠定的基本原则,因为17世纪可以说是考察启蒙语境的诞生地,尽管两个世纪之间又具有一定的差别和张力。但是,也正如斯特龙伯格提示我们的那样,当我们把握世纪的思想特征时,我们更要从连续性上把握前后之间复杂的、且紧张的关系。其中,重要的一个维度就是连续性。他说:"在思想史上,革命比我们想象的要少,而连续性比我们想象的要多。"② 所以,我们接下来从思想连续性的角度去考察17世纪的思想的基本原则。为了不想泛泛考察这个基本原则,本节主要围绕两个主题来谈。

一、哲学革命和科学革命视野中的经验和理性原则

要想在17世纪的哲学革命和科学革命视野中去厘清经验和理性的关系,这是一个复杂而又极其艰巨的任务,当我们在一般意义上说,17世纪作为现代的起点时,我们无疑在指认那个时代所具有

---

① 罗兰·斯特龙伯格.西方现代思想史[M].刘北成.赵国新译.北京:中央编译出版社.2005.第1页。
② 同上书,第2页。

的开创性和革命性。此等"革命"离不开那个时代所开创出来的具有革新性的哲学理论和科学理论。而当我们试图理解那个时代时,我们一定会试图走进培根和笛卡尔所开出的理论,这不仅是因为他们是现代世界的先知,而且是因为他们对现代文明的意义。这正如科尔顿等人所指出的:"有两个人超群脱俗,成为科学所重建的世界的先知。一个是英国人弗朗西斯·培根(1561—1626),一个是法国人勒内·笛卡尔(1596—1650),他们都致力于知识问题的研究;都曾反躬自问,人类如何才能确切了解一切事物,即怎样才能获得关于世界的可靠、真实、有用的知识。他们对自己的时代都提出过种种疑问……他们远不止提出怀疑而已。他们还提出了一个建设性的纲领,虽然他们的纲领各有不同,但是他们都成了一种科学观的始祖或哲学家。"①从中我们可以看出,培根和笛卡尔的作用极其重要,我们可以说,正是,培根和笛卡尔宣告了一个科学文明时代的到来。

同时,另外一个人也是极其重要的,他是牛顿,他的理论意味着科学革命站在了一个新的起点并昭示一个新的"光明的时代"的到来。他的地位我们可以援引英国启蒙运动时期的古典主义诗人亚历山大·蒲柏的话说明:"自然与自然法则隐藏在黑夜里;上帝说:'牛顿诞生吧!'于是,一切光明。"②这种美文学的表述足见牛顿的科学革命对那个时代意味着"光明"二字。那么,我们需要探究牛顿对那个时代做出的贡献背后所凭借的原则是什么,因此,无论是考证培根、笛卡尔,还是考证牛顿及洛克的贡献,我们都有必要深入他们的思想内部去找到他们的理论原则,在此基础上也就能够大致考察出这个"新的时代"其奠基性的原则是什么。接下来,笔者着重论述这几个问题。

---

① R.R.帕尔默 乔·科尔顿 劳埃德·克莱默.启蒙到大革命:理性与激情[M].陈敦劝.孙福生译.北京:世界图书出版社.2010.第5页.
② 同上书,第19页.

1. 培根如何看待经验和理性

培根一生著述甚丰，主要著作有《学术的进展》(1605年)、《新工具》(1620年)、《新大西岛》(1624)和《论说文集》等。他的著作涉及很多问题，其中最关键的是他对经验和理性的分析，可以说他宣告了一个新时代的到来。那么，对于这个新的时代，培根是怎么看待的呢？正如当代思想史研究杰出学者塔纳斯对培根思想评价的那样："在培根看来，探险者在全球范围进行探险活动，新大陆的发现相应地要求发现一个新的精神世界。在这个精神世界里，陈旧的思维、传统的偏见、主观的歪曲、词语的含混以及普遍存在的理智的蒙蔽都将通过获取知识的新方法而得到克服。"[①]所以笔者接下来通过对其文本的解读来看看他所说的新方法到底是指什么。

首先，他通过对传统哲学尤其是对柏拉图主义的批判，提出经验的认识原则，且把认识导回到经验的基础上。他之所以认为哲学传统有问题，批判的要点在于，他认为以往的哲学传统虽在一定程度上有助于求知，但实际上却使得路向离真理越来越远。他讽刺地说："柏拉图的哲学不过是借用来的知识片段刮垢磨光后把他们串联起来的东西……柏拉图的智慧是以伪装愚昧而欺瞒人的赝品。"[②] 培根如此嘲讽柏拉图，主要批判的是柏拉图唯心主义思辨哲学给人们解释自然带来的重大危害。而且，他认为错误的哲学有三类，他说："让我们看看这些错误的根源吧，即这个错误的哲学可分为三类：诡辩的，经验的，迷信的。"[③]

根据他的理解，诡辩论哲学以亚里士多德为首，他批判地说："亚里士多德的逻辑理念把自然哲学搞得一团糟，他还在工具论中提出了一对范畴，并由此推出世界来，他用轻薄的字眼将人类高贵

---

① 理查德·塔纳斯.西方思想史.[M].吴象婴.张广勇.晏可佳译.上海社会科学出版社.2007.第301页.

② 转引自余丽嫦.培根及其哲学.[M].北京：人民出版社.1987.第184页.

③ 培根.新工具.[M].陈伟功编译.北京出版社.2008.第28页.

心灵的实体赋予一个属类……总之,亚里士多德因为对经验的抛弃的态度,使他比经院哲学家更为可憎。"①他对经验派哲学的批评主要强调经验派的哲学基础源于极少的实验,却并非普遍的概念;而在对唯理论派的哲学批判中,他更多强调的是这些哲学家从经验中选择了很多的普通事例,即不对其进行适当的核实,又不认真考察,仅凭智慧的沉思和情感的激动就来办理一切事情。这些流行的哲学体系犹如舞台戏剧,以一种不真实的幻景来表现哲学家自己所创造出来的世界,这可能使人感到更精彩,但却远离了客观真理。因此,他说:"如今,我们要想恢复一种健全和健康的心智,正确的途径只有一条,那就是另起炉灶,启动新的理解力,从一开始就不放任心灵的自由运动,要像机器那样对其步步加以引导。"②

我们可以看出,一方面培根猛烈批判传统哲学,并点出传统哲学的问题;另一方面,培根也努力去拯救人类的理解力,此种拯救是通过把对真理性知识的追求导回到经验基础上得以完成的。他说:"我要开辟一条新的通往真理的道路,从直接的简单的感知开始,引导心灵循序渐进。"③这就是培根所说的新方法。在此,我们需要强调的是培根的新方法的一个重要纬度就是重新唤醒哲学或自然科学对"事物本身"的关注,或者换句话说,要丢掉一切以前固有的错误假象,去面对事物本身,起点是经验感觉,并且通过实验的方法层层提升经验,进而得到真理性的知识。但此种方法在那个时代还是尚未实行的方法,如培根所说:"另一条是从感觉和具体引出一些原理,循序渐进,最后达到普遍原理,但这种正确的方法尚未实行。"④这种方法的本质就是经验主义的方法。

从他的表述中我们可以看出,培根认为,真理性的知识的真正基础乃是自然界及人类通过感官所获得的信息,传统哲学无论是柏

---

① 培根.新工具.[M].陈伟功编译.北京出版社.2008.第28页。
② 同上书,第2页。
③ 同上书,第1页。
④ 同上书,第11页。

拉图还是亚里士多德甚至是后来的经院哲学的众多流派都在认识起点处偏离了真理性知识的获得途径。那是因为他们对自然的解释不是直接面对事物本身,他们所依仗的演绎推理的前提不是来自事物本身,而是来自哲学家的头脑。而哲学变革的基础就是让哲学家直接走进这个真实的世界,面对事物本身去研究,不要虚假地去预先设定原则。这里我们可以援引塔纳斯对培根的理解,他说:"在培根看来,哲学家的第一要务就是深入考察特殊事物。通过精确的实验,感觉的证据可以逐渐地得到纠正和增强,从而揭示隐藏在自然背后的真理。"①这足见培根对经验的重视。从培根对知识的经验始源性的强调,我们可以确认经验主义乃是其基本立场,因为,在他看来,一切自然知识都应当求之于感官,来源于感官。因此,我们可以把培根的理论原则归纳为经验主义原则,这也正如哲学家梯利所指出的那样:"我们可以把培根划归为经验主义学派,尽管他的经验主义不彻底和前后不一致。"②大致而言,培根奠定了经验的认识原则。

其次,他指出,在认识过程中,经验仍具有一定的局限性,因此,在从经验到概念、原理的形成过程中,感觉需要和理性相结合。他指出了感觉经验在认识过程中的基础地位,认为从经验出发能够实现对自然的解释和驾驭。他说:"我的方法是从功效和实验中推出原因和原理来,然后在此基础上,得到新的功效和实验,以对自然进行解释。"③而且他还说明了经验和实验之间的关系,感官只能感知事物的表面现象,不能直接接触事物的内在过程。所以,探寻事物内在的"隐形结构"还需要经由实验这个环节。因为实验有着如下的地位,即"一切比较真实的对于自然的解释,乃是由适当的例证和

---

① 理查德·塔纳斯.西方思想史.[M].吴象婴.张广勇.晏可佳译.上海社会科学出版社.2007.第304页.

② 梯利.西方哲学史.[M].葛力译.北京:商务印书馆.北京.2006.第264页.

③ 培根.新工具.[M].陈伟功编译.北京出版社.2008.第67页.

实验得到的。感觉所决定的只接触到实验,而实验所决定的则接触到自然和事物自身。"①

从中我们可以看出,要揭示自然的内在奥秘就必须借助于实验。在这里,涉及认识的真理性问题,而感觉经验是起点,实验是确认真理的一个环节。换句话说,一个观念、一个思想是否具有真理性,不在于概念体系建构的多么严谨,而在于它的效果和实践。这是培根所表达的一个层面。正如他说的那样:"经验就是最好的论证。"②但在另一个层面,培根指出经验所依赖的感官具有欺骗性,而且狭隘意义上的经验同样也是不足取的。他说:"人类理解力不是干燥的光,而是受到意志和各种情绪的灌浸的……人类理解力的最大障碍和扰乱却还是来自感官的迟钝性、不称职以及欺骗性……感官本身就是一种虚弱而多误的东西。"③他说明了经验的局限性,而且他还进一步分析了感觉不完全可靠的原因。原因大致有两类:其一是因为物体过于庞大或纤小,或距离太远或人们因习以为常等因素而造成感觉不能作出反应;其二是因为感觉的证据往往参照于人,而少参照宇宙,在这种情况下,就使得主体反映事物时把自己的本质混合进去,给人造成虚妄的知识。

最后,弥补经验的局限性的途径就是重视试验这个理性步骤,从而使得人类恰当地运用自己的理性。这可以从他强调理性的重要性看出,他说:"不过感官的一个最大的欺骗却须在此一提,那就是说,感官对于自然的界分总是参照着人而不是参考着宇宙,而这是非靠理性和普遍的哲学不能加以矫正的。"④而且,这种纠正说明困难本身并非起于事物本身,而在于人的理解力的使用和应用。因此,理性的合理运用十分必要。他说:"哲学的真正任务就正是这

---

① 转引自冒从虎.王勤田.张庆荣.欧洲哲学通史(上卷).[M].天津:南开大学出版社.第334页.
② 培根.新工具.[M].陈伟功编译.北京出版社.2008.第34页.
③ 同上书,第27页。
④ 同上书,第258页。

样,它既非完全或主要依靠心的能力,也非只把从自然历史和机械实验收来的材料原封不动、囫囵吞枣地累置在记忆当中,而是把它们变化过和消化过而放置在理解力之中。这样看来,要把这两种机能,即实验的和理性的这两种机能,更紧密地和更精纯地结合起来,我们就可以有很多的希望。"①在此,培根想表达的是,他既反对脱离经验的纯思辨,也反对纯主观经验的狭隘性。他试图在经验与理性路向之间架起桥梁,尽管培根自己宣称自己解决了经验主义和理性主义之间的对立,对此他说:"借着我这些方法,可以永久确立经验能力和理性能力二者的真正合法的婚姻。"②然而,需要指出的是,培根只是试图解决而实际上并未解决这个问题。究其原因,是他视野中的理性仍停留在可感知的范围内,之所以这样说,是因为培根并没有明确界定理性,但从其认识论的整个体系而言,他指出的理性的作用是"把材料加以变化和消化"。实际上,这种理性主要就是对可感知的经验材料的排列和整理、分析和排除。进而获得的"一般",往往只是事物纯粹外部的共同特征,这种特征仍停留在可感知的范围内。所以,他终究没有脱离他自己加以批判的经验主义,虽然有很大的差别。而且,需要补充的是,培根是借助于对知识来源的二分法来推进理性的合理运用的。在他看来,知识有两个来源,一个是哲学,一个是神学,他说:"人的知识就如同水似的,有的是从上边降落的,有的是从下面涌起的,一种是由自然的光亮所陈示的,一种是由神圣的启示所鼓舞的……按照它们的来源,而分为神学同哲学二种。"③且哲学和神学各自具有独立性,彼此不可混淆,不可干预。培根认为,世俗世界和神圣世界是彼此独立的,科学、理性可以不受信仰支配,同样,信仰也不受理性支配。在此意义上,理性只有合理运用才能有发展的正当性。

---

① 培根.新工具.[M].许宝骙译.北京:商务印书馆.北京.2009.第83页。
② 转引自余丽嫦.培根及其哲学.[M].北京:人民出版社.1987.第236页。
③ 同上书,第426页。

通过以上三个层面的论述，不妨对培根思想作个小结。培根对经验和理性都给予了重视，尤其强调经验作为知识的始源性地位。但同时，我们也可看出其理论的不彻底性。总之，就大致路向而言，我们可以称培根的认识论路向为经验主义路向，虽然这种路向带有二元论的痕迹。需要补充的是，如果给培根哲学一个合理定位的话，我们可以说，培根乃是哲学发展转向现代的转折点，因为正是从他开始努力提倡哲学家的第一要务就是深入考察特殊事物，即通过精确的实验，感觉的证据可以逐渐地得到纠正和增强，从而揭示隐藏在自然背后的真理。这样的路径，使得经验是真正知识的唯一合理的源泉的论证成为现实，这样的一个后果无疑是革命性的，因为这卓有成效地使欧洲人的思想转向经验世界，转向对自然现象进行条理性的考察，转向对传统假设——不论是神学的还是形而上学的拒斥。因此，我们有充分的理由指出，培根的思想是站在经验主义立场为理性的合理运用开道，正是他推动产生了新的科学的特殊性质、发展方向和强大力量。

2. 笛卡尔：理性主体性原则的确立

如果说培根是现代哲学的转折点话，那么笛卡尔可以说是奠定了科学的哲学基础，并且为现代的本质做了十分明确的规定。他提出"我思故我在"为西方现代社会提供了思维的原则，之所以这样说，是因为培根以自己的理论冲击了外部的权威，无论这种权威是神学的还是形而上学的，几乎都遭受到培根经验哲学的强大冲击，这带来的后果是对确定性的知识可能性持怀疑态度的相对主义弥散于欧洲知识界。这也正如塔纳斯所说的那样："在这么一个时代……人们不再天真地相信外部的权威，可是又没有新的确定真理的标准来取而代之……如果感官可能是靠不住的，如果自然结构不必与思想方法相一致，如果理性的相对性和不可靠性排除了上帝的知识或者基本的道德规范，那么没有什么东西是确定的。"[①]这表达了

---

① 理查德·塔纳斯.西方思想史.[M].吴象婴.张广勇.晏可佳译.上海社会科学出版社.2007.第276页。

对即将崩溃的世界观的各种迷茫。换句话说,怀疑论的危机出现了,这是时代交出的问题。正是有了时代问题,才促使笛卡尔开始去发现确定的知识的无可辩驳的基础。那么,为了能够给确定的知识寻找到最终的基础,笛卡尔是如何解决这个问题的?我们为何在一般意义上把他作为现代世界的奠基人?其道理何在?下面笔者主要从三个方面展开论述:

首先,笛卡尔通过"怀疑一切"的态度来破除感官经验的欺骗性。他把"怀疑一切"看成颠覆传统的必要的第一步。之所以要怀疑一切,原因有两个方面:一方面因为这是时代交出的问题;另一方面也有笛卡尔自身的原因,正如他在《第一哲学沉思集》中说的那样:"很多年前,我就被一大堆我自幼就当作真实的来接受的错误观念所震动,并且也被我后来建立在这些观念上的整个知识体系的高度可疑性所震动。我意识到如果我真希望在科学中确定任何稳固的东西,那么,就有必要在我的有生之日彻底清除一切东西,再从根本上重新开始……我将全身心地、毫不保留地对我的旧信念进行全面的清理。"[①]并且他认为,这样的清理务必彻底,不必全部都单个检查一遍,那会是无休止的工作。在此,笛卡尔把矛头直接指向所有信念所依附的那些基本原则。因为在他看来:"一旦一个建筑的基础被破坏了,那么,修建在此基础上的任何东西也会随之而倒塌。"[②]这里所指的基础,在笛卡尔看来就是为了摧毁人类将感觉作为知识来源的信心。只是这里的实现途径,依然是通过再次复活古典怀疑观点并将此原则发挥到极致。在古典传统中,如在柏拉图那里,真正理解哲学的第一步就是离开由基于感觉的信念所组成的、变幻不居的世界。那么,在这一点上,笛卡尔以相同的方式在进行着,他指出感觉经验的不可靠性,他说:"直到现在,我已经当作最真实的而

---

① 勒内·笛卡尔.第一哲学沉思集.[M].徐陶译.北京:中国社会科学出版社.2009.第3页。
② 同上书,第4页。

接受的任何东西,或是从感官得来,或是通过感官得来。但是有时我发现感官是欺骗性的,因此谨慎的做法是不要完全相信那些曾经欺骗过我们的东西,哪怕只欺骗一次。"①他认为,感官经验不可靠,应该加以普遍怀疑甚至拒斥。对此,笛卡尔在文本中通过对"梦境的论证"来说明,他说:"我很明白地看到不会有任何确定的标记把醒着和处于睡梦中这两种状态区分开来。"②在他看来,感觉经验的可靠性依据是虚幻的,正如你无法把睡梦中的感觉经验当成真实的一样。在这里,笛卡尔反对的是外在事物给予的感官经验。这种感官经验因为其依赖于对象的实际存在,因此,其真理性及其确定性是不可靠的,当然无法给出确定性的知识来。

其次,笛卡尔通过"我思故我在"来重新确定哲学的第一要素为自我主体。这样的路径是如何实现的?结合上文的论述,我们看出,笛卡尔通过对外在感官经验的一系列环节的拒斥来破除感官经验的欺骗性,并且他最终找到一个沉思者所遇到的第一个不可置疑的确定性,即被表达为"我思故我在"(Cogito ergo sum)命题。在《沉思集》中他确定"我在思考这件事"本身是毋庸置疑的,是拥有绝对性的确定性。他论述道:"如果我使自己相信什么东西,那么我确实是存在的。可是有一个拥有最大能力和诡计的欺骗者,他有意地一直欺骗我。如果他正在欺骗我,那么在这种情况下毫无疑问我也是存在的;并且随便他怎么欺骗,只要我想到我是什么东西,他就永远不能使我成为什么都不是。因此,在我充分考虑了这一切后,我最终必须得出这个结论:我是、我存在,无论我在什么时候提出它或在心里思考它,它都必然是真的。"③

这个拥有绝对的确定性在笛卡尔看来,就是指"自我"。那么如何理解这个"自我"?"我"是什么?"我"是一个人,当然笛卡尔也承

---

① 勒内·笛卡尔.第一哲学沉思集.[M].徐陶译.北京:中国社会科学出版社.2009.第4页.
② 同上书,第5页.
③ 同上书,第12页.

认这一点,那是否就是指类似传统中亚里士多德所提倡的"人即是理性动物"这一说法,如果我们忽视笛卡尔本文的价值,我们很容易把他归为亚里士多德路向,那么,也就很难理解笛卡尔哲学革命的价值。为了避免此误解,我们很有必要根据笛卡尔本人的判断加以分析。笛卡尔说:"我是说有理性的动物吗?不是的;因为那样我就必须追问什么是动物,什么是理性,这样一来,就会把我由一个问题引向其他更加困难的问题上,然而,我现在却没有时间去浪费在这种细节上。我打算要做的是,把注意力在每当我过去思考我是什么的时候,那些自发地和极其自然地进入我思想中的东西。"①在此,笛卡尔说明了自己想要考证的东西不是亚里士多德的被悬置的理性的人。正如他所说:"于是我要把任何会被刚才的论证所削弱的东西全部去除掉,使得最后剩下来的东西正是并且仅仅是那些完全确定的不可动摇的东西。"②这个最终的东西在笛卡尔看来就是在思维的东西,他说:"那么我究竟是什么?是一个在思维的东西,什么是一个在思维的东西呢?那就是说,一个在怀疑,在理解,在肯定,在否定,在愿意,在不愿意,在想象和在感知的东西。"③也就是说,"我思故我在"理所当然地成为哲学的第一原则。这可以看成笛卡尔处理哲学问题的根本出发点。

在笛卡尔看来,当把"我思"作为根本的出发点时,哲学思考中有两点是清楚明确的:其一,"它就是在思维"是确实可靠、简单明白、无可怀疑的,因此"我思"具有绝对的有效性并实实在在地拥有优越地位。其二,以此为出发点可以推出其他知识,即,"我思"是其他知识存在的逻辑前提和基础。笛卡尔认为获得对外部世界的知识源于"我思",他说:"我现在知道,甚至严格说来,物体也不是通过感官或者想象的功能就领会,而是通过理智本身;并且这种领会不

① 勒内·笛卡尔.第一哲学沉思集.[M].徐陶译.北京:中国社会科学出版社.2009.第13页。
② 同上书。
③ 同上书,第16页。

是来源于它们被摸到或者被看到,而是来源于它们被我们所理解。"①在此,我们可以看出,在笛卡尔"我思"的基本建构中"理智本身"居于核心地位,甚至可以说,上帝在笛卡尔那里也仅仅从属于人的理性能力。他说:"那唯一的理由是因为我心里产生这样的一种想法,即也许是一个什么上帝,他给了我这样的本性……并且我现在甚至不确定是否有上帝……如果有上帝的话,我也应该检查一下他是否是骗子。"②从这种表述中我们可以看出,上帝的观念其实也就是人的理智活动的结果。"我思"作为认识的起点,是认识的主体,上帝作为一个认识的对象也是从"我思"中推演出来的。这是从认识论方面指出的,尽管在本体论上笛卡尔并不否认上帝的自明性和绝对性。总之,通过对笛卡尔"我思"及"我思故我在"命题的阐释,我们需要凸显如下的四个方面:

第一层面,"我思"作为哲学的第一原则,是笛卡尔理论的基础,至于作为"我思"的人的理性认识能力从何而来,他认为更多的是出自自我的本性。他说:"在我的观念里面,有些似乎是我与生俱来的,有些是外在的,有些是由我创造的。我能够理解的事物是什么,真理是什么,思想是什么,这种理解力似乎是出自我的本性的。"③笛卡尔这样的观点,无疑是在告诉我们:我思是一切观念、知识的基础,因此也就成为一切其他真理的尺度和准则。这就如他说"凡是想这个真理一样可以清楚而且明晰地设想的东西都是真的。"④重要的是,我们需要强调,在笛卡尔这里,当确定"我在思"这个根本的存在事实后,关于人的理性能力、理解力的来源问题,在他看来都具有自明性。即关于事物的观念之所以能够成为事实,这是作为"我思"

---

① 勒内·笛卡尔.第一哲学沉思集.[M].徐陶译.北京:中国社会科学出版社.2009.第22页。
② 同上书,第27页。
③ 同上书,第29页。
④ 斯宾诺莎.笛卡尔哲学原理.[M].王荫庭.洪汉鼎译.北京:商务印书馆.2009.第48页。

的主体的本性,即属于天赋的东西。

当然,笛卡尔补充说明,因为作为"我思"的主体是有限的,所以这个观念源自某些真正无限的实体。在这里,笛卡尔又重新请出上帝作为支撑,他说:"我不能理解无限,或者上帝有无数其他的属性是我所不能理解的,甚至是我的思维无法接近的,这都无碍于上面所说的论点是真的;因为像我这样的有限的存在体不能理解无限,这是由于无限的本性。"①从中我们可以看出,笛卡尔依然还有对上帝的基本承诺或一种预设,以此来保证理性能力的自明性和绝对性。这样做的目的何在?笛卡尔的回答是:"我将要表面我们心灵的真正财富,向我们每一个人揭示我们无需他人的帮助就可以在自身内发现我们所需要知识的那种手段……以便获得人类理性所拥有的最深奥的知识。"②至此,我们可以说,正是这样的目标诉求使得启蒙运动蓬勃开展起来;至此,人类的理性在更加可靠的根基上不断去开拓自己的疆域,并将科学实践、社会生活纳入自己的法则之下。

第二层面,当我们看到笛卡尔把理性作为一个根本的准则时,在看到理性作为近代哲学的新的起点时,我们需要强调,笛卡尔一方面通过对上帝观念的承诺似乎是回应了自柏拉图以来的对世界本源的诉求等本体论问题,实际上是转移了哲学关注的问题,更加关注认识论问题。或者说,从笛卡尔开始,近代哲学的核心问题就由传统本体论问题转移到认识论问题。

因为在笛卡尔看来,作为有限的"我思"的主体,是没有办法通达无限的主体。这是根本不可能的,正如他说:"我看不出为什么不能用这个增长的知识去获得上帝的其他一切完满性……但是所有这些都是不可能的……实际上,这种逐步增长的知识本身就是不完

---

① 勒内·笛卡尔.第一哲学沉思集.[M].徐陶译.北京:中国社会科学出版社.2009.第39页。
② 转引自:G.H.R 帕金森.文艺复兴和17世纪理性主义.[M].田平等译.北京:中国人民大学出版社.2009.第210页。

满的最确定的标志。"①既然作为"我思"的主体通过思维过程无法去考察或验证那个"无限的、不依存于别的东西的,最明智的,最有能力的,创造我自己和其他一切东西的实体"的上帝,则那样的本体论追溯就显得无力。因此,人的理性的关注点应该放在获得更多的知识上,通过理性去清楚而且明晰地理解一切事物,即获得确定性的知识,这才是哲学最重要的使命,也即他主张的形而上学的使命。从此,真理性问题才是哲学要关涉的最恰当的问题。当然,真理性问题的前提是"我存在作为最初的已经的真理,并且必须是自明的",②且认识就由此开始,传统哲学关注的问题从笛卡尔开始并在其以后逐渐被遗忘,而认识论问题成为核心问题。

因此,我们一般把笛卡尔理解为近代哲学的奠基者,其背后的思想史背景可以从此处对这个问题的简要论述得到一些提示。当然,这样的问题域的转换,在后文马克思那里又被激活,且被在新的基础上加以解决。后面的章节中会重点分析并阐释这个基本问题。

第三层面,在笛卡尔的理路中,他从思想本身出发,重建哲学的基础,把知识的基础导回到理性思维原则上,这样的贡献可以说开启了以理性思维为根本原则的近代哲学,甚至就连海德尔格也曾高度地肯定笛卡尔:"作为一个怀疑者,笛卡尔迫使人们以这样的方式怀疑:他引导他们把他们自己、他们的'我'作为思考对象,这样,这个'我'即人的主观渐渐得被称为思想的主要对象。由此产生了现代的'我—观'(I—viewpoint)及其主观主义。不过,哲学本身就多了一种深邃的认识:哲学必须以怀疑开道,必须对认识活动本身和认识的可能性进行思考,而且必须建立一种认识的理论,然后建立一种关于世界的理论。由此认识论称为哲学的基础,这就把现代哲

---

① 勒内·笛卡尔.第一哲学沉思集.[M].徐陶译.北京:中国社会科学出版社.2009.第39页。
② 斯宾诺莎.笛卡尔哲学原理.[M].王荫庭.洪汉鼎译.北京:商务印书馆.2009.第57页。

学和中世纪哲学区分开来。"①这样的评价既肯定了笛卡尔作为近代哲学奠基人的贡献,同时也印证了笛卡尔要在理性的基础上寻求并建立一个新的、可靠的认识范式。也如笛卡尔本人说的那样:"这个范式应当包括一些确定的、简单的规则,可以让人们去严格遵守这些规则就不会把假的东西认作真的东西,也不会耗费心血而做无用之功,而会逐渐地积累起自己的知识,最终认识所有不超越自己智力范围的东西。"②

但是,笛卡尔这种建构本身一直伴随着很多责难,并且这些责难不无道理。其中有两个比较成问题的方面,具体来讲,主要体现如下两个重要点上。

问题一是"我思想,我存在"这个第一原理能印证的是"思"与"在"在"我的反思"中的本质相属,但是,这并不能立即告诉我们能思的"我"、能在的"我"究竟是什么东西。笛卡尔给出的一个考察结果是这个能思的我就只是思想,是依赖于不同于我身体的我的心灵。至于这样的能力从何而来,笛卡尔又采用"它就在那里",把它认定为人的天赋。也就是说,笛卡尔没有说明能思的"我"的存在方式和"我在"的存在意义,这是成问题的。这也正如学者王金林教授所指出的那样:"'我'这个能思之物在存在论上陷入全无规定的境地,这就使'我'成了'物',即能思者从存在论上被规定为'物',而'物'沿用中世纪的存在论,则从来都是'受造物',而'受造物'之存在从来是由'非受造物'——上帝左右的。"③这样的评价精准抓住了笛卡尔的问题,尽管在笛卡尔那里,通过强化"我思"的原则,强化"我思"的根基地位,去确立自我主体意识,但是最终,也绕不开请出上帝的做法。这是笛卡尔的问题之一。

---

① 转引自:维塞尔.启蒙运动的内在问题.[M].贺志刚译.北京:华夏出版社.2007.第51页。

② 同上书,第47页。

③ 王金林.世界历史意义的本质道说.[M].上海教育出版社.2002.第58页。

问题二:承认我思的优先地位,也不得不面对另外一个困境,即"笛卡尔的私人性"(Cartesian privacy)难题,这个难题的充分含义主要在维特根斯坦著名的"私人语言的论证"(private language argument)中,按照维特根斯坦的观点:"对于任何语言中都有意义的术语来说,必须存在一个公共标准,来确定它的正确使用。"①因此既然在笛卡尔那里,"我思"是沉思者达到的第一个有关存在的真理,那么,如果在理解像"思想"和"存在"这样的术语中确定公共标准的话,笛卡尔的思路就会面对重大的挑战。这正如帕金森所指出的那样:"如果预设一个确定其正确使用的公共标准领域,并且如果以私人的、自我中心式的观点来看待笛卡尔对知识的追求,那么这种观点就内在的具有某种不确定性因素。正如维特根斯坦的论证似乎所表明的那样,如果我们对概念的把握不可避免地是一种公共的、以社会为媒介的现象,那么恰恰是沉思者使用概念的能力,从一开始就预设了外在精神世界的存在,而这个外在精神世界正是他要怀疑的。总之,从现代观点看来,这种主体优先性的思想消解了,而从属在于社会的优先性。"②也就是说,沉思者的个体式的自我理性何以能够上升为普遍理性?这是第二个症结。笔者认为,这个问题也很重要,在笛卡尔那里,的的确确面对着这个坚硬的问题。

第四层面,我们需要指出笛卡尔对后来实证主义的影响。因为笛卡尔宣扬人的理性,这对他所处的时代是一种进步,从此,理性的自主价值被高抬,这在一定程度上推进了启蒙运动的开展,对于那个时代意味着一种进步。而后来的实证派(孔德等人)信奉的就是进步的哲学,尽管他们对激进的进步仍保留部分见解。但是从思想根基处来说,这两者之间有部分继承关系,这正如法国学者阿祖维(Franciis Azouvi)所说的那样:"如果对各个社会没有一个关于社会

---

① 转引自:G. H. R 帕金森. 文艺复兴和 17 世纪理性主义. [M]. 田平等译. 中国人民大学出版社. 2009. 第 208 页.
② 同上书,第 209 页.

劳动的进步性的设想,就没有实证主义,劳动的节奏是随着科学发现朝实证意义迈进的步骤而定的……孔德自视为法兰西伟大哲学家的唯一真正的继承人。"①就连孔德本人也说:"他更喜欢培根、伽利略、笛卡尔……培根的'规则',笛卡尔的'构思',伽利略的'发现。'"②而且孔德还声称:"让我们直接建议用普遍理念的体系来完成培根、笛卡尔和伽利略开始的伟大只是运动,这门哲学今后将专注于使这一运动在人类中大行于道,而使文明民族不得安宁的革命危机将基本结束。"③我们可以这样理解,在实证主义的思想资源中,是培根标志了实证性的门槛,给出实证主义的第一个信号;伽利略给出它的第一个例子;而笛卡尔把一切精神领域中权威禁锢科学的枷锁以无可挽回的方式摧毁了。关于笛卡尔对孔德的影响,阿祖维指出:"在孔德那里,笛卡尔是被划在实证主义时代的缔造者一边的……如果说是笛卡尔很早就为实证主义的综合做准备,那是因为他曾经是——相当幸运的教理主义者。"④所以,我们不难看出,同为法国人,这种思想谱系之间的传承关系在一定意义上是能被后人把握到的。可以说,孔德与笛卡尔思想之间具有某些共通之处。

3. 牛顿:经验观察背后的启蒙理性

如果说是笛卡尔通过对"我思"的追问从哲学层面确立了启蒙的基本原则为理性主体性原则,并奠定了科学的基础,那么,牛顿的贡献在于他致力于使这些原则更加细微地植入这个时代,并为启蒙时代所信奉的关于时空乃至自然的所有知识提供强有力的支撑。这也正如卡西尔所说的那样:"启蒙思想家认为,由于有了牛顿,它才最终在坚实的基础上,自然科学的任何未来的革命,都绝不可能

---

① 弗朗索瓦•阿祖维.笛卡尔与法国.[M].苗柔柔.蔡若明译.中国人民大学出版社.2008.第166页。
② 同上书,第167页。
③ 同上书,第168页。
④ 同上书,第168页。

再次动摇这个基础。"①因此,我们有必要进一步问:到底牛顿如何推进启蒙理性原则?如何为17世纪的科学革命提供基础并影响着哲学革命?因此,我们需要把关注点适当移到科学史上。通过科学史上的一些问题来展开牛顿思想的哲学理路。

一般说来,在科学史上,尤其是15世纪,当哥白尼的"日心说"炸开了"地心说"理论后,随之而来的继承者们都在沿着哥白尼革命的道路上不断推进并回应着哥白尼的问题。而到了牛顿这里,他不仅推进了由哥白尼开启的科学革命的事业,而且还对后来的继承者开普勒和伽利略的研究成果进行了融会贯通,让自然知识成立的基础有了更坚实的支撑。他证明了开普勒的行星运动定律和伽利略的地球上物体运动定律是相同定律的两个方面。而且在他1687年他出版的著作《自然哲学的数学原理》中表明了一切能够计时的运动都可以用相同的数学公式来加以描述。他在论述研究哲学的规则中指出:"对自然事物原因的承认,不应比那些真实并足以解释它们的现象的为多……因此,对同类的自然效果,应尽可能归之于相同的原因。"②在牛顿看来,对自然知识原因的分析,应该透过一系列的实验现象最终去达成合理性的命题。他说:"在实验哲学中,由现象通过归纳推出的命题,在其他现象使这些命题更为精确或者出现例外之前,不管它是否是相反的假设,应被认为完全真实的,或者非常接近真实的。"③

从上述表述中,我们可以看出,在笛卡尔的视野中,他更多的是通过拒斥外在感觉经验而给理性安置了绝对的确定性的位置;而在培根那里,他是给了外在感觉经验在认识环节上的优先地位。那么在牛顿这里,他其实是在进行一种综合,即将假设命题和实验经验

---

① [德]E·卡西尔.启蒙哲学[M].顾伟铭译.济南:山东人民出版社.1988.第42页。
② 牛顿.自然哲学的数学原理[M].赵振江译.北京:商务印书馆.2006.第476页。
③ 同上书,第478页。

进行综合。他一方面强调外在实验经验的重要性;另一方面,为了防止归纳论证不被假设所消除,而主张假设和经验可以齐头并进,可以在数学假设和经验观察中去推进科学进步。牛顿之所以有这样的信心,认为数学假设命题可以和实验经验相结合,这离不开笛卡尔对自然所作的基本规定。笛卡尔认为在形体世界里,包括天体、地球和生物的躯体,这些形体即对象他们之间有着某种关系和比例。他指出:"要从哪些东西开始,我觉得并不是很难决定,因为我已经知道,要从最简单、最容易认识的东西开始。我考虑到古今一切寻求科学真实的学者当中只有数学家能够找到一些证明,也就是一些确定明白的推理……我看出这些学问虽然对象不同,却有一致之处,就是全都仅仅研究对象之间的各种关系或比例。"①也就是说笛卡尔是根据数学的原则来建立他对自然的学说。

需要指出,事实上,笛卡尔对自然的看法具有机械唯物论的性质,在他对自然的论述中,上帝和灵魂是被他抛在一边的。这里我们可以援引马克思、恩格斯在《神圣家族》中对笛卡尔自然观的评价:"笛卡尔在其物理学中认为物质具有独立的创造力,并把机械运动看成是物质生命的表现,他把物理学和他的形而上学完全分开。在他的物理学的范围内,物质是唯一的实体,是存在和认识的唯一根据。"②这句话精确地概括了笛卡尔物理学的特点,表明它就是机械唯物论。问题在于,如果从笛卡尔和牛顿理论之间的关联来看,他们之间在对自然的解释方面又具有继承关系,这也正如纳塔斯所指出的那样:"实际上,将笛卡尔的机械论哲学、开普勒的行星运动定律以及伽利略的运动法则综合成一个体系广博的理论,这是牛顿的惊人的成就……笛卡尔将自然视为一部由数学法则并且通过人类的科学可加以理解的完美的机器,如今他的这种看法得到了应

---

① 笛卡尔.谈谈方法[M].王太庆译.北京:商务印书馆.2009.第17页。
② 同上书,第21页。

验……牛顿和笛卡尔的宇宙论现在被确立为新世界观的基础。"①牛顿对宇宙世界的新的解释和综合,对17、18世纪都有重要的影响,这正如贝克尔所指出:"牛顿比之在他以前的任何人都更多地将神秘从世界上驱出。"②斯特龙伯格也直接指出:"在17世纪强烈的非理性主义精神的种种表现中……舆论在整体上还不属于理性时代,直到牛顿对宇宙的定律做出令人信服的证明之后,理性时代的舆论才形成……正是由于牛顿1687年对运动定律和引力定律做出了伟大的综合和总结,所有的迷雾似乎被一扫而光;尘埃落定,大自然显示出最隐秘的秘密,于是欧洲准备进入乐观的启蒙运动时期。"③

关于牛顿理论的贡献,尤其是在哲学层面的思想,大体来说,有几点是十分明确的:

其一,他为近代科学奠定了基础并确定了科学实践的范式。牛顿的理论证明了将经验的和演绎的完美结合的道路完全行得通,至此,他融合了17世界科学的两大主题,并完美地综合在一起。如塔纳斯指出的那样:"他将17世纪科学的两大主题:机械论哲学和毕达哥拉斯传统综合在一起了,他的方法和结论就被认为是科学实践的范式。"④

其二,凭借人的理性认识能力"去钻研事物本身"。按照牛顿的想法,宇宙秩序是可以通过人的理性被把握、被认识。并且,人作为名副其实具有伟大能力的生物,居住在一个可以理解和驾驭的世界里,此理性生物的心灵在寻找着与大自然的普遍和谐。这一点我们

---

① 理查德·塔纳斯.西方思想史.[M].吴象婴.张广勇.晏可佳译.上海社会科学出版社.2007.第299页。

② [美]卡尔·贝克尔.18世纪哲学家的天城.[M].何兆武译.北京:三联书店.北京.2001.第193页。

③ 罗兰·斯特龙伯格.西方现代思想史[M].刘北成.赵国新译.北京:中央编译出版社.2005.第59页。

④ 理查德·塔纳斯.西方思想史.[M].吴象婴.张广勇.晏可佳译.上海社会科学出版社.2007.第299页。

可以援引迈克劳林这位牛顿最杰出的科学信徒对牛顿理论的评价："我们对自然的看法，无论多少欠缺，都可以以最显明的方式向我们展示那遍及万物的伟大权能……这些权能和智慧，以及它们所明显地趋向的完美的善，乃是哲学家运思的最高目标；他在静观和景仰这一优美的系统时，只能是心神荡漾地禁不住要去与大自然的普遍和谐相协调。"①也就是说，就牛顿理论而言，无论是对自然的理解还是为道德提供的基础，都是力求在人与自然、甚至是宗教之间实现一种和谐。当然，这里实现和谐的基本能力是人的理性能力。牛顿认为："此前的哲学家们都在从事于把名字加在事物上面，而不是探究事物本身……这些原理我认为并非有什么奇妙的性质，可以被认为是事物特殊形态的结果，而只是普遍的自然规律，事物本身就是由它们形成的。"②

在此，我们可以看出，牛顿的一个突出贡献就是把自然哲学所开辟的通过知识的新途径确定为"去钻研事物的本身，然后总结出事物本身所由以形成的那些普遍的自然规律"。所以，在此意义上，宇宙是彻头彻尾合理的而且是可理解的，所以就有可能被人征服和利用，所以牛顿就更甚于任何别人，已经把神秘驱逐在世界之外。这也正如科尔顿等人所指出的那样："这些思想对欧洲社会的世俗化做出重大贡献，从而推动宗教和教会让位于欧洲政治权力和这个时代许多新的思想争论。"③

其三，牛顿的思想也直接或间接地影响到社会政治理论。贝克尔指出："在普及者们那里，牛顿哲学的确成了一种'哲学'，它被扩展成为一套'世界体系'……他的名字变成了一种象征，可以在读者和思考问题的公众当中唤起一种概括性的宇宙观念，一种最普遍的

---

① [美]卡尔·贝克尔. 18世纪哲学家的天城. [M]. 何兆武译. 北京：三联书店. 北京. 2001. 第199页.
② 同上书, 第59页.
③ R. R. 帕尔默 乔·科尔顿 劳埃德·克莱默. 启蒙到大革命：理性与激情[M]. 陈敦劝. 孙福生译. 北京：世界图书出版社. 2010. 第19页.

哲学前提。这是那种既在很大程度上影响了那一时代的科学思想，也在同等程度上影响了当时的社会和政治思想的未经审查的前提之一。"[1]那么，到底是牛顿理论中什么养料滋养着后来的社会政治思想，或者说对社会政治思想产生了剧烈的影响？这里，我们援引一位出色的现代研究者利昂·布洛赫(Leon Bloch)先生在其《牛顿的哲学》中所做的评述："人类精神受惠于牛顿的，乃是这位伟人在上帝与自然之间重建了和谐。自此以后，自然科学不仅能与神学相抗衡，而且能够取而代之。诸启示宗教的相互冲突的神将为一种新观念所代替，那是一种我们要通过他的作品才能认识他的存在，我们只有通过科学才能够达到他。普遍的秩序由引力定律象征着，从此有了明确的意义。这一秩序是人们的心灵所能达到的，它不是预先就神秘地建立起来的，而是所有事实中最为明显的。由此我们可以得知，我们的知识所能够达到的唯一是在，亦即物质、自然、对我们而言，乃是秩序严整的诸性质的集合体，其间的联系是可以用数学方式表发出来的。"[2]从这样的评述中我们可以看到，牛顿的理论直接影响着人类的认识，其自然哲学的理论意义能实现上帝与自然之间的和谐，这样的基本思路直接影响了社会政治思想的发展。这是需要强调的第三个方面。

到此为止，我们通过对牛顿理论贡献的基本梳理，可以看出，牛顿理论无论是对科学、哲学，还是对社会政治思想都有着重大的影响。卡西尔也这样评价牛顿："牛顿确立了、并且清楚地表述了一条或者不如说真正的宇宙规律……这就宣告了人类知识的胜利……牛顿不仅为自然，还为哲学建立了坚实的、牢固的准则，自然和人类知识之间的联系被一劳永逸地确立下来，从此再不可能被割断了，且自然和知识都是自足的，二者都必须从他们自身的本质上去理

---

[1] [美]卡尔·贝克尔.18世纪哲学家的天城.[M].何兆武译.北京：三联书店.2001.第197页。

[2] 同上书。

解,不存在理智所不能认识的昏暗神秘的'某物',自然和知识,它们的本质就是一些原则,理智完全能够认识这些原则,因为理智从自身中演绎出这些原则,并系统地阐释这些原则。"①这样的表述,明确说明了科学知识何以在整个启蒙思想中具有至高无上的、几乎是无限的威力。而且通过这样的表述我们可以看出,牛顿理论在启蒙思想中的至关重要性。

二、转向启蒙的政治理论阐释:以洛克思想为例

与上文哲学革命和科学革命所揭示的近代社会的基本原则相呼应的是,在17世纪后期,对启蒙运动的影响还包括洛克。用斯特龙伯格的话说:"洛克不仅是英国自由的经典阐释者……其著作《人类理解论》,为自己又增添了新的桂冠。它比其他任何文献都更能准确地概括了整个欧洲感觉到即将随18世纪一起露出曙光的新秩序的基本原则……在所有的文献中,洛克的《人类理解论》最有资格成为启蒙运动宣言。"②那么,我们要问的是:为什么我们可以说洛克思想、尤其是在《人类理解论》中阐释的思想最有资格成为启蒙运动的宣言?它到底标示着什么?其背后的根基何在?

首先,在洛克那里,认识论仍是其思想的中心,而且其认识论的基础是唯物主义经验论。洛克与牛顿是同时代人,因为牛顿的综合,启蒙运动一开始就对人类理性抱有一种前所未有的信心,而新科学在解释自然上的成功,在两个方面影响了哲学的进展:一是确立了人类知识的基础在人类思想中的地位,以及人类思想与物理世界相作用;二是引导哲学注重对这种能获得如此成功认知的人类思想进行分析。这样的工作,在洛克那里,得到了确认。洛克认为并不存在笛卡尔式的天赋观念,知识的真正根据在于经验,在于感官

---

① [德]E·卡西尔.启蒙哲学[M].顾伟铭译.济南:山东人民出版社.1988.第41页.

② 罗兰·斯特龙伯格.西方现代思想史[M].刘北成.赵国新译.北京:中央编译出版社.2005.第115页。

的感觉和心对这些感觉的思考。洛克说:"一切观念都是由感觉或者反省的……人心究竟如何能得到那么多的材料呢?他在理性和知识方面获得的一切材料,都是从哪里得来的呢?我可以一句话答复说,它们都是从'经验'来的,我们的一切知识都是建立在经验之上,而且最后是导源于经验的。我们因为能观察所知觉到的外面的可感物,能观察所知觉、所反省到的内面的心理活动,所以我们的理解才能得到思想的一切材料。这便是知识的两个来源;我们所已有的,或自然要有的各种观念,都是发源于此。"①

洛克对知识的来源做了充分的论证,真实的知识的坚实基础不是笛卡尔意义上的天赋观念,而是感觉经验。这也正如塔纳斯所评论的那样:"洛克……他提出了经验论的基本原则,从而为启蒙运动定了调子:在理智中没有任何东西以前从未在感觉中存在。"②而洛克本人,也把认识可靠的基础导回到感觉经验,同时认为,理性的思考是最重要的。他说:"神庙都有其神像,我们看到它们的时候对于大多数人类有多么大的影响。其实人们头脑中的观念和形象是无形的权威,时时刻刻统治着他们。对于这些东西,他们都普遍地心甘情愿地服从。因此,最重要的是,必须关注人们的理解力,正确引导它去探索知识和做出判断。"③

而且洛克还说:"理解力具有一种天生的能力,能够觉察到观念间的连贯和无条理,并且能恰当地加以整理。"④其实,洛克在这里强调要通过人的理解力去获得可靠的知识,他把知识的基础导回到感觉经验上来,主要是针对人类的偏见、谬误、非理性以及对理性不充

---

① [英]洛克.人类理解论上.[M].关文运译.北京:商务印书馆.北京. 1993. 第96页.
② 理查德·塔纳斯.西方思想史.[M].吴象婴.张广勇.晏可佳译.上海社会科学出版社. 2007. 第367页.
③ 转引自罗兰·斯特龙伯格.西方现代思想史[M].刘北成.赵国新译.北京:中央编译出版社.2005.第120页.
④ 同上书,第117页.

分的运用。如斯特龙伯格评论的那样："多数人几乎根本不运用理性,而是照着别人的样子亦步亦趋,还有些人则是用激情取代理性,第三种人虽然力求遵循理性,但缺乏所谓博大、健全与融通的意识。导致被一个命题牵着走,或将一个理论无限演绎……洛克调动他强劲的常识力量来反对这种成见,反对用情感代替思想,反对迷信权威,即'放弃我们对公认意见的认同,不论这种意见出自我们的朋友、同党、邻居还是举国一致的声音,因为这种东西使得比其他各种人加在一起还要多的人陷入愚昧或谬误。'这里表达的是启蒙运动的真正呼声。一旦从形而上学和权威束缚下解放出来,启蒙运动就会凭借着实践理性勇往直前,通过独立思考来开拓真知的疆域。"①从这种表述中我们可以看出,洛克认识论的经验主义阐释路向对于矫正理性的使用具有重要意义。他指出认识的基础是感觉经验,并没有什么先天的观念,一切观念都是在后天环境中生成的。

上述思路其实就是自由和改革思想的基础。洛克认为,本来就没有先天的观念存在,人们之所以会有错误观念和迷信是后天的坏环境和坏教育所酿成的后果。人的邪恶行动应该归咎于坏的社会环境和教育,也就是说,如果改良人类社会将会改善人类的行为。如科尔顿评论的那样："这提示了对于社会进步的信心,使人关注一个可能计划和采取建设性的领域——政府、公共政策和立法的领域。"②也就是说,洛克有关对认识和知识起源的阐释,不仅为知识寻找到了可靠的根基,而且可以看出,其思想也是自由、改革的思想基础,把从未对社会政治的阐释从先验的、神学的角度拉回到人类的现实生活中来。在此基础上,我们会真实地发现,对社会生活的政治学阐释有了新的飞跃。无疑,这为18世纪的启蒙运动起到了推波助澜的作用。因为,基本的法则在洛克这里得到确立。

---

① [美]罗兰·斯特龙伯格.西方现代思想史[M].刘北成.赵国新译.北京:中央编译出版社.2005.第121页.
② [美]R.R.帕尔默 乔·科尔顿 劳埃德·克莱默.启蒙到大革命:理性与激情[M].陈敦劝.孙福生译.北京:世界图书出版社.2010.第31页.

其次,洛克的政治学说是近代民主政治思想的前提。他在论述自己政治思想的时候,更多的是对17世纪欧洲政治困境所做的回答。如塔利指出的那样:"譬如洛克、格劳秀斯都亲历过内战、宗教冲突和流放……洛克的政治思想是对这种欧洲困境所做出的最为重要的回应之一。他充分研究了早期的传统和17世纪的革新,以便提出解决当时问题的方法,这些方法转而在很大程度上成为启蒙运动的基础。"①从这种表述中,我们至少能够看出,洛克的政治思想有着深刻的现实关怀。这里,我们需要进一步追问,洛克到底抓住了困境中的什么核心问题?

在洛克看来,统治者和被统治者之间权力和服从的关系不稳定的根源就在于没有弄清楚何谓政府,它的起源、范围和目的是什么。或者进一步讲,究竟是谁应该拥有政治权力。洛克指出:"从古至今,为患于人类,将毁灭城市,减少乡村人口并扰乱世界和平等的绝大部分灾祸带给人类的最大问题,既不是世界上是否存在权力,也不是权力从何而来,而是谁应当拥有权力。"②也就是说,这个问题是欧洲政治困境的最大难题。那么,针对这个问题,洛克在《政府论》中给出的回答是:每个个体都确实拥有并且应该拥有政治权力。洛克从自然状态的角度回答道:"人类天生都是自由、平等和独立的,如不得本人的同意,不得把任何人置于这种状态之外,使受制于另一个人的政治权力。"③在这里,需要强调如下几个层面:

其一,洛克强调人与人之间的平等关系,这恰恰是其政治思想的出发点,而且洛克是通过理性的方式来说明人类的平等和自然状态的。按照洛克的说法,真正的自然状态是人们之间能够按照理性来生活。

---

① 詹姆斯·塔利.语境中的洛克[M].梅雪芹,石楠译.上海:华东师范大学出版社.2005.第4页。
② [英]洛克政府论(上篇)[M].叶启芳,瞿菊农译.北京:商务印书馆.2005.第93页。
③ 同上书,第61页。

其二,洛克论证了理性的基础。他指出:"理性就是那样的法则(自然法),它教导一切唯愿听从理性的人类:一切人都是平等的和独立的,没有人有权损害另一个人的生命、健康、自由和财产。"①洛克不仅指出理性原则是思想的基础,而且还揭示了理性的神圣来源。他还说:"理性和公德的规则正是上帝为人类的相互安全所设置的人类行为的尺度,所以谁玩忽和破坏了保障人类不受损害和暴力的约束,谁就是对于人类是危险的。"②洛克这样做的目的是通过论证理性的神圣来源来建立其政治理论的思想基础。

其三,是对私有财产的强调。洛克指出:"上帝把全地给了世人,给人类共有。"现在的问题是,"在上帝给予人类为人类所共有的东西之中,人们如何使其中某部分成为他的财产呢?当然这还不必经过全体世人的明确协议"。③ 在洛克看来,解决此问题需要从圣经那里得到解答,上帝把世界给予人类的时候,也命令人劳动。劳动是理解财产的钥匙。他说:"我的劳动使他们脱离原来所处的共同状态,确定了我对他们的财产权。"④从这种表述中我们可以看出,劳动在施加外物的时候,只要使它脱离原来是共有的自然状态,那么这就是私有财产。洛克把财产的最后根据追溯到上帝对人世生活的安排,这明显地表现出其政治思想具有神学的色彩。但是,重要的是,洛克通过对理性、平等、财产的论证建构出自由主义的政治思想框架,因此他被称为自由主义的始祖。

需要强调的是,洛克政治思想的展开是借助于对理性原则、平等信念及私有财产的神圣性论证来层层推进的。在他那里,理性是原则,平等是出发点,而政府的建立及权力的使用是为了保护包括私有财产在内的公民利益。具体而言,洛克的政治理论出发点是

---

① [英]洛克政府论(上篇)[M].叶启芳.瞿菊农译.北京:商务印书馆. 2005.第5页。
② 同上书,第7页。
③ 同上书,第1页。
④ 同上书,第20—第21页。

"人类是平等的"。如他说的那样:"在人类自然状态下,存在着平等和自由,但这种平等和自由绝不是放任自流,因为人类要受到自然法的支配。自然法即是上帝的命令与启示或赋予人间的律法,也是人类理性发现的普遍法则。"① 而且,在洛克看来,"自然法的根源、内容和目的,可以用自我保存一词简洁而准确地加以表达"。② 在洛克那里,人类有着一套天赋而不可剥夺的生命、自由、财产权利。这是其认为的自然法的应有之义,而且财产权是自然法的其他权利的核心和基础。这是通过上帝给予的劳动来确认其合理性的。"不同程度的勤劳会给人们以不同数量的财富,同样,货币的这一发明给了他们继续积累和扩大他们财富的机会"。③ 其实洛克在这里指出了劳动是价值和权利的渊源。这样的思想在哲学史上意义重大。如布莱克威尔所评论的那样:"洛克关于财产的理论是近代所有关于这一问题之观点的滥觞,他对劳动作为价值和权利之渊源的强调,则为后来的亚当·斯密和卡尔·马克思的经济学研究开辟了道路。"④

从洛克所处的时代背景来看,17世纪末是欧洲资本主义发展时期,他所说的自然权利则是资产阶级天然利益的要求,自然权利实际上成为资产阶级表述其政治和利益的有力借口。平等、财产等思想同样也是对上升时期的资产阶级的基本信念的表白,反映了英国资产阶级企图以私有制符合自然法来论证资本主义所有制的合理性和永恒性,这是我们需要指出的地方。但从洛克思想和那个时

---

① 约翰·麦克里兰.西方政治思想史[M].彭淮栋译.海口:海南出版社.2003.第266页。
② 列奥·斯特劳斯.约瑟夫克罗波西.政治哲学史上册[M].石家庄:河北河北人民出版社.1993.第557页。
③ [英]洛克政府论(下篇)[M].叶启芳.瞿菊农译.北京:商务印书馆.2005.第32页。
④ 布莱克威尔.政治百科全书[M].北京:中国政法大学出版社.2002.第460页。

代的关联来看,我们可以援引科尔顿的评价来指认这种关联性,他说:"根据自然法哲学,答案是:我们凭借理性发现。自然法哲学家认为,人是理性动物……不管是亚洲人、非洲人或是欧洲人,起码他们都具有潜在的能力,一旦得到较好的启蒙,就可发挥出来。这一见解赞同一种世界性观点,使国际一致与世界普遍进步看来成了可以实现的目标……自然法观念与对人类理性的信仰齐头并进,相得益彰,是那个时代思想的根本所在。"①

因此,我们可以看出,洛克思想对于那个时代而言,就是启蒙运动的宣言,因为他凭借理性原则去论证人类所处的那个时代的合理性,而且相信人类理性能够推进社会普遍进步,这可以看成启蒙运动的基本信念的宣言。如科尔顿指出:"到1700年,一些现代的典型信念已经形成,其中突出的是对于科学、人类理性、天赋人权以及进步的信仰,新的科学知识开始改变全球经济、欧洲精英文化,以及欧洲各个帝国之间的冲突……随后的时期通常称为'启蒙时代',它阐明和普及了17世纪所产生的极富创造性的思想。"②这种表述可以看作对洛克思想定位的一个佐证。

通过以上对培根、笛卡尔、牛顿、洛克思想的考察,我们可以对17世纪思想做一个总结,从而从大体上把握17世纪思想的基本原则:

其一,17世纪确立的理性主体性原则成为后来启蒙运动的基本信念。而一旦理性主体原则确立起来,首先是对传统神学形成致命的冲击,所以就会推进一系列的宗教批判。可以说,宗教批判和主体性原则是相互推进的关系。这样的一个合理结果便是,把对知识的解释权、真理的确立权拉回到人类的手中,人们有足够的理由相信凭借理性可以获得真理性的知识;同样,对理性的信心开始让

---

① [美]R.R.帕尔默 乔·科尔顿 劳埃德·克莱默. 启蒙到大革命:理性与激情[M]. 陈敦劝. 孙福生译. 北京:世界图书出版社. 2010. 第33页。
② 同上书,第38页。

人类认为凭借理性就可以消除错误的认识,改善人类社会中的弊端,促进社会进步。所以才会有洛克等人从自然法、人性等角度去重新建构新的政治秩序,重建一个能够更好体现理性原则的社会政治体。需要指出的是,在这些思想阐释当中,自由、平等、博爱、私有财产等维度被高度凸显出来,以适应资本主义发展的要求。

其二,牛顿等人的科学革命,使得人类对自身的理性能力充满信心,认为可以通过理性去认识外在的自然世界,而且还认为这样的认识是可以不断推进的,这样理性主义自然观背后有着强烈的进步的逻辑。可以说,对认识自然的信心和认识社会政治的信心齐头并进,或者我们可以说进步和解放是17世纪时代精神的主旋律。

其三,17世纪对宗教的态度不是完全否定的。这一点可以从上述这几位奠基人的思想中看出。笛卡尔、牛顿、洛克等人对宗教不是完全拒斥的,只是认为宗教是被人的主体性主宰的宗教,上帝这个角色作为一个架空的对象,其实只是便于人的理性推进而已。如卡西尔说的那样:"启蒙运动最强大的思想力量,不在于它对宗教信仰的拒斥,而在于它以新的形式所宣布的信仰和以新的形式所体现的宗教。"①也就是说,17世纪尽管给予了上帝这个角色,但是通过作为主体的人来阐释的。目的在于解放思想,推进后来的启蒙事业。如斯特龙伯格所指出的那样:"以洛克、牛顿为代表的那一代人,完全可以称为启蒙运动之父。科学经验主义、理性主义、新的政治观和艺术观以及批判谨慎相继诞生。这些构成了18世纪的序幕。"②所以接下来我们要考察18世纪在何种意义上推进了17世纪奠定的基本原则和社会政治实践,这是一个急需考察的重要问题。

① 转引自:[美]罗兰·斯特龙伯格.西方现代思想史[M].刘北成.赵国新译.北京:中央编译出版社.2005.第98页。
② [美]罗兰·斯特龙伯格.西方现代思想史[M].刘北成.赵国新译.北京:中央编译出版社.2005.第126页。

第四节　十八世纪启蒙运动对理性、进步秩序的推进和反叛

　　根据前几节的阐释,在本节中,笔者主要的任务是通过对思想史回顾来阐释18世纪启蒙运动对理性、进步秩序的推进和反叛,之所以要做如此的考察,是为了能够全面考察启蒙运动的总的趋向和境域特点,以便我们理解后文中需要阐释的实证主义社会学的思想背景和基本立场。我们知道,启蒙运动就其整体而言,它是一场思想解放运动,是开启现代社会的启蒙运动。那么,我们需要问,启蒙事业在18世纪又是如何得到推进和继承?对启蒙运动反叛的众多思潮有哪些?它们的出现折射出启蒙运动自身的哪些问题?这是本章主要考察的几个基本问题。

　　而我们首先需要指出,18世纪的启蒙运动和17世纪奠定的基本原则与提出的问题直接相关。这一点如卡西尔指出:"因此,如果我们将18世纪思想与17世纪思想加以比较的话,便可以看出,两者之间显然没有任何真正的鸿沟。17世纪关于知识的逻辑和理论,它们突出体现在笛卡尔和莱布尼茨的著作中所确立的那些前提,构成这种关于知识的新理解之所以能够不断发展的基础。思维方式方式的差别并不就是一种根本的转变,而只是着重点的转移而已。18世纪的思想的着重点日益从一般转向特殊,从原理转向现象,但它仍保留这么一个基本的假设:这两个思维领域(指一般和特殊,原理和现象)不是对立的,而完全是一种关联关系。"[①]而且,我们也可以援引达朗贝尔从思想脉络的继承性方面对18世纪和17世纪关系所做的基本认定,他说:"一个国王,一种法律,一种信仰,这就是17世纪的箴言,随着18世纪的来临,这种绝对的统一性原理

---

① [德]E·卡西尔.启蒙哲学[M].顾伟铭译.济南:山东人民出版社.1988.第20页。

似乎失去了支配地位,受到一些限制,做出一些让步,但这些修改并未触及这一思想本身的内核,因为,人们仍然认为,理性的基本功用乃是发现统一性。"①从以上两人的表述中,我们可以看出,18世纪的基本原则仍是17世纪所给予的,在推进18世纪启蒙事业的过程中,因为自身存有的问题,思潮本身遇到了很多回应或反击,这些回应、修改甚至反击或反叛和18世纪的启蒙运动一起,构成18世纪总的思想境域。

一、启蒙理性的推进路径考察

1. 经济自由主义:以斯密为代表

之所以在考察启蒙运动推进路径时涉及斯密的思想,是因为斯密思想直接推进启蒙理性在经济领域中的应用。在此我们可以援引英国当代著名学者安东尼·肯尼对斯密的评论来作为我们考察的依据之一。肯尼说:"亚当·斯密与托马斯·里德是后来逐渐被称为苏格兰启蒙运动中的两个杰出的增光添彩的人物,在18世纪的欧洲,知识分子把他们看作给愚昧与迷信控制的领域带来理性之光的人。"②因此,我们可以进一步发问:斯密的思想凭借什么能够给"愚昧与迷信控制的领域带来理性之光"? 所以考察斯密的思想就成为急需要做的事,为此,我们从斯密的两部杰出著作《国富论》和《道德情操论》入手。

首先,经济自由主义的前提是从对"人性二维度"的假设开始的。一般按照传统认识的理解,斯密对人性的假设是一维的,即人性是自私的。倘若我们这样去理解,就很容易误解斯密。因为在斯密那里,人性具有两重维度。也就是说,一方面,人性是利己的。在《国富论》中他说:"如果他能够通过激起他们的私心而博得他们的

---

① [德]E·卡西尔.启蒙哲学[M].顾伟铭译.济南:山东人民出版社. 1988.第21页。

② [英]安东尼·肯尼.牛津西方哲学史(第三卷)[M]杨平译.长春:吉林出版集团. 2010.第98页。

欢心，向他表明满足他的要求实际上也是为了他们自己的利益，他将更可能奏效……我们绝不能指望从屠夫、酿酒师或面包的仁慈中获得我们的午餐。我们只能从使他们关心他自己的利益中获得我们的午餐，我们要像他们讲述的不是他们的人道博爱，而是他们的私心。绝不要向他们谈论我们自己的需要，而是要谈论他们的利益。"① 在斯密看来，人性是自私的，人的天性有追求自我利益的原始倾向，人类的一切劳动分工不管其形式是什么样的，都是为了在利己心的促使下去求得自我利益的实现。至于这样原始的"利己"的倾向的依据是什么，斯密的回答是："这种倾向是否是人类天性中的那些原始本性之一？对此，没有人提出过进一步的论述，或者看来更可能的一点是，那就是它是理性和语言功能的必然结果…这种倾向为人类所共有，而其他的动物却没有。"② 按照斯密的看法，人性中的利己的倾向及在此倾向中实现的劳动分工是理性和语言功能的产物。在此，我们可以看出，斯密遵循的思路是服从于启蒙理性的基本建制的，启蒙思想家关心的一个核心问题是从理性主体性的角度去理解人及外在的社会生活。从斯密对"倾向"理由的阐释中，我们可以看出作为启蒙思想家的斯密其理论背后的基本原则。关于"利己"，他在《道德情操论》中也做过强调："由于人性中那些原始的自私的感情，我们会把自己的蝇头小利看得比陌生人的最高利益重要得多，切身利益所引起的快乐或悲伤、渴望和厌恶都远为强烈。我们站在自己的立场上绝不可能将他人的利益看得跟自己的利益一样重要，我们也不惜为促进自己的利益而损害他人。"③

另一方面，斯密认为人性也是"利他的"。他指出："在人的天性中总是有一个根深蒂固的东西，无论一个人在我们眼中是如何的自私，他总是会对别人的命运感兴趣，会去关心别人的幸福；虽然他什

---

① [英]亚当·斯密.国富论.[M].谢祖钧.孟晋译.武汉：中南大学出版社，2003.第19—20页。
② 同上书，第19页。
③ 同上书，第134页。

么也得不到,只是为别人感到高兴。当我们亲眼目睹或是设身处地地想象到他人的不幸时,我们心中就会产生同情或怜悯,我们常常为别人的痛苦而痛苦,这是无需证明的事实。"[1]从这种表述中我们可以看出,斯密承认人性利己,但人性也具有利他的本性,或者同情心也是人类的普遍本性。所以从以上对两个方面的分析来看,斯密的思想前提是对人性的假设,而且还是两重性的假设,人既是利己的,也是利他的。

在斯密看来,利己心和利他心都是人的本性,两个维度共同构成完美无瑕的人性。并且人性中的利他性可以制约或抑制利己性,正如他说的那样:"因此,完美无瑕的人性,就是关心他人胜于关心自己,就是公正无私和慈善博爱的情怀。唯有如此,人与人之间才能达到感情上的沟通与和谐,才能产生得体适度的行为。"[2]对人性两重维度的假设是斯密思想的前提。而在此,我们需要追问:如果说斯密在《国富论》里更多的是以人性自私为逻辑起点来阐释经济人行为的利己性,在《道德情操论》中是以人性的利他心和同情心来强调道德行为的利他性,那么,在经济境遇中的具有自私性的个人主义如何在道德伦理的视野中变成了相反的东西,即变成了利他主义?对此问题的回答,就会涉及斯密所说的自由市场假设。

其次,斯密提倡经济活动中应遵循自由原则。他认为,在利己心和利他心的相互牵制下,社会经济的发展和推进应该按照事物自身的本质自由地展开。而且,社会经济内在的自然秩序或称为规律的东西可以看成一种从"个人利己主义"中自然而然地自发产生出来的东西,社会活动是人类本性所决定的自发经济活动的结果。斯密说:"任何事业,或任何劳动分工,只要对社会有益,就应当任其自

---

[1] [英]亚当·斯密.道德情操论.[M].韩巍译.北京:光明日报出版社.2007.第3页.

[2] 同上书,第20页。

由,任其竞争。竞争愈自由,愈普通,那事业亦更有利于公众和社会。"①这就是说,只有社会生活按照自身的秩序自由地发展,才会使劳动和资本得到充分的利用,促进社会财富的增长。这正是斯密关注的一个核心问题,即人类社会运行机制及公民幸福生活的手段是什么样的,斯密的回答是:经济自由主义。

既然人的自私心促使人都去追求自我利益,那么在自由竞争的条件下,公民的幸福生活又是何以能够实现呢？在《道德情操论》中斯密写到富人贪得无厌的欲望,雇佣千百人来为自己劳动时说:"虽说他们都是些只顾自己、自私自利的家伙,雇佣千百人为自己劳作的动机无非是满足自己那点无厌而又无聊的私欲,但他们还是跟穷汉一起分享了他们的改良成功:一只看不见的手引导人们对生活用品进行了分配,而且几乎与所有居民平均占有土地的情况一样。这样,就无形地推动社会的总体利益,给越来越多的人提供生活保障。"②所以在斯密看来,社会经济应该按其自然规律自行运行。因为即使人有自私心,但是从最终的结果来看,也是增进社会利益,增加社会财富。而且基本实现了"社会和谐",如斯密说的那样:"论身体的舒适和灵魂的安宁,所有不同的阶级的人都大体相当,国王们所为之战斗的那种安逸,大概在路边晒太阳的叫花子也享受得到。"③

因此,在斯密看来,经济活动的主导原则就是自由原则。经济活动有着自身内在的规律,国家无需干涉。斯密指出事物有自然的倾向和秩序,因为政府干预会使得秩序出现倒退:"按照事物的自然倾向,成长中的社会资本,其中大部门首先投放在农业上,其次,投放在工业上,最后投放在国外贸易上。这是极其自然的顺序……在

---

① [英]亚当·斯密.国富论.[M].谢祖钧,孟晋译.重庆:中南大学出版社.2003.第219页。
② [英]亚当·斯密.道德情操论.[M].韩巍译.北京:光明日报出版社.2007.第189页。
③ 同上书。

政府进行了很大的改变以后,那些习俗仍然保留下来了。这样,就必然迫使他们进入一个违法自然的、倒退的顺序。"① 而且,"他们(指政府)自己经常而且毫无例外的是社会中最大的挥霍者。他们只要好好地照看好他们自己的花销,而百姓私人的花销完全可以放心由百姓私人去管"。② 斯密认为,政府的责任只在于维护国家安全和社会安定,其他经济事务都不要过问,因为,符合事物本性的经济秩序会自然而然地、正常地运转。

综上所述,我们大致明确了斯密经济自由主义的基本线索和基本内容。在此,我们需要强调如下两个层面:

一是斯密的经济自由主义乃是时代精神的重要表现。当时,在英国,已经开始了自18世纪60年代以来的工业革命,并使得英国首先由农业社会过渡到工业社会,且逐渐成为当时世界上最先进的工业国家。但是由于历史的种种原因,英国的封建势力还很强大,并千方百计地限制资本主义的自由发展。乔治三世(1760~1784)的独霸统治便是明证。而资本主义的发展必然要求理论上的经济自由主义具有正当性和合理性。斯密的理论便是这种要求的直接表达。如马克思所评论的那样:"古典派如亚当·斯密和李嘉图,他们代表着一个还在同封建社会的残余进行斗争,力图清除经济关系上的封建残污、扩大生产力、使工商业具有新的规模的资产阶级……他们的使命只是表明在资产阶级生产关系下如何获得财富,只是将这些关系表述为范畴和规律并证明这些规律和范畴比封建社会的规律和范畴更便于进行财富的生产。"③

二是斯密的经济自由主义是从属于那个时代的启蒙理性的基本原则的。启蒙运动的一般特征是相信理性的引导可以带来社会

---

① [英]亚当·斯密.国富论.[M].谢祖钧.孟晋译.重庆:中南大学出版社.2003.第252页。
② 同上书,第230页。
③ 马克思恩格斯.马克思恩格斯全集第四卷[M].北京:人民出版社.1956.第156页。

和人类的进步及物质和精神文明的进步。斯密说:"凭借理性,我们发现了应该据以约束自己行为的有关争议的那些一般准则;凭借理性,我们也形成了有关什么是谨慎,什么是慷慨或崇高等较为含糊和不确定的观念,即我们总是随时随地带有的那些观念,并根据这些观念尽己所能地努力设计我们行为的一般趋势。"①从上述表述中我们可以看出斯密仍是启蒙理性的发挥者,如意大利学者荣卡格利亚所评论的那样:"斯密以及18世纪的启蒙运动文化的共同之处在于:在认识到人类不完美本质的同时,仍对人类充满信心,认为人类社会是可以发展的。"②斯密对启蒙理性、进步秩序的基本信念是符合启蒙运动的基本原则的。因此,我们有足够的理由可以把斯密的经济自由主义看作启蒙理性在经济领域中的直接体现。

2. 启蒙理性在社会政治中的表达:以孟德斯鸠和卢梭为例

之所以通过阐释孟德斯鸠和卢梭的思想来考察启蒙理性在社会政治中的基本诉求,不仅是因为两者的思想鲜明地回应着启蒙理性的时代精神,虽然在对待启蒙理性上有不同的侧重,而且还有一个至关重要的方面,如斯特龙伯格所说:"社会科学在启蒙运动中诞生……18世纪奠定了各门社会科学的基础。经济学、社会学等后来在现代世界得到了发展。它们都脱胎于启蒙运动,它们的创始人是当时那些全能的启蒙者,如伏尔泰、孟德斯鸠等人"。③ 可以看出,社会学的基本原则的确立得益于启蒙运动。迪尔凯姆也做过强调,他在其著作《孟德斯鸠和卢梭》中指出了这种关联性,他说:"我国18世纪的哲学家还推动我们对社会问题投入了现实的关注。在这个才华横溢的作家中,孟德斯鸠占有一席之地。正是他在《论法的

---

① [英]亚当·斯密.道德情操论.[M].将自强译.北京:商务印书馆. 2003. 第422页.

② [意]荣卡格利亚.西方经济思想史.[M].罗汉译.上海社会科学院出版社. 2009. 第154页.

③ 罗兰·斯特龙伯格.西方现代思想史.[M].刘北成.赵国新译.北京:中央编译出版社.2005.第174页.

精神》中为这个学科(指社会学)设定了原则……明确科学的主体、性质和方法,确立科学的基础,也同样重要。这正是孟德斯鸠为我们的科学所做的贡献。"①这就是说,在迪尔凯姆看来,社会学的肇端应该追溯到孟德斯鸠和卢梭的启蒙理论及其对"法"的阐释。因此,以上的表述无疑可以证明孟德斯鸠和卢梭的启蒙思想对他们那个时代及后来社会政治理论有着重大影响。所以,接下来,笔者就他们的启蒙社会政治思想做一番探究。

我们先从孟德斯鸠思想入手,其社会政治思想主要集中在三本代表性著作里:《波斯人信札》、《罗马盛衰原因论》和《论法的精神》。

首先,孟德斯鸠把悬置的理性原则返还于社会事物本身,并且认为一般的法律是人类的理性,各国的法律是人类理性在特殊场合的适用。即他使用了从社会事物自身的角度去阐释理性一般原则的视角。他说:"我建立了一些原则,我的原则不是从我的成见,而是从事物的性质中推演出来的……我们越思考细节,便会越感觉到这些原则的确实性。"②在他看来,理性就存在于社会事物中,对社会事物细节的理解无疑是对理性一般原则的确认。而且,孟德斯鸠认为"法"如此重要的根源在于:"法是由事物的性质产生出来的必然关系……由此可见,是有一个根本理性存在着的。法就是这个根本理性和各种存在物之间的关系,同时也是存在物彼此之间的关系。"③

那么,什么是事物呢?我们周围的世界、上帝、人类都是孟德斯鸠理解的"事物";何谓"必然"?"必然"是理性之根本,是一定如此的存在。而"关系"在孟德斯鸠看来,乃是理性原则的社会化体现,因此,和法律有关系的地理、地质、气候、人种、风俗、宗教信仰、人

---

① [法]爱弥尔·涂尔干.孟德斯鸠与卢梭.[M].李鲁宁.赵立玮译.上海人民出版社.2003.第 3 页。
② [法]孟德斯鸠.论法的精神上册.[M].张燕深译.北京:商务印书馆.1982.第 37 页。
③ 同上书,第 1 页。

口、商业等和法律之间以及彼此之间存在的关系就是法的精神。他说:"人类受多种事物的支配,就是:气候、宗教、法律、施政的准则、先例、风俗、习惯。结果在这里形成了一种一般的精神。"①这是他对"法"的精神以及法和理性关系的基本理解。从这样方面我们可以看出,孟德斯鸠的"法"仍是理性的。在此,孟德斯鸠是顺着启蒙理性的思路来阐释的,他高抬人类理性。如他本人说的那样:"人类理性之所以伟大崇高,在于它能够很好地认识到法律所有规定的事物应该和哪一个体系发生主要的关系,而不至于搅乱了那些应该支配人类的法则。"②

孟德斯鸠重视人类理性,认为这是"法"的基本精神,而且还是保证法的执行的基本且重要的能力。这样的理解,对于那个时代的启蒙运动而言,是一种促进和贡献。即:"这个理性论在当时神学统治一切的时代,是一枚烈性的炸弹;它震撼了封建主义和专制暴政的堡垒教会的统治。笛卡尔是先驱,他把上帝和人分开。笛卡尔把理性当做一切知识的最后标准,把神学逐出了科学的领域。这对孟德斯鸠的影响是巨大的。孟德斯鸠进了一步,他不但把科学和神学分开;而且把上帝和人分开,这样,上帝有了上帝的法律,人有了人的法律。所以在他辽阔的、包罗万象的、建立在人类自然知识基础上的国家和法的理论里,是完全没有上帝和神学的地位的……这个理论的战斗性,和它在历史上所负的、把欧洲从神学的愚昧主义和压迫下解放出来的伟大使命。"③这也如柯林武德说的那样:"启蒙运动在其较狭隘的意义上作为一种本质上是论战性的和否定性的运动、一场反宗教的十字军。"④孟德斯鸠对法和理性关系的分析就是

---

① [法]孟德斯鸠.论法的精神上册.[M].张燕深译.北京:商务印书馆.1982.第305页。

② 同上书,第173页。

③ 同上书,第20页。

④ [英]柯林伍德.历史的观念.[M].何兆武译.北京:商务印书馆.1997.第126页。

如此。

其次,孟德斯鸠从人的两重性的角度指出社会历史中的理性原则的限度。孟德斯鸠认为在自然状态下的人具有两重性,即人身上具有兽性和理性两面:兽性会使人犯下错误,不遵守自己制定的律法;理性则能使人敬畏神灵,遵守法律道德。他说:"这是因为个别的'智能的存在物'受到了本性的限制,因此就会犯错误……他们自己制定的规律,他们也并不是老是遵守……人作为一个'物理的存在物'来说,受不变的规律支配。作为一个'智能的存在物'来说,人是不断违背上帝所制定的规律的,并且更改自己所制定的规律;他应该自己处理自己的事,但是他是一个有限性的存在物,不能免于无知和错误。"①

在孟德斯鸠看来,人类在最初的自然状态中,人的理性认识能力还不具有明晰的社会规范特征,比如一系列法律道德的条款。而在这些基本的原则还没有在社会历史中显现并被人们把握的时候,人往往犯错误。"作为有感觉的动物,他受到千百种的情欲的支配,这样的一个存在物,就能够随时忘掉他自己;哲学家们通过道德的规律劝告了他。他生来就是要过社会生活的;但是他在社会里却可能把其他的人忘记掉;立法者通过政治的和民法的法律使他们尽他们的责任。"②

孟德斯鸠指出在社会及社会事物中包含了理性法则和作为个体人的非理性方面的冲突和和解。孟德斯鸠一方面看到了理性原则不能自行调整社会的冲突和矛盾,强调智能的人也会受到情绪等非理性方面的诱导而犯下错误。所以,孟德斯鸠是从自然法和自然状态谈起,但是他的着眼点还是社会状态,即如何理解社会。在他看来,社会的产生是由于自然状态中原始平等的消失、争夺状态的

---

① [英]柯林伍德.历史的观念.[M].何兆武译.北京:商务印书馆.1997.第3页.

② [法]孟德斯鸠.论法的精神上册.[M].张燕深译.北京:商务印书馆.1982.第3页.

出现,于是孟德斯鸠主张以"社会契约"或者"人为法"的形式来平息社会生活中人与人之间由于利益冲突而引发的争斗。并且,正是从这样的思路出发,孟德斯鸠才一步步接近其社会政治理论的。他在提出自然政体时说:"还不如说,为一个民族设立的政体,如果说该政体的特殊性质和该民族的性质相符合的话,便是最适合于自然的政体了。"①

从以上的表述中,我们不妨对孟德斯鸠的思想作一简要的评论:孟德斯鸠的思想对启蒙运动来说是一种丰富和推动。他在分析人的两面性的基础上,把眼光聚焦在对社会事物及其规律的探讨上,并把社会作为大的背景,其中既有体现在社会事物中的理性原则,也有人的感觉、情欲等非理性方面的作用。并以"法"的精神和形式来使得理性能够引导非理性,使得人类理性在新的领域能够发展起来。在此意义上,我们理解孟德斯鸠为社会科学的奠基人。如斯特龙伯格所评价的那样:"不过,孟德斯鸠毕竟以真正的启蒙时代的方式探讨了新的科学意义上的法则。他希望将牛顿的方法应用于人类文明的现象。他以极具启发性的方式来揭示社会现象之间的关系。这样探讨将注意力引向社会研究,把社会当作一个独立的研究领域加以客观、严格的研究。毋庸置疑,这种探讨会极有成效。这样的想法在18世纪非常贴近那个时代的主题:牛顿和洛克的科学正在征服一切,甚至在人类事物的领域也在荡涤古老的谬误,开创一个更文明的时代。孟德斯鸠的精神还在延续。"②孟德斯鸠的思想与启蒙时代的关联性由此可见。

接下来,我们看看卢梭的平等思想和自由实现的基本路径。卢梭是18世纪法国伟大的启蒙学者。卢梭对启蒙运动的推进,是凭借对如下两个基本问题的谈论和澄清来实现的:一是人类不平等的

---

① [法]孟德斯鸠.论法的精神上册.[M].张燕深译.北京:商务印书馆.1982.第6页.

② [美]罗兰·斯特龙伯格.西方现代思想史[M].刘北成、赵国新译.北京:中央编译出版社.2005.第143页.

起因和基础是什么？二是实现平等可能的路径在哪里？

先来看第一个问题。卢梭认为，人类不平等的根源不是天生就存在的，既不是出自上帝的安排，也不是人的天赋的观念所导致的，而只是后来社会的产物。

卢梭指出人类不平等的两种基本形式："其中一种，我称之为自然的或者生理的不平等，因为它是由自然确定的，是由于年龄、健康状况、体力、智力或心灵的素质的差异而产生的。另外一种，可以称为精神上的或者政治上的不平等，因为它的产生有赖于某种习俗，是经过人们的同意或至少损害他人才能享受到的种种特权，例如比他人更富有、更尊荣、更有权势，或者至少能让他人服从自己。"①卢梭更关注第二种不平等现象，从上述的表述中，我们可以看出卢梭认为这种不平等是社会政治生活中的不平等，这种不平等是借助于已成为社会习俗或社会规范来实现的，这种表面上看似平等的习俗背后隐藏的才是真正的不平等。卢梭认为这是人类社会不平等的基本现象。

那么，这种基本现象的根源是什么？卢梭认为私有观念和私有制的出现，使人类不平等就真正开始了，他说："但是，当一个人需要别人帮助之时，从他感到一个人拥有两个人的食物是大有好处之时，人与人之间的平等就不存在了，私有财产的观念就开始形成，劳动变成了必要的事情……而且，人们不久就发现，随着庄家地里的收成的到来，奴隶制和贫困也开始产生。"②在卢梭看来，贫困和奴役，亦即人与人之间的不平等的产生是随着私有制而来的，是建立在私有制的基础上的。但是恰恰是私有制奠定了文明社会的起点，如他说的那样："谁第一个把一块土地圈起来，硬说这块地是我的，

---

① [法]卢梭.论人与人之间不平等的起因和基础[M].李平沤译.北京：商务印书馆.2008.第45页。
② 同上书，第93页。

这个人就是文明社会的真正缔造者。"①在这里,我们需要指出,卢梭之所以要考察不平等的起源,其实就是为自己对平等思想及自由实现等问题的探讨打好基础。

卢梭认为,私有制同样也是法律和社会规范的依据。他说:"社会和法律就是这样或应当是这样起源的。它们给弱者戴上了新的镣铐,使富人获得了新的权力,并一劳永逸地摧毁了天然的自由,指定了保障私有财产和承认不平等的法律,把巧取豪夺的行径变成了一种不可改变的权利……只要有一个社会建立起来了,就必然会引起其他社会的建立。社会的数目越来越多,并迅速扩大,不久就遍布世界各地。"②在这里,卢梭强调在人类未开化之前的自然状态中,人本来是平等的;可是,当私有制社会建立后,文明则随之发展,但是人类却在退步。这是人类社会历史发展本身的内在的矛盾。

可以说,卢梭是通过辩证的视角诠释了作为时代进步主题的社会现象的两面性,如他说:"我们所发现的野蛮人的事例,几乎都能证明人类本来就是为了永远处于这种状态(自然状态)而生的,这种状态是人类真正的青年时期,后来的种种进步,表面上看起来是使个人走向完善,但实际上却使整个人类走向堕落。"③这种进步和堕落的两面性走到一定程度,亦即不平等发展到极端,达到顶点,就会发生革命。"这时候,不平等现象已经达到了顶点;其他两个时期出现的现象现在也达到了顶点,直到新的革命性巨变使政府完全瓦解,或者使它接近于成为合法的制度"。④ 这种革命恰恰是通过打破旧的束缚而为新的平等提供基础,此等"平等",在卢梭看来,是更高级的、基于社会公约的平等。

那么,接下来,我们再看第二个问题,即卢梭怎么看待平等实现

---

① [法]卢梭.论人与人之间不平等的起因和基础[M].李平沤译.北京:商务印书馆.2008.第6页。
② 同上书,第101页。
③ 同上书,第93页。
④ 同上书,第113页。

的问题。通过上文的分析,我们可以看出,卢梭在考察不平等的根源时,尽管强调在私有制到来之前,人类处于自然状态中,那么,是不是意味着卢梭解决不平等的路径也是要把人类导回到类似野蛮人处境那般的自然状态中呢?绝对不是,倘若非要那样理解的话,我们就很容易误解卢梭的思想。

因为,在卢梭看来,自然状态中的人类是幼稚的。他说:"在自然状态中,既没有什么教育,也没有进步;子孙一代一代地繁衍,但没有什么进步的业绩可陈,每一代人都照例从原先那个起点从头开始;千百个世纪都像原始时代那样浑浑噩噩地过去:人类已经老了,但人始终还是幼稚的。"①卢梭之所以指出自然状态中的真实面貌,是为了指出不平等现象的那些事实以及它们对人类文明的影响。所以,卢梭的意思绝不是使现代文明倒退到原始时代。他的希望就在于制止那些并没有在文明和同文明有联系的伤风败俗的道路上走得太远的国家的堕落,其手段就是通过立法,在公共契约的基础上形成社会正式共同体,进而达成新的平等。即实现平等的路径在于更高级的、基于个人自由而达成的社会公约,这也就是卢梭的"社会契约论"学说。

此等契约的前提是自由和平等,契约必须和人的自由意志相符合。人的自由是生而有之的,卢梭认为,"人是生而自由的,但却无往不在枷锁之中,自以为是其他一切的主人的人,反而比其他一切更是奴隶。"②人生而自由,自由是人天赋的权利。所以契约关系的前提就是人的这种自然的自由权利。他说:"社会法则是一种神圣的权利,是其他一切权利的基础。这种权利并非源于自然,所以它是以协议为基础的。问题在于懂得这些约定是什么。"③"约定"在于

---

① [法]卢梭.论人与人之间不平等的起因和基础[M].李平沤译.北京:商务印书馆.2008.第80页。
② [法]卢梭.社会契约论[M].杨国政译.西安:陕西人民出版社.2004.第1页。
③ 同上书,第2页。

联合和发挥现有的力量,"然而,由于人类不能产生新的力量,只能联合和发挥现有的力量,他们为了保存自己别无他法,只能集合现有力量,形成一股可以战胜破坏性力量的合力,用唯一的动机将他们调动起来,使之协调行动"。①

那么,卢梭认为的社会契约或者说联合的方式是怎样的? 他指出:"找到一种结合方式,它用全部共同的力量来捍卫和保护每个结合者的人身和财产,每个人虽与众人结合,却只服从他自己,并且和从前一样自由。这就是社会契约所要解决的根本问题。"②从中我们可以看出,自由、平等是基础。自由、平等之所以具有神圣性,是因为这是人之根本,"放弃自己的自由,就是放弃自己做人的资格,就是放弃人类的权利,甚至是放弃自己的义务"。③

因此,作为人类成员中的每一个人,应全部让渡自己的权力给一个共同体。这样的话,人们就可以遵守社会契约而建构出道德的与集体的共同体。那么,在这种社会生活中,原先处于堕落之中的人才有希望真正成为自己的主人,自由的主人。如他所说的那样:"从自然状态到社会状态的转变在人身上产生了非常显著的变化,在人的行为中,公义取代了本能,他们的行为具有了从前不具有的道德性。只是在这时,义务的声音替代了生理的冲动,权利替代了欲念,此前只关注自身的人发现自己不得不按照其他的原则行事,在受自己的本性驱使之前要叩问自己的理性……把他从一个愚昧而又狭隘的动物变为一个智性的生物,一个人。"④从这种表述中我们可以看出,社会状态是否实现真正的契约关系,要凭借个人的理性能力,即"对个人来说,就必须使他们的意志合乎他们的理性"。也就是说,卢梭的社会契约论的自由、平等思想实现路径仍是启蒙

---

① [法]卢梭.社会契约论[M].杨国政译.西安:陕西人民出版社.2004年.第11页。
② 同上书,第1页。
③ 同上书,第7页。
④ 同上书,第16页。

运动所提供的理性原则。换言之,当我们理解卢梭作为启蒙思想家的时候,我们要看出其理论的独特性,卢梭反对狭隘的理性,认为根据理性理解自然法乃至社会是错误的,而认为"说自然的法则完全是以理智为根据,是不对的;它们有一个更为坚实稳固的基础。由自爱而产生的对他人的爱,是人类的正义的本质"。①

但需要指出,若从自由、平等思想的现实实现路径上加以考量的话,我们仍能发现,卢梭的思想和启蒙有着基本的关联性,那就是理性原则在他思想中仍占主宰的地位。尽管他强调情感、良心、正义、人性等因素,但就社会政治的规范层面而言,其背后的根基仍有着很深的理性原则的痕迹。因此我们可以说,这是启蒙理性原则在社会政治层面的展开。

二、反启蒙运动:作为对启蒙运动的反叛

启蒙运动在自身展开中,由于自身存在的问题,引发众多思潮对其进行批判。在这些思想潮流中,反启蒙思潮作为对启蒙运动的一种反叛,逐渐成为大的启蒙语境中的另一极。其中,以法国的传统主义和英国的保守主义最为典型。法国的传统主义主要以迈斯特(Joseph de Maiste)和博纳尔(Louis de Bonald)为代表,其主要的思路是通过对法国大革命的批判来指认启蒙理性的根本局限,并主张通过整合传统来拯救法国社会。英国的保守主义以塞西尔(H·Cecil)和伯克(E·Burke,1729—1797)为代表,其主要观点是,法国革命建立的理性社会,非但没有消除社会已存在的弊端,反而使一切尖锐起来。因此,他们有足够的理由把矛盾直接指向对理性时代及启蒙运动之高峰的法国大革命的批判上。之所以特别要对上述的两种反启蒙思潮做一番考察,是因为两个原因:一是对其考察可以帮助我们理解大的启蒙语境,这种大语境包括启蒙运动及以反叛形象出现的反启蒙运动的各种思潮,并且在它们两者之间存在着某

---

① [法]卢梭.爱弥儿上卷[M].北京:人民教育出版社.1985.第311页.

种张力,且此种张力却真实地呈现出大启蒙语境的基本内涵。二是为后文中即将要展开讨论的实证社会学传统的基本语境做铺垫。因此,我们首先要对反启蒙运动的基本路径有一个大致的把握和理解。

1. 法国的传统主义

迈斯特和博纳尔是法国传统主义的代表,且他们的思想用"传统主义"冠名,而我们需要追问的是,我们应该在何种意义上去理解"传统主义"及其对启蒙的反叛?为此,我们需要进入其思想内部加以考察并做出一定的澄清。

首先,传统主义认为启蒙理性全无用处。这样的大胆且看似不符合时代潮流的论断我们该怎么去理解呢?在迈斯特看来,18世纪的人对自然的理解存在着很大问题,他的一个基本信条是:自然是一个嗜血成性的怪兽,是一个杀戮和毁灭的大舞台。完全不是启蒙理性理解的那样:"人为了发现自然的真相,转向形而上学,转向逻辑,甚至是转向几何学。可是这些东西并不是我们自然知识的来源。我们不要去翻书本,而是看看自然,看看我们自己,研究一下历史和动物性吧,没错,就是动物学才是了解自然的真正向导。"[1]迈斯特完全不理会启蒙理性宣扬的进步、自由、完美的理想,不理会先验的理想主义社会学,而是诉诸历史的经验和对人类行为的观察,他认为,无论是在动物界还是在人类社会,理性法则都不是万物的主宰,恰恰相反,在这些群体中,显示的是杀戮、毁灭、暴力,是非理性的冲动。

对此,他说:"在生命世界的广大领域,一种赤裸裸的暴力,一种为所有生物的共同命运提供武装的普遍愤怒,才是真正的主宰……你一进入动物界,这种法则便立刻成为最恐怖的事实。一种狂暴的力量,既隐蔽又明显……而人处于这些不计其数的动物物种之上,

---

[1] [法]约瑟夫·德·迈斯特.论法国[M].鲁仁译.上海人民出版社.2005.第7页。

他那毁灭的手,不会放过任何生灵……在这场大屠杀中谁将消灭这个灭绝万物的家伙?只能是他本人。承担杀人之责的只能是人。狂暴毁灭一切生灵的伟大法则由此获胜。"①这些表述无疑在迈斯特看来都是反理性的,或者说是非理性的。这是迈斯特首先所做的指认,即人具有一个原罪性的本质,"人从本质上说即邪恶、狠毒而又懦弱"。②

那么,人的理性还能有什么用?迈斯特认为理性作为人类一种卑微的功能,本质上是不构成万物的主宰的。他说:"你想知道理性在我看来有何用处?理性不过是人类的一种卑微的功能,有时可以用来调整达到目的的手段。你真的以为人类的伟大制度来自理性的建构?凡是理性建构起来的,理性也可以把它毁掉。"③在迈斯特看来,理性恰恰在具有建构力的同时具有破坏力。这样的理性是不可靠的,所建立起来的社会包含着毁灭的逻辑,迟早会瓦解掉的。他说:"聪明人可以在这一代把它建立起来,下一代更聪明的人也可以把她搞得千疮百孔,用更高级、更精巧、更聪明、因而也更具有破坏力的理性手段,把它彻底摧毁。"④他还说:"正是上述这些人想要革命,而所有想要革命的人恰恰都成了革命的牺牲品。"⑤他认为,让无辜者蒙受苦难的大革命,是一场骇人听闻的灾难。

其次,传统主义高抬宗教和传统秩序在社会中的作用。迈斯特这样强调,是基于以下两个方面的理由。

其一,背后有对人性的理解做基础,如上述所阐释的那样,人性不仅有理性的功能,受理性因素的影响,但是,影响最深的还是欲念、毁灭、暴力等倾向,因此,人需要驯化和控制。他说:"对人类放

---

① [法]约瑟夫·德·迈斯特.论法国[M].鲁仁译.上海人民出版社. 2005.第7~8页。
② 同上书,第11页。
③ 同上书,第10页。
④ 同上书,第11页。
⑤ 同上书,第29页。

任不管,他们会彼此撕成碎片。除非给人类套上镣铐,施以最严厉的纪律管束,不然他们很可能毁掉自己。人性从根本上说有自我毁灭的倾向,首先需要驯化和控制。"①由于人类具有这种倾向,所以,在迈斯特看来,基于人性,自由乃是一个虚假命题,社会生活中应以控制和服从为基调。他说:"社会的基础是恐怖,是服从,是对权威的盲从,没有服从,各种制度就会动荡不安,灾难此起彼伏。"②这样一来,传统秩序即君主专制在迈斯特那里便具有基于人性的正当理由。

其二,社会契约是荒谬的,非理性才是社会生活和基础。他主要通过强调社会的非契约基础以及契约隐喻不足来理解大多数社会制度的性质。他认为18世纪提出的自然状态是没有根基的,是一种抽象和假想,而与之相关的社会契约更具有荒谬性,他说:"在18世纪的思想家看来,自然状态是人的所谓各项权利的贮藏室,原始人早就知道这些权利。这些18世纪的发言人是以谁的名义说话?以自然的名义?这位贵妇人根本就不存在,不然的话,为何我们从未遇到过她?这些权利是什么?内在于何人?形而上学家的火眼金睛,也看不到权利这种抽象物,也无法根据人类或神明的权威把它们推导出来。"③他认为这种抽象的人及抽象人的权利都是一种假象,因为关于人,"至于'人',我声明,我这辈子还没有碰到过,如果有的话,我还不知道"。④

因此,顺着这个思路下去,认为社会是建立在契约基础上的观点,在迈斯特看来是荒谬的。他说:"契约就是诺言,于是我们看到,有一群理性人聚在一起,要安排一种祥和的生活;较之他们在自然状态下得到的东西,这种安排将给他们带来更多现世的好处,带来

---

① [法]约瑟夫·德·迈斯特.论法国[M].鲁仁译.上海人民出版社. 2005.第11页。
② 同上书,第17页。
③ 同上书,第13页。
④ 同上书,第74页。

安全、幸福、自由……他们是如何安排做这个事的呢？他们就像成立一家银行那样建立一个国家。可是，即使为了做到这一点，也需要这种承诺或社会契约得到强制执行。倘若有人违背，必须有办法让他遵守或强迫他遵守。然而已经理解承诺和信守承诺的一群人，乃是一个完全成熟的、复杂的人类社会，而丛林中的蛮族和土著，为了建立契约……以为他们随手可以把所有这些观念（如相互守约、责任和履行承诺）注入知识的储备库，是一种荒唐透顶的逻辑。"①在这里，迈斯特主要强调野蛮人根本不知道什么是契约，而复杂社会中的成熟的人已经具有社会契约观念，根本无需再去建构社会，因此所谓"先有契约然后去建构社会"的说法是荒谬的。

因为在迈斯特看来，在现实社会中，具有契约关系的人群就已经在社会之中了，无需重提契约建构社会的说法。只是在他看来，这样现成的具有契约关系的社会其源头不是人创造的，而是神秘主义的。因为社会已经走过漫长的千载旅程。因为神秘中有符合事物的本性的非理性因素，所以才可以持久。如他说："凡是不理性的便可持久，凡是理性的都在劫难逃。凡是用理性建立起来的，也可以被理性摧毁；凡是由自我反省精神建立起来的，也经受不住它的打击。唯一能够主宰人类的，是难以勘其玄机的神秘因素。"②在此，宗教的维度就被他被凸显出来，并放置在一个非常重要的地位上。

通过以上的分析，我们可以看出，以迈斯特为代表的法国传统主义，从对人性的理解、对非理性的重视以及对理性假设荒谬性本质的论述中，逐渐开启了法国传统主义的基本视野。这种传统主义的基本内涵，如赛亚·伯林所评价的那样："18世纪的思想家相信进步是可取的……他们相信，利用过去100年里获得的技能和实践方法，将给知识和行动领域带来史无前例的辉煌胜利，千禧年将降

---

① [法]约瑟夫·德·迈斯特.论法国[M].鲁仁译.上海人民出版社.2005.第11页.
② 同上书,第15页.

临于人间。大体上说,此乃18世纪的理性主义思想家的共同信念、他们的普遍倾向和态度。这便是迈斯特打算根除的一切。他要铲除18世纪具有这些特征的一切事物,使其再无立足之地。"①迈斯特的传统主义作为启蒙理性的对立面,是对启蒙运动的一种批判性反省。而对于迈斯特本人的评价,我们援引19世纪的埃米尔·法盖(Emile Faguet)话来作为此段的结束语,他说:"迈斯特是一个狂热的专制主义者,一个激进的神权主义者,一个毫不妥协的严酷刑法论者,一个教皇、国王和刽子手三位一体的使徒。"②这样的话,的的确确道出了作为传统主义的代表的迈斯特的基本思想和基本立场,而上述的文本分析就可以作为明证。

2. 英国的保守主义

在对启蒙运动的批判性回应中,英国的保守主义应为比较突出的一股潮流,我们可以说保守主义是在大的启蒙语境中对以启蒙理性为支撑的启蒙运动的一种批判性回应基础上产生的。在此意义上,保守主义和启蒙运动的关系很密切,但两者并不是完全对立的,如同美国当代学者杰里·马勒所指出的那样:"更为准确的历史说法是启蒙运动中有多股思潮,其中的一些是保守主义的。的确,作为一种独特思维模式的保守主义是启蒙的产物。让保守主义的社会及政治言论不同于正统论说的是,保守主义对自由主义或者进步论论调的批判发生在基于理性的运用追求人类幸福的文明战场。"③而伯克作为保守主义的代表人物,马勒评述他时说:"尽管指出埃德蒙·伯克是现代保守主义社会政治分析的奠基人可能是个错误,但是将他1790年的《反思法国大革命》当作自他所处时代以来出版的最有影响的保守主义著作则毫不夸张。这本书拨动了保守主义情

---

① [法]约瑟夫·德·迈斯特.论法国[M].鲁仁译.上海人民出版社.2005.第5页。
② 同上书,第1页。
③ [美]杰里·马勒.保守主义.[M].刘曙辉.张容南译.北京:译林出版社.2010.第9页。

感之弦,敲响了保守主义分析之钟,几乎阐明了随后保守主义思想的每一个主题。"①可见,伯克作为保守主义的典型代表,其思想对我们理解保守主义及启蒙的关系有着重要的意义。

所以,接下来笔者将通过对他思想的分析来阐释保守主义的基本特征以及在何种意义理解其思想作为对启蒙运动的批判性回应。

首先,在伯克看来,社会生活的真实基础不是理性所提供的,而是历代人们智慧的结晶所赋予的,是由"传统"所形成的。在他那里,传统有着重要的影响力,是作为社会生活的基本支撑来呈现的。具体的理由,在他的论述中主要集中在如下三点上:

其一,他认为,理性主义所强调的自由的维度是不尊重传统的。不尊重传统就意味着不尊重秩序。而在伯克看来,秩序才是自由的真实基础。自由的基础不是理性,而是秩序。他说:"当我看到自由精神在行动时,我就看到有一种强烈的原则在起作用,而这一点暂时就是我所可能知道有关它的一切……因此,我应该中止我对法国的新的自由的祝贺,直到我获悉了它是怎样与政府相结合在一起的,与公共力量、与军队的纪律和服从、与一种有效的而分配良好的征税制度、与道德和宗教、与财产的稳定、与和平的秩序,与政治和社会的风尚在一起的。所有这些都是好东西;而且没有它们,就是有了自由,也不是什么好事,并且大概是不会长久的。"②

按照伯克的理解,启蒙哲学家基本上都是理性主义者,他们都认为一切都可以而且应当以理性为依据,由理性来做最后的判断。伯克认为,这种抽象的理性,其实忽视了传统,并且这种抽象的理性在现实中已经沦为"一种野蛮哲学,对此他说:"这种野蛮的哲学乃是冷酷的心灵和理解混乱的产儿,并且它缺乏坚实的智慧,正如它缺乏一切的鉴赏力和优雅感;根据它的方案,各种法律就只有靠它

---

① [美]杰里·马勒. 保守主义. [M]. 刘曙辉. 张容南译. 北京:译林出版社. 2010. 第91页。
② [英]伯克. 法国革命论. [M]. 何兆武译. 北京:商务印书馆. 2000. 第11页。

们自身的恐怖以及靠每一个个人根据自己个人的计较在其中所可能找到的、或者从自己私人利益中所可能付与它们的关切来加以支撑了。"①这就是抽象理性因忽视传统而对社会造成的毁灭性打击。

其二,抽象理性的神话消解了传统中值得尊敬的原则,而且直接导致大革命沦为一种灾难。他说:"人类真正的道德平等就在于此,而不在于那种怪诞的神话,那种神话向注定了要跋涉艰苦生涯的、捉摸不定的旅程的人们,激发了种种虚假的观念和空洞的希望,而其作用只不过是加重了和恶化了现实的不平等,这种不平等是永远不能消除的。"②伯克认为,抽象理性在大革命中导致"当古老的生活见解和规则被取消时,那种损失是无法加以估计的"。③并且"既然事情目前的状况是一切可尊敬的食物都在身外被毁灭了,而且还是摧毁我们身上的每一项可尊敬的原则"。④ 在他看来,一旦传统社会中的作为社会秩序基础的一些原则和见解被消解,就会给实际的社会生活造成很多负面的影响。

其三,他认为"传统"才是社会生活的真实基础。这里的传统不仅仅是政治制度,而且是包含文化、宗教、道德情感、社会习俗、成文法等在内的综合体。在伯克看来,在理性、抽象的原则基础上创立一种全新结构的革命是缺乏根基的,也即抽象理性主义引导世俗事务的主张是危险的,因而是需要加以拒斥的。

因为在他看来,法国大革命乃是一种灾难,对此他说:"他们在自己的成功之中发现了对自己的惩罚。法律被推翻了,法庭被颠覆了,工业毫无生机,商业奄奄待毙;已经不纳税了,但是人民却贫穷了;一切人间的和神明的事物都为着公共声誉这个偶像而被牺牲了,其后果则是国家破产……这一些可憎恨的事情都是必要的吗?

---

① [英]伯克.法国革命论.[M].何兆武译.北京:商务印书馆.2000.第103页。
② 同上书,第49页。
③ 同上书,第104页。
④ 同上书,第107页。

它们真是坚定不移的爱国者们,被迫不得不涉及鲜血和混乱以抵达平安和繁荣的、自由宁静的彼岸而进行殊死斗争之无可避免的结果吗?不是的,一点都不是那样……它们乃是深远的和平时期的粗暴无知的谋划之可悲的但富有教育意义的一个纪念碑。"①

在指出抽象理性导致一系列灾难时,伯克同时指出,在现有历史制度基础上走合法改革的道路是适合的,因为现有的历史制度、风俗、偏见乃至文化都是有根基的,更适合引导世俗生活,他举"风俗"的例子:"人们应该以极大的尊重来看待风俗,特别是普遍风俗;即使大众观念也不总是遭到嘲笑。某种一般原则起作用从而产生风俗,那是比我们的理论更可靠的引导。人们经常处于奇怪的动机按照风俗行事,但是这并没有使风俗变得不那么合理或有用。"②对于偏见,他看到偏见对人类责任的滋养,他说:"偏见可以在紧急情况下迅速得以运用,它事先就把我们的思想纳入一种智慧和道德的稳定行程之中而不让人在决定的关头犹豫不决、困惑、疑虑以及茫然无措。偏见使一个人的美德成为习惯,而不致成为一系列毫无联系的行为,正是通过偏见,一个人的责任才成为他天性的一部分。"③

在伯克看来,具有"传统"内涵的制度、风俗、偏见等才是社会生活的根基,单一化的抽象原则根本无法引导社会生活,原则看起来越完美,对社会生活而言越是灾难;而属于传统层面的制度等因素因为其兼顾有用性和神圣性是能够胜任引导世俗生活的要求的。以上是伯克对启蒙理性原则、法国大革命、传统秩序以及它们之间关系所持的基本主张。

其次,伯克认为,人在本质上是一种宗教动物,而宗教则是公民

---

① [英]伯克.法国革命论.[M].何兆武译.北京:商务印书馆.2000.第51页。
② [美]杰里·马勒.保守主义.[M].刘曙辉.张容南译.北京:译林出版社.2010.第74页。
③ [英]伯克.法国革命论.[M].何兆武译.北京:商务印书馆.2000.第117页。

社会的基础。伯克一反启蒙理性通过理性来界定人的做法,而认为:"人在本质上是一种宗教动物,能知道这一点是我们的骄傲;我们知道无神论不仅违背了我们的理性,而且也违背我们的本能;因而就不可能长久流传。在现在的法国,我们抛弃了成为我们的自豪和安慰、成为我们文明以及其他许多国家文明的伟大源泉的基督教,从而赤裸裸暴露了自己,那么我们就要担心某种粗鄙的、有害的、堕落的迷信会取代它的地位。"①这里,伯克认为宗教能够引导我们形成自己的判断,而且还指出,作为宗教体制化产物的教会体制,它是我们偏见的第一种,但并不是一种缺少理性的偏见,而是其中包含着深沉而广泛的智慧的偏见。那么,在他看来,宗教作为兼有偏见和理性的智慧,它则是"在我们心中感觉到宗教乃是公民社会的基础,是一切的善和一切的慰藉的源泉"。②

  他之所以有上面的论断,是基于两个理由:一是他认为宗教体系借助于人性观念成为世俗生活的基础。他说:"因为奠基于我们现在仍然拥有的这种宗教体系,我们一直是按照我们早就接受的,而且一贯延续下来的人性观念在行事的。这样观念不仅像是一个聪明的建筑师一样建造起来了一座庄严的国家结构,而且还像一个有远见的业主一样要维护这座建筑免于毁坏崩塌,使之像一座神殿一样清除了一切欺诈、暴力、不公正和专制等杂质,它庄严地、永远献身于国家一起其中的一切公务。"③可见,宗教在建构并引导着世俗生活,这是其一。二是在他看来宗教精神其实也是欧洲历史的基本原则之一,对欧洲文明起到塑造作用,"在我们的这个欧洲世界里,多少世代以来都有赖于两项原则,而且确实还是这两者结合的

---

① [英]伯克.法国革命论.[M].何兆武译.北京:商务印书馆.2000.第122页。
② 同上书,第120页。
③ 同上书,第123页。

结果。我指的是绅士的精神和宗教的精神"。① 伯克在此强调了宗教因素不仅对社会生活而且对欧洲文明都起到塑造作用。这是伯克作为保守主义代表对宗教的强调。

概而言之,伯克的保守主义的基本立场是通过对法国大革命的理论和实践的批判来是实现的。具体说来,其指认的主要方面有如下三层内涵:

第一,在伯克看来,法国大革命之所以走进了误区,是因为革命的领导者要摧毁整个政治体制,并想在一夜之间建立一个新的政治体制。这种错误的根源是启蒙哲学家、抽象理性主义的基本观念,这样的基本观念打破了法国的传统,这种试图想把新的政治结构建立在自由、平等等不明确而又冲高的原则基础之上的做法是危险的。因为就其抽象理性而言,其观念形态的单一性是无力引导社会生活的。

第二,伯克主张社会不像一台机器那样可以被随意修补,人性是复杂的,社会更是一个庞大而又复杂的历史产物,是人类智慧的储藏库,应该受到尊崇。如果必须加以改革的话,那也必须充分考虑其制度机构的连续性。因为,社会政治共同体是历史塑造出来的,由于宗教等因素的影响,已经在人与人之间形成不可分割的纽带,这纽带建构出社会秩序,而正是秩序使得自由的政府成为可能。秩序中有等级体系,但也无碍我们称之为健康社会,在此社会中,平民百姓会尊重秩序,而一般的规则和抽象原则对社会政治无任何帮助。

第三,伯克认为,人即是社会动物也是宗教动物,本质上是属于宗教动物。在社会生活中的人具有真实的权利和自由,但是这些权利和自由是建立在西方社会政治中的基督教基础上,并且这些方面在维系人类生存的古老习俗和传统的社会结构中已经扎根下来。

---

① [英]伯克.法国革命论.[M].何兆武译.北京:商务印书馆.2000.第105页.

且这些习俗和社会结构对社会生活的整体性能够起到塑造和积极作用。换句话而言,如果丧失了原始的、社会共同体纽带,人类社会就会出现灾难。在此意义上,伯克主张对这些传统应该尊重和维持。而在启蒙时代,这些方面遇到很大程度的破坏,并给现实社会带来一些危害,需要加以纠正和反思。

以上是伯克保守主义思想的基本要点。如果说,启蒙运动是以理性原则为基本特征的话,那么,伯克的保守主义恰恰是建立在对理性原则的批判性理解上的。正如斯特龙伯格说的那样:"就接近保守主义学说核心的态度,莫过于对伯克所说的'我们的理性的那些难免有错而又不堪一击的发明'的不信任……他们所倚重的是所谓的天然的社会秩序,而这种秩序常常似乎意味着现状本身。"①在此表述中,我们可以看出伯克的保守主义是在何种意义上能够被划为反启蒙思潮之列。

三、具有内在张力的启蒙总语境及其自身问题

我们在第二节点出了启蒙是以理性、进步和自由为基本的主题,第二节、第三节分别从思想史的角度考察了启蒙运动在17、18世纪的展开以及反启蒙思潮对启蒙的回应和反叛。从中,我们可以看出,如果从一种宏观意义上讲,大的启蒙语境包括启蒙思潮和反启蒙思潮之间的互动和张力,那么,我们可以说,启蒙不是一个单一的维度,而是内含张力和矛盾的,如迈斯特所说的那样:"把18世纪的思想看成铁板一块是错误的。18世纪的思想家之间存在着深刻分歧,不过他们也确实有着某种共同的东西……他们之间的相同之处在于相信,从天性上说,人即使不好,无论如何也不算太坏,他们有这向善的潜力……18世纪的思想家相信进步是可取的。"②

---

① 罗兰·斯特龙伯格.西方现代思想史[M].刘北成.赵国新译.北京:中央编译出版社.2005.P256

② [法]约瑟夫·德·迈斯特.论法国[M].鲁仁译.上海人民出版社.2005.第5页.

总的来说,在启蒙世纪,人们相信理性并把理性视为认识和建构社会政治理论的基本原则,笛卡尔、培根、牛顿、洛克、孟德斯鸠等人都在此方面做出了杰出的贡献。启蒙思想家们相信凭借理性能够揭示自然、社会的奥秘,因此可以引导人类社会走向进步。人类凭借理性而揭示了自然规律并以此为基础确立了人类社会进步的观念,而这构成了启蒙的基本内涵。但是,以启蒙理性为基础,是否就能真正实现所谓的"千禧年"? 从反启蒙运动折射出来的问题,我们已经看出,以启蒙理性为基础的启蒙世纪自身存在着无法掩盖的重要问题。而我们联系上文的论述可以看出,反启蒙思想中以保守主义和传统主义为代表的思潮都在一定程度上批判启蒙理性,试图通过回归宗教的视野来挽救启蒙理性的危机。

那么,从启蒙自身来讲,启蒙理性的问题在哪里?这还要从启蒙理性的制定者笛卡尔那里去做分析。我们知道,笛卡尔是现代启蒙的奠基人,其"我思故我在"的命题,开启了近代启蒙理性的基本视野,确立了理性主体性,并让思维原则成为现代社会的基本原则。如黑格尔所评价的那样:"笛卡尔事实上是近代哲学真正的创始人,因为近代哲学是以思维为原则的,独立的思维在这里与进行哲学论证的神学分开了,把它放到另外的一边去了。思维是一个新的基础。他是一个彻底从头做起、带头重建哲学的基础的英雄人物,哲学在奔波了一千年之后,现在才回到这个基础上面。"①

正是从笛卡尔开始,理性主体性及思维原则就成了理解并建构自然、社会政治生活的基础,也就是说,从此,理性的基本目标就在于如何理解自身以及如何把外在对象世界纳入自身理解之中。问题就在于,如何能够从理性主体自身实现理性和外在现实世界的同一? 也就是说,理性不同于外部现实世界,两者具有本质的差异,一个属于意识,一个属于意识之外的现实的、感性的世界。那么,两个

---

① [德]黑格尔著.哲学史讲演录.(第四卷).贺麟.王太庆译.北京:商务印书馆.1997.第 63 页。

本质不同的东西如何才能发生根本的联系？理性能够去指涉现实世界，这样的能力从何而来？

如在第三节所分析的那样，笛卡尔认为这样的能力是人的天赋，是不依赖、不同于我身体的我的心灵。在这里，我们能够看出，笛卡尔一方面设定人的理性能力和心灵都有一种基本的能力，同时在这种设定中隔开了"身体"和"心灵"，尽管这样的理路开启了近代哲学的主客二元论思维方式，并为人类理性拓展到自然、社会、伦理等领域打好理论铺垫；但是，另一方面，我们也要看到，这样是成问题的，因为身心二元是笛卡尔思路中的前提设定，但是他的哲学努力却在力图实现"身、心"二元的同一，也即"思维"和"世界"的同一，但是这样的同一性如何可能？

需要说明的是，笛卡尔的前提设定在其努力过程中又成为理论目标，这里面有矛盾之处。"思维"、"意识"如何从自身突破出来与外在对象世界同一，这从笛卡尔的思路中来看，是成问题的。尽管在后来的思想史上，唯理论和经验论以及康德、黑格尔其实都在努力解决"思有同一"的难题，但是，无论是唯理论和经验论甚至康德把"我思"设定为"先验自我"，还是黑格尔把"我思"理解为"绝对精神"，都只是在近代启蒙理性范围内部或者说是站在封闭的"理性主体"的圈里去解决难题，但是，根本的难题就在于如海德格尔所提示的："这个正在进行认识的主体怎么从他的内在'范围'出来，并进入一个不同的外在的'范围'，认识究竟怎么能有一个对象，必须怎么来设想这个对象而不必跃入另一个范围之险……认识究竟如何能从这个内在范围出去，如何获得'超越'？"①

这是笛卡尔的难题，也是启蒙哲学近代以来就一直存在的问题，这一点也正如国内学者吴晓明教授所指出的那样："如果说笛卡尔的二元论为谋克服不得不诉诸神助说，那么这种基本境况在整个

---

① [德]海德格尔著.存在与时间.陈嘉映.王太庆译.北京：三联书店.1999.第70页.

近代哲学中并没有真正改变,唯理论和经验论的最终成果并没有改变这种基本境况,以至于康德甚至颇为痛切地认为:始终还没有人能为'我们之外的物的定在'提出一个令人信服的证明,乃是'哲学和一般理性的耻辱'。然而康德同样没有真正解决这个问题。也许黑格尔是近代范围内给予这一问题以最高和最佳解决方案的哲学家,但是当有人终于认出他只是在'思想当然能够把握作为事物之自身的思想'这一主题上来解决问题的时候,这种解决本身也被看成虚假的。"①

由此可见,启蒙理性在开创者和后继者那里都是一个基本的议题,而且还是与近代哲学本质相关的一个核心主题。启蒙理性自身蕴含着悖论,这样的线索也是我们理解启蒙语境的切入点。可以推断,既然启蒙理性自身存在着问题,那么,启蒙语境本身就不是一种单一的维度。相反,它是由众多思潮相互冲突而构成的。尽管在启蒙语境当中,尤其是在17、18世纪,这200年间,启蒙的世纪也可以称为理性的世纪,理性原则是理解社会、自然的基本原则。但是,当启蒙理性因为自身问题遭遇挑战的时候,很多对启蒙理性的反叛,也就构成了启蒙理性的反思和重构。而且,随着时间的推移,到了19世纪,社会科学中很多分支如社会学、心理学、人类学都试图从自身的角度去理解自然和社会,并希望能从自身理论中开出解决启蒙理性悖论之方。当然,在这些理论当中,孔德的实证社会学传统就是其中的一重大的思想潮流,其理论不仅延续着对启蒙理论的回应,而且也可以说是对当时时代主题的一种注脚。在下一章节中将重点论述实证社会学传统及其继承人迪尔凯姆的思想。

总的来说,我们认为,当我们指认大的启蒙语境时,可以肯定大的启蒙语境是内含矛盾的。一方面是,启蒙思想者们寄希望于人类理性的认识力量,并把人类的认识能力看成他们必须获得的一种,

---

① 吴晓明、王德峰.马克思的哲学革命及其当代意义.北京:人民出版社. 2002.第188页.

也是唯一的一种能够引导自己走向完善的力量。这种唯一性之所以能够成立,前提就在于"思有同一"的原则,也可以称为同一性原则,它是启蒙思想的首要原则。这一点如洛弗乔伊所指出的那样:"同一性原则是启蒙思想这种普遍传播、无处不在的哲学思想的首要原则。一般认为,理性在所有人身上显然是同一的;因此,理性的生活是排除多样性的生活……人们在宗教、道德和社会工作等领域进行改良,其目的和文艺批评家的目的一样都是要让人类及其爱好、活动以及习俗服从统一的标准。"[1]也就是说,启蒙理性是社会生活中的唯一原则;另一方面,反启蒙运动的众多思想就直接针对启蒙理性这种抽象性和单一性进行批判和反思。他们都一致认为,启蒙理性存在的问题是致命的,并且已经在社会生活中造成了灾难。因此,需要借助宗教等传统因素来摆脱社会危机。这方面以英国的保守主义和法国的传统主义为代表。因此,当我们回顾启蒙语境的时候,一定要从两个维度综合分析其基本的原则和内在的矛盾。而启蒙和反启蒙之间具有张力的大的启蒙语境恰恰是社会学传统的基本语境。

---

[1] [美]维塞尔著.启蒙运动的内在问题.贺志刚译.北京:华夏出版社.2007.第162页。

第二章

实证社会学传统的基本逻辑和建构思路

我们在上一章对实证社会学传统的启蒙语境做了考察,并且点出了启蒙理性的基本主张,以及反启蒙运动诸如传统主义和保守主义对启蒙理性的批判和回应。那么,在明确启蒙大语境的内在张力后,对于实证社会学传统在启蒙大语境中的定位,我们就比较容易去分析和把握。既然社会学传统置身于这种大的语境中,而此语境又内在地蕴含着启蒙理性和反启蒙思想之间的对抗和彼此间的回应,那么,社会学传统一定离不开这两种路向的同时影响,或者说,它同时具有双重的逻辑,一方面,顺着启蒙理性的基本思路,力求把启蒙理性纳入对社会生活的理解中,或者说,把科学中的理性运用到人的行为中去,即解释社会秩序和引导社会集体行为,从这一点来说,社会学传统可以看作启蒙理性在社会领域中的运用。另一方面,社会学传统因关注宗教因素,可以看出反启蒙运动对它的影响,比如社会学传统的奠基人孔德和继承人迪尔凯姆先后对宗教作了重要的研究和探讨,而且他们都认可宗教的社会功能,就此而言,他们是顺着反启蒙的路子来的,至少不是启蒙理性的。

因为在启蒙理性那里,它的一个目标就是通过拒斥宗教而把一切神学的、旧的神秘主义赶出社会政治生活这最后一个避难所,而社会学传统的奠基人孔德及后来者迪尔凯姆对宗教问题的关注和局部的认同,这种思路是顺着保守主义来的,而保守主义作为反启蒙思潮中的一个典型,在此意义上,我们很自然地认为,对于实证社会学传统的定位,应该指出的是其理论同时具有双层的逻辑:一方面是启蒙的逻辑,另一方面是反启蒙的逻辑。这是西方理论界常常给予的认定,而且也有不同的声音。其中表达出三种界定方式:一是顺着启蒙,二是顺着反启蒙,三是具有双层逻辑。这三种界定方式,在西方理论界到目前为止是能够被确认的。只是,笔者认为,用这三种界定中的任何一种理解向度,去外在地理解迪尔凯姆的思想,说他是启蒙的或反启蒙的或有双层逻辑,都极有可能在解读中漏掉迪尔凯姆思想中的很多细节和重点,我们在理解和把握实证社会理论传统及其代表人物,无论是孔德还是迪尔凯姆的思想时,切忌外在地、主观地、架构式地去指认他们的思想本质,而是更应该从相关文本和文献出发,这样得出来的结论才更为扎实和可信。因此,笔者认为,在未对迪尔凯姆本人思想做出一番梳理和解读之前,不能生硬地去用这三种理解模式来预判迪尔凯姆的思想。但是,考虑这三种理解路向对社会学理解的影响,笔者有必要对此做一些交代和分析。

第一节 悬置三种对实证社会学传统的理解方式

总的来说,对于实证社会学传统的推进路径和思想本质,有三种理解模式:第一种理解模式认为,实证社会学是启蒙理性的。持这一观念的有汉密尔顿等人,他们都有一个基本的认定:实证社会学传统是启蒙运动的某种延续。对此,汉密尔顿说:"社会学是启蒙哲人那里典型的批判理性主义的逻辑发展……启蒙运动的哲学拒绝认为人的行动是由天意神授,承载神意,产生的结果归根到底由某种宇宙秩序所主导,这就为社会学奠定了基础。启蒙哲学转而提出,社会行动可以用理智来概括,可以由理性政府为协调中介,可以导致在社会和道德角度上具有进步性的结果。"① 这是一种理解范式,即把社会学与启蒙运动联系起来。社会学的是顺着启蒙理性的思路,主张用理性去处理社会行为和社会道德问题。凭借其理性,社会学能够开出理解社会生活的视域。

　　持第二种理解方式的也有很多思想家,如伯林、尼斯比特、迈斯特等人,笔者在这里援引迈斯特和尼斯比特他们对社会学的评述来说明这种主张。按照迈斯特的理解,"法国革命具有一种恶魔性质,这使之同人们见过的一切事物区别开来,或许还将同人们今后看到的一切事物相区别……理性女神像的揭幕式,以及外省极力要胜过巴黎的大量闻所未闻的场景,所有这一切统统超出通常的犯罪限度,而像属于另外一个世界……哲学在本质上还是一种破坏性力量"。② 这里,传统主义思想家迈斯特指出了作为启蒙哲学的最高实践形式的法国革命的反宗教性质,而且在对社会学传统的理解时他明确指出:"大革命的恐怖意味着人类坠入无上帝、无政府的馄饨;无独有偶,孔德则把伏尔泰和卢梭说成断头台博士。"③ 从这种表述我们可以看出孔德对卢梭和伏尔泰思想的不认同,在孔德看来,这两者是把人们导入革命危机的先驱者,而我们知道,卢梭和伏尔泰是启蒙运动的发动者。而且迈斯特补充说,实证社会学的继承人迪尔凯姆思想应划归到反启蒙阵营:"在世纪之末,在作为非宗教人士和政治自由主义者的迪尔凯姆的著作中,我们发现了法国保守主义者的观点,他们转化进了他的系统社会学的一个核心理论中:包括集体意识、制度和思想的功能性、中介联合,以及他对个人主义的整

---

　　① [英]克里斯·希林,菲利普·梅勒. 社会学何为? [M]. 李康译. 北京大学出版社. 2009. 第9—10页.

　　② [法]约瑟夫·德·迈斯特. 论法国. [M]. 鲁仁译. 上海人民出版社. 2005. 第62页.

　　③ 转引自[英]克里斯·希林,菲利普·梅勒. 社会学何为. [M]. 李康译. 北京大学出版社. 2009. 第8页.

第二章 实证社会学传统的基本逻辑和建构思路

个进攻。"①

通过以上分析,我们可以看出,对于启蒙运动的道德后果及所带来的社会危机,社会学创始人孔德对此是失望的。而从孔德开始,社会学传统的构建已经表现出对启蒙的反叛,在此意义上可以说社会学传统是反启蒙的。这在继承人迪尔凯姆那里,也可以看到相似的观点。总的来说,社会学从一开始就是规范性的和构成性的。从他们对很多基本问题的探讨以及他们对宗教问题的关注,我们可以看出,社会学传统有一个目的就是试图通过重新树立社会生活中的宗教因素来一步步推进社会理论的建构。尽管这种建构,不是去创立传统意义上的宗教,但是对宗教的社会功能的强调在社会学传统那里具有延续性。

我们再来看看尼斯比特的另外一个观点:"社会学的基本概念和隐含视角远不是什么启蒙运动的延伸,与哲学的保守主义之间的亲和度倒是更大。比如说,经典社会学关注宗教对于社会道德秩序的建构和维持的重要意义,就被认为表现出基于保守主义的角度,对现代个体主义和理性主义深感关怀,在某种程度上,这样的说法也映衬了当代对于经典社会学'反动'性质的批评"。② 从这里我们可以看出,第二种理解方式是把社会学传统和反启蒙拉在一起,上述的表述可以视为第二种解读方式。

另外,西方理论界还有第三种理解,即认为社会学同时具有双重逻辑,即是启蒙的又是反启蒙的,或者说社会学是游离在启蒙和反启蒙之间,持这一观点的代表人物有科塞、西林、梅勒等人。在此我们援引西林、梅勒的观点来佐证这种立场,希林、梅勒说:"孔德的实证主义之所以形成这两点特性,一是从玄秘思想起源的思辨观念转到有继承关系的经验法则,二是关注社会道德秩序。之所以有这

---

① 转引自[英]安东尼·吉登斯.为社会学辩护[M].周红云等译.北京:社会科学文献出版社.2003.第126页.

② [英]克里斯·希林,菲利普·梅勒.社会学何为?[M].李康译.北京大学出版社.2009.第10页.

两点特性,是因为他同时接触到启蒙运动与反启蒙运动的思想……因此,孔德的实证主义不能简单归于启蒙运动,以理性、科学和认知性个体为焦点,而应同时归入反启蒙运动、关注宗教、社会团结和感情。"①这种理解方式把社会学界定为具有双重的逻辑。

  明确了以上三种理解方式,那么,我们该如何看待?总的来说,笔者认为这三种理解方式或模式都在一定程度上言中了实证社会学传统的基本要点。但是,这三种理解方式在一定程度上都有不妥之处,都是为了把社会学传统拉入思想史而采用的一种方法,每一种理解都看到了孔德思想及其继承人迪尔凯姆思想和思想史之间的关联,这一点是值得认同的。但问题是在这三种界分中有些是含糊的,都仅仅是抓住社会学传统思想的局部与思想史的关联而界定的,而多多少少在一定程度上忽视了社会学传统的社会历史语境及它的总问题和抱负。因为思想史的继承性固然重要,但是对理论的分析一定不能离开它的时代语境,离不开它所想解决的理论问题和社会生活问题,离不开对理论抱负和实现步骤之间的张力的分析。就此层面而言,以上三种理解方式,是我们走进实证社会学传统之前需要暂时悬置的。因为倘若我们想去理解社会学传统,如果仅仅从以上三种方式中任选一种作为进入社会学传统内部的方法,当然这样做是容易的,但是这样去做却是一种颇具危险的做法。如果这样做的话,这就好像带着一种预设的前提去安置实证社会学,这样的做法尽管都能对社会学传统的思想把握一二,则同时却容易忽视此社会学传统的总问题、抱负和实施步骤。相反,我们在未真实地了解并把握他们的思想之前,对学界对他们的思想评析可以做一些"悬置",以使得我们在考察其理论主张和理论原则,对其理论进行内在考察时,不太受到外在评论的干扰。

---

① [英]克里斯·希林,菲利普·梅勒.社会学何为?[M].李康译.北京大学出版社.2009.第31—32页。

因此，基于以上的分析和考虑，笔者在此章中更愿意采用下面的一种方式，即不是拿局部内容之间的相似和差异来表明此种社会学传统和启蒙及反启蒙之间的关联性，而更愿意去做的是，为了弄清楚实证社会学和充满张力的大的启蒙语境之间的真实关系，我们通过深入此社会学传统的历史语境和理论进路本身中去考量这种传统和启蒙的本质关联。通过明确它面对的社会历史语境是什么，理论的总问题是什么，理论最想解决的问题是什么，它如何做到并推进对总问题的层层破解，这种社会学传统如何处理以往的思想资源，以及这种理论基本的观点的根据是什么，它的贡献和困境又是什么，来一一考察其基本的主张及细节。

也就是说，不是从几种现成给定的理解范式出发推演社会学传统是顺从启蒙还是顺着反启蒙，这样的理解方向我们暂且放弃，因为这样做，很容易丢掉社会学传统的总问题并陷入对部分问题之间的类比推测和妄加断言中。而是我们通过努力抓住实证社会学传统的总问题，把启蒙和反启蒙作为思想背景，通过对社会学传统和启蒙运动及反启蒙运动关系的理解，来推进我们对此章问题的层层研究。这也是笔者打算清理社会学传统所要采用的思路。笔者认为，唯有这样，才能更内在地理解这种社会学传统和启蒙语境的关联，而且同时也能把实证社会学传统的时代感和理论独特性、鲜活性呈现出来，这样才能为实证社会学本身做出一番澄清，才能弄清楚社会学传统的总问题和建构路径。为了推进问题的研究，有两个重要问题是考察的关键：第一个问题：实证理性和启蒙理性的内在关系是什么？第二个问题：实证社会学传统的建构路径为何？

第二节　实证理性和启蒙理性的关系

之所以要把这个问题作为一个优先的问题加以考察，是因为在前文中已经对启蒙理性做了一番探讨，在论及实证社会学与启蒙语境的关系时，首先我们会很自然地追问：为什么作为一门新兴的学科,它能够以独特的面貌出现在那个历史时代？社会学的理论目标是什么？它到底旨在解决什么问题？又是什么因素让社会学非要作出如此的决定？这样的追问自然就会落到对启蒙运动和启蒙理性的反思上。

那么,启蒙理性到底存在什么样的根本性问题？我们从反启蒙运动的思潮中看到了保守主义和传统主义都对启蒙理性做了犀利的批判性分析,同时反启蒙思潮正是在借助于对启蒙理性的批判来构建了反启蒙众多思潮的基本观点。启蒙理性和反启蒙理性之间的对抗和较量,折射出两个基本的层面:一是启蒙理性的根本问题;二是置身于这种背景中的社会学正是试图通过社会学的视野尝试性地去努力解决启蒙问题。我们可以说,这两个问题都可以视为社会学生发的思想史背景。

因此,明确实证理性和启蒙理性的关联性是必要的,也是急需着手解决的问题。我们知道,启蒙理性是从近代笛卡尔开始的,他从"我思故我在"开始,确立起理性主体性。在这里,就有一个问题需要强调指出,从一般意义上说,是笛卡尔开启了近代哲学,并实现哲学的近代认知论转向,此后的几个世纪,认识论问题成为一个争论的焦点,在哲学史上表现为唯理论和经验论的争论。也就是说,有一个问题是明确的,即笛卡尔开启了认识论的转向。这样的观点之所以成立的一个基础就是对启蒙理性有一个基本的认定。即启蒙理性中的"理性"是指作为认识主体的认知能力,即人的思维能力及通过思维、理解去认识并作用于外部世界的能力,这一点,也被后来的黑格尔所肯定。如在第一章已提到的那样,黑格尔认为笛卡尔是近代哲学真正的奠基人,尤其是思维原则和主体性原则,使得思维原则和哲学上的神学论证分开。其实他们所强调的启蒙理性之理性就是人的认知能力。

但是,启蒙理性之中的理性把理性仅仅拉回到认知理性上,这是问题的关键。由此一来,导致的后果是理性的价值维度就被消解掉或者说是被拒斥掉了。启蒙理性之所以反对宗教其实也是做这样的事,在此过程中,认知理性彰显出它的狂妄和独断,理性试图把信仰纳入自己的理解中。如黑格尔所指出的那样:"启蒙斗争的第一个方面,即是说,启蒙之因对它的自身等同的纯粹性采取否定性的态度而变为不纯粹,成为对象,乃是为信仰的;信仰于是认为启蒙是谎言、非理性和坏意图,正如启蒙认为信仰是谬误和成见一样。"① 而且黑格尔对于启蒙理性,补充道:"凡是不合理性的东西,它就没有真理,换句话说,没有经过概念把握的东西,就不存在;因此,当理性谈论不同于它自己的一个他物时,它所说的事实上只是它本身;所以在这里,它并没有跳出它自己以外去。"② 也就是说,启蒙理性消解了理性之价值维度,而仅仅把认知意义上的理性作为理性的全部内容。这样启蒙理性所实现的认识论的转向只是把真理问题作为其基本问题,而法国大革命的问题已经暴露出这样的缺憾,即认知意义上的理性何以能够托起整个社会生活?以思维原则为主导原则所建构起来的概念范畴体系何以能保证内涵丰富的社会生活不至于崩塌?这是启蒙理性最大的问题。

而实证社会学的创始人孔德就直接回应了这样的问题,只是他开启了一个新的理解视野,即从社会学的视野去尝试理解社会生活并建构社会理性,这种社会理性被他表述为实证理性。那么,接下来,笔者就对实证理性之理性的内涵做一个基本的梳理和分析。

总的来说,孔德的实证理性其实就是想从社会学的角度去切入启蒙理性,这仅仅是从认知意义上去把握理性所带来的问题。在他看来,社会学视野中的理性概念是借助于科学理性的一般原则,并把理性之价值维度实现在社会生活中。也就是说,社会学的基本视野是在分享自然科学之理性原则的基础上,同时从社会生活中找到理性之价值维度,这样一来,实证理性所实现的不仅是通过一种新

---

① [德]黑格尔.精神现象学(下卷)[M].贺麟译.北京:商务印书馆.1996.第86~87页。
② 同上书,第86页。

的方式去解决启蒙理性的问题,而且是因为理性价值维度的凸显也能在社会生活中建构出一种符合人性的社会理想来。

我们先来看孔德本人是如何看待实证理性的,他在《论实证精神》中把实证理性放在人类整个认识演变的过程中加以描述并做出界定,他说:"我们所有的思辨,无论是个人的或是群体的,都不可避免地先后经历三个不同的理论阶段,通常称之为神学阶段、形而上学阶段和实证阶段……最后一个阶段才是唯一完全正常的阶段,人类理性的定型体制的各个方面均寓于此阶段中。"[1]在孔德看来,第一个阶段是预备阶段,主要的特征是对世界和人类命运的把握,主要是依靠对上帝和神灵来解释;而第二个阶段是过渡性的阶段,主要的特征是:尽管这一阶段比第一个阶段人类的认识有进步,能用本质原因和其他抽象观念来说明世界和人类命运,但这种说明还不符合外在世界的真实性。而且,他补充说,尽管"近五百年来,形而上学精神逐渐通过瓦解神学体系,消极地促进了近代文明的根本发展"。[2] 但是,第二阶段的形而上学,"就其性质而言,它只能自发地进行精神方面尤其是社会方面的批判行动或摧毁行动,而绝不能建立任何属于自己的东西。这种模棱两可的精神,根本上自相矛盾。它还保留着神学体系的全部基本原则,但却日益抽掉为其实际权威所必需的活力和稳定性"。[3]

在这里,孔德对形而上学批判的一个要点在于形而上学分享着神学的基本原则,而且已经没有组织力,反而以破坏力的形式出现。按照他的说法,"形而上学并不运用真正的超自然因素,而是越来越以实体或人格化的抽象物代之"。[4] 形而上学的抽象理解世界的方式是存在矛盾的,而且因这种矛盾产生了探讨哲理方式的摇摆。这

---

[1] [法]孔德.论实证精神.[M].黄建华译.北京:商务印书馆.2009.第2页.
[2] 同上书,第10页.
[3] 同上书,第8~9页.
[4] 同上书,第7页.

样的探讨方式在孔德看来是有问题的,他说:"这种探讨方式一向不具备组织的能力……因为这种方式确实从来没有以任何决定性的论据消除它们。"①孔德认为,这种形而上学总是趋向于阻止另一种思辨体系的建立,因为"它依然常常独断哲学思考的优先权"。② 因此,孔德认为形而上学阶段作为人类认识环节的中间过渡状态,因其自身矛盾,即探讨方式的抽象化及认知意义上的理性的霸权所导致的体面化,所以,这是形而上学理性,或者从狭义上理解为启蒙理性的根本问题,但是这样的一个必须经历的阶段恰恰为实证理性阶段提供了准备。

而对于实证理性与启蒙理性的关联性,孔德说:"实证主义的第一次系统建立不会早于那次难忘的危机,其时,在两种精神的奇妙推动下,全西欧的整个本体论模式开始衰落:一是来自开普勒与伽利略的科学推动,二是归功于培根和笛卡尔的哲学运动。"③而且还进一步指出:"因此,我们精神发展的整体,尤其是西欧自笛卡尔和培根以来所完成的伟大运动,今后只能经过许多必要的酝酿,最后形成人类理性的真正正常状态,此外别无其他出路。"④在这里,人类理性的真正正常状态就是孔德本人所说的实证主义阶段,即经过必然的漫长的开端后把我们逐渐获得解放的智慧引导到最终的理性状态。

那么,实证理性在孔德那里是指什么?它在何种程度上超越了启蒙理性?对于实证理性超越启蒙理性的那个维度,我们又该如何把握呢?需要指出的是,孔德在指出旧的形而上学的基本问题及其后果后,为自己提出的实证理性圈定了认识的范围,他认为实证理性之理性认识具有一定的范围,在认知意义上,实证理性的唯一认

---

① [法]孔德.论实证精神.[M].黄建华译.北京:商务印书馆.2009.第9页。
② 同上书,第10页。
③ 同上书,第38页。
④ 同上书。

识对象是可证实的经验领域,对此他说:"自此以后,人类智慧便放弃追求绝对知识,而把力量放在从此迅速发展起来的真实观察领域,这是真正能够接受而且符合实际需要的各门学识的唯一可能的基础……自此以后,思辨逻辑作为一项基本规则承认:凡是不能严格缩减为某个事实(特殊事实或普遍事实)简单陈述的任何命题都不可能具有实在的清晰含义。"①在这里,孔德首先点出了实证理性思辨的一般规则便是要放弃绝对知识,也即放弃探求其最早来源和终极目的以及与之相关的探讨方式,因为这样的探讨方式如前面所指出的那样,是无组织力的,是成问题的,是玄妙而抽象的。

那么,孔德本人为实证理性制定的思维规则是什么?他说:"简言之,作为我们智慧成熟标志的根本革命,主要是在于处处以单纯的规律探求,即眼前就被观察现象之间存在的恒定关系,来代替无法认识的本义的起因。不管是微末的或重大的效应,不管是撞击或是重力,也无论是思想或道德,我们实际上只能了解它们形成的各种相互关系,而永远不会了解它们产生的奥秘。"②从这种表述中,我们可以大致看出实证理性是以一种的新的视角去理解现实世界的。这种理性能够把握的是可以凭借经验观察到的事实或现象,不管这种可观察的是物理学意义上的现象还是思想甚至是道德现象,实证理性并没有将它们分别安置在不同的地方,而是认为凡是能够以命题表达出来的事实都是实证理性的理解范围。

其实,孔德这样做,是在通过为实证理性划界的方式,将人类理性重新安置。也就是说,孔德对理性的认知能力做了重新理解。这样做的目的是希望通过对实证理性的对象范围的重新规定来消解自笛卡尔以来的二元分立。只要理性能够把握的世界不再是一个分裂的世界,不再有一个彼岸的世界和此岸的世界之对立,而是一

---

① [法]孔德.论实证精神.[M].黄建华译.北京:商务印书馆.2009.第11页.
② 同上书.

个世界,一个属于人的共同的世界,孔德就可以通过对理性理解力的重新划定,而实质上颠覆了传统认识论,即启蒙理性所开出来的认识论。因为在启蒙理性的认识论中,人的世界分为物理学意义上的物质世界和与之相应的道德的、宗教的、神学的世界。物质世界是此岸世界,神学世界是彼岸世界,世界彼此之间对抗,人和神沟通的方式就在于信仰。

但是,在启蒙理性的认识论中,一个基本的同时也是十分困难的问题是两个世界如何沟通的问题,也即经验的世界和道德、宗教的世界如何沟通的问题。顺着此问题延展下去的问题是:对立的两个世界能不能得以沟通,如果可以的话,如何去沟通等。所以在启蒙哲学那里,很多问题就围绕这种对抗而论争,先验的世界和经验的世界能否沟通以及如何沟通?对此问题的不同回答,就有了经验论和唯理论之争。

而到了孔德这里,通过重新规定理性,即把理性做实到社会生活之中,也就是通过实证理性的提出,论证存在的唯有实证理性的世界,即只有一个世界,以前的那种二分世界的看法被消解了。至少在孔德看来,实证理性解决了这一难题。在孔德的理论视野中,世界只有一个,相比其以前的二重世界而言,世界变了,因此理解世界的方式也要变。对社会生活的理解完全可以凭借实证理性得到度量和建构,在孔德看来,只有在此理解方式中,人类社会的建构才有希望去开出新的路径。因此,只有明确孔德界定实证理性的范围背后的理路才能理解孔德所说的"智慧成熟标志的根本革命"。可以说,实证主义是通过一种近似革命的方式来达到"一个世界",以及凭此实证理性而对人类世界及社会加以把握和重新建构的,这是一种理解向度的转变。而在此,首先明确实证主义之实证理性这一维度及其目的是至关重要的。

实证理性首先要做的就是填平那分裂世界之鸿沟,并把人类世界认定为一个符合人类精神自然运行的共同体。因此,对观念的理解要从集体生活中来,如孔德说的那样:"任何观念都应该视作为人类现象,那么此类现象就不纯粹是个人的,而主要是社会的,因为它实际上是从集体的持续演变而来的,演变的一切因素和所有阶段基本上是相互关联的。"①这里,对思辨观念的理解蕴含两个基本点:"一是实证理性之思辨不得不一贯依赖于我们个人存在的各种基本条件,二是它也服从于整个社会进步情况,而绝不可能具有形而上学学者所设想的绝对稳定性"。②

  因此,我们可以看出,实证理性实现了认识对象的转移,由启蒙理性关注的人与外部世界,或关注的人的经验世界和先验的世界,转变为实证理性能够把握的个人和社会的关系问题,这是一种重大的认识范式转变和突破,自此开始,对世界的关注点就集中在如何理解个人和社会关系上。而为了弄清这个问题,探讨社会进步的秩序和社会结构,以及如何用人类的实证理性建构出更符合人性的、同时也符合人类精神规律的理想社会就成了孔德的理论主题。理想社会,一直是社会学创始人孔德思想中的一个重要内容。这一点,如孔德本人说的那样:"真正的实证精神主要在于为了预测而观察,根据自然规律不变的普遍信条,研究现状以便推断未来。"③因此,孔德批判地说:"真正的实证精神与神秘主义,也与经验主义相去甚远。"④

  所以,当我们去理解实证主义的时候,如若常把它等同于经验主义,这是错误的,因为经验主义在孔德看来更多的是单纯事实的无谓堆砌,其价值仅仅在于提供局部的精确性;而实证理性之精神是通过考量可观察的诸多事实中的恒常关系,进而把握其内在规律,这样就可以根据现有的材料去推测出未来,人类社会的未来理想形态就能通过对以往经验事实的研究得到说明和论证。从孔德

---

① [法]孔德.论实证精神.[M].黄建华译.北京:商务印书馆.2009.第12页。
② 同上书。
③ 同上书,第14页。
④ 同上书,第13页。

对这一层面的强调我们可以看出,对于实证理性的理解,需要明确的是实证理性不仅具有认知意义上的功能,而且还能支撑起价值维度来,能借助于对规律的推演来开出符合人性的社会理想。这可以视为实证理性的本质的两重维度:一是具有认知能力,一是具有价值维度。这也就是实证理性的优势所在。这种优势被孔德表达为"在思辨生活与实在生活之间直接建立全面协调关系的自发倾向,最终应该被视作实证精神最可贵的优势"。[①]

并且,孔德还补充说:"实证理性拥有构成我们知性最终统一的自发能力,也就不难通过从个体到群体而对此基础解释并加以完善。这种必要的推广,至今对于现代哲学家来说,根本上是不可能的。他们本身并未完全脱离形而上学状态,从未按社会观点来处事,然而唯有社会观点能够包含丰富的现实感,无论是科学方面或逻辑方面都是如此,因为人并非在孤立状态下发展,而是在集体中发展的。"[②]在这里,孔德强调实证理性不仅具有认知能力,而且还具有理性统一的自发能力,以此可以引导出道德教育来。也就是说,实证的道德教育是实证理性的必然要求,按照孔德的说法是"实证观念的普遍传授,按照个人教育必须和集体进化相符合的原则……而这门决定性哲学的直接确立则有赖于普遍传授,这无疑是人类理性全面发展过程中理性为其承担的最终基本任务"。[③] 从这里,我们就能理解孔德后期强调的宗教道德的教化作用,就其实质而言,道德教育是实证理性之价值维度彰显的要求。

到此为止,我们不妨对社会学传统之奠基人孔德的实证思想路径做出总结。总的来看,孔德是通过对理性的重新理解,并把理性拉入社会学中来拯救近代形而上学之难题。实证理性不是简单地沿着近代形而上学之启蒙理性的基本思路来推进,而是通过实证理

---

① [法]孔德. 论实证精神.[M].黄建华译. 北京:商务印书馆. 2009. 第24页。
② 同上书,第21页。
③ 同上书,第85页。

性的概念为理性认知能力划界,把认识的领域圈在可凭借经验可证实的经验事实领域中,而把近代形而上学阶段作为人类认识的一个必然过程来消化掉。这样一来,在孔德看来,从实证理性出发的社会学研究既能保持人类进化的序列,又可以凭借对道德教育的推进来使实证观念深入人心,这样的理性重建,有助于理想社会的实现。孔德认为,由于实证理性自身具有双重能力:理性认知能力和价值重新建构的能力,因此这样的实证理性便有着改良的实践意图,即负担起精神重建的重任。在孔德看来,这也是挽救社会危机的基本诉求。

其实,孔德之所以有这样的主张,有时代背景方面的原因,其所处的时代,不是社会结构平稳的时代,而是社会剧烈动荡的时代。对此,科塞曾指出:"孔德一生经历了7个政权、无数的暴乱、骚动、人民起义。在50余年里,法兰西几乎处于不停的动乱之中,相对稳定时期较少。几次重要的革命不仅有政治原因,而且有经济的和社会的原因。在社会急剧变化的时代,经济和社会动荡十分激烈,影响十分广泛。"①而且种种冲突和斗争还在当时的社会中进行着,正是在法兰西当时处于这样的时代背景中,孔德以实证理性为逻辑起点去为建构未来社会而努力。按照他自己的看法,"这样无法避免的斗争自然可使实证主义协会有希望争取一致认可它自身的口号(秩序与进步)。这一口号肯定符合未来社会的真正性质,因为它预示着人类两种普遍需要的根本协调,而这一协调既是政治的也是哲学上的。同时,工业上的严重困难又将为新社会提供许多机会,促使劳动者和雇主都深深感到:这种大家渴望建立的纪律,多么依赖精神上的真正重建;唯有精神上的重建能够确立可以规范秩序的原则以及开明而又公正的权威,后者能够明智地将原则运用到每次冲突中去"。②

---

① [美]刘易斯·科塞.社会思想名家.[M].石人译.上海人民出版社.2007.第28页。
② [法]孔德.论实证精神.[M].黄建华译.北京:商务印书馆.2009.第93页。

在孔德那里,实证理性有自己的认知范围,更重要的是,实证理性承载着在社会转型中通过精神的真正重建来实现挽救社会危机的目标,这种危机不仅是经济上的、政治上的,而且是道德上的。实证理性的高明之处,就在于它能凭借对危机的理解和处理,开出人类美好的社会理想来。从这一点来看,我们就能很自然地的理解实证理性更加凸显的是理性之价值维度、理性之建设性、理性之为社会生活及社会制度改革的基础,这是实证理性的丰富内涵,也可以看成社会学在开创时期就具有的强烈现实感的理论抱负。

就此而言,实证理性的抱负是有着强烈的社会现实的诉求的。正如美国当代学者乔治·瑞泽尔所评价的那样:"总之,孔德的实证主义者体系从来不曾像一些学者已宣称的那样,在将实证论等同于追求客观性方面保持道德中立或没有价值观念。从一开始,孔德就信奉社会能动主义和道德目标……一个可行的社会理论必须描绘出一种更好的社会组织形式。孔德试图通过塑造人们的观念和思想来间接地构筑行动世界。由于他相信知识分子的周密完满与利他主义是相连的,所以他宣称采纳实证主义者的思想将首先导致新的道德秩序的建立,它以通过同情心将个体结合在一起为标志;然后将导致政治变革,它将开创出一个达成社会共识的团结稳定的实证主义者的新时代。"①瑞泽尔的这种评价真是一语中的,这种评价把握了实证主义的意图和理想,而我们只有明确这一点,才能够通过对实证理性的解读走进孔德实证社会学的内在理路。

第三节 社会有机论和结构功能主义

在上节中,主要是以实证理性为突破口去理清社会学的创始人孔德的社会学得以产生的社会历史语境以及社会学所承载的理论

---

① [美]乔治·瑞泽尔.布莱克维尔社会理论家指南.[M].凌琪译.南京:江苏人民出版社.2009.第37页.

抱负。需要注意的是，我们不能把实证主义和经验主义、神秘主义及唯物主义混为一谈。我们要揭示的是，实证社会学其实是在努力把人类面临的种种问题（包括哲学困境）拉回到社会学领域中来解决。它是有核心问题意识的，它时刻围绕的一个核心问题是对社会转型时期社会结构的理解以及社会道德理想的建构。笔者认为这是实证社会学的基本主题，这种主题也可以表达为：如何理解转型时期的社会结构和社会秩序以及在此基础上人类社会的未来出路何在？这是关乎人类命运的基本问题，也是实证社会学需要解决的理论问题和社会生活难题。故而，当我们考察社会学传统时，我们需要把源头追溯到创始人孔德那里，同时我们也要关注在孔德之后的我们称之为实证社会学传统的其他杰出代表人物，如斯宾塞等。他们可以看作社会学创立的奠基人和制定者。

因此，接下来在论述实证社会学传统对社会结构的理解时，笔者会综合分析他们的共同思路。尽管他们在理论细节上稍显不同，但是，如果我们试图理解并把握实证社会学传统的总问题，就要考察他们共有的思路并作出阐释，这种分析和阐释是必要的，因为这会有助于我们把握实证社会学的总问题。

大体而言，实证社会学传统的基本思路就是从社会学的视角去理解社会结构，并把实证理性之理想作为目标来建构并引导社会道德生活。实证社会学之所以有这样的生活目标，是因为它一方面需要对近代形而上学之难题做尝试性的回应；另一方面要符合当时的社会动荡、社会转型的实践生活的理论需求，即满足摆脱危机、重建社会的需要。那么，这种传统是如何理解社会及社会结构的？对此，需要从社会学传统的制定者孔德、斯宾塞的理论入手。笔者发现，在他们各自的思想中都强调一个共同的见解：社会是一个有机体，有机体的各个部分之间存在着相互关系，并且社会各部分对于社会整体而言都具有功能。也就是说，社会是一个有系统的结构，此结构要素之间存在因果联系，且各要素所具有的各种不同的功能是要素的重要方面。这样理解的背后根源在于近代自然科学的迅猛发展以及所信奉的基本原则。因为自然科学已经揭示出物理客体内在要素及其结构,社会学者借鉴了这种方法,把社会看成具有功能的要素整体。在孔德、斯宾塞看来,社会科学与自然科学并无根本的区别,科学的真理已经取代了宗教成为无可争议的权威,将自然科学中卓有成效的方法运用于社会生活领域,建立的社会学具有正当性和合理性。

在孔德看来,"一旦社会学建立,我们就必须揭示科学和逻辑和以往所有自然科学的相互作用,这种相互作用在以前的阶段很少被觉察到,就像社会科学从属于生物学是如此的明显以至于没有人去否认这种观点,然而在实践上往往被忽视了"。① 而且他还认为:"人类社会的发展实际上无非是生物进化的最终项,这种进化是从简单的植物与极小的动物开始逐渐发展到食肉类与猿的整个生物界的不断进化,因此社会本身也是一个有机体。"② 同时他又指出:"社会科学的研究恰恰也是因为生物科学的不完善性而产生,尤其是由所有的不完善性中最显著的一个方面,在涉及智力和道德现象时的无力。"③ 从这些表述中,我们可以看到社会学实际上借鉴了生物学甚至物理学的某些思路,即把生物看成有机体概念,社会学因此也把社会看成一个有机体,通过对有机体的考察对社会结构进行分析。同时我们也看出,社会学把自然科学的问题拉入自身研究路径中来,即社会学应该去处理的问题不仅是社会结构,而且还有属于实践理性范畴的道德建构。

不过,总体而言,实证社会学的基本信念仍是深受自然科学的影响的。在孔德、斯宾塞的思路背后无一不潜在着这样的基本信

---

① Auguste Comte. the positive philosophy. Vol. II. [M]. London: George Bell & Sons,1896:216

② 转引自欧力同.孔德及其实证主义.[M].上海社会科学院出版社.1987.第114页。

③ Auguste Comte. the positive philosophy. Vol. II. [M]. London: George Bell & Sons,1896:216

念。所以,我们就能自然地理解孔德的社会学在他的著作《实证哲学》中被表达为"社会物理学"这样的说法。在孔德努力通过把自然科学中的原则和方法做实在社会学理论中时候,必然有一个对社会有机体内在结构及运行方向的基本理解。孔德说:"进步也和秩序一样,都是现代文明的两个基本条件之一。"① 实证哲学就是去揭示两者并实现秩序精神与进步精神的伟大结合。他认为,人类精神的发展进程随之而来的认识上的进化,分别经历神学阶段、形而上学阶段、实证主义阶段,这也是人类智力发展的三个阶段。三个阶段产生三种不同的说明社会思想的体系,而与人类智力进化相一致的是社会结构及社会变迁,它们也有着这样演化的基本逻辑。即被孔德表达为:与神学阶段对应的军事阶段、与形而上学阶段对应的过渡阶段,或者成为现代社会的批判阶段,以及与实证精神对应的工业阶段。

孔德对社会变迁的系统论述是按照人类智力发展的序列进行的,首先说到"在最初的朴素神学阶段里,所有的东西都是神的意志安排的,除了神自身……并且这就是神灵崇拜的哲学原则"。② 在这一阶段,社会显示的主要特征是以军事、战争为主,被称为军事社会或古代社会。而接下来随着智力发展将会进入形而上学阶段,在对社会理解上,有如下的基本理解,孔德说:"形而上学阶段乃是现代社会的批判阶段。"③在这里,他其实想表达的是形而上学阶段的社会特征是由对神灵和军事的崇拜转为对自然和科学的崇拜,工业文明取代军事文明。这一阶段是一种过渡阶段,为与实证阶段相符的工业社会的到来做铺垫。一方面,实证阶段的到来带来了工业社

---

① [法]孔德.论实证精神.[M].黄建华译.北京:商务印书馆.2009.第41页.

② Auguste Comte. the positive philosophy. Vol. III. [M]. London: George Bell & Sons,1896:12

③ Auguste Comte. the positive philosophy. Vol. III. [M]. London: George Bell & Sons,1896:115

第二章 实证社会学传统的基本逻辑和建构思路

会,同时也为社会重建做好准备。这被孔德表达为"实证状态及其实证要素的出现,这是在为社会的重新构建做好准备"。①

在此,我们之所以在肯定实证理性和工业社会的关系的同时,还突出社会重建这个维度,是因为背后还有解决某些现实问题需要的诉求。因为在孔德看来,工业社会的未来走向处于危险中,因为个人主义和无政府主义正在起着负面的作用。孔德认为由亚当·斯密所推动的政治经济学,分享着作为消极哲学的形而上学的原则,孔德批判地指出:"政治经济学事实上仅仅被看作一种有用的管理手段,然而它却被个人主义的精神和无政府状态所支持。并且政治经济学的一些教授认为有序的道德教育和官方对科学和美好艺术的鼓励也实属多余。这正如我前面已经指明的那样,最近以来对财产制度本身的抨击和批判已经引出了政治经济学的形而上学本质……政治经济学就像消极哲学的其他层面一样,导致无政府状态和政治混乱。"②

上述表述,我们需要将其放到孔德所处的历史语境中来分析。孔德作为法国大革命和工业革命之后的社会现实的见证人,他对资本主义工业制度持有一定的悲观立场和批判态度,但他认为工业社会的不幸或者说工业社会的危机不是资本主义制度造成的,而是现代工业制度没有被置于道德的控制和管辖之下的原因造成的,个人主义政治经济学就是这种负面的推手之一。在孔德的理论思路中,实证阶段表达了工业社会及其危机的理论需要,即如何在理解社会有机体和社会结构的同时,建构出符合人性的也即符合实证理性的未来社会。

类似的关于社会有机论和社会进化论的看法和见解,在斯宾塞那里,也有明确的表达。斯宾塞说:"因此,我们可以一致地认为社

---

① Auguste Comte. the positive philosophy. Vol. III. [M]. London: George Bell & Sons, 1896: 168

② Auguste Comte. the positive philosophy. Vol. III. [M]. London: George Bell & Sons, 1896: 167

会是作为一个整体而呈现的,尽管它是由离散的单元所构成,但是,在它们的集合体中,某种具体的单元被这些单位之中所具有的一般性序列规律应用到所涉及的一切领域。"①也就说是,社会作为一个有机体,其结构中的各要素之间具有固定的关系。而且他说:"在社会和其他事物之间,唯一可能的类似之处就在于所组成要素单元之间具有相似的序列秩序。"②在这里,他肯定了社会是一个有结构的系统。那么,对此系统该如何去理解?

斯宾塞在其《社会学原理》第二部分明确回答道:"社会是一个有机体。"③对于这种社会有机体,他补充说:"当我们说社会体和有机体所特有的进化发展时,我们并不是完全排斥无机体,因为在这些无机体之中,比如晶体也以明显的方式进化着,并且,所有的无机体在进化假设的背后,已经通过综合体呈现出来。然而,比起那些无生命体,生命体和社会是如此的明显以至于我们可能公正地清楚地把'进化'看成它们共同的特征。"④而且,他说道:"社会体和生命体类似的一个特征是,当它们在大小上增大时,它们也在结构上扩展。"⑤也就是说,社会作为一个有机体,其内在结构也有一个进化的逻辑,并且其整体的各个部分之间彼此依赖。因此,这种彼此依赖关系就内在地建构了社会有机体的结构,也只能从结构及各个部分的功能上才能把握准社会结构。这里,斯宾塞想要表达的是功能结构是作为社会系统的本质规定来呈现的。要想社会有机体健康运

---

① Herbert Spencer. the principle of sociology. Vol. I. [M]. New York: D·Appleton and Company,1899:448

② Herbert Spencer. the principle of sociology. Vol. I. [M]. New York: D·Appleton and Company,1899:448

③ Herbert Spencer. the principle of sociology. Vol. I. [M]. New York: D·Appleton and Company,1899:449

④ Herbert Spencer. the principle of sociology. Vol. I. [M]. New York: D·Appleton and Company,1899:449

⑤ Herbert Spencer. the principle of sociology. Vol. I. [M]. New York: D·Appleton and Company,1899:449

行下去,社会各个部分的需求就必须得到满足才行。斯宾塞说"每个部分根据自己的需要去自发运行。"①

在此,明确斯宾塞结构功能主义是十分重要的。如科塞所评述的那样:"在很多论述上,他(这里指斯宾塞)都是在功能意义上分析社会机构及其变化的。他的出发点总是寻找分析对象的功能……斯宾塞在研究社会机构的时候,力图说明它们不是行动者的意图和动机的产物,而是功能和结构迫切需要的结果。"②这里需要强调,是斯宾塞开启了社会进化的结构功能主义的分析路向。不过在对社会结构理解上,比起孔德,两人侧重点有些不同。在孔德那里,更多强调社会体的整体概念,社会体是排除个人主义的。而在斯宾塞这里,尽管他也认为社会是一个具有结构功能的有机整体,但个人主义是被赞成的。社会有机体和个人主义彼此之间是不矛盾和冲突的。他说:"每一个人都有他愿做的事的自由,只要他不侵犯任何他人的同等自由。因此,我们必须把同等自由的法则完整地加以采纳,作为正确的公平制度应该依据的法则。"③斯宾塞在这里凸显的其实是个人主义的自由,并且他把个人主义看成社会建构过程的第一原则,这是他不同于孔德的地方。

关于他和孔德在路径上的不同,斯宾塞本人做了这样论述:"孔德所倡导的目的是什么?是对人的概念的进步做出完整的回答。我的目的是什么?是对外部世界的进步做出全面的回答;孔德认为各种思想是必然和实在的继承关系,我却认为各种事物具有必然和实在的继承关系;孔德希望弄清楚自然知识的起源,我的目的是要

---

① Herbert Spencer. the principle of sociology. Vol. I. [M]. New York: D·Appleton and Company,1899:452

② [美]刘易斯·A.科塞.社会思想名家[M].石人译.上海人民出版社. 2007.第97页。

③ [英]赫伯特·斯宾塞.社会静力学[M].张雄武译.北京:商务印书馆. 2005.第52页。

弄清楚……自然界各种现象的构成。他研究主观,我研究客观。"①从这种表述中可以看出,斯宾塞对自然科学十分信任。他之所以对自然科学有无比的信任,原因之一,在于他和孔德所处的时代不同。孔德所经历的时代正是法兰西社会处于动荡转型的时代,而斯宾塞所处的时候是维多利亚时代:"这是一个充满自信和自鸣得意的时代,也就是说,那个标志着工业革命的、充满着痛苦磨难的时代已经过去……总之,这整个时代似乎表明,英国已经稳步走上了一条不断繁荣富裕的道路。"②所以,对科学的信奉已经成为那个时代大多数知识分子的基本信念,斯宾塞就是其中之一。而且,就斯宾塞本人的思想来看,还有突出的一点:他从进化发展的角度出发,根据社会内部的管理类型来把社会区分为军事社会和工业社会。在他看来,军事社会的特征是社会对个人的强制性;而工业社会的基础是自愿合作和个人的自我控制。他指出:"军事结构的全部特征表现在它的各个组成单位的各种联合兄弟都是被强制的。"③;而"工业型社会的特征表现为像商业自由交易一样的个人自由。社会多种形式的活动所依赖的合作是自愿的合作"。④ 这是他对社会类型的解释,这样的分析思路在社会学理论上也具有重要的意义。

  在实证社会学传统内部,尤其是孔德和斯宾塞之间,尽管他们在阐释层面上有一些不同,但斯宾塞在基本的方向上仍是沿着孔德的路子,他对社会有机体和社会结构的阐释,很多是继承了孔德的思想。这一点,也正如和斯宾塞同时代的两位实证主义者彼埃尔·拉斐特和赫里逊所指出的那样:"无可置疑,斯宾塞先生作为思想家

---

① 转引自[美]刘易斯·A.科塞.社会思想名家[M].石人译.上海人民出版社.2007.第89页。
② 同上书,第111页。
③ 同上书,第93页。
④ 同上书。

的主要优胜之处得之于奥古斯特·孔德。"①赫里逊也指出:"斯宾塞的重要著作名称是《综合哲学》,这个用语和思想来自孔德……他这样做就是沿袭孔德的概念。证明这一点的还有道德学中的'利他主义'一语,社会学中'军事体制'继之以'企业体制'的思想。"②因此,大体而言,斯宾塞是批判地继承了孔德的思想。

到这里,我们需要从宏观上把握由孔德、斯宾塞所奠定的实证社会学传统的总问题和总贡献。大体说来,实证社会学传统希望从自然科学中,尤其是生物学和物理学中找到能够分析社会的原则,这种传统在信奉进化论及社会发展思想的同时,寄希望通过对社会进步和社会秩序的解释来把握一定历史背景中的社会现实及其结构,并希望建立理论,以有效引导社会运动的方向。这样,关于未来社会的构建才有坚实的根基。如科塞所说的:"孔德在一个混乱、多灾多难、失去信仰的危急时代长大成人,很早就下定决心创立一种哲学体系,把人类带回到原来那种有机性整体当中,对秩序的渴望渗透在他的全部著作中。但同时,这位相信进步的科学家坚信,新的秩序应该在未来中寻求,而不是退回到'旧制度。'他和圣西门一样,是迈斯特和孔多塞两种精神的产物。"③这里表明了孔德实证理性的基本诉求。对孔德的定位,要把他放在启蒙运动和反启蒙运动大语境中,这样的说法大体是对的。在斯宾塞那里,尽管时代不同于孔德所处时代,但是,从他一生经历的时代语境前后不同来说,对秩序重建的渴望甚至比对进步观念的信奉更强烈,此点也和孔德有相似之处。

尽管斯宾塞的社会学思想成熟于维多利亚时代中期,很多基本的政治观点变化不大,但是其后期所面对的社会和时代,是有着社

---

① [法]昂芘勒·克勒默·马里埃蒂.我知道什么是实证主义[M].管震湖译.北京:商务印书馆.2001.第115页。
② 同上书,第116页。
③ [美]刘易斯·A.科塞.社会思想名家[M].石人译.上海人民出版社. 2007.第39页。

会剧烈冲突和一系列社会危机的时代。"到了19世纪最后25年,由于英国丧失了在世界舞台上的显赫地位,再加上严重的经济危机对其经济和社会的困扰,使情况发生了急剧的变化……19世纪末,维多利亚中期时代所推崇的那种自由放任主义早不复存在。政府对其国民的福利采取管理、控制和积极保护的做法"。[①] 所以,斯宾塞晚年的思想和孔德有更多的契合点。在孔德那里,其思想的一个目的就在于研究他所处的那个时代神学和尚武型社会之间以及科学和工业型社会之间的矛盾。到了斯宾塞这里,如何理解英国当时的殖民扩张及所遭受到的一系列危机的诸多矛盾就成为社会秩序问题的核心论题。总的来说,此种社会学传统试图理解和探寻的依然是社会秩序的结构和社会危机的出路。

两者稍显不同的是孔德最终走上了基于人性的人道教。如何去理解孔德晚年的人道教立场,笔者认为,还需要结合孔德理论的历史语境及孔德理论的目标来看,正如前文所论述的那样,孔德所处的时代是法兰西社会动荡的时代,而且随着启蒙运动的开展,理性排斥神学对社会政治的解释,孔德的理论乃是通过一种社会科学及实证主义来改革社会和哲学,为那个时代的问题,即当神学的信仰不再被作为政治权威的支柱来接受时,如何能够为保持社会的统一寻找一种出路。而实证主义所走的道路是反对无政府主义的,无政府主义可以说是加剧当时法兰西社会动荡的原因之一。

孔德所走的道路就是要整合社会统一,并为社会重建和统一寻找根基。这一点如美国当代学者斯通普夫所评论的那样:"孔德相信,在信仰不再被共同坚守,思想的无政府状态造成了社会的无政府状态时,就会产生野蛮的暴力独裁。没有任何一种反对专制的通常的论据在孔德看来是令人满意的。针对那些力图恢复革命前的那种世俗权力和宗教权力的平衡的人,孔德反驳道:使历史进程走

---

① [美]刘易斯·A.科塞.社会思想名家[M].石人译.上海人民出版社.2007.第113-114页。

回头路是不可能的。针对那些民主方式的提倡者们,孔德说,他们的平等和自然权利,尤其是人民主权的概念是形而上学的抽象和独断,只有实证主义的方法能够保证社会的统一。"①

从中我们可以得到两条结论,第一,孔德的理论有着深切的现实关怀,其理论不是思辨的,甚至是反对形而上学的。在孔德那里,实证主义已经成为扬弃形而上学后的新的方法乃至新的原则。当然,我们不能否认孔德的新方法和自然科学方法之间具有承接性。第二,孔德社会学研究强调的人道教,不能把它误解为传统神学意义上的宗教。因为从孔德的基本立场而言,他所提倡的人道教,乃是和思想进化到最高形态即实证形态相符合的社会表达,对此新宗教一定不能像中世纪那样仅从信仰的层面来理解,也不能像空想社会的理想主义那样去幻想未来,而是要把新宗教和社会结构结合起来去理解和建构。孔德的社会动力学是从一种进化的视角去理解社会生活,揭示社会变迁及社会结构的变化,此变化的总方向是进步的。社会静力学揭示社会中永恒不变、稳固的要素,比如家庭、私有财产、语言和宗教等。如孔德说:"我们一定不能忽视家庭组织的显著的特性,它直接而又自发地建立社会永恒的基本观念,并且连接着过去和未来。"②因此,我们可以看出,社会动力学所揭示的要素在孔德这里其实更具有社会意义。

而从总的方面看,孔德社会学的目的就在其致力于社会整合,这就是他整个社会学要试图实现的基本目标。在他看来,要实现社会整合一定要处理好社会动力学所揭示的稳固的因素和变迁的要素之间的关系。也就是说,孔德的社会学乃是在保留稳固要素的基础上,推进这些要素之间的整合以适应社会变迁中的时代。笔者认为,大体而言,孔德的实证社会学旨在通过整合社会结构中稳固的

---

① [美]S. E. 斯通普夫. 菲泽. 西方哲学史[M]. 匡宏. 邓晓芒译. 北京:世界图书出版公司. 2009. 第326页。

② Auguste Comte. the positive philosophy. Vol. II. [M]. London: George Bell & Sons,1896:240

社会要素进而开辟一个既不同于激进革命的社会道路,也不等同于空想社会主义乌托邦性质的道路,更不同于无政府主义的社会道路,而是实证社会学的道路。但是,放在那时的历史语境中,孔德的路子遭遇到个人主义、功利主义、无政府主义的重大冲击,所以孔德认为只有一种新的宗教才能起到阻碍上述思潮的冲击并重建社会建构两层面之间的和谐关系,即保障社会结构中永恒要素和社会进步变迁二者的和谐一致。

这种宗教被孔德表达为爱的宗教,或者我们称之为人道教,被表达为"爱是我们的原则,秩序是我们的基础,而进步是我们的目的"。[①] 秩序和进步可以说是社会结构的两个层面,而爱是保证两个层面能够和谐一致的基础。在孔德看来,人性中有利他主义倾向,爱他人是人性的要求,也是一切人之间及他们的理智和行为方式之间统一的基础。而且,利他主义已经在作为社会组织的基本单位家庭生活中得到体现,他说:"妇女将在家庭中发挥她们的创造能力并将自发地奉献她们的理性和想象机能于情感照料上。"[②]在孔德看来,这是社会结构中利他主义的一个基本事实。因此,他认为社会秩序能够在爱的影响下发展。也就是说,在孔德那里,进步的秩序已经成为目的,此目的也即被表达为人的天命。孔德认为人的天命主要有四类:"妇女是道德的天命,教士是理智的天命,资本家是物质的天命,而工人则是普遍的天命。"[③]这里,我们可以看出,在孔德实证社会学所表达的人的天命中,已经把现有的社会结构的基本事实直接接纳过来,作为符合人性的人的天命。而对于进化中的社会动荡,在孔德看来,也可以归属于人的"天命"中去,属于可以直接接纳过来的"现实"。

而孔德晚年提倡的人道教,并没有偏离他的社会学主题,他的

---

① 转引自[美]S. E. 斯通普夫. 菲泽. 西方哲学史[M]. 匡宏. 邓晓芒译. 北京:世界图书出版公司. 2009. 第329页.
② 同上书,第331页.
③ 同上书,第330页.

主要努力仍在试图通过高扬人性中的爱以及情感的要素来促使社会整合。这可以看成孔德在现有事实和道德理想之间建构的一座桥梁,即用宗教式的对人性中爱的崇拜来沟通现存社会秩序混乱和道德理想之间的分裂。同样,斯宾塞也有类似的做法,他在《社会静力学》一书中也批判了功利主义是"最大多数人的最大幸福"的道德理解。针对功利主义的"最大多数人的最大幸福"的观点,他批判说:"所以不仅关于'最大幸福'的意义要取得一致见解在理论上是不可能的,而且很明显,在为了作出决定必须首先由明确概念的一切问题上,人们都是有争议的。因此,在指引我们走向'最大多数人的最大幸福',把它当作为我们航行的目标时,我们的领航人对我们的耳朵守约,却对我们的希望违约。他通过望远镜只给我们看的,只是海市蜃楼,而不是理想的天国。指引我们前进的必然是信念,而不是视觉。"①这里,斯宾塞既点出了"最大幸福"之感觉的不可一致性,同时也指出这种学说的缺陷:"它把对人性的解释看得那么容易,把社会有机体的结构看得那么简单,把人们的行动的原因看得那么显而易见,只要经过一番一般性的考察,就能给'集体智慧'以制定法律所必需的洞察力。"②

在斯宾塞看来,真实的道德法则产生于有机个体对社会的不适应,因此,人需要一种道德上的素质使他适应目前的状态。斯宾塞认为,社会进步是必然的,因此人类的各种机能必然会朝着这个方向协同发展,这里面就包括道德法则的生成。他指出:"文明并不是人为的,而是天性的一部分,人类曾经经历和仍在经历的各种改变,都起源于作为整个有机体的天地万物之基础的一项规律。只要人种继续存在,事物的素质保持原样,这些改变必然会以完美告终……同样可以肯定地说,人类的各种机能必然会训练成完全适应

---

① [英]赫伯特·斯宾塞.社会静力学[M].张雄武译.北京:商务印书馆.2005.第6页。
② 同上书,第9页。

于社会性状态;可以肯定地说,邪恶和不道德必然要消失;可以肯定地说,人必然要变得完美无缺。"①从这种表述中我们可以看出,斯宾塞在社会结构和道德秩序、道德法则之间,仍坚持人性不断进化的主张,在他的视野中,社会是一个有机体,个人在社会群体中会感到不适,因此需要道德素质及道德法则来引导这种不适应变为适应。这更多的是从道德的社会功能来谈的,但是其中比较凸显的一点是,斯宾塞认为人对道德的服从是人适应社会有机体的基本能力,在此指的是人的机能。如他说的那样:"一切有关道德的教诲和训练,必须以加速这项过程为目的。"②

由此可见,斯宾塞和孔德在处理社会秩序和道德生活之间的关联性时候,相同的都是借助于对人性的理解。只是在孔德那里,人性被表达为知性和社会性,而且更多的是指社会性之"爱"的层面或者说是"利他"层面。孔德对人性的理解即"一个是知性、另一个是社会性,这是两个原本相连的两种能力"。③ 在实证社会中,社会性之爱,即表现为"爱他人"。这种爱"能排除利己主义的冲动……也唤醒对根本秩序的一种贤明的自然发生的爱好心……并致力于对真正的社会调和的维持"。④ 这就是孔德"爱"的宗教真实功能。而在斯宾塞这里,更多诉求于个人适应外在环境以及在其中展示的自我调整能力,这更多的是从人的机能的角度来理解的。而总体来讲,通过上述的分析,我们可以看出,无论是孔德的"爱的宗教"还是斯宾塞的人的机能"适应能力",都意在解决社会秩序和道德理想之间的分裂问题,这一点一定是不能忽视的。

现在不妨对孔德及斯宾塞的实证社会学传统做一个总结。以

---

① [英]赫伯特·斯宾塞.社会静力学[M].张雄武译.北京:商务印书馆.2005.第28页。
② 同上书,第32页。
③ 转引自欧力同.孔德及其实证主义.[M].上海社会科学院出版社.1987.第145页。
④ 同上书,第146页。

上的分析可以说是对实证社会学传统的基本逻辑和建构思路的一个梳理,有几点是格外明确的:

其一,实证社会学的主旨是对社会秩序和道德生活的理解和重建。这一点可以说是此社会学传统的总问题,即它所要达到的理论目标就是要致力于将社会秩序和道德生活在实证主义基础上重新建构。这样的主旨,笔者一方面通过对开创者及杰出代表孔德和斯宾塞的思想解读得来,另一方面也通过对当时的历史语境的交代得到阐发。可以说,实证社会学既有理论上的抱负,即尝试着用社会学的视野去解决近代哲学尤其是启蒙哲学的遗留问题。另一方面也表达了历史语境中那个时代的要求稳定道德秩序的渴望,即社会秩序重建何以可能,以及道德生活应该放在什么基础上等问题。孔德的实证社会学就是要回答这样的问题,并致力于让理论能够结出果实来。也就是说,此实证社会学传统具有浓厚的实践和社会意图。

其二,实证社会学传统开创了社会有机体和结构功能主义分析路向之先河。无论是家庭、社会秩序,还是道德、个体生活,对它们的理解在实证社会学这里更多的是从它们对社会有机体和社会结构的功能来考察的。系统、结构、功能成为实证社会学的关键词,而且这样的阐释路向直接影响到后继者们,对当代社会科学的研究方法有着直接或间接的影响。迪尔凯姆就是后继者中的一个杰出代表,可以说,这种结构功能主义方法影响深远,当代社会科学的研究方法,其中的结构功能主义方法,就离不开实证社会理论传统的影响和方法论基础。

其三,调和秩序和道德生活之间的冲突是实证社会学的一个议题。实证社会学看出了现实和理想之间的冲突,无论是孔德讲的"人的天命",还是斯宾塞讲的"进步的必然"都可以看作对时代主题的表达。而放在时代语境中,可以表述为:他们既看出了资本主义所带来的进步,也看到了资本主义是一种"必然",一种"天命"。换言之,就历史发展而言,资本主义相比以往的社会形态,的确是种进步,但社会道德生活却面临危机,即社会现实和道德理想之间的分裂。所以在孔德的理论中,其理论的一个主要目的就是为弥补这种分裂而做不懈的努力,只是这种努力在孔德那里是借助于基于人性的爱的原则来填补的;在斯宾塞这里,是借助于人自身能力来实现的。

可以说,在实证社会学传统中,无论是孔德还是斯宾塞,他们的这些努力首先是需要肯定的,因为都在很大程度上把握到了当时的时代问题。这种时代问题被他们揭示为是实证社会和道德理想之分裂的问题,这是应当给予肯定的重要的理论贡献。但问题是,这种借助于爱的人类宗教和人自身能力去解决实证社会和道德理想分裂问题在多大程度上具有现实性,这是实证社会学传统在道德建构方面遇到的一个难题。但无论如何,我们认为,实证社会学传统无论是对思想史还是对政治实践都具有重要的意义。而理清实证社会学传统的基本思路是下文中理解和走进迪尔凯姆思想的必要的前提性工作。

第三章

迪尔凯姆社会事实论的双重诉求

作为实证社会学传统的继承者迪尔凯姆,他在坚守实证社会学的基本立场上推进了社会理论研究和探讨,并且其理论对当代社会科学的发展有极大的促进作用,因此他被称为当代社会学的奠基人,这一点如美国当代社会学家尼斯比特(Robert A. Nisbet)在其《现代社会科学的制定者:迪尔凯姆》一书中直接肯定迪尔凯姆的贡献和影响所说的那样:"迪尔凯姆看起来至少像达尔文、马克思或者弗洛伊德一样激进,迪尔凯姆的思想对现代文明有着如此显著的影响。的确,在笔者看来,迪尔凯姆对 18 世纪思想的打破和超越,比起达尔文的世界改良论和均变论的混合,比起在马克思视野中基于人与人之间关系的制度建构和历史发展的进步过程而言,都显得更为基本。"[①]从中可以看出,尼斯比特在这里给予了迪尔凯姆过高的评价。尼斯比特认为:"可以毫不夸张地说,正是迪尔凯姆,连同韦伯和西美尔不仅要对 20 世纪社会学方向的改变负责,而且对心理学、经济学、人类学以及政治科学的重置方向负责,这三个方面,在

---

① Robert A. Nisbet. emile durkheim : makers of modern social science. Prentice-Hall. 1965:2

某种程度上,构成了当代社会学的本质。"①对于迪尔凯姆对当代社会科学的影响,这一点,笔者是认同的。

而且从思想谱系以及文本论述来说,迪尔凯姆在文本中自己也声称是沿着孔德实证社会学开创的路子走下去的,但是他并没有局限于孔德的百科全书式的社会学,而是以特有的社会学进路,将自然科学的研究方法运用于社会科学中,通过确定社会学的研究对象,给社会学这门学科以科学的连贯性、精确的范围、最可靠的方法,进而使得社会学独立于哲学,区别于心理学,从而使社会学赢得了学科独立和尊重及社会影响。那么,迪尔凯姆是如何做到这一切?如何能够从实证社会学传统中开出更具有特色的社会学路径?这是我们需要关注的问题,而对这两个问题的探讨离不开对迪尔凯姆社会事实论的澄清和探讨。倘若想问迪尔凯姆社会事实论是简单地对实证社会学传统的继承吗?答案是否定的。为此,我们需要总体把握迪尔凯姆的问题域,那就是如何在社会转型时期理解社会秩序、社会结构以及建构社会道德生活,这是迪尔凯姆社会事实论的主题。

而且笔者认为,在围绕上述主题时,迪尔凯姆社会事实论有着双重的诉求,一是通过对社会学传统和与其同时代其他思想如心理学、政治经济学的逐一清理重新来为社会学找到更为坚实的基础,去寻找社会学真正的研究对象,在此过程中,甚至通过重新界定社会学的源头来实现这一诉求;二是,迪尔凯姆试图通过借助于德国古典哲学尤其是康德道德学说,或者说,通过对康德道德学说的批判性继承来解决近代哲学存留的问题。在笔者看来,这种区别恰恰是通过另立的社会学视野来拯救近代思辨哲学之难题,即经验和先验如何统一,以及如何理解道德的基础等具有重大现实意义的实践课题。

---

① Robert A. Nisbet. emile durkheim :makers of modern social science . Prentice—Hall. 1965:3

第一节 迪尔凯姆对实证社会学传统的基本判定仍是概念研究

1. 社会学传统的问题

迪尔凯姆在开始自己的社会学理论建构之前,首先必须要做的事是要对实证社会学传统以及他所处的时代众多思潮进行梳理和批判。这里面就包括对孔德、斯宾塞的思想发展路向,以及政治经济学、心理主义的发展路径判定。总的来说,他之所以要对这些思想加以界定和把握,其理论意图便是重新确立社会学的起点。那么,他是如何看到实证社会学传统以及在何种程度上保持着与此社会学传统之间的关联性?大体说来,迪尔凯姆自身的思想是通过对实证社会学传统的批判性复兴来一步步推进的。

迪尔凯姆坚守着实证精神的基本方向,在其著作《社会学方法的准则》一书中他反复强调对这个传统的坚守。他说:"这就是为什么我认为要把它(社会事实的客观性)从其他一切次要问题中单独提出来加以反复强调的有益的原因,而且我确信,我赋予这个原理以这样的优势地位,是表明我忠于社会学的传统,因为归根到底,关于社会事实的客观性的观点是全部社会学的出发点。其实,社会学只是在人们预感到社会现象虽然不是物质的,但不失为研究的实在物才诞生。"[1]在这里,迪尔凯姆直接肯定自己仍然坚守社会学传统之精神。对于迪尔凯姆和实证社会学传统之间的继承性,正如帕森斯所说的那样,"涂尔干(也译为迪尔凯姆)的思想绝大部分源于法国学术史"[2]。在法国学术史中,迪尔凯姆思想的主要来源是启蒙主

---

[1] [法]迪尔凯姆. 社会学方法的准则[M]. 狄玉明译. 北京:商务印书馆. 2009. 第20页.

[2] [美]刘易斯·科塞. 社会思想名家[M]. 石人译. 上海人民出版社. 2007. 第149页.

义传统。而且,我们一般把孔德的实证社会学作为社会学传统的起点。

需要指出的是,虽然孔德对启蒙运动中的某些观点持批判态度,但就其整个思想倾向而言,如美国社会学家科塞指明的那样,"孔德的实证主义仍可被看作启蒙运动的直接产物。因为他赞成启蒙运动的理性主义和现世主义。因此,涂尔干将自己与启蒙运动与实证主义联系起来也就毫不奇怪了。"①而且迪尔凯姆本人也宣称:"认真说来,无论是唯物主义者还是唯心主义者,用在我头上都不准确,我唯一能接受的称号是理性主义者。实际上,我的主要目的在于把科学的理性主义扩张到人的行为中去,即让人们看到,把人们过去的行为还原为因果关系,再经过理性的加工,就可以使得这种因果关系成为未来行为的准则,人们所说的我的实证主义不外是这种理性主义的一个结果。"②因此,我们可以从帕森斯、科塞及迪尔凯姆本人的论述中得出结论:迪尔凯姆的理性主义是对实证主义的继承,同时也印证了他本人说自己是忠于社会学传统,即孔德、斯宾塞社会学传统。那么,迪尔凯姆在继承实证社会学传统的同时,他又对此传统做了哪些批判性的指认呢?

迪尔凯姆认为这种传统存在着致命的问题。他对以往社会学研究的一个判定是:"实际上,时至今日,社会学做专门研究的几乎都是概念,而不是物。"③这里所指的是:尽管在孔德的理路中对社会事实的考察认为社会事实有一定的作用,但是这时事实的介入只起到次要的作用,事实是作为观念分析的例子或证据被引用。也就是说,孔德已经用观念的分析代替实在的科学分析。他进一步批判道:"实际上,孔德的社会学主题是:人类从古至今的进步。出于这

---

① [美]刘易斯·科塞.社会思想名家[M].石人译.上海人民出版社. 2007.第134页.

② [法]迪尔凯姆.社会学方法的准则[M].狄玉明译.北京:商务印书馆. 2009.第4页.

③ 同上书,第39页.

种观念,他认为人类的不断进化就在于人类本性的不断完善,而他所研究的问题就是发现这种进化的程序……实际上,这完全是一种主观想象,而人类的这种进步其实是不存在的,所存在的和唯一可以观察到的,是各有其生、兴、亡过程的各自独立的社会……总而言之,孔德关于社会发展的观念是他自己制造的,与通常人的粗陋之见并无多大差别。所以用人类关于进化的观念来界定社会进化,就是很自然的了,但这和真正的社会学没什么关系。"[1]这是他对孔德社会学最严厉的批判。

在迪尔凯姆看来,在孔德那里,历史的发展变成了简单的序列,人类进化只是一代接着一代事事相传并因本性相同而走在同一方向上,孔德所讲的社会进化,是一种单一的进化系列。但是在迪尔凯姆看来,这样理解是有问题的,其问题的关键就在于,此种社会进化只不过是人类的某种观念的发展。孔德只是用人类关于社会进化的观念来界定社会进化。然而,人类历史果真是如此吗?迪尔凯姆指出事实的表现并非如此简单。其实,在他看来,孔德的路向仍是对概念的研究,仍停留在观念的范围之内。这样一来,真正的社会学研究对象就被忽视了。而且迪尔凯姆还一针见血地指出,一切前社会学和现有社会学都预设概念,换言之,是概念先行,事实只是服从于概念,而这是成问题的。所以,问题的实质在于,"在社会学产生之前,人们就形成了关于法律、道德、家庭、国家和社会本身的观念,没有这些观念,人们就无法生活。尤其在社会学里,这种预断的观念能够支配人们的思想和代替事物。实际上,社会上的事情只有通过人才能实现,它们是人的活动的产物"。[2]

迪尔凯姆认为,预断观念在前社会学那里就已经存在,这样就很难确立真正的社会学研究对象。因为遇到的问题首先就是,人们

---

[1] [法]迪尔凯姆.社会学方法的准则[M].狄玉明译.北京:商务印书馆.2009.第39~40页。

[2] 同上书,第38页。

已经习以为常地以为人们的观念就是众多事实的根源,自然就把这些预断观念看成社会学研究的固有对象,所以很难去怀疑这些作为社会学对象的观念以及观念形态。

为什么会这样?背后的原因被迪尔凯姆揭示出来:"因为当我们在发现自己存在的同时,就发现它(指观念)的存在,它不仅与我们并存,而且是一种反复实践的产物,所以通过反复和积习便具有一种影响力和权威。当我们力图想摆脱它时,就感到它在抵抗。于是,我们不能不把抵抗我们的东西看成实在的。因此,这一切都在促使我们把它看作真正的社会实在。"①在迪尔凯姆看来,社会学把预断观念作为研究对象,是有问题的。因为人们混淆了观念和现实,认为观念中包含了现实中全部本质的东西,因此,就会按照事物之物性去建构人与自然的关系。这样就会导致一个结果,即被表达为:"于是,似乎这些观念里就包含了不仅使得我们能够理解现实存在的事物,而且能够使我们规定应该存在什么和它们的存在手段所需要的一切……所以,当我们一下子抓住事物这个本质时,再继续研究实在的事物就不再有实际用处了。"②

而且,从预断观念出发,这样的理解方式和近代自然科学的科学态度不无关系,迪尔凯姆进一步指出:"我上面所说的观念,也就是培根所说的通俗观念或预断观念,他指出这两种观念是一切科学的基础,用它们代替了事实,这些都是假象,即是一种使我们对事物的真相产生幻视而误以为事物本来就是这样的幻影。"③由此可见,孔德的阐释路向和自然科学的路向其实在本质上是相同的。而且,从迪尔凯姆借助于培根的论述及对孔德社会学的批判,也可以看出,他要为社会学寻找不同于预断观念的研究对象。这可以看成迪尔凯姆在批判孔德社会学理论的基础上再往下走的一个必然的步

---

① [法]迪尔凯姆.社会学方法的准则[M].狄玉明译.北京:商务印书馆.2009.第39页。
② 同上书,第36页。
③ 同上书,第37页。

骤,即要去重新为社会学规定研究对象。

针对社会学传统的另一代表人物斯宾塞,迪尔凯姆也批判地指出,尽管斯宾塞比起孔德而言有些进步,但在斯宾塞那里,没有像孔德那样从人的预断观念出发去认识社会,但是问题依然存在。迪尔凯姆说:"斯宾塞先生倒是排除了这个概念(预断观念),但他是为了用同样的方式形成的概念来取代这个概念。他是把社会而不是把人作为社会学的研究对象。但是在他对社会下的定义里,却是以他对社会所做的预断代替了他所说的物。实际上,他是把'一个社会,只有在人人共处并合作的时候才能存在,'即只有这样,人人的联合才能成为真正的社会这一原理作为一个明确的命题提出来的。"①

也就是说,迪尔凯姆批判斯宾塞的要点在于斯宾塞是预先设定社会的本质。在迪尔凯姆看来,在斯宾塞那里,社会生活的本质原则是合作,合作是社会生活真实性的前提,然后根据合作的性质去把社会分为工业社会和军事社会。到底这种评价是否中肯,我们需要看看斯宾塞自己的说法。对于社会类型的划分,斯宾塞说:"我们把社会分为两种类型,以便理解社会现象……军事社会以强制合作为基本原则,而工业社会则是以自愿合作为基本原则,这两种社会类型,当各自进化到极端的形式,那么它们之间直接对抗,它们之间的对比,在所有重要的方面而言,便是社会学失去存在的理由。"②但把合作原则作为社会生活本质来看待是否正确?显然,在迪尔凯姆看来,这同样是成问题的。迪尔凯姆指出斯宾塞的问题在于并没有给出社会学真正的研究对象,他指出斯宾塞的问题是:"然而,这个初步的定义把仅仅是一种精神上的东西,当作了一种物。实际上,这个定义只是表达了我们直接看到的,并用观察可以充分证明的事实,而且,在这门科学建立之初,就把这样的表述作为一项定理规定

---

① [法]迪尔凯姆.社会学方法的准则[M].狄玉明译.北京:商务印书馆,2009.第40页。
② Herbert Spencer. the principle of sociology. Vol. I. [M]. New York:D·Appleton and Company,1899:576

下来。但是,我们不可能通过简单的考察而直接揭示真实的社会生活的全部内容,而后证明这些表现都是合作的各种不同形式,这样的断言才是科学的和合理的。因此,这也是用一种特定的观察社会现实的方法代替社会现实本身。如此下的定义不是社会的定义,而是斯宾塞先生关于社会的观念。斯宾塞先生之所以如此轻率地下定义,是因为他认为社会只是而且只能是一种观念的实现,即他给社会下定义时使用的合作的观念的实现。由此不难看出,他处理每一个单独问题,都采用同样的方法。因此,虽然看来他是采用经验主义的方法,但由于他的社会学所收集的事实主要是用以佐证他所的观念分析,而不是用来说明和解释事物的,所以,最多只能把这些事实看成一种论据。实际上,他的这套理论的全部实质性的东西,都可以根据社会和不同合作形式所下的定义直接推断出来。其实,如果我们只能在专横地强加于我们的合作和自由的、自发的合作之间进行选择,则显然后者是人类所追求的和应该追求的理想。"①

在迪尔凯姆的分析中,"合作"等字眼属于通俗的观念。这些概念并未科学地形成,看似表达了人所共知的、已经确定的事物,但是,"其实,它们只能使我们产生一些模糊的,由一些隐隐约约的印象、偏见和情感混杂起来的含混不清的观念"。② 迪尔凯姆认为,斯宾塞的社会学阐释仍是以观念作为先行设定,尽管有经验事实灌入其中,但是事实本身只是作为论证观念的素材。迪尔凯姆认为,这样的社会学认知方式和方法远不是社会学真正的对象。同时,从上面的表述中,我们也可以看出,迪尔凯姆认为传统的认知方式是存在问题的,部分原因应该归于社会现象的复杂性。从此处说来,我们也就能够看出迪尔凯姆运用"社会事实"这个概念的用意。其理论抱负在于,要为本身具有复杂性的社会学确立真正的研究对象,

---

① [法]迪尔凯姆.社会学方法的准则[M].狄玉明译.北京:商务印书馆.2009.第41页。
② 同上书,第42页。

即"物"。

迪尔凯姆认为孔德、斯宾塞社会学传统有着致命的问题,而且其各自理论中都凸显出一个基本的路向:以观念、概念作为社会学认知和分析的先导。这样的阐释路向恰恰成为社会学无法真实把握社会现实的根本缘由。迪尔凯姆不仅清理了实证社会学传统,同时从这种传统中重新确定了社会学的研究对象,即社会学研究应该直面社会现实本身,把作为"物"的社会事实作为社会学的研究对象。而且,迪尔凯姆在对实证社会学传统进行清理的同时,对心理主义、政治经济学及伦理学都有一番梳理和指认。

迪尔凯姆之所以要做这样的工作,大体而言,有两个重要目的:一是他想重新探讨社会学的真正研究对象。那么,就要同心理主义、政治经济学和伦理学进行对话,并且要去澄清它们各自的前提和问题。这样做,是因为心理主义、政治经济学和伦理学对社会生活都有自己的解释,这些理解是否和事物相一致?这是迪尔凯姆要确立自己理论就必须要去做的工作。换句话说,没有对这些基本路向的理清,就不会有迪尔凯姆确定的社会事实论。二是迪尔凯姆要和同时代的思想交锋,就一定要去考察它们并澄清界线。为什么一定要这样做?因为迪尔凯姆思路中自始至终都有一个极强的现实关怀在里面,其理论从一开始就致力于理解并整合社会秩序和道德秩序。基于当时的历史语境,尤其是法兰西第三共和国动荡的社会现实,迫切需要对社会道德秩序进行的理解和重建,他的理论工作的目的也就在此。那么,接下来,笔者就依循迪尔凯姆的思路来指认他对众多思想的清理,主要集中在他对心理主义和主观情感的批判分析上。

2. 对心理主义和主观情感的批判

针对心理主义,迪尔凯姆最基本的指认在于社会学要摆脱对心理学的依赖,而这种依赖在实证社会学传统的开创者孔德、斯宾塞那里表现异常明显。主要的表现在于实证社会学传统的实证社会学解释方法是心理学的,同时也是目的论的,迪尔凯姆对此是反对的。

因为,在他看来,只要社会学依然保持着对心理学的依赖,那么必然的一个结果便是从抽象的人性出发去理解社会,最终社会学难有自己的独立领域。他认为:"如果说社会只是人们出于某种目的而建立起来的一套手段,则这种目的只能是个人的,因为在社会成立之前只存在着个人。因此,对社会的形成起了决定作用的观念和需要都只能来自于个人。既然一切都来自个人,所以一切解释也就必须由个人开始。况且社会中除了个人的意识之外,再无任何东西存在。因为社会的全部进化的原因也只能存在于个人意识之中。由此可知,社会学规律只能是更为一般的心理学规律的一个分支。对集体生活的最终解释,就是让人知道它是怎样来自人的。"①而这样的理解在传统社会学中一直存在着,迪尔凯姆批判道:"孔德几乎逐字地用这些术语来说明其方法的特点。他说:'既然从整体上来观察的社会现象实质上只是人性的简单发展,而不是某一权威力量的创造,所以,如我上面所述,通过社会学观察可以逐渐揭示出来的一切实际倾向,至少应以萌芽状态出现在生物学前提为社会学建立的基本类型中。'这就是说,孔德认为,在社会生活中起支配作用的事实是进步;而另一方面,这种进步又依赖于纯心理因素,即依存于促进人性不断发展的倾向。"②

在迪尔凯姆看来,孔德将对社会学的阐释归因于人性,并且把心理感受作为检验命题的可靠性的依据。因此,迪尔凯姆认为孔德的社会学产生了严重后果,这就是:"任何一种关于社会兴衰发展的规律,即便具有一切可能的权威性,并且是以历史方法定出来的,也只有在它以直接的或间接的,但应是无争议的方式与关于人的本性的实证理论合理地联系起来以后,才能最终被认真承认。因此最终

---

① [法]迪尔凯姆.社会学方法的准则[M].狄玉明译.北京:商务印书馆.2009.第112页.

② 同上书.

的发言权仍属于心理学。"①

同样,对心理学的依赖,在斯宾塞那里也表现明显。迪尔凯姆指出斯宾塞理论中的社会学对个人身心构造的依赖。他说:"这也是斯宾塞先生采用的方法,实际上,按照他的说法,产生社会现象的两大因素:一是宇宙环境,二是个人的身心构造。前者只能通过后者对社会产生影响,后者才是社会进化的基本动力……因此,社会对其成员的作用只能是个人活动的自我回归。尤其在工业社会中,工业社会的目的就是要恢复个人的自由及其自然冲动,使个人摆脱一切社会约束。"②迪尔凯姆认为在传统社会学中对心理学的依赖是成问题的。因为在他看来,社会学的真正研究对象是社会事实,它具有外在性,即它外在于个人。他的理由是:"既然社会现象的基本特性在于从外部对个人意识施加压力,这就表明社会现象不是产生于个人意识。因而社会学也就不是心理学的分支。既然社会现象只是通过一种力量,或至少是通过或大或小的压力来影响我们,那么这种约束性就证明社会现象所表现的性质是不同于我们自身的性质的。个人所受到的这种外在压力不可能来自个人,所以也不用来自个人的东西来解释。"③迪尔凯姆正是立足对社会外在性的强调来反驳社会学对心理学的依赖的,这种反对理由在迪尔凯姆看来是有根据的。因为最重要的一点是社会具有外在于个体心理的特性。如迪尔凯姆说的那样:"心理学和社会学之间,生物学和物理化学学科之间,存在着同样的不连续性。因此,用一种心理现象直接解释一种社会现象时,可以肯定地说每次都将是错误。"④

如果说在上述论述中,迪尔凯姆试图在理论上解决并排除社会学对心理学、尤其是个体心理学的依赖,那么,他所要做的任务是把

---

① [法]迪尔凯姆.社会学方法的准则[M].狄玉明译.北京:商务印书馆.2009.第113页。
② 同上书,第113~114页。
③ 同上书,第114页。
④ 同上书,第117页。

社会学从主观阶段中拉拽出来,使其具有客观性。他说:"社会学应该从它还没有摆脱的主观阶段走出来,而走向客观阶段了。何况,社会学的这一过渡,并没有在心理学上那么困难。"①所以,我们就容易理解迪尔凯姆为什么要努力地让社会学摆脱对心理学尤其是对个体心理学的依赖的原因,因为在他看来,社会学要研究客观的社会事实,就不能从主观的个体心理出发,清理社会学对心理学尤其是个体心理学的依赖。而且,迪尔凯姆在清理主观因素时,他还对情感、情感主义进行批判性梳理。在他看来,社会学要想获得真正的研究对象和研究领域,面对的挑战很多,在主观思想对社会学的影响中,感情这个维度很难清理,所以需要花精力去廓清感情和社会事实之间的界限,以便确立起真正的社会学研究对象和研究领域。在迪尔凯姆看来,情感的维度对社会生活的方方面面的影响深远且顽固,它不仅连带着信仰的维度,而且直接和道德相关。迪尔凯姆指出:"在社会学上,由于感情的参与,打破这个枷锁特别困难,实际上,我们在政治信仰、宗教信仰和道德规范方面表现出来的热情,与我们对物质世界的事物表现出来的热情是截然不同的。因此,这种感情上的特点影响着我们对政治信仰、宗教信仰和道德规范的认识和理解的方式。我们对于政治信仰、宗教信仰和道德规范形成的观念同它们所代表的客体一样,深深地印在我们的脑中,并具有一种不容反抗的权威。凡与此相反的观点,均被视为寇仇。比如,一种与人们已经形成的爱国精神或个人尊严的观念不一致的主张,无论它有何根基都会被否定。人们不会承认它是真实的,只会拒绝它,而不让主张者表白。而且人们要为自己辩解的情感,不难提出一些大家难以推翻的理由。这些观念,甚至能有一种拒绝接受科学检验的威力。只要对它们所支配的事实和它们所指的现象进行冷静严格的分析,就会使某些人感到不快。在这些人重视感性的

---

① [法]迪尔凯姆.社会学方法的准则[M].狄玉明译.北京:商务印书馆.2009.第49页.

人看来，一切试图把道德作为外在的现实从外部加以研究的人都缺乏道德感，就像常人把活体解剖家看成缺乏通常的人性一样。人们不但不承认感情属于科学的研究范畴，反而认为，要对与感情有关的物做科学研究，必须求助于感情。"①

由此可见，情感的因素在社会学从主观阶段到客观阶段的过渡中起到的是阻力作用。因为情感的因素在社会生活中根深蒂固，并且已经成为道德规范、信仰、宗教、人性等的基本要素。既然情感在社会中有如此大的影响力，那么是否意味着社会学真正的研究对象不能与之区别开来呢？迪尔凯姆的回答是可以分开。在他看来，情感从属于宗教，是神秘学说之分支。问题在于："这种神秘学说，同一切神秘主义一样，实际上只是一种伪装了的经验主义，是对全部科学的否定，无论怎么反对它都不算过分。对于社会事物的感情与其他方面的感情相比，没有特别优越之处，因为它们的根源是相同的。它们也是在历史上形成的，是人的经验的产物。然而，这个经验是混杂的、不成系统的。它们不是来自于一种我也不清楚的关于现实的先验的预感，而是随着环境的变迁偶然地、杂乱无章地积累起来的、没有加以有系统的解释的全部印象和感受的结果。如果赋予这样的感性以优越性，那就等于承认低智力优于高智力，等于强迫自己做强词夺理的空谈。这样构成的科学只能满足于那些愿意通过感觉而不愿意通过悟性来思考问题的人。这种人宁愿做感性的直接而又含糊不清的综合，而不愿作为理性的耐心细致而明晰的分析。感情是科学研究的对象，而不是科学真理的标准。"②笔者认为迪尔凯姆在这里对情感的判定大体是对的。而且，对情感的批判性指认无疑是可以为社会学走向客观阶段做出贡献。重要的是，在对情感的判定和理解中，尤其是对情感维度和道德规范，信仰、感性

---

① ［法］迪尔凯姆.社会学方法的准则［M］.狄玉明译.北京：商务印书馆，2009.第51页。

② 同上书，第52页。

甚至宗教它们之间密切关系的指认,倒是给迪尔凯姆的社会学研究对象铺垫一个基本的问题,即将规定的社会学研究对象——"社会事实"概念,如何切中道德的维度和宗教的维度,又如何能保证切中这些维度时不至于像情感那样杂乱、含糊、主观,而真正成就其所追求的社会学的客观阶段。

我们认为,对心理主义及情感因素的清理,对于迪尔凯姆而言,是至关重要的。因为从他的思路中我们会发现,他不是完全像自然科学那样把社会仅仅理解为认知的对象,而是如何从对社会事实的理解和阐释中去建构道德的问题。而要能回答好此问题,一个前提性的问题是社会事实到底如何及凭什么能和道德相关?迪尔凯姆怎么去做的?后文中笔者将结合对社会事实的分析和阐释来重点解决这几个问题。

3. 对政治经济学的批判

在理清社会学的主观干扰因素后,迪尔凯姆同样针对政治经济学做出批判性的指认。那么,迪尔凯姆为什么要这么做?这主要是因为,社会学要为自身划定独立的研究领域,就一定要和其他领域作出一番较量,而政治经济学就在其中。针对政治经济学,迪尔凯姆指认的要点在于政治经济学研究的对象主要是为了获得财富而发生的社会事实。但是,问题在于:"为了使这样定义的事实能够作为物而供学者观察,至少应该指出根据什么标记才能辨认出完全符合这种条件的事实。然而政治经济学在其诞生之初,甚至没有权利断定存在着这种事实,更不可能知道它是什么样的了。"①

迪尔凯姆认为政治经济学从最初的根基处,一直把概念作为研究起点,而不是作为研究财富的社会事实。即被他表达为如下的判定:"可见,没有什么东西可以使我们事先确信,存在一种确实由追求财富的欲望在其中起着决定性作用的社会活动。因此,被这样理

---

① [法]迪尔凯姆.社会学方法的准则[M].狄玉明译.北京:商务印书馆. 2009.第44页。

解的政治经济学的对象,就不是由可以摸得到的实在东西构成,而由全系推测的东西,由纯属头脑创造的概念,即被经济学家理解为合乎其设想的目的并以所理解的原貌出现的事实构成的。"①

其实,在这里,迪尔凯姆抓住了政治经济学的根本问题。也就是说,在政治经济学学家那里,并没有对所研究的物所依据的条件给出说明,就直截了当地确认这些因素的存在。政治经济学学家首先做的是制造理论,且这样的制造多是出于政治经济学学家的苦思冥想。我们可以通过迪尔凯姆对斯图尔特·密尔的批判看清这个问题。迪尔凯姆论述道:"请看他是怎么样着手研究被他称之为生产的这个问题的。他以为一下子就可以列举出生产得以进行的一切主要因素,并对它们进行考察。也就是说,他没有考察他所研究的物是依据什么条件而存在的,就确认了这些因素的存在,因为这时他要从阐释他据以得出这一结论的各项经验开始。即使他在研究之初对这种列举做了简要解说,那也是以简单的逻辑分析进行的。从生产的观念开始,经过对这个观念的分析,他发现生产的观念与自然力、劳动、工具或资本的观念有逻辑上的联系;然后他又以同样的方法去研究这些派生的观念。"②迪尔凯姆认为,对政治经济学中的一些根本问题密尔陷入了观念的、逻辑的讨论和阐释,并不能真实地触动社会生活事实本身。

总之,迪尔凯姆关于政治经济学的研究对象问题主要是对其研究思路的批判。指出所有经济学理论都是对概念的研究,这一点和在此以前的实证社会学传统相似,都是停留在主观思想上,而这样做恰恰是成问题的。再比如,在政治经济学那里,对"价值"的讨论可以说是经济学所有理论的最基本的理论。这个概念在政治经济学那里,对它是如何研究的呢?在迪尔凯姆看来,他们是从自己的

---

① [法]迪尔凯姆.社会学方法的准则[M].狄玉明译.北京:商务印书馆.2009.第44页.
② 同上书.

观念出发建构"价值"的定义的。他说:"他们发现价值的观念与效用、稀少等的观念有着密切的联系,并用他们的分析所得到的这些产物作为价值的定义,当然,他们还用了一些实例去证明这个定义。但是,如果想到这样的理论应当解释的事实是不可胜数的,那么,怎么能够承认偶然拿来作证的、必然是十分稀少的事实具有哪怕是最小的论证价值呢?"①

这样一来,政治经济学学家必然在先行设定经济术语和用少量的实例作证之间难以取得根本的一致性,也就是说,在政治经济学学家那里,经济理论所宣扬的经济规律远远不能统摄社会生活的全部。这就是问题的本质,迪尔凯姆用对供求关系的分析来证明经济学家的问题。他说:"比如,有名的供求规律就是如此。它绝不是作为经济现实的表现归纳出来的。从来就没有一种经验、一种可信的比较曾经证明经济关系实际上是遵循这个规律运行的。人们所能做到的一切和已经做到的一切都在辩证地证明,个人想要大获利益,就应该按照这个认识行动,其他任何做法都是有害的……但是,这个纯属逻辑上的必然性,与真正的自然规律的必然性毫无共同之处。真正的自然规律所表现的是真正使事实联系起来的关系,而不是按照人们的希望使事实联系起来的关系。"②从这种表述中,我们可以看出,迪尔凯姆对政治经济学的批判是有力的,他直接点出了政治经济学的根本问题——研究路向错误。也就是说,他的理论所建构的思路一定不是观念的,而是物。他明确地说:"社会现象是物,而且应该把它们作为物来研究。"③

4. 反对概念研究

以上就是迪尔凯姆对孔德、斯宾塞实证社会学传统、心理主义及情感要素、政治经济学的批判性指认。在迪尔凯姆看来,实证社

---

① [法]迪尔凯姆.社会学方法的准则[M].狄玉明译.北京:商务印书馆.2009.第45页。
② 同上书,第46页。
③ 同上书,第46页。

会学和心理主义、感情因素及政治经济学,尽管研究路径不一,但都存在一个问题,即都是概念式研究。其所研究的概念都不能作为理解社会结构及秩序的真正的对象,因此,这些研究进路都是迪尔凯姆首先要加以廓清的,迪尔凯姆要从社会学的角度去找到理解社会生活真正的起点。在上文中,笔者已经提到迪尔凯姆社会事实论还有另外一个诉求,即迪尔凯姆要为社会道德的建构寻找新的原则和方式。这样的诉求离不开对上述问题的梳理。而且,需要指出迪尔凯姆理论中这层诉求的实现是借助于对康德道德学说的批判性回应而澄清的。所以接下来就重点讨论这一层面的问题。

第二节 迪尔凯姆对康德道德学说的批判性复兴

迪尔凯姆之所以要对康德道德学说加以回应,是离不开他对自身理论的基本定位。他致力于理解社会秩序和社会道德建构与整合,所以对以往的道德学说加以梳理是他阐发自己理论的一个必要的议题。笔者以为,在迪尔凯姆的论述中,他不是仅仅对康德道德学说抽象地、简单地加以批判,而是通过对康德学说的原则加以改造从而使得自己的理论能解决现实问题。他对这些思想的阐发在《社会学方法的准则》、《社会学和哲学》以及暂时还未翻译过来的《迪尔凯姆哲学讲演录》中有诸多体现。这不是说在迪尔凯姆的其他著作中没有这样的主题,恰恰不是这样。可以说,迪尔凯姆的所有著作都是围绕一个"社会结构秩序的理解和道德整合的基础和方式"这个总问题而从不同的层面来展示这样做的可能性和现实性。

其实,道德问题一直是迪尔凯姆思考的核心问题。从《社会分工论》到《宗教生活的基本形式》,包括《自杀论》在内,他一直在解释道德的本质和道德的社会作用,以及道德生长发生和发展的方式。笔者之所以重点突出以上三本书,是因为这三本著作可以看作迪尔凯姆社会事实论的另外一个诉求的最为直接的基础文本。在这些著作中,迪尔凯姆正是通过对传统伦理学尤其是康德道德学说的批判,开出新时代的道德整合和建构方式路径的。

所以,接下来,笔者就重点探讨这一层面的问题。而且,对这一层面的阐发其实在某种程度上也能纠正迪尔凯姆的形象。因为我们平时习惯性地仅仅把迪尔凯姆看成社会学家。如他自己说的那样:"我们的抱负就是为社会学开创一个孔德所说的专业时代。"①但是,我们仍能看出,其理论是通过社会学这样的视野去解决道德问题的。在此意义上来说,迪尔凯姆不仅是一般我们所说的社会学家,而且更是一位社会哲学家。

1. 迪尔凯姆对以往伦理学的批判

在迪尔凯姆看来,同样成问题的是伦理学。如果说,在传统社会学和政治经济学以及心理学中存在着研究路向上的观念问题,类似的情况在伦理学的研究中尤其明显。迪尔凯姆认为:"在社会学的一些专门学科里,这种观念性特点尤其明显。伦理学方面尤其如此。实际上,可以说没有一个体系不是把道德看作内含道德的一切能力的初始观念的简单发展。这种观念,有的人认为人生来具有的,有的人则认为在历史的发展过程中逐渐形成的。但是,不论是前者还是后者,不论是经验论者还是理性主义者,都认为这种观念是道德领域真实存在的东西。至于法律和道德的一切准则,可以说都不是为自身而存在的,而只是将这一基本观念运用到生活的各个具体场合,并视情况而将它多样化而已。"②迪尔凯姆在这里直接指出伦理学是被社会学所涵盖的,也就是说,社会学同样要处理伦理和道德问题。

而且迪尔凯姆认为以往的伦理学研究存在着类似的严重的研

---

① [法]爱弥尔·涂尔干.乱伦禁忌和起源[M].汲喆.渠东译.上海人民出版社.2003.第275页。

② [法]迪尔凯姆.社会学方法的准则[M].狄玉明译.北京:商务印书馆.2009.第43页。

究方式问题,伦理学视野的主要问题被迪尔凯姆表述为:"通常伦理学所提出的问题,就不是与物有关,而是与观念有关了……伦理学家们至今尚未形成如下这种十分简单的看法:正如我们对于可感知的物的表象是来源于这种物本身,并相当准确地反映着该物一样,我们对于道德的表象则是来源于我们现行的道德准则的作用本身,并概括地体现着它们;因此,伦理学研究的材料是这些道德准则,而不是我们关于道德的粗浅看法。由于没有达到这样的认识,人们就把只能作为道德的末节的东西,即道德在个人意识中持续存在并欲长期留存的方式作为道德的基础了。而且,这种方法不仅被用于伦理学的最一般问题,同样也使用于那些特殊问题。伦理学家由研究一些基本观念开始,转而研究关于家庭、祖国、责任、仁爱、正义这些第二性的观念,但他们倾心思想的依然是基本观念。"①

迪尔凯姆对这种靠观念维持的道德的实践后果深表担忧。他说:"如果我们不明白我们有史以来所实践的道德是靠某种理论观念来维持的,那么我们就感觉不到痛苦。这是因为,某些道德因素已经不可补救地被动摇了,而我们所需要的道德还在襁褓之中。"②这可以看成迪尔凯姆对伦理学及其实践后果给出的最直接的批判性阐释。从此论述中可以看出,迪尔凯姆要通过社会学为道德理解提供不同于观念原则的新的路径,而且这样的新的路径的开启恰恰是通过对道德遗产的梳理和拯救而获得的。如迪尔凯姆自己所说的那样:"至于今天,压倒一切的紧迫任务,就是拯救我们的道德遗产,一旦道德遗产保住了,我们就会看到它终将繁荣昌盛起来。"③从意图上来说,如迪尔凯姆自己说的那样:"我们也不想求助一种新的

---

① [法]迪尔凯姆.社会学方法的准则[M].狄玉明译.北京:商务印书馆.2009.第43页.

② [法]爱弥尔·涂尔干.社会分工论[M].渠东译.北京:三联书店.2008.第367页.

③ [法]爱弥尔·涂尔干.乱伦禁忌和起源[M].汲喆.渠东译.上海人民出版社.2003.第214页.

哲学来打消这种忧虑,而是这些责任已经丧失了自己的现实基础,它们相互之间的纽带已经松弛了,我们只能重新确立一种原则,重新巩固这一基础,才能彻底消除这些现象。总而言之,目前我们首要任务就是要为我们自己确立一种道德。"①那么,确立这样的道德就需要对道德遗产中的重要资源加以把握和重新阐释。

2. 迪尔凯姆重视康德道德学说

在迪尔凯姆看来,这样的道德遗产中最为突出的就是康德的道德学说,因为康德的道德学说具有超个人主义的性质,是可以作为道德整合的思想资源。他说:"没有人会比康德更为强调道德和法的超个人性质。康德把道德和法看成一整套人们必须服从的律令,因为它们是强制性的,根本无需讨论;如果人们有时谴责他过分强调理性的自由,那么人们同样也可以说,他把他的伦理学建立在非理性的信仰和服从行为上。"②在此表述中迪尔凯姆不仅突出了康德伦理学实现了理性自由和非理性的信仰的综合,而且突出的是康德道德学说的超个人性质,而凸显这一点是至关重要的。因为,迪尔凯姆试图通过复活康德道德学说的超个性性质来为对道德整合的理解和建构注入活力。换句话说,迪尔凯姆道德整合的一个路径就是建构道德个人主义,此道德个人主义不是功利主义意义上的个人主义,而是道德理性之个人主义,对此后文中将给予论述。

关于迪尔凯姆对康德道德学说的批判性继承,在其《社会学和哲学》一书中有诸多论述。比如迪尔凯姆说:"到目前为止,我们与康德已经极为接近了。不过,康德对道德行为的分析也只是局部上正确的,依然很不完整、很不充分,因为这只是我们说明道德实在的

---

① [法]爱弥尔·涂尔干.社会分工论[M].渠东译.北京:三联书店.2008.第367页.

② [法]爱弥尔·涂尔干.乱伦禁忌和起源[M].汲喆.渠东译.上海人民出版社.2003.第204页.

一个方面而已。"①这种表述一方面点出了其学说和康德道德学说的极为密切的关系,同时也交代出其理论是对康德道德学说的批判性继承。从以上的论述,我们可以看出,迪尔凯姆对康德道德学说的重视和继承。那么,迪尔凯姆如何指认康德的道德学说?又是如何复活康德道德学说?二者在设计道德维度时,理论的关联性和区分性何在?为了搞清楚这几个重要问题,笔者接下来一一论述。

关于迪尔凯姆对康德道德学说的批判性指认。我们可以先从迪尔凯姆的思想来源上稍加以展开。迪尔凯姆在法国高等师范学院求学期间,很多当时非常著名的大思想家都对迪尔凯姆有过深远的影响。其中一位哲学家是夏尔·勒努维耶,他是法国的新康德主义者。关于他对迪尔凯姆的影响,如科塞所指出的那样:"在涂尔干的著作中却反映出勒努维耶的其他观点,用阿尔伯特的话来讲,这些观点包括:认为对理论和道德方面的考虑在哲学思想中占了中心地位;认为有必要创建道德哲学;认为哲学应该为指导社会行动服务;认为应该为重建第三共和国的道德规范做出特殊贡献;并且认为现代社会的一种,如果不是这种,基本道德观念乃是人的尊严。勒努维耶认为个人或群体之间的冲突是邪恶的,这一观点在涂尔干的著作中同样得到反映。"②瑞泽尔也认为迪尔凯姆受到新康德主义者勒努维耶的影响:"涂尔干后来对勒内·莫布朗说,如果你想让你的思想成熟,你就致力于对某一位大师的研究,将一个体系进行深入剖析,将它最深处的奥秘挖掘出来。那就是我所做的,他就是我的导师勒努维耶。"③由以上的论述可以看出,新康德主义对迪尔凯

---

① [法]爱弥尔·涂尔干.社会学与哲学[M].梁东译.上海人民出版社. 2002.第 48 页.

② [美]刘易斯·科塞.社会思想名家.[M].石人译.上海人民出版社. 2007.第 136 页。

③ 乔治·瑞泽尔.布莱克维尔社会理论家指南.[M].凌琪译.南京:江苏人民出版社. 2009.第 229 页。

姆有很大的影响。

而且从思想史的谱系上来看,我们知道,新康德主义作为对康德思想的一种继承性发挥,此理论经勒努维耶等人的介绍和发挥,对法国思想界产生了重要影响,使得法国思想家在处理道德问题时不得不面对康德道德学说,因为康德的哲学进入法国时就以道德哲学为主要特色。这一点,正如20世纪的美国社会学家Schmaus教授所指出的那样:"康德学说首先引起处于法国革命时期的法国人的注意是源于把康德作为道德哲学家。"[①],并且Schmaus教授在其《再思考涂尔干及其传统》一书中也重点梳理了迪尔凯姆和康德的关系。以上论述都可以作为迪尔凯姆受康德学说影响的佐证。

重要的是我们需要知道迪尔凯姆本人是如何评价康德的道德学说的。在《社会学和哲学》一书中,迪尔凯姆多处指认康德道德学说的基本性质。他认为,康德道德学说是先验道德学说,并且是绝对形式主义的道德建构。他在提出"道德是一种事实"的观点时专门评价了康德道德学说。他说:"这样做也可以摆脱康德主义的先验原则,这种原则只能对道德本性提出非常可信的分析,可是描述往往多于解释。"[②]在迪尔凯姆看来,康德的道德学说对道德的先验本性做了可信的分析,具体体现在两个层面:一是康德道德学说说道德律令的先天性;二是康德否认经验性道德价值。这两个方面都能在康德对道德律令和义务感的表述中找到论证。

在康德那里,道德命令和善良意志以及理性个体的自律和他律本质相关。在笔者看来,迪尔凯姆对康德的指认是可信服的。因为在康德那里,道德律令不是来自经验的。如康德说:"道德律令如何可能,则无疑是唯一需要回答的问题。它绝不是假言的,从而也不像假言命令那样,把自己的客观性建立在前提上,必须时时注意,不

---

① Warren Schmaus. Rethinking Durkheim and his tradition . Cambridge, UK. New York ;Cambridge University Press,2004. P57

② [法]爱弥尔·涂尔干.社会学与哲学[M].梁东译.上海人民出版社. 2002. 第67页.

需要通过例证,即通过经验,来证明在什么地方有这样的一种命令式……所以,对定言命令的可能性我们完全要先天地加以研究。由于在这里,我们不便在经验中寻找它的现实性。所以仅能限于说明这种可能性,而不能证实这种可能性。"①所以,道德命令是先验的,先于人的经验的。康德不承认由经验而来的道德原则,道德自律和道德他律作为道德原则纳入实践生活的步骤,同样也是理性个体因个人意志必然服从道德律令的要求的原因。康德认为:"自律原则和相应的定言命令是两个先天综合判断,它们肯定理性动因,如果能充分地主宰激情,必然要把行为建立在自身就是普遍立法者的准则之上。并且他应该这样做,如若他的非理性足以被引诱离开正道的话。这样的命题,如果纯粹实践理性的综合应用,然而除非批判了理性自身的这种能力,我们就不敢冒险这样做。"②

从康德的论述中,我们可以看到,康德的道德原则作为先验原则放入实践中,要求每一个理性的个体在基于责任的基础上求善。可以说,"善"在康德那里是最终目的:"每一个有理性的东西都服从这样的规律,不论是谁在任何时候都不应把自己和他人仅仅当成工具,而应该永远看作在自身就是目的。这样就产生了一个由普遍客观规律约束起来的又有理性东西的体系,产生了一个王国。"③可见,这个王国就是善的王国,或者称之为自由的王国。

有了这些分析,我们接下来再看看迪尔凯姆对此的评价。迪尔凯姆认为在康德那里,恰恰是道德原则的先验性保证了道德原则和道德规范的强制性、权威性。他说:"我们将会看到,道德规范被赋予了特殊的权威,正因为这些规范令行禁止,所以人们必须服从它

---

① [德]伊曼努尔·康德.道德形而上学原理[M].苗力田译.上海人民出版社,2005.第37~38页。
② 同上书,第127页。
③ 同上书,第53页。

们。"①而且迪尔凯姆还说："我们应该重新确认义务的观念,并给出其定义,它非常近似于康德给出的定义。这样,义务便成了道德规范的主要特征之一。"②问题的关键是迪尔凯姆为什么要去重新确认义务的观念呢？提出这样的问题十分重要,因为对此的追问能够引出迪尔凯姆对康德先验道德原则的批判性分析。迪尔凯姆之所以要这样做的原因到底是什么？到底是康德道德学说的什么问题让迪尔凯姆认为一定要对此加以批判性突破呢？这是理解迪尔凯姆道德学说的一个很好的切入点。

在笔者看来,迪尔凯姆认为康德的道德学说的先验原则能够突破个人主义的、经验主义的、甚至是功利主义的理解模式,但其道德学说仍是一种抽象的、绝对形式主义的道德学说。其理论所造成的后果是一种行动上的无力感。这是问题的关键,也是康德道德学说最让人争议的地方。因为,在康德那里,道德律令对人的约束性的根据是纯粹理性的,无关经验原则。如康德说的那样："道德规律和自然规律一样,约束性的根据既不能在人类本性中寻找,也不能在他所处的外界环境中去寻找,而完全要先天地在纯粹理性的概念中去寻找……真正纯粹的道德规律,只寓于纯粹的哲学之中,在此之外不论什么地方也没有道德哲学。"③这里,所谓"纯粹的"就是完全清除了来自经验的杂质,扫尽出于浮夸或利己之心的虚饰。道德规律的先天性、神圣性、超越性,是被康德信奉的关于道德的基本理解。那么问题就在于,从康德的这种思路看来,这样一种先验的道德学说,就先天地存在着自身的问题。

关于康德道德学说的问题,我们可以先援引哈贝马斯对康德道德学说的批判来进一步指认其问题,哈贝马斯认为康德的伦理学乃

---

① [法]爱弥尔·涂尔干.社会学与哲学[M].梁东译.上海人民出版社.2002.第38页。

② 同上。

③ [德]伊曼努尔·康德.道德形而上学原理[M].苗力天译.上海人民出版社.2005.第33页。

是独白的伦理学。他说:"康德以这个原则来界定道德行为,'仅依据你能同时愿意他按照普遍法则的格言去行动',此处道德律令的普遍性不仅意味着主体间的义务,而且普遍有效性的抽象形式对全体同意而言具有优先的义务。每一个单独的主体,在检验他的行动格言是否合适于作为普遍立法的原则时,必须将这些格言诉诸于每一个主体身上,使它们对他也具有同等的约束力。道德原则在这种意义上是抽象普遍的,亦即当它们对我是普遍有效的同时,它们也必须同样被认为对所有理性存在者都有效。这样的话,在此准则下,互动被消解成单一而自足的主体活动。"①哈贝马斯在这里,主要指认了康德道德学说其实仍是依据笛卡尔的"我思"原则所确立的理性主体而推演出来的,其仍局限于纯粹"我思"的主体的基本建制内,从属于意识内在性,因此成为一种独白式道德伦理学,但是问题就出在这里。

正如国内学者苗力田先生说的那样:"先天论作为一种唯心主义理论,先天地就带有自己的不治之症。它以感觉、经验为抵偿,来换取规律和普遍性和必然性。这种规律的普遍性和必然性,在伦理学上就可以直接地,不必经过任何中间环节转化为道德的纯洁性和严肃性。然而,先天论的普遍性是没有内容的普遍性,先天论的必然性是空洞的必然性……康德说,道德规律的质料是人,但是这种人是一个纯粹概念,它不但纯粹掉社会关系,也纯粹掉血肉机体,甚至连人这个词都嫌太重浊了,而泛泛称之为'有理性的东西'。先天论的德性论,宛如一束断了线的气球,高入云端,但永远落不到实处。"②从上述的论述我们可以看出,康德道德学说由于摆脱了经验原则而使得先验原则成为可能,但是先验的原则如何拉入实践生活中,拉入经验性的生活中?这是康德道德学说最薄弱的

---

① J. Habeimas, Theory and Practice, boston: Beacon Press 1973, p151
② [德]伊曼努尔·康德.道德形而上学原理[M].苗力田译.上海人民出版社.2005.第38页.

理论环节。

当然,康德的这一问题也被迪尔凯姆洞察到。在迪尔凯姆看来,康德的先验论的道德学说是有问题的。他一方面看到在康德的道德律令无关经验。他指出:"因此,康德认为道德律令一定是纯粹形式的,仅仅起源于经验的知识的材料是缺乏道德价值的,因此经验是无关道德的,与道德没有什么关联性。"①另一方面,迪尔凯姆认为将这种绝对律令放置行为中是存在问题的。他说:"在康德那里,只有唯一的答案,道德律令只是命令我们,并且我们必须不用质疑地服从它的权威,在此意义上,康德称道德律令为绝对命令。"②迪尔凯姆接着指出这种绝对的道德律令是不可能的。他说:"康德认为'因为它是道德律令所以我们必须尊敬道德律令',这样的观点是无用的,仅仅有这个理由不够的,而如果人们想避免违背道德律令,人们就必须在紧要关头对道德律令存有兴趣。像康德一样行为就是让我们没有理性地去行为,因此,绝对的道德命令是不可能的。"③

迪尔凯姆之所以认为康德的道德律令是不可能的,是因为它(道德律令)本质上乃是一种抽象。迪尔凯姆说:"康德的伦理学是目前为止把人性推向理想的、观念论的最杰出的努力之一,康德的愿望是把人类从感觉的世界中引出来,并且让人类过上一种纯粹理性的生活,因此给我们在世界中划定出有区分的世界,即使这样的区分和我们的本性相对立。但是,无论康德为我们划出来的纯粹理性的世界如何的美,康德的伦理学都是注定要失败的,因为一种纯粹形式的道德就相当于一个空荡荡的道德,无内容的道德,并且康

---

① Dukheim's Philosophy Lectures edited and translated by Neil Gross, Cambridge, UK. New York :Cambridge University Press, 2004. P240

② Dukheim's Philosophy Lectures edited and translated by Neil Gross, Cambridge, UK. New York :Cambridge University Press, 2004. P240

③ Dukheim's Philosophy Lectures edited and translated by Neil Gross, Cambridge, UK. New York :Cambridge University Press, 2004. P241

德能够逃脱这样的结果的唯一办法,正如我们已经看到的那样,是通过自身的矛盾、对立来展示的。"①

可见,迪尔凯姆既看出康德道德学说对人类所做的贡献,同时也指出了康德道德学说的无力和矛盾。而且,在《社会学和哲学》一书中,迪尔凯姆也通过对义务的重新理解来表达了对康德道德学说的更具体明确的认定。迪尔凯姆认为,"义务"这个概念在康德道德学说中是道德规范的主要特征,这样的指认是符合康德本意的,因为康德认为:"人类的这种理性通过这界线禁止把合乎义务的行动的主观规定根据、也就是它们的道德动机建立在任何别的地方,而只建立在法则本身中……义务,而是要求人服从,但也绝不为了推动人的意志而以激起内心中自然的厌恶并使人害怕的东西来威胁人,而只是树立一条法则,它自发地找到内心的入口,但却甚至违背意志而为自己赢得崇敬。"②在此,康德认为义务之根据乃是在于它的先验性和绝对性。迪尔凯姆这样理解义务只是指出了道德的一个抽象层面,迪尔凯姆重新规定义务,并赋予义务以可求性的特点,来弥补康德道德学说的不足。迪尔凯姆认为:"但是,与康德的意见相左,我们将说明义务观念并未穷尽道德的概念,对我们来说,仅仅遵照命令是行为而不考虑行动的内容,是不可能采取行动的。若要我们成为行动的能动者,这一行为就必须在某种程度上唤起我们的感受,并以某种可求的方式呈现给我们。某种程度上的可求性是道德的另外一个特征,其重要性丝毫不逊于前者。"③

如何理解这种"可求性"? 在笔者看来,迪尔凯姆看出了康德先验道德学说的无力,即先验原则如何能够保证经验的个体遵守道德

---

① Dukheim's Philosophy Lectures edited and translated by Neil Gross, Cambridge, UK. New York:Cambridge University Press, 2004. P242

② [德]伊曼努尔·康德.实践理性批判[M].邓晓芒译.北京:人民出版社.2003.第117—118页。

③ [法]爱弥尔·涂尔干.社会学与哲学[M].渠东译.上海人民出版社.2002.第38页。

法则并向善？这在康德那里是比较薄弱的，迪尔凯姆认为道德具有两个特征：一个是先验性的义务（旨在强调道德的先验性）；一个是可求性（旨在强调道德的经验维度）。而可求性是要靠自我约束来实现的，这样就可以通过"可求性"概念在先验道德原则和经验层面搭建一座桥梁。这种沟通是重要的，如迪尔凯姆说的那样："在道德的可求性中，我们可以发现义务的某些性质，即使这种行动内容确实引起我们的兴趣，倘若我们不尽力而为，不自我约束，这种性质也不会得到实践。我们借助冲动，甚至是热情去履行我们的道德行动，这种冲动或热情将我们置于自身之外和本性之外，倘若没有困难，没有内在的冲突，所有这就不会实现，这种自成一类的可求性，就是我们通常所说的善。"①

总之，迪尔凯姆是通过弱化康德道德学说的先验维度，并通过"可求性"分析来让先验法则和经验原则实现有效沟通，并以此共同构建出道德来，从而奠定迪尔凯姆本人的道德理论的基础。这一点，如迪尔凯姆本人所指出的那样："我们应该强调可求性和义务这两个特征，但这并等于说必须否认其他特征的存在，我们的主要目的是想说明所有的道德行为都具有这两种特征，尽管两者会以不同的比例结合起来。"②而且可求性就意味着能把个体的个性因素纳入其中，在迪尔凯姆那里，"道德行为总是和发展你的个性的目标结合在一起的"。③ 也就是说，道德的两重特征同时存在。他说："我们不会只因为命令所至，就去执行一个在任何方面对我们都毫无意义的行为。从心理学的角度来看，我们也不可能去追求一个我们漠不关心的目标，对我们来说，它既不是善的，也不会影响到情感。所以道德不仅必须是强制性的，也必须是可求的和被求的，可求性便是所

---

① [法]爱弥尔·涂尔干.社会学与哲学[M].梁东译.上海人民出版社.2002.第38~39页.

② 同上书，第39页.

③ Dukheim's Philosophy Lectures edited and translated by Neil Gross, Cambridge, UK. New York：Cambridge University Press, 2004. P243

有道德行为的第二特征。这种可求性是道德生活所特有的,与前一种义务特征彼此参融。"①迪尔凯姆之所以要重新理解道德,是因为康德道德学说陷入了绝对形式主义,成为先验的法则,无法在生活经验中扎根。迪尔凯姆在此通过对可求性的分析得出道德自律可以和快乐、甚至冲动、渴望等非理性维度结合在一起。这样一来,道德在迪尔凯姆那里,同时具有了先验的维度和经验的维度,先验的维度就如同康德规定义务法则那样,而经验的维度是要借助冲动、热情等非理性要素来共同确认。这就是迪尔凯姆对康德道德学说的批判和超越的关键点。

其次,迪尔凯姆超越康德道德学说的基点在于:道德乃是一种社会事实,道德理想就在社会中。以上我们大致梳理了迪尔凯姆对康德道德学说的基本指认和批判。其实,迪尔凯姆不仅仅局限于对康德学说的批判,可以说,是康德道德学说留下的难题给了迪尔凯姆重新起航的动力。迪尔凯姆的理论抱负之一便是为法兰西第三共和国提供新的道德基础和原则。那么,对康德问题的梳理和把握可以说是他的一种理论资源,迪尔凯姆本人对康德问题的把握是极其准确的,把握到了康德问题的关键。但是,迪尔凯姆又是如何对康德道德学说进行超越的呢？有没有完成这样的超越？笔者以为,迪尔凯姆超越康德先验道德学说的基点在于两个层面:一是提出道德乃是一种社会事实,二是道德理想就在社会中。可以说迪尔凯姆不仅为道德理解提供了新的视角,而且也为弥补康德的道德学说的问题做出了极大的努力。因为迪尔凯姆对道德的论述实现了事实和价值的统一,至少迪尔凯姆本人是这样认为的。那么,接下来,笔者就对此两个层面分别加以论述。

对于道德乃是一种社会事实,迪尔凯姆首先对利己主义加以批判。他认为,"具有个人利益的行动不具有道德资格,或者说,取自

---

① Dukheim's Philosophy Lectures edited and translated by Neil Gross, Cambridge, UK. New York: Cambridge University Press, 2004. 第48页。

于纯粹利己主义视角的个人实现,不可能作为道德的对象,因为作为个人,加入我在我本人中没有建构道德目标,那么其他与我或多或少相类似的个人也会如此。"①所以,一个合理的结论是道德存在于社会中。迪尔凯姆指出:"如果道德存在,道德只能把个人结合而成的群体——换言之,社会,在人们通常认为社会与构成它的个人存在具有质的情况下——作为对象。无论群体是什么样的,道德与群体成员身份是一并形成的。只有我们接受了上述前提,道德事实的特征才会成为可解释的。"②在迪尔凯姆看来,道德乃是一种事实,这种事实和群体的社会本质相连,两者的关联性具有根本意义。也就是说,道德事实乃是一种非利己主义的社会事实。在此过程中,迪尔凯姆不仅强调道德事实是社会事实,而且从社会和个人的关系的角度凸显道德事实的可求性和超越个体性。这怎么来理解?迪尔凯姆认为只要能够说明社会具有可求性和超越个体性,就可以为道德事实的可求性和超越个体性作出论证。迪尔凯姆认为社会是个人之为个人的依据,他说:"对个人来说,社会怎样成为可求的,倘若没有社会,也就不会有个人,如果个人否认了社会,也就等于否认自身,与此同时,由于社会超越于个人,所以个人倘若不在某种程度上损害他作为个人的本性,就不能奢望社会。"③而且他还说:"社会也构成道德权威,这种权威通过在某些对它来说具有重要意义的律条中呈现自身,为它们赋予了强制性的特征。"④在这里,迪尔凯姆就通过个人和社会的关系来论证社会的强制性、可求性和超个体性。同时因为道德乃是一种社会事实,所以道德事实也分享着社会所具有的特征。也就是说,符合社会的,也是符合道德的。迪尔凯姆认为因为社会是个人之为个人的依据,没有社会,个人也就不能成为

---

① [法]爱弥尔·涂尔干.社会学与哲学[M].梁东译.上海人民出版社,2002.第40页。
② 同上书。
③ 同上书。
④ 同上书。

现代意义上的个人，社会教化着每一个人，所以对社会何以为善的论证就可以通过社会与个人的关系得以阐发。因此，道德的善也因为对社会的论述得以呈现，因为社会的即是道德的。迪尔凯姆明确指出："我们也始终认为，在某个特定的时代，想要获得一种不同于社会状况所确定的道德是不可能的。社会的本性蕴含着道德，若想要一种与之不同的道德，就会否认社会的本性，结果只能否认自身。"①由此可见，道德事实就其本性而言乃是社会的。

不仅如此，迪尔凯姆还指认了道德的基本含义。在他看来，"道德是箴言和行为规范的集合体"。②而且道德包括两个方面：客观道德和主观形式。迪尔凯姆指出："我就曾说过我们必须要区分道德两个同样真实的方面：(1)由大量规范构成的客观道德，它形成了群体道德；(2)每个人的个人良知构想这种道德的主观形式。"③其实，在这里，迪尔凯姆是从社会和个人的角度来确认道德的两个层面的。因为社会既存在于我们之中，也超出我们之外，所以道德便具有了两个层面：一个是客观的层面，表现为社会中已经存在的道德规范和习俗；一种是内在于我们每个个体的个人良知。

最重要的是，在迪尔凯姆那里，道德、社会、宗教在本质上是相关的。也就是说，道德乃是一种社会事实，反过来，社会也是道德的，同时也是宗教的。他指出："社会是一切道德活动的目的。因此，社会既内在于个人，也超越于个人，社会具有道德权威的全部特征，强制人们去遵守。而且社会绝不只是一种物质力，它也是一种道德力。社会在身体上，物质上和道德上都凌驾于我们。"④因为社会外在于和超越我们，所以社会才会呈现出强制性和权威性。但是同时，因为社会内在于我们，所以个人的自由和道德诉求是通过社

---

① ［法］爱弥尔·涂尔干.社会学与哲学[M].渠东译.上海人民出版社.2002.第41页。

② 同上书，第45页。

③ 同上书，第84页。

④ 同上书，第58页。

会来达成的。迪尔凯姆说:"社会就是我们自身,或者更准确地说,社会是我们最优秀的部分,因为人所以成为人,是因为他在某种程度上已经文明化了,能够使我们成为真正意义上的人的,是我们竭尽吸纳我们称之为文明化的这些观念、信仰和法则的集合体的程度。"①

不仅如此,迪尔凯姆还指出:"我们很容易解释社会是怎样构成一种既能超越我们,同时我们也觉得是好的、我们所追求的目标的,因为社会恰恰系于我们的存在之维。"②既然社会和个人之间具有这样的关系,那么,在社会中的个人的自由如何获得?迪尔凯姆对此也有很明确的回答。他认为,个人服从社会是自由的条件。他说:"个人服从社会,服从是个人自由的条件,对人来说,自由是对盲目、无思的物质力的摆脱;通过反抗这些物质力,人们获得了强大的智力,这种力量就是社会,在社会的保护下,人获得了庇护。人通过把自己置于社会的护翼下,也使自己在某种程度上依赖社会,不过,这是一种自由的依赖。这里,根本不存在什么吊诡。"③迪尔凯姆不仅指出道德和社会之间的关联性(从社会和个人关系的角度论证人的自由获得的可能性),而且认为道德与宗教也有关联性。那为什么能够把道德和宗教联系起来呢?迪尔凯姆的回答是:"就是道德无论在哪里本质上都是宗教的。"④他之所以有如此的论断,是因为在他看来,道德观念和神圣观念之间有类似之处。他说:"如果我们不把道德生活与宗教生活联系起来,我们就很难理解道德生活。几个世纪以来,道德和宗教最初是紧密联系在一起的,甚至达到了完全融合起来的地步。即使今天,人们也肯定会在绝大多数的心灵中看到这种密切的联系。毋庸置疑,道德生活自始至终都不可能摆脱与

---

① [法]爱弥尔·涂尔干.社会学与哲学[M].渠东译.上海人民出版社. 2002.第59页。
② 同上书,第60页。
③ 同上书,第79页。
④ 同上书,第50页。

宗教所共有的特征。当二类事实紧密关联时,当二者之间的密切关系能够持续得如此长久时,它们不可能会彼此疏离,变得毫无干系。所以情况必然是道德寄于宗教、宗教的要素寓于道德。事实上,如今的道德生活依然是充斥于宗教之中。"[1]所以,在迪尔凯姆那里,道德的基本含义已经被澄清。而且其实道德事实、社会事实甚至宗教事实这三方面都有彼此一致的地方,它们都指向社会道德生活,只是有所侧重而已。

既然道德事实、社会事实甚至宗教事实都指向社会生活本身。那么,接下来去理解道德理想就容易得多。迪尔凯姆不仅认为道德事实是一种社会事实,而且认为道德理想就在社会中。在此,我们先看迪尔凯姆是怎么论述的,大体有如下几个层面:

其一,在迪尔凯姆看来,道德规范本起源于社会。因此,道德理想就是社会理想,对理想的考察一定不是从纯粹意识出发,而是要和一定的社会结构放在一起考察。他说:"在所有道德规范中,与个人理想有关的道德规范,最为清楚地证明了它们的社会起源……可是,理想绝不是个人建构而成的,而是群体的不同成员彼此交流的结果;理想首先为所有成员提供了道德统一体。罗马人的完美理想是与罗马城邦的体制相关的,就像我们的理想与当前的社会结构彼此相关一样。如果有人说,在我们的意识中我们可以随意地去建构理想,那么这种说法纯属无稽之谈。"[2]迪尔凯姆首先点出道德理想一定是社会性的理想。谈理想不是从个人出发,而是从社会出发,任何仅仅基于个体层面而建构起来的理想,在迪尔凯姆看来,都不能成为道德理想。若要理解道德,就必须从现在和过去的道德材料出发,也就是从道德事实出发。而且,因为道德事实是处在一定的社会结构中,因此理解道德及道德理想一定离不开社会及社会结

---

[1] [法]爱弥尔·涂尔干.社会学与哲学[M].渠东译.上海人民出版社. 2002.第52页。

[2] 同上书,第74页。

构。那么什么是社会呢？在迪尔凯姆看来，社会是组合体。他说："社会是由能够通过个人得到实现的各种观念、信仰和情感组成的组合体。这些观念中首要的就是道德理想，这也是其最主要的存在理由。"①由此可见，社会之成为社会，就在于它存在着理想之维。社会的，也是道德理想的。迪尔凯姆对此说："道德与其说是义务的法则、明确的纪律，毋宁说是一种乍眼看来有吸引力的理想。"②

其二，道德事实有理想的维度，不仅意味着它是社会的，而且更重要的也是人类理性自身存在的能力。按照迪尔凯姆的思路，他不是要去寻找或建构一种和他所处的时代本质不同的新道德，而是努力去探求道德是由什么或曾经是由什么建构起来的。这样探求的结果使他认为道德是在集体生活中通过人性及人类理性保存下来的。所谓的道德科学，在迪尔凯姆看来，一定不是主观主义的，而是让事物本身说话，是理性更为有条不紊的运用。迪尔凯姆的道德事实就是要把道德从主观主义拯救出来，他说："我所关注的问题，就是使道德从感情的主观主义中摆脱出来，这种主观主义阻碍了道德的发展，它或是经验主义的，或是神秘主义的。总之，这是两种密切相关的思维方式。"③

其三，所谓的道德科学就是对实证理性的恰当运用。对迪尔凯姆提倡的道德科学的理解，离不开对人类理性的解读。在迪尔凯姆那里，理性更多凸显"能够以一种有条有理的方式让自身符合既定的事物，从而理解以往和现有道德的性质，并从这种理论研究中得出实践上的后果"。④ 即理性表达的是现有的社会集体理想本身。在这一点上，迪尔凯姆不同意康德的先验理性，他说要让自己"从如

---

① [法]爱弥尔·涂尔干.社会学与哲学[M].梁东译.上海人民出版社.2002.第63页。
② 同上书,第75页。
③ 同上书,第73页。
④ 同上书。

此理解的'理性'的建议中解脱出来"。① 先验的理性理想则是迪尔凯姆坚决反对的。他说:"如果理性的含义是指道德能力,这种道德能力永远包含一种道德理想,一种真正的理想,能够而且应该对立于社会在每个历史时期所遵循的东西,我以为这种先在性是一种武断的认定,所有已知的事实都与之相矛盾。"② 对这种先在的预设迪尔凯姆是不认同的,此理性在康德那里占有很大分量,而在迪尔凯姆看来,理性是和现有事物息息相关的,此事物被表达为"事物就是道德舆论的现存状况,并与它所表达的社会实在相关的"。③ 从以上分析我们能够看到,迪尔凯姆所主张的"道德事实是社会事实,道德理想就在社会中",是与实证理性联系在一起的。因此,迪尔凯姆反对的是先验的理性,主张面对"事实"的实证理性,实证理性才能作为其道德科学的真实基础。

小结:双重诉求的关键词——事实和社会理想

无论是迪尔凯姆对社会学传统的清理还是对康德道德学说的批判性阐发,都是其社会事实论的基本诉求。也就是说,迪尔凯姆要想为社会学确定真正的研究对象和起点,则对社会学传统以及以康德为代表的道德学说的理解就是其理论一定要回应的。可以说,通过这双层的诉求,迪尔凯姆也为其理论找到了真正的研究对象和起点。

对于这一点,如迪尔凯姆指出的那样:"有人曾经指责实证社会学把事实作为偶像来膜拜,而对理想漠不关心,如今,我们可以看到,这种指责是没有道理的。宗教、道德、法律、经济和审美这些主要的社会现象,都只不过是价值体系和理想体系。社会学是从理想领域出发的:这是社会学的起点,而不是逐渐达到的研究终点……

---

① [法]爱弥尔·涂尔干.社会学与哲学[M].渠东译.上海人民出版社.2002.第72页。
② 同上书。
③ 同上书。

社会学没有着手建构理想,反而把理想接纳为既定的事实和研究对象。"①其实,在迪尔凯姆那里,事实和理想不是截然分开的,事实蕴含着理想。那么,事实是如何内在地在其自身就蕴含着理想,蕴含着价值之维的呢?

在这里,我们首先需要看到迪尔凯姆为社会学所做的巨大努力。这种巨大努力就在于通过社会学的视野去致力于解决以往人类道德领域中的问题,这一点是要值得肯定的。正如迪尔凯姆所说的那样:"伟大的哲学家们已经尝试着凭借二种相互排斥的研究进路去进行道德伦理学的研究:一种是完全经验的,一种是完全先验的,伊壁鸠鲁、穆勒和斯宾塞采用经验论的研究进路;而康德采用的是先验论路向……我们的方法,是和经验论和先验论都是有区别的,我们的方法是演绎的同时也是经验的。我们开始的起点就是通过道德责任的经验事实的基本原理阐发的……经验已经被完全的考虑在内,并且结果便是我们的伦理学既不是空想的也不是不结果实的。"②从这种表述中,我们就可以大致看出迪尔凯姆想要在经验事实中开出道德理想之维来。而且就其对以往思想资源的态度来看,总的来说,是一种批判性的对待,当然也有继承性的方面。所有这些努力的背后都离不开迪尔凯姆想为社会学找到真正的研究对象,以及希望通过对真正研究对象的把握和理解又能开出道德整合的方法来,这两个层面都是迪尔凯姆的理论诉求。明确了这一点,我们再来理解迪尔凯姆对社会事实论的阐发,就自然得多。需要注意的是,对社会事实论的阐发始终都绕不开迪尔凯姆的双层诉求,诉求和论述是彼此合一的。那么,笔者接下来这一章就重点论述迪尔凯姆的社会事实论。

---

① [法]爱弥尔·涂尔干.社会学与哲学[M].渠东译.上海人民出版社.2002.第 104 页.

② Dukheim's Philosophy Lectures edited and translated by Neil Gross, Cambridge, UK. New York :Cambridge University Press, 2004. P272—P273

第四章

迪尔凯姆的社会事实论：确立社会学真正研究对象

要理解迪尔凯姆社会事实论理论，就涉及迪尔凯姆理论的基本诉求和迪尔凯姆对实证社会学的贡献的理解。可以说，社会事实是迪尔凯姆为实证社会学确立的真正的研究对象，在迪尔凯姆的理论中，其地位具有优先性。也就是说，谈迪尔凯姆的理论，对社会事实的基本理解是理解迪尔凯姆思想的关键。

为了更好地把握，笔者把此论题细化为三个问题：社会事实的基本界定和澄清、社会事实论的结构功能及社会形态划分和社会事实的真正源头。

第一节 "社会事实"的基本界定和澄清

1. 社会事实的基本界定

"社会事实"这个概念在迪尔凯姆看来，是他社会学理论建构的基础和出发点。按照迪尔凯姆本人的理解，"社会事实"这个概念与常识性的包罗万象的"社会现象"概念有着明显的区别或界限。二者区别在于：并不是所有的"社会现象"都是"社会事实"，"社会事实"要符合一定的特征。这个我们可以通过迪尔凯姆的定义看出，在《社会学方法的准则》中,他对"社会事实"做了如下的界定:"一切行为方式,不论它是固定的还是不固定的,凡是能从外部给予个人以约束力的,或者换一句话说,普遍存在于该社会各处并具有其固有存在的,不管其在个人身上的表现如何,都叫做社会事实。"① 而且他进一步规定了"社会事实"的三个基本特征,具体如下:

首先,"社会事实"具有客观性。即"要把'社会事实'当作物来考察"。② 那么,在此,"物"的概念在迪尔凯凯姆的理论体系中到底是指什么?这里是不是意味着可以在"社会事实"和"外部物质世界"之间画等号呢?是不是这种"社会事实"的客观性本质就等同于18世纪唯物主义追求的外在客观性呢?迪尔凯姆坚决反对这样的理解。我们可以从他进一步对"物"的描述中得到答复,他说:"我不是说社会事实是物质之物,而是说社会事实是与物质之物具有同样地位但表示形式不同的物。"③ 这里我们可以看出关键的两点内容。

其一,"社会事实"概念在迪尔凯姆话语中具有内在的本体论隐喻。虽然他和孔德一样拒斥任何哲学的思辨,但是他阐释"社会事实"时,在"社会事实"和"物质之物"之间做对比,尤其是他在表述中直接言明"社会事实"近似拥有着"物质之物"的地位,这一点就需要小心处理,因为它关乎解读的关键点。而且,需要强调的是,"物质之物"作为18世纪唯物主义的始源性概念,在旧唯物主义中不仅具有根基性的地位,它更是一种本体论概念,是认识的前提和基础。而迪尔凯姆在此指明"社会事实"拥有相似的地位,无疑是在告诉我们,"社会事实"概念按其作用和地位来说也是其理论体系中的出发点和基础,同时也具有原始性,更是认识社会的前提。即社会事实是认识社会的前提,这一点迪尔凯姆本人曾多次肯定。

其二,我们该如何理解迪尔凯姆所说的"社会事实"和"物质之

---

① [法]迪尔凯姆.社会学方法的准则[M].狄玉明译.北京:商务印书馆,2009.第33页。
② 同上书,第35页。
③ 同上书,第7页。

物"是"形式不同"呢？迪尔凯姆多次强调"社会事实"与"物质之物"之间具有本质的区别。对于物,他解释道:"物究竟是什么呢？如同从外部认识的东西与内部认识的东西是对立的一样,物与观念是对立的。凡是智力不能自然理解的一切认识对象；凡是我们不能以简单的精神分析方法形成一个确切概念的东西；凡是精神只有在摆脱自我,通过观察和实验,逐渐由最表面的、最容易看到的标志转向不易感知的,最深层的标志的条件下才能最终理解的东西,都是物。因此,把某一类事实作为物来考察,并不是把它们归到这一或那一实在的范畴,而是以一定的心态观察它们。"①他强调"社会事实"作为一种新类型的外部世界之中的"物",与从观念的角度去理解社会和外部世界的理路有着明确的区分。关键是如何理解这种"新类型"。换句话说,迪尔凯姆语境中作为"社会事实的物"和18世纪唯物主义之"物质之物"以及唯心主义"观念的物"有什么关系？

从上面的表述中,我们可以看出,迪尔凯姆对传统社会学的复兴首先就在于重新确定"社会事实"概念。而在对"社会事实"的重新界定中,有一种内在的思路始终是贯穿其中的,即他所信奉的实证精神一直在主导着其社会学的建构。按照迪尔凯姆自己的看法,此实证精神就已经能解决唯物主义和唯心主义之间的矛盾,社会事实语境中的物,不同于唯物主义的物质之物,同样也不等于唯心主义观念中的物相,而是一种新类型。这种新类型的"物"是要通过观察与实验逐渐验证的,不仅包括物质性社会事实,而且也包括非物质性社会事实。

因此,考察社会事实之类的"物"当然要拒绝任何从个人主观心理角度去把握外部世界的方式。因此,社会事实具有客观性,而且迪尔凯姆还间接地指出考察社会事实的方法论同样也具有客观性。他说:"把某一类事实当做物来考察,并不是把它们归到这一或那一

---

① [法]迪尔凯姆.社会学方法的准则[M].狄玉明译.北京:商务印书馆.2009.第7页。

实在的范畴,而是以一定的心态观察他们。就是说,在着手研究事实时,要遵循这样的一个原则:对事实的存在持完全不知的态度;事实所特有的各种属性,以及这些属性赖以存在的未知原因,不能通过哪怕最认真的内省去发现。"① 可见,社会事实本身的特征直接决定着认识方法的客观性。即"必须始终如一地摆脱一切预断"。② 在对社会事实的考察中需要的是价值中立,也即事实本身决定处理事实的价值立场,即中立价值立场。

其次,"社会事实"具有外在性。这里的"外在性"主要是针对个人心理分析路向而提出来的,社会事实的外在性拒斥个人心理主义的阐释方式。迪尔凯姆认为:"去寻找社会学规律和心理学规律之间可能存在的类比,是最自然的,因为两者所覆盖的领域是彼此邻近的,但是这种相似性并不是要证明那种把社会学还原为个体心理学推论的信念,相反,这种相似性会缓解两个世界和两种科学的相对独立性。"③从中我们可以看出其思想上重要的几个层面:

其一,迪尔凯姆在此指出"社会事实"和"心理事实"有着明显的差异,那是不是意味着他所谓的社会事实和心理事实毫无关联呢?在这里,我们需要小心处理。因为,他不是批判一切心理事实,他批判的只是作为内省式心理学的路向。他同样认为,社会事实可以作为一种特殊的心理事实来对待,之所以在这一点上极容易造成一定的误读,是因为这里所说的心理事实主要是指个人心理学研究路向中的事实。他批判道:"虽然从特点上来看,个人心理学研究的事实是我们内心的,但是,我们对它的意识既不能使我们理解其内在性质,又不能使我们知道其发生的根源。它使我们对事实产生的,是模糊的、瞬间的、主观的印象,而不是明确的、清晰的观念即具有解

---

① [法]迪尔凯姆.社会学方法的准则[M].狄玉明译.北京:商务印书馆.2009.第7页.

② 同上书,第50页.

③ [法]爱弥尔·涂尔干.社会学与哲学[M].渠东译.上海人民出版社.2002.第2页.

释性的概念。"①所以,在迪尔凯姆看来,以个体内心角度为出发点去理解外在的事实是站不住的,是不可靠的。因此,有足够的理由去反对这种从内省的角度去观察外在世界的路向,即反对个人心理学。

其二,社会事实的外在性也受到心理学变革的影响。具体来说,19世纪心理学发生了巨大的变革,出现了从外部研究心理事实的情况,这是对内省式个体心理学的超越,而且这对"社会事实"概念的提出有着重要的启示作用。迪尔凯姆在此同样看到社会事实和心理事实之间具有相通处。这正如迪尔凯姆所说:"把心理事实作为物来研究为基本原理的客观心理学,既然研究心理事实是这样的,那就有理由这样来研究社会事实了,因为意识认识社会事实的能力不可能超越它对自己的认识能力。"②

其三,社会有机体有外在整体性的特性。从上述讨论中可知,从外部研究社会事实是"社会事实"概念提出的前提。但是,如何理解这种社会事实的外在性和个人的关系?那是不是意味着社会事实绝对地排除个人呢?因为按照常识性的理解,社会只能是由个人组成的,社会生活如果摒弃个人意识,那是不是就成了空中楼阁而与生活游离?这就涉及对"社会事实"的外在性的本质性理解。这里,迪尔凯姆通过借助于在社会有机体和生命有机体之间的类比论证来澄清。他说:"生命不能这样分解,它是一个整体,所以它只能以整体的形式存在于有生命的物质之中。"③类比之下,虽然社会是由人组成的,但是社会有机体作为一个整体,就会在综合体中呈现完全不同的特殊的事实,这些特殊的事实存在于产生它们的社会本身之中,而不存在于这个社会的局部之中,即不存在于它们的成员之中。换句话说,社会有机体因为作为一个整体,已经显示出新的

---

① [法]迪尔凯姆.社会学方法的准则[M].狄玉明译.北京:商务印书馆.2009.第8页.
② 同上书.
③ 同上书,第11页.

特征,这种新特征就存在于社会事实中。这就是迪尔凯姆对"社会事实"外在性的进一步论证和阐释,因此"社会事实"对于个人来说是外在的。这也正如 Ken Morrison 所指出的那样"迪尔凯姆为了在个人研究和社会研究之间做出区分,他通过区分个人事实和社会事实来摆脱心理对社会的解释。"①

再次,"社会事实"具有强制性。迪尔凯姆强调指出,强制性是为了说明社会事实的客观性,防止把社会事实与其他事实混为一谈。他指出:"只是指出用什么外部特征可以认识社会学所要研究的事实,以使科学家能够原原本本地发现事实,而不将它们与其他事实混淆。"②迪尔凯姆在此所讲的强制性我们不能简单地去理解。他对强制性的阐释是从他分析反对者们的意见中的一个矛盾开始的,他说:"有人认为我的定义过于狭窄,而同时也有人指责我的定义过于宽泛,几乎包括了所有实在的东西。"③迪尔凯姆认为,产生矛盾的原因就在于他们犯了两个致命的混淆错误:一是把物理强制和精神强制混淆,二是把内部的自我约束和对外部的服从混为一谈。他进一步指出:"一个肉体或若干肉体对其他肉体施加的压力,甚至对其意志的压力,是不能混同于集体意识对于其成员的意识所施加的压力的。社会强制之所以具有完全特殊的性质,不是源于社会分子的某种组合十分严密,而是源于某种社会表象具有权威性。"④

因此,在这个意义上,一件社会事实可以被定义为"固定的或者不固定的,对个人具有客观制约力的方式"。⑤ 这里的"强制性"具有

---

① Ken Morrison. Marx, Durkheim, Weber [M]. second edition, sage publications,2006. p188

② [法]迪尔凯姆. 社会学方法的准则[M]. 狄玉明译. 北京:商务印书馆. 2009. 第16页.

③ 同上书,第17页.

④ 同上书,第18页.

⑤ [美]刘易斯·科塞. 社会思想名家[M]. 石人译. 上海人民出版社. 2007. 第129页.

社会性,也就是重点强调具有社会性的集体权威对个人的强制和束缚。由此可见,迪尔凯姆视野中的强制性是指社会强制,不是指一般个人的习惯对个人施加的影响。这里,更多的是凸显集体的也即全社会的权威作为实在的东西从外部对个人的强制。而且在迪尔凯姆看来,具有社会的或者说集体的特征的社会现象具有本体的意义,都是作为"物"所出现的。他说:"凡是有自己固定存在的东西,比如集体的行为方式或思维方式都是物,个人所见到的物是已经形成的现成物,个人不能使物不是物或使物成为别的东西。"[①]所以,从这样意义上而言,对强制性的阐释是为了说明社会事实作为一种本体,有其客观的依据。

那么,倘若我们把问题引向深处的话,继续发问,社会事实语境中的"物"背后的逻辑是什么?我们可以从他对"物"的表述中得到启示,即迪尔凯姆视野中的"物"是已经存在的物,这是认识的前提。换句话说,他的理论的前提是物的存在,即已然存在作为无须证明的自明性前提而存在。而这个已然存在的前提有没有存在的理由?迪尔凯姆是不去回答的,也是无法回应的,他只能采取拒斥的态度,把此等追问看成虚假的无意义的纯思辨的命题。如迪尔凯姆自己指认的那样:"我所确定的准则既不包括任何形而上学的思想,又不包括任何关于存在的本质的思辨,它只要求社会学家保持物理学家、化学家和生物学家在他们的学科开辟新的研究领域时所具有的那种精神状态。"[②]这里,我们可以看出,迪尔凯姆依然是以实证精神来研究其社会理论的。

2. 社会事实是社会的"物"

通过上面的分析,我们大致澄清了迪尔凯姆对"社会事实"概念及其特征的基本界定和阐释。需要说明的是,三种特性之间是彼此

---

① [法]迪尔凯姆.社会学方法的准则[M].狄玉明译.北京:商务印书馆,2009.第18页。
② 同上书,第9页。

关联的,客观性一定同时也是外在性和强制性的;强制性、外在性也都是为了说明社会事实的客观性。可以说,客观性原理是社会事实的本质规定,之所以如此,在迪尔凯姆看来,原因是社会事实乃是社会的物,他说:"我们把社会事实看作物,即是把它们看做社会的物。"①而社会的物是指什么？顺着迪尔凯姆的思路,我们可以看出,凡是我们观察的一切,凡是呈现在我们面前的一切,或者说,凡是要求我们观察的一切,都可以看作物。而且迪尔凯姆还指出:"物中除了存在于社会之中的有形物体外,还应该包括以前的社会创造的东西,如已经建立的法律、已经形成的习俗,不朽的文学、艺术作品等。"②从这些表述我们可以看出,社会事实就是社会的物。那么,迪尔凯姆这样理解社会事实究竟有什么样的理论意图呢？

在这里,我们可以援引肯·莫里森(Ken Morrison)的判定,他认为迪尔凯姆社会事实的提出有四个重要目的:"大体说来,《社会学方法的准则》这本书有四个主要的目的：第一是在和个人之外建立社会事实之实在物,并且通过说明社会对个人的外部强制如何成为一般的行为规则来指认此事实的特征;第二个目的是通过对社会事实的明确界定以及确认外部强制对个体的力量来确定社会实在的本质;第三个目的是通过在心理学和社会学之间做出区分来概括出要被运用去观察社会实在的规则,这样做的目的是为社会学确定完全独立于个人的社会研究领域;第四个目的是根据它们的结构和复杂性构建出一种社会分类的体系,这种过程涉及迪尔凯姆所声称的社会形态学。"③笔者认为,这样的判定是十分符合迪尔凯姆自身的理论进路的。迪尔凯姆在论述过程中和思辨哲学、心理主义、个人精神生活,都有一番较量。之所以如此,是因为"它们已经存在在

---

① [法]迪尔凯姆.社会学方法的准则[M].狄玉明译.北京:商务印书馆.2009.第52页.

② 同上书,第24页.

③ Ken Morrison. Marx, Durkheim, Weber [M]. second edition, sage publications,2006. p185

那个时代,并且已经宣称个体是社会学的中心"。① 这是迪尔凯姆一方面要立"社会事实"这个概念,另一方面要与同时代的甚至是以往的思想传统较量的原因。总的来说,对"社会事实"的界定、澄清和确立是迪尔凯姆社会学理论的立论基础。

第二节 "社会事实"的结构功能及对社会形态的理解

1. 社会事实的结构功能分析

迪尔凯姆在对社会事实做了基本的界定后,并不是仅仅停留在对事实本身的探讨上。倘若如此的话,这并不符合迪尔凯姆的本意,他的思路中有着明确的实践意图。也就是说,他为社会学确立真正的研究对象和方法,是希望通过理论的研究能够把握社会现实,理解社会结构和社会形态,并能结出果实来。如他自己本人所讲的那样:"人们可以看到,我始终关心的是引导社会学能够得到实际结果。"②而且他还指出自己方法的实践意图,即"我的方法还具有既能调整人们的行动,又能调整人们的思想的好处"。③ 可见,迪尔凯姆认为确立社会学的真正研究对象和方法就意味着社会是可以被认知的。这一点我们可以援引国内著名学者邹诗鹏教授对迪尔凯姆的评价:"与斯宾塞的社会不可知主义不同,涂尔干(也翻译为迪尔凯姆)坚信社会是可以认识的。"④既然社会是可以认识的,那么,如何在社会事实中把握社会结构功能及社会形态就是迪尔凯姆接下来要回答的问题。

---

① Ken Morrison. Marx, Durkheim, Weber [M]. second edition, sage publications,2006. p186

② [法]迪尔凯姆.社会学方法的准则[M].狄玉明译.北京:商务印书馆. 2009.第151页。

③ 同上书,第90页。

④ 邹诗鹏.唯物史观和经典社会理论[J].学术研究,2010,01:8

在迪尔凯姆看来,社会事实之所以产生,是因为它是社会的集体力量的体现。当然这种集体力量离不开个人,换句话说,社会事实作为社会实在,相当于物,物存在的根据就在于社会整体的优势地位。他说:"物在不同程度上同社会对其成员具有的物质和精神的优势有关系。当然,个人对物的生成是起作用的。但是,要有社会事实存在,就必须至少有许多个人通力合作,并使这种合作产生出新的东西。"①迪尔凯姆在此指出社会事实和作为社会成员合作之间的关联性。可以说,正是成员之间的这种合作,使得社会事实成其为物,这里的物,其实就是社会的,也是集体的。

迪尔凯姆正是从这里提出了其理论中的社会制度及其结构功能的概念。他说:"由于这种综合是发生在我们每个人的自身之外,(因为这种综合是由很多意识参与完成的),所以其结果必然是在我们自身之外规定和确立某些不以每个人单独的个人的意志为转移的行为方式和判断方式。正如有人指出的那样,有一个词只要把它的一般含义稍微扩大,就可以确切表达这个极其特殊的存在方式,这就是 institution(制度)一词。实际上,我们可以不曲解这个词的原意,而把一切由集体所确定的信仰和行为方式称为 institution。这样就可以把社会学界定为关于制度及其产生与功能的科学。"②而且从迪尔凯姆对"社会事实"的界定中出现的"一切行为方式"之语,我们也能看出迪尔凯姆的社会制度结构和功能都离不开"社会事实"概念。

在迪尔凯姆看来,研究"社会事实",就是在研究社会制度及其结构功能。而且,迪尔凯姆对社会的理解也是力求一种准确把握和明晰的理解。他说:"我们必须指出,社会绝对不是无逻辑的或反逻辑的存在,也不是混乱的和虚幻的存在。尽管人们常常这样认为。

---

① [法]迪尔凯姆.社会学方法的准则[M].狄玉明译.北京:商务印书馆.2009.第19页。
② 同上书。

恰恰相反，集体意识是精神生活的最高形式，因为它是各种意识的意识。"①可以说，迪尔凯姆理论中对社会的这种诉求是符合实证精神的基本主张的。迪尔凯姆通过对社会事实的理解连带出来对社会制度和结构功能的理解。而它们之间是通过"集体行为方式和集体信仰"来连接的，社会事实、社会整体、社会制度结构之间具有内在的融通关系。

社会事实处于具有结构功能特征的社会整体之中。社会整体类似生命有机体，具有一定的结构。因此，探求社会的结构，就是探求社会学所要研究的社会事实的形成原因，并探求此原因是如何影响到社会事实的各种属性的。那么，社会事实的结构的成因是什么？迪尔凯姆说："社会事实就应该随着这种结合的形式即社会各部分的合成方式的变化而变化。社会的性质不同的成分结合后形成的一定的整体构成了社会的内部环境，所以，我们可以说，一切比较重要的社会过程的最初起源，应该到社会内部环境的构成中去寻找。"②那么，该如何理解社会内部环境呢？根据迪尔凯姆本人的看法，社会内部环境包括两种成分，一种是物，一种是人。他说："实际上，构成这个环境的有两种成分，一种是物，另外一种是人。物种除了存在于社会之中的有形物体外，还应该包括以前的社会创造的东西，如已经建立的法律，已经形成的风俗，不朽的文学、艺术作品等等。但是，显而易见，无论哪一种物都不能产生决定社会变革的力量，因为它们没有任何驱动力。"③在迪尔凯姆看来，在考察社会进化的时候，社会环境中的人和物因素对社会进化有一定的影响。但是"它们没有可以使社会的进化发生变动所必要的东西。它们是社会活动力指向的目标，但是本身毫无活力。因此，只有所谓的人间环

---

① [法]爱弥尔·涂尔干.宗教生活的基本形式[M].渠东译.上海人民出版社.2006.第420页.
② [法]迪尔凯姆.社会学方法的准则[M].狄玉明译.北京:商务印书馆.2009.第124页。
③ 同上书。

境才是驱动的因素"。① 这样一来,迪尔凯姆就把社会变革的驱动力放在人间环境中,这里所说的人间环境其实是指社会内在环境对社会事实各种属性的影响。也就是说,考察社会结构的进化及变迁是通过社会环境对社会事实属性的影响来进行的。

而且,迪尔凯姆特别强调"社会事实"的两种属性。他说:"至今,我们发现有两种非常符合这个条件的属性。一种是社会单位的数目,即我们所说的社会容量,另一种是人群的集中程度,即我们所说的动力密度,应当把动力密度理解为集合体的纯精神的凝聚力,而不应当把它理解为集合体的纯物质的凝聚力。"②在迪尔凯姆看来,社会容量和动力密度直接影响着集体生活的质量,也就直接决定着社会的结构和功能。因此,这两种属性可以说是理解社会结构和功能的首要的事实。为什么会这样讲?因为,在迪尔凯姆那里,社会科学并不承认有绝对的第一因,但是这两种属性是理解社会环境、尤其是人间环境对社会有机体结构影响的基本视角。如他说的那样:"科学并不承认有绝对的第一原因。在科学看来,一个事实能够相当普遍地解释大量的其他事实,才是第一事实。社会环境自然属于这类因素,因为社会环境中发生的变化,不管其原因如何,都要反映在社会机体的各个方面,并必然不同程度地影响社会机体的功能。"③

至于社会事实的功能,迪尔凯姆认为也要从社会事实和社会环境之间的关系入手才有依据可循。他说:"应当从社会事实对于社会环境的关系来评价社会事实的有用价值,即我们所说的社会事实的功能。"④在这里,迪尔凯姆用"社会事实"之"有用价值"来界定社会事实之"功能"。对此,我们该如何理解呢?迪尔凯姆补充道:"在

---

① [法]迪尔凯姆.社会学方法的准则[M].狄玉明译.北京:商务印书馆.2009.第124页。
② 同上书。
③ 同上书,第126页。
④ 同上书,第129页。

社会环境引起的变化中,只有适合社会环境所处的状况的变化才是有用的,因为社会环境是集体生存的根本条件。"①从这种表述中,我们可以看出,当社会事实符合特定的社会环境,社会事实就能体现出其对于社会整体的功效和价值,在此意义上,我们可以说,社会事实是有功能作用的。此种社会情景下的社会事实便是正常的社会事实。相反,如果社会事实不符合特定的社会环境,那么,就意味着社会事实对于社会整体而言丧失了其应有的功能和效用,这样的事实就属于失范的社会事实。

而且,迪尔凯姆还特别强调,社会事实的功能和原因之间是有区别的。他说:"因此,当我们试图解释一种社会事实时,必须分别研究产生该现象的原因和它所具有的功能。我在这里之所以要用功能一词,而不用目的或目标等词,正是因为一般说来,社会事实并不是为了它所产生的有用结果而存在的。应该确定的是,我们所研究的社会事实与社会机体的普遍需要是否一致,这种一致表现在哪些方面,而不必知道这种一致是否符合我们的意图。"②

之所以要这样做,是因为迪尔凯姆要想保证功能分析具有客观性,就需要在功能分析和个人动机分析之间划出差别,而且,迪尔凯姆强调功能分析对完整的社会学分析的重要性。他说:"这不是说它对于完整地解释社会事实并不重要。实际上,虽然事实的效用不在于使事实存在,但一般说来,事实要是自己能够继续存在,它本身必须是有用的。否则,它就变得毫无用处而有害了。"③如果说,"社会事实"概念的确立为社会学确定了真正的研究对象,那么,对社会事实的结构和功能做如此的界定,是为社会学开出理解社会结构、社会变迁和社会整合的根本方法。通过社会事实的功能分析,就可以理解社会事实和社会环境之间是否具有协调关系。他说:"所以,

---

① [法]迪尔凯姆.社会学方法的准则[M].狄玉明译.北京:商务印书馆.2009.第129页。
② 同上书,第109页。
③ 同上书,第111页。

要想对社会生活作出令人满意的解释,就必须指出反映在社会生活上的各种事实是怎样相互协助,以使社会自身达到和谐并与外界保持和谐。"①我们可以说,迪尔凯姆是社会学传统中功能主义的真正奠基人。

对于这一点,也正如澳大利亚社会学家沃特斯所指出的那样:"功能主义起源于 19 世纪社会理论家斯宾塞,是他第一个提出,社会很像一个生物有机体。而这个生物有机体已经演化到相当的程度,其组成器官每一个都对社会的生存和维持发挥着正面的作用。然而,关键性的、最具有影响的功能主义奠基人还得算涂尔干,这位法国理论家对斯宾塞的观点又重新加以分析。涂尔干的核心命题是:社会的各个组成部分通过一套共享意识(集体良知)而整合在了一起。我们可以通过分析社会行动对于这种宗教性或道德性的共享意识所起到的作用,来对这些社会行动做出说明。"②我们可以说,对社会事实的功能分析贯穿其所有的著作中,无论是《劳动分工论》中对分工、机械团结、有机团结的功能分析,《自杀论》中对自杀事实的社会功能分析,《道德教育》中对教育的功能分析,还是在《宗教生活的基本形式》中对宗教对社会整合的重要作用的功能分析等,事实的功能一直都是一条主线,这是符合迪尔凯姆的理论诉求的。因为,在迪尔凯姆那里,事实的功能分析必然连带出对具有一定结构的社会有机体的分析,分析其内部各个部分之间运行是否协调,并以此为基础来判断有机体是否处于正常的健康状态。社会事实的功能分析背后同样也连带出对此事实是否满足了社会有机体的需要的分析。如迪尔凯姆说的那样:"要寻找一个社会事实的功能,始终应该看它是否与某种社会目标的关系……要搞清一桩社会事实

---

① [法]迪尔凯姆.社会学方法的准则[M].狄玉明译.北京:商务印书馆.2009.第 111 页.

② [澳]马尔科姆·沃特斯.现代社会学理论[M].杨善华译.北京:华夏出版社.2000.第 9 页.

可能具有怎样的功能,就要看它满足了什么样的需要。"①

由此可见,社会事实的功能和社会有机体健康运行的需要之间存在密不可分的关系。在迪尔凯姆那里,功能分析将揭示特定社会或其局部运动带来什么结果,对事实功能的分析是理解社会结构和社会秩序的钥匙。这正如科塞所说的那样:"系统的社会学功能推理方法却是由涂尔干创建的……涂尔干不愧是一位功能分析大师。虽然他试图追寻社会现象的历史起源,但是他并不仅仅满足于此,而是从探索社会现象的直接有效原因转向研究不同社会想象对各自所依存的社会结构的影响。涂尔干连贯地而不是割裂地思考问题,这样,他就应当被看做功能分析的直接创始人。"②

2. 社会形态的划分

在对社会事实及其结构功能做出澄清后,迪尔凯姆接下来要根据社会事实的组织类型和本质来说明社会。迪尔凯姆更加关注的是把社会物质结构及制度作为理解社会的一种重要的主题。如果仅仅立足个人,正如心理学家所以为的那样,那么,这样的社会除了人口的合计,便什么都不是,在此情况下,因为社会生活已经被还原为个人间的相互作用,所以没有什么值得观察。另一方面,如果社会是在个人之外,并且社会是通过复杂的社会结构和显著的社会制度体现出来的话,那么,我们就可以通过阐释它们是如何以众多形式诸如经济、政治结构、家庭系统、宗教和法律系统来组成自身,就可以列举出这些社会研究范围的特征。而这些特征就属于社会形态学领域,按照迪尔凯姆的话说:"因为这些特性属于形态学领域,所以我们可以把社会学中以构成和划分社会类型为任务的这一部

---

① 转引自:[澳]马尔科姆·沃特斯.现代社会学理论[M].杨善华译.北京:华夏出版社.2000.第146页。
② [美]刘易斯·科塞.社会思想名家[M].石人译.上海人民出版社.2007.第126—127页。

分成为社会形态学。"①这也正如肯·莫里森(Ken Morrison)所认为的那样:"简单来说,社会形态学在迪尔凯姆那里,是涉及对社会形式和结构的研究以及根据它们不同的社会和制度特征来说明这些结构是如何的被分类的。迪尔凯姆相信社会形态学是社会分类的第一原则,因为大体而言,它认为社会是结构要素的合成物,而不是人口中的个人的简单合成。"②那么,迪尔凯姆接下来是如何划分社会类型的呢?在迪尔凯姆看来,可以有两大类型:一种是组织简单的社会,这是因为这样的社会没有制度,并且他们之间会建立非常简单的社会组织;另一种是组织复杂社会,这样的社会中的社会组织是复杂的,组织内部的制度要素也很庞大,这样的社会因其复杂的社会结构,导致的必然结果是较为复杂的社会生活。在迪尔凯姆看来,简单社会可理解为"其中没有比它自己还简单的社会的一切社会,它不仅现在只有一个环节,而且不带有以往曾经有过数个环节的任何痕迹……我认为没有比'斡尔朵'③再简单的社会了,它是社会领域的原形质,因而也是一切分类的自然基础。"④迪尔凯姆又分别列举了三种由简单社会和新社会不同的结合方式组成的社会类型。分别被表达为"简单的多环节社会……简单合成的多环节社会……双重合成的多环节社会"。⑤

总之,迪尔凯姆确立了社会分类的根本原则。迪尔凯姆说:"这个原则可表述如下:首先,以最简单的社会或单环节社会为基础,根

---

① [法]迪尔凯姆.社会学方法的准则[M].狄玉明译.北京:商务印书馆.2009.第96页。

② Ken Morrison. Marx, Durkheim, Weber [M]. second edition, sage publications,2006. p97

③ 斡尔朵(hord)这里是指突厥族和蒙古族的氏族军事组织,迪尔凯姆在此指的是临时结合在一起,不固定的人类群体,个人之间并列与群里内部,在迪尔凯姆看来这是最简单的社会结构形式。

④ [法]迪尔凯姆.社会学方法的准则[M].狄玉明译.北京:商务印书馆.2009.第98页。

⑤ 同上书,第100页。

据社会表现出的融合程度对社会分类；其次，再在各种社会的内部根据最初的多环节是否完全融合为一体区分出各种变种。"① 以上是迪尔凯姆在社会事实及社会结构基础上对社会类型所做的划分。

值得我们注意的是，迪尔凯姆对社会类型的划分并没有采用孔德所用的那种单线的进化论模式的划分方法。这样的划分依据可以看成迪尔凯姆对实证社会学传统的一种批判性推进。而且，迪尔凯姆所提到的复杂社会恰恰是迪尔凯姆对自己所处社会时代的社会结构的一种基本判定。此分析路径不是还原论意义上的，而是把社会结构的复杂性直接接纳过来，并把它作为认识的起点。就这方面而言，迪尔凯姆和下一章即将重点讨论的马克思的分析进路有很大的不同。

第三节　社会事实论的真正源头阐释

1. 社会事实论的圣西门源头

迪尔凯姆不仅对社会事实及其结构功能进行界定，而且试图作了进一步的说明和解释，他承认孔德、斯宾塞实证社会学传统对他理论的直接影响，同时在考察中为社会事实寻找真正的源头。他认为实证社会学真正的源头是在圣西门那里，孔德从圣西门那里获得直接的思想资源，但是孔德本人及孔德主义者却不承认这一点。他说："在解释圣西门基本概念的过程中，我们可以看到孔德从他那里究竟得到什么，我们也有机会从理论的细节中发现同样的影响，不过，除了利特雷之外，孔德主义者从来没有承认过这种联系。他们竟然说，圣西门学说中一切准确的和富有创建的思想都受惠于孔德，然而事实反驳了这种解释。"② 而且迪尔凯姆还说："孔德，从圣西

---

① [法]迪尔凯姆. 社会学方法的准则[M]. 狄玉明译. 北京：商务印书馆. 2009. 第101页.
② [法]爱弥尔·涂尔干. 孟德斯鸠和卢梭[M]. 李鲁宁. 赵立玮译. 上海人民出版社. 2003. 第245页.

门那里得到的恩惠要比他自己承认的多得多。"①所以迪尔凯姆要重新理解圣西门和孔德的关系,并为社会学确立真正的根基。不仅如此,迪尔凯姆还指认出社会学的先驱是孟德斯鸠和卢梭,是他们的理论为社会学设定了基本原则,尤其是孟德斯鸠和卢梭的有关"法"的理论对于"社会事实"概念的确立及社会形态学的阐发,都是一种重要的思想源头。可以说,社会学的肇端应该在他们两人那里。

先来看迪尔凯姆对孔德、斯宾塞实证社会学传统的继承。莫里森认为迪尔凯姆至少在三个方面受到孔德学说的影响。他说:"截止到1880年,实证主义在英国和法国都有很广泛的传播,并且,迪尔凯姆作为法国孔德实证主义的直接继承人,他开始把社会学的研究作为一门严格的科学学科在波尔多建立起来。"②他又说:"孔德对社会科学研究的根本点的强调在如下几个方面影响了迪尔凯姆。其一,迪尔凯姆接受了实证主义的主题,即社会学的研究应该建立在可被检验的事实基础上。其二,像孔德一样,迪尔凯姆也赞成这样的观点,即通向社会知识客体的唯一有效的方向是科学的方法以及对事实观察的信任。其三,迪尔凯姆也同意孔德的想法,即,社会科学想成为科学,只有当它摆脱形而上学的抽象和哲学的思辨才可以。"③由此可以看出,迪尔凯姆确实继承了孔德的社会学传统,但是,迪尔凯姆的这种继承不是不加质疑的继承和全盘接受。在迪尔凯姆看来,忠于社会学传统首先就有必要重新梳理社会学传统的思路及问题,迪尔凯姆指出了孔德社会学传统的问题所在。他认为孔德并未给社会学研究提供真正的研究对象。孔德尽管为社会学成为科学做了很多努力,但其致命的错误是其确立的研究对象不是真

---

① [法]爱弥尔·涂尔干.孟德斯鸠和卢梭[M].李鲁宁,赵立玮译.上海人民出版社,2003.第223页。

② Ken Morrison. Marx, Durkheim, Weber [M]. second edition, sage publications, 2006. p151

③ Ken Morrison. Marx, Durkheim, Weber [M]. second edition, sage publications, 2006. p151

正的对象,而是观念。此问题前文中已经有很多论述。在此,我们需要重点考察迪尔凯姆在批判社会学传统的基础上,对社会学传统的真正源头的把握和理解。在迪尔凯姆看来,实证社会学的真正源头是圣西门和圣西门主义。

在迪尔凯姆看来,尽管圣西门一生因为性格原因过着漫无条理的生活,但圣西门一直有着明确的目标,他说:"在他所从事的一起事情中,他所追求的只有唯一的目标。尽管他看上去随波逐流,放浪形骸,却有一个单一的信念,而且,为了实现这一目标,他不惜扮演所有这些不同的角色。为欧洲社会提供科学和实业的基础,从而重组欧洲社会,就是他时刻牢记在心的目标。"①在迪尔凯姆看来,圣西门学说担负着为处于社会转型中欧洲社会提供科学和实业基础的任务,以此希望能实现改良社会,重组社会的目的。迪尔凯姆认为,圣西门学说提供了实证主义的基础。迪尔凯姆说:"难得像有人说的那样,他对社会问题感兴趣,只是因为他希望放弃高傲的思辨,对他来说,社会学家只是一种被失败搞得垂头丧气的哲学家形象?就此而言,如果忽视其系统的一致性的理解,就等于无视该体系的基本原则。"②迪尔凯姆认为圣西门学说中存在着一致性,且他的哲学和社会学存在着一种内在的关联性,我们是不可分开加以对待的。那么,有没有什么是可以作为圣西门学说中具有一致性的根本原则呢?迪尔凯姆的回答是肯定的,他说:"事实上,既作为他的出发点,又统领他整个学说的观念是:社会体系只是观念体系的应用。他说'宗教的、一般政治的、道德的一级公共教育的体系,都不过是观念体系的应用,或者毋宁说是从不同方面来看待的思想体系。'"③圣西门学说所涉及的政治、哲学、社会等方面的理论恰恰是观念的运用。迪尔凯姆还说:"根据他(圣西门)的看法,观念就是知识,才

---

① [法]爱弥尔·涂尔干.孟德斯鸠和卢梭[M].李鲁宁.赵立玮译.上海人民出版社.2003.第224页。
② 同上书,第228页。
③ 同上书,第228页。

是推动人类进步的动力……它依然是独一无二的动因,因为它是所有社会生活的实证之源。一个社会首先是一个观念的共同体。圣西门认为,实证道德观念之间的相似性,是能够将人们结合成社会的唯一纽带。制度只不过是正在起作用的观念而已。宗教始终都是社会的灵魂。"①迪尔凯姆指出圣西门的学说致力于实证科学的建构,也即观念体系的建构。

在迪尔凯姆看来,19世纪初的思想家所要求的是道德体系、宗教体系、政治体系,这些观念体系仅仅是实证道德科学体系的结果而已。这里的"科学"是指什么呢?其实就是"理解为在相应的时代中人们所获得的知识整体"。②而观念体系是"是一种言简意赅的表达。能够将人们结合成社会的是一种共同的思维方式,也就是表现事物的方式"。③圣西门学说就是要为各种观念体系提供实证知识基础。为什么要这样?因为在圣西门那里,观念体系即表现事物的方式,是随着实证事实而变化的,只有通过对实证事实的体系化,才能在表达事物的方式中把握其总体,也就可以在特定的时代界定某个民族的意识是什么。那么,凭借什么去实现这样的目标呢?在圣西门那里,便是建构百科全书哲学的提出。这一点如迪尔凯姆评述的那样:"哲学是人类已经获得的学识的纲要,是一部知识全书,所以哲学也是一部百科全书,这样,圣西门便再次提出了18世纪哲学家的思想,他发誓要大力推动百科全书哲学与大革命前的百科全书哲学之间的距离。"④

迪尔凯姆认为,圣西门学说提出哲学百科全书的目的是要实现思想的创造作用和组织作用,圣西门学说旨在思想之重建。迪尔凯姆说:"大革命前的哲学也像18世纪的每一部著作一样,首先都是

---

① [法]爱弥尔·涂尔干.孟德斯鸠和卢梭[M].李鲁宁.赵立玮译.上海人民出版社.2003.第229页。
② 同上书,第230页。
③ 同上书。
④ 同上书。

批评性的,它证明,旧的观念体系已经不再与新的科学发现相一致了,可是它并没有指明新的观念体系应该是什么样子。它只是一种武器,只能起到破坏作用,无法进行重建。但是,在今天,重建工作是必需的。"①迪尔凯姆认为,是圣西门学说提供了重建的大纲,换句话说,圣西门学说作为新的百科全书哲学,其理论诉求便是求思想之重建并让此重建具有社会功能。迪尔凯姆显然对此是高度评价也是十分认可的。他说:"18 世纪的哲学是批判性的和革命性的,19 世纪的哲学将是创造力的和组织力的、这就是圣西门所构想的新百科全书的哲学……这样构想出来的哲学,具有一种明显的社会功能。在平静成熟时期,当社会处于完美的平衡状态时,这种哲学就是社会良知的守护者,因为它是社会良知的最高部分,俨然是一把通向苍穹的钥匙。在困难重重、危机四伏的年代,当一种新的共同信仰体系正在被努力制订出来的时候,哲学必须指导这样信仰阐发的过程。"②

由此我们可以看出,圣西门学说提出哲学百科全书的目的是要实现思想的创造力和组织力。而思想之所以具有创造力和组织力,是因为这种哲学,即百科全书哲学有一种内在的一致性。但是,需要注意的是,百科全书哲学的一致性需要一个前提,即被表达为"只有在其他知识,尤其是人的科学呈现出相同特征的情况下,只有它们本身成为实证科学的情况下,百科全书哲学才可能是一致的。但是,它还没达到这一阶段。"③

迪尔凯姆那从圣西门那里看出了实证精神的基本立场。为什么这样说?从上文的表述中我们可以看出,迪尔凯姆指出圣西门的思想旨在追求一致性。但是就圣西门的时代而言,还没有达到这样的阶段,即实证的阶段。所以在圣西门那个时代前的体系只能是一

---

① [法]爱弥尔·涂尔干.孟德斯鸠和卢梭[M].李鲁宁.赵立玮译.上海人民出版社.2003.第 231 页。
② 同上书。
③ 同上书,第 233 页。

种模糊的、缺乏一致性的体系,而且人们就生活在这样的二律背反之中。迪尔凯姆说:"自从文艺复兴以来,人们就满足于这种模棱两可的状态,生活在这种二律背反之中。但是,正如我们看到的那样,恰恰是这种矛盾,带来了现代社会岌岌可危的状况,通过阻碍社会与其自身保持一致,通过阻碍社会从困扰它们的矛盾中解脱出来,这种矛盾为所有和谐一致的组织都设置了障碍,必须得从这种绝境摆脱出来。"①他认为圣西门学说无疑是在通过实证精神来消除这种社会和自身的对立,并能够为陷入危机的欧洲社会开启重建的希望。圣西门的实证学说之所以能够担当拯救社会之重任,是因为圣西门的实证学说和已经存在的经验性的知识汇集有着根本的区别,单凭经验性知识还不足以建构能够挽救社会的实证学说来。对此,迪尔凯姆说:"如果仅仅把我们已经掌握的知识汇集起来,我们并不能成功发现社会中能够把人们团结起来的手段,将物理学、化学、天文学最一般的结论加以系统化,人们也不能够为一个民族确立一种可以作为其道德、宗教和政治信仰之基础的观念体系。这不是说这些科学不是观念体系的组成要素,而是说,仅仅依靠它们自己,还不足以将这种体系建构起来。"②迪尔凯姆这里凸显了自然科学意义上的知识的根本局限,即这些知识的无力性。他说:"事实上,它们曾经长期占据这领导地位并发挥着优势,这显然是因为它们与其他知识相比是最先进的。但是,由于欧洲社会正在经历着危机,所以,它们显露出了道德上的无力状态。"③迪尔凯姆还引用了圣西门的一段话指出自然科学的知识于拯救社会危机时的无力:"圣西门大声疾呼,物理学家们、化学家们、天文学家们,'在这危机四伏的时刻,你们有什么权利占据先锋的位置……整个欧洲都在残害自己(1813年),而你们为阻止这场屠杀又做了些什么呢?什么也没有,我敢

---

① [法]爱弥尔·涂尔干.孟德斯鸠和卢梭[M].李鲁宁.赵立玮译.上海人民出版社,2003.第233页。
② 同上书。
③ 同上书,第234页。

说！恰恰是你们，正在完善毁灭人类的手段；恰恰是你们，指导着人们对这些手段的运用。在所有的军队中，人们看到处于火炮前的是你们；指挥发动攻击的也是你们！你们在干些什么？我再说一遍，是重建和平？绝不是。你们能够干什么？什么也不能干。人的知识是能够引导人们发现协调各民族利益的手段的唯一要务，而你们根本不研究这种科学，别再去指导科学实验室了。让我们重新激起那些在你们的监督下束手束脚的人的热情，呼吁他们全神贯注通过重建社会重新给社会带来普遍和平的事业。'"①

迪尔凯姆看认为，正是从圣西门开始，这样的事业才真正开始着手去做。从上文的表述中我们可以看出，圣西门直接指出了自然科学的知识的道德无力性，所以圣西门的新科学，就不能仅仅停留在自然科学的知识层面上，而是要把实证精神扩展到人和社会中去。迪尔凯姆补充说："既然实证精神激发了天文学和物理学、化学等科学，就必须把实证精神扩展到人和社会，从而重新确立和在新的基础上确立与这种双重目标相关的人类知识体系；使这些基础与我们此前所掌握的有关无机物的科学取得一致，进而使世界的统一性成为可能……仅仅从现有的科学出发构建这种体系是远远不够的。必须通过一种新的科学，也就是有关人和社会的科学，才能开始完成这项任务。圣西门并没有使用'社会学'一词，这些词是孔德后来创造的，他所使用的是'社会生理学'一词，这是与社会学对等的概念。"②我们可以看出，迪尔凯姆认为真正的社会学的源头应该在圣西门那里。是圣西门开始对自然科学的知识的限度做批判性分析，并通过把实证精神纳入人的社会，奠定了后来被孔德提出来的社会学的实证基础。也就是说，圣西门的学说旨在通过社会生理学的视野来实现百科全书哲学的新综合和推进，迪尔凯姆说："这门

---

① [法]爱弥尔·涂尔干.孟德斯鸠和卢梭[M].李鲁宁，赵立玮译.上海人民出版社.2003.第234页.
② 同上书，第235页.

科学(指社会生理学)就能够综合所有的人类知识并将整个宇宙包含在内,同时也会保留同质性的特点。事实上,它只能由实证科学来构成,无论就整体或部分而言,其本身也是实证的。"①那么,迪尔凯姆是如何理解圣西门实证社会生理学的呢?或者说,圣西门是如何构想实证社会生理学研究的?

其一,社会生理学处理的是个体有机体和社会器官的关系和活动范围。圣西门认为,研究社会所贯彻的精神和所依据的原则与研究无机体的科学所具有的精神和原则是一致的,人仅仅是自然的一部分,所以人的科学必然要通过模仿其他自然科学才能建构起来。人的世界和宇宙的世界本是一个世界。也就是说,依赖科学观察的世界和人的社会世界是同一个世界,分享同样的原则。圣西门说:"人类和宇宙的关系就像是嵌在大钟里的一种小表,小表的运转是靠大钟来带动的。既然我们已经证明,实证方法是能够使我们理解无机世界的唯一方法,那么它也是适用于人类社会的唯一方法。自从 15 世纪以来,人类精神的发展趋势就是所有推理都基于已经取得到观察和检验的事实……生理学(人的科学是它的一个组成部分)也必须依靠其他自然科学所采用的方法来研究……在当前,我们运用智力的最好办法,就是为人的科学印上一种实证的特征。"②他认为生理学由两部分构成:"一方面,它研究的是个体有机体;另一方面则是社会器官。而生理学是更好地确定其活动范围……生理学知识的基础则是这些不同种类的有机物共同拥有的部分所具有的功能。"③而在一般意义上来谈生理学,"它必须去检验社会体的有机功能,就像专业生理学去研究个体功能一样"。④ 而且,"从根本

---

① [法]爱弥尔·涂尔干.孟德斯鸠和卢梭[M].李鲁宁.赵立玮译.上海人民出版社.2003.第 235 页。

② 转引自:[法]爱弥尔·涂尔干.孟德斯鸠和卢梭[M].李鲁宁.赵立玮译.上海人民出版社.2003.第 237 页。

③ 同上书。

④ 同上书。

上说,社会不是生命体的一种单纯的聚集,它们之所以能够发挥作用,只是因为个人意志是任意的,只能形成产生短暂的、无足轻重的结果。相反,社会首先是一架名副其实的有组织的机器,它的所有部分都能够以不同的方式推动社会整体的运动。人们聚集起来,构成了一种真正的存在,这种存在究竟在何种程度上是确立的或是不确定的,取决于它的器官能够在多大程度上定期履行交付给它们的功能"。①

迪尔凯姆认为,圣西门这样的表述可以说是在确立"社会体"的概念,突出了社会作为一个实体概念所具有的内在有机功能。迪尔凯姆评价道:"社会并不是一个个体的一种单纯集合,一种单纯的综合,而是一种自成一类的实在,是一种完全不同的存在,具有一种它所独特的性质……这就是社会有机体。这种一般的和社会的生理学自然会将道德和政治学纳入其中,所以后者也必然会成为实证科学。圣西门指出,一旦生理学成为一门先进的科学,政治学就会成为一门可观察的科学……欧洲的危机才可以解决。"②迪尔凯姆在此指出了是圣西门确立的社会生理学,使得"社会有机体"概念及其功能成为一个科学的概念。

其二,迪尔凯姆认为是圣西门用"进步的事实"探求到社会进步的规律,进而理解社会秩序和变迁。圣西门不仅确立了社会有机体及其功能,而且通过进步的事实找到了作为必然性的人类社会进步的规律。迪尔凯姆说:"在社会生理学中,举足轻重的事实就是进步的事实。在这个方面,圣西门把自己与孔多塞(Condorcet)联系在一起,他称孔多塞是他的导师和前辈,虽然他所持有的人类进步的观念可能与孔多塞截然不同。事实上,根据他的看法,进步的规律却以一种绝对的必然性支配着我们。我们只能顺从规律,而不能制

---

① 转引自:[法]爱弥尔·涂尔干.孟德斯鸠和卢梭[M].李鲁宁.赵立玮译.上海人民出版社,2003.第238页。
② [法]爱弥尔·涂尔干.孟德斯鸠和卢梭[M].李鲁宁.赵立玮译.上海人民出版社,2003.第238页。

造规律。"①圣西门已经透过社会实在看到了社会进步的非个人性和必然性。迪尔凯姆说:"这样,进步的决定论就会带来一种乐观主义,此外,它也是历史方法的根本基础。"②既然进步论在圣西门那里体现出来,那么,进步的必然性就在人类社会中。因此,理解社会秩序和变迁的基本原理在圣西门学说中已经被点出来了。他说:"既然人类社会的进步过程服从于一种必然的规律,那么科学的基本目标就是发现这种规律。而且,这种规律一经被发现,它本身就会指出人类进步所必须遵守的方向。发现人类过去所经历的发展次序,目的是确定这种发展将会变成什么样子,这是强加给思想家的独特的紧迫问题。只有以这种方式,我们才能用科学的方法处理政治问题。"③也就是说,迪尔凯姆认为圣西门重视进步的事实和事实的序列,并确立了人类进步的必然规律。这样一来,通过对进步事实的理解就可以找到影响未来走向的关键因素,这样的理论探究有利于解决政治问题,化解社会危机。迪尔凯姆说:"这样,人民的知识才能真正用于启蒙未来。"④迪尔凯姆给予圣西门学说很高的评价,他说:"虽然我们仍然没有充分阐述圣西门的学说,我们也不能不意识到它所依赖的基本概念是多么的重要和伟大,在19世纪的哲学史中,给人印象最深刻的事件就是实证哲学的确立……甚至是实证哲学的大纲都是由圣西门创立的。正是圣西门为这项事业提供了模式,他本人也在尝试去建构这一模式,因此,我们可以完全公平地说,正是圣西门,应该得到人们通常授予孔德的荣誉。"⑤

需要补充说明的是,迪尔凯认为,在理解实证社会学源头的时候,不能仅仅把开端看成从孔德那里开始,而要把眼光拉到圣西门

---

① [法]爱弥尔·涂尔干.孟德斯鸠和卢梭[M].李鲁宁.赵立玮译.上海人民出版社.2003.第239页。
② 同上书,第240页。
③ 同上书,第241页。
④ 同上书,第242页。
⑤ 同上书,第243页。

这里。正是圣西门思想对社会学具有重要意义，圣西门才是社会学源头的开创者。迪尔凯姆多次强调这样的论断，他说："圣西门是坚决把自己从这些偏见中摆脱出来的第一人。尽管在他之前也许有好些先行者，但是从未有人如此明确地断言过：除非首先把人与社会作为科学的对象，然后使这些科学依赖于自然科学的原则，否则人和社会就得不到引导。他不仅为这种科学设计了方案，还试图部分地去实现它。由此，我们可以看出孔德以及19世纪的所有思想家从他那里得到的一切。在圣西门那里，我们遇到了滋养我们这个时代思想的那些已经充分发育起来的所有观念的种子。我们刚刚从中找到实证哲学和实证社会学。我们也会看到，从中我们也会找到社会主义。"①而且还指出："人们只能遗憾地发现，不单是孔德学派，就连孔德本人都没有承认他最直接、最重要的先驱就是圣西门。"②

但是，迪尔凯姆也说："尽管他最先明确考虑到了社会学必须是什么样子、社会学的必然性等问题，可严格说来，他并没有缔造一门社会学，他没有运用他曾经明确阐述过其原理的方法去发现社会的和普遍的进化规律。"③尽管如此，但是我们仍可以说，迪尔凯姆的上述论断在一定程度上纠正了对社会学传统来源的某些误解。迪尔凯姆直接表达了这样的立场，是圣西门奠定了孔德社会学的真正基础。这是迪尔凯姆对思想史的重大贡献，有其重要意义。

其三，迪尔凯姆认为，圣西门的实业体系和实业组织是道德整合的良好路径。他认为是圣西门给欧洲社会制度做了划分。他说："根据圣西门的看法，欧洲社会已经相继经历了三种社会制度：神学

---

① ［法］爱弥尔·涂尔干.孟德斯鸠和卢梭[M].李鲁宁,赵立玮译.上海人民出版社,2003.第244页。
② 同上书,第245页。
③ 同上书,第248页。

的或封建的,形而上学的或法学的,以及实证的。"①圣西门看到了18世纪时实业在欧洲社会生活中已经发挥着十分重要的作用。迪尔凯姆指出:"科学和实业已经获得了更多的能量,并成为公共活动的焦点和社会组织的中心……新的社会体制很缓慢地从处于瓦解过程之中的旧制度的怀抱里孕育而生了。"②这种指出是重要的。从这种表述中我们可以看出,实业体制的建立是伴随着与旧制度的冲突和斗争而渐渐成熟起来的。这样的过程是一种双重的进化。迪尔凯姆对此做了概括,即"这种双重进化的结果可以概括如下:当古代社会体制在某种程度上失去前途时,另一种新体制在它的怀抱中形成了。旧社会本身之中孕育了新社会,它正处于形成过程中,每天都能获得更多的能量变得更坚固。但是,这两种组织必然是彼此对立的。它们是源于相反的力,指向相反的目标。"③迪尔凯姆认为,圣西门理论不仅指出实业体系进化的背景,同时也点出了法国大革命是这两者进化与冲突的一个结果。迪尔凯姆对此评述道:"这就是大革命前夜的状况,大革命就是在这种背景下爆发的,'这种巨大的危机根本不可能从某一个孤立的事实中追究根源……颠覆政治体制的唯一原因,就是与古代社会制度相应的社会状况已经在总体上改变了性质。'"④大革命以后,社会制度如何建立?迪尔凯姆认为,"只有科学实业社会才能达到从未存在过的一种恰当的社会组织"。⑤ 迪尔凯姆认为有办法拯救社会危机,其中重要的原因有如下两点:

一是实业可以增进福利,使得社会生活目标汇集。迪尔凯姆说:"恰恰是致力于通过技艺、科学和实业的发展和平地增添福利,

---

① [法]爱弥尔·涂尔干.孟德斯鸠和卢梭[M].李鲁宁.赵立玮译.上海人民出版社.2003.第270页。
② 同上书,第258页。
③ 同上书,第262页。
④ 同上书,第263页。
⑤ 同上书。

它所特有的功能就是为我们的世俗生活生产有用的物……只有当所有社会生活都汇集到这一相同目标,并排除掉其他的一切目标时,才能解决社会危机。"①也就是说,在圣西门那里,经济生活的利益可以看作实业最为显著的社会功能,经济关系就是集体生存特有的实质,这是圣西门的实业经济的社会功能目标。

二是实业有道德规范的目标。即"换言之,就是确立一种与实业社会的生存条件相一致的道德规范体系"。② 这样的道德规范,在圣西门那里被表达为"爱他人"。迪尔凯姆对此评述道:"为了限制利己主义,我们必须把博爱作为它的对立面,这种道德的基本规范就是这句基督教的格言:爱他人。圣西门把这句话作为箴言题写在《论实业体系》的扉页上。"③迪尔凯姆指出圣西门的"爱他人"这一准则是所有社会的最普遍的准则。因为在圣西门的实业社会中,个人利益和普遍利益本来就是和谐一致的。所以,在个人利益外,能够作为活动目标的只有他人的利益。因此,对个人情感唯一可能进行控制的只能是以他人为目标的情感。也就是说,实业的经济功能和道德功能具有根本的一致性,这种一致性可以反抗利己主义,给人们之间的道德团结提供真实的基础。而且,在圣西门那里,宗教是作为道德整合的要素来对待的,博爱学说是宗教的最根本要素。"在人类精神发展中,宗教不仅起到过作用,而且起到过根本的作用"。④ 且宗教的作用就在于净化和完善道德,"净化道德,完善道德,通过保留道德的宗教特征将道德的范围延伸到所有社会阶级之中"。⑤

以上是迪尔凯姆对实证社会学源头的基本论断。即社会学传

---

① [法]爱弥尔·涂尔干.孟德斯鸠和卢梭[M].李鲁宁,赵立玮译.上海人民出版社.2003.第279页。
② 同上书,第289页。
③ 同上书,第313页。
④ 同上书,第240页。
⑤ 同上书,第343页。

统应该从圣西门那里开始,是圣西门为实证社会学奠定了基本原则。迪尔凯姆说:"他(圣西门)的另外一位学生孔德所提出的实证哲学也要添上他的名字,这种哲学是我们这个时代最伟大的哲学革新。"①但是,迪尔凯姆也不完全赞成圣西门学说,他指出了圣西门学说的问题所在。他认为实业体系所主张的经济生活的利益原则和抽象的博爱原则是不能和谐共生的。圣西门的思路,其理论内在地具有一定的冲突和矛盾的地方。他说:"对圣西门来说,实现社会和平的途径似乎就是:一方面,将人类经济上的欲望从所有限制中解脱出来;另一方面,通过满足它们使其感到满意,但是,这一做法是相互矛盾的。因为除非这些欲望受到限制,否则是不可能平息的;若限制它们,就得借助一些外在于它们的力量。它们不能被视为社会的唯一目标,因为它们必须服从于那些超越于它们之上的目标,只有在这种条件下,它们才能够得到真正的满足。"②也就是说,在圣西门那里,实业体系即"实业家和各民族除了经济利益之外,不应该再去追求其他的目标"。③ 这样的体系仍然不能满足欲望,因为欲望即使得到暂时的满足,又会迅速地获得新的迫切需要。而且"那些已经被激发起来的欲望也会自然倾向于超越它们的目标,所以它们面前没有什么东西能够阻止它们"。④ 由此可见,圣西门的实业主义的解决方案是不充分的。迪尔凯姆在此基础上提出自己的思想。他认为,在社会生活中必须要有一种道德权威的优先性,这种具有社会性的道德权威作为一种社会控制的力量,是必要的。迪尔凯姆说:"就绝对需要一种权威,他们必须承认这种权威的优先性,这种权威能够告诉他们什么是对的……实业机构与以前的社会有机体相比,发展程度更高,也更为根本,它不可能像过去那样被束缚于一

---

① [法]爱弥尔·涂尔干.孟德斯鸠和卢梭[M].李鲁宁.赵立玮译.上海人民出版社.2003.第350页。
② 同上书,第357页。
③ 同上书,第350页。
④ 同上书,第358页。

个狭小的界限之内,屈从于某种制度的重压,被贬低到从属的位置上。但是,我们并不能就此得到结论说,它应该摆脱所有规定,从所有的控制中解放出来。"①由此可见,迪尔凯姆强调社会道德权威的优先性及其对社会的控制。

不仅如此,迪尔凯姆还指出圣西门忽视了职业群体,即法团在确立并维持集体力及道德权威中的重大作用。迪尔凯姆说:"在旧体制的制度中有一种圣西门没有提到的情况,它如果发生转变,也许可以适应我们目前的状况。这就是职业群体或者说法团,在所有的时代中,它们都扮演着调停的角色。"②迪尔凯姆强调旧体制中的职业群体,是希望从旧社会中一直存在的道德权威和集体力中开出整合社会道德的路径。职业群体之所以能够有这样的社会功能,是因为有两个特别明显的特征,它能够促进社会稳定与和谐。对此,迪尔凯姆指出:"一方面,因为它是实业的,所以不会以一种过于沉重的束缚来加重实业的负担;另一方面,也足以接近那些会加以规定,而不是施以重压的利益。此外,就像每个群体究竟都是由个体组成的,并通过利益、观念和情感团结来一样,它也能够成为一种凌驾于成员之上的道德力。尽管它今天不过是一种私人联合体,但我们会让它成为一种明确的社会机构,将国家越来越无法履行和保证的某些权利和义务转让给它,让它成为各种事务、实业、艺术的管理者,因为国家由于远离物质事物而无法顾及它们。为职业群体赋予必要的权力来解决某些冲突,使它根据劳动的多样性来运用一般社会规律,渐渐地,通过它所产生的影响,通过它在所有工作中形成的良好关系,它会获得道德上的权威,从而使它发挥约束作用,倘若没有这种作用,就不可能会有经济上的稳定。"③

从上述表达中我们可以看出,职业群体的集体影响对推进道德

---

① [法]爱弥尔·涂尔干.孟德斯鸠和卢梭[M].李鲁宁.赵立玮译.上海人民出版社.2003.第359页。
② 同上书,第361页。
③ 同上书,第362页。

整合有着多么重要的作用。

2. 社会事实论的理论肇端

迪尔凯姆不仅追溯了实证社会学的真正源头，而且对社会学这门学科的真正肇端也加以追溯。迪尔凯姆认为孟德斯鸠和卢梭为社会学提供了很多的养分，他们的理论尤其是"法"的理论对社会事实论的立论和阐释无疑有着巨大的影响。

在迪尔凯姆看来，孟德斯鸠研究的核心问题是法，是法的现象。但是，孟德斯鸠为了能够对法有一个详细的把握，而去考察法和社会生活的方方面面的关联性因素，比如宗教、道德及家庭等方面是如何协调起来的。这样一来，在孟德斯鸠那里，其实就对法和社会现象有了一个明确的规定：社会现象乃是一个整体，并且通过法来约束并引导着社会，即"法"已经成为社会生活中的实在内容。迪尔凯姆认为："明确科学的主题、性质和方法，确立科学的基础，也同样重要。这正是孟德斯鸠为我们的科学所做出的贡献。"① 而对于卢梭，迪尔凯姆看重的是卢梭理论中的公民状态，它依赖的是一种加在自然力之上的新力量，这种新力量也是具有普遍性和必然性的普遍意志。而且，在迪尔凯姆看来，"社会"这个概念在卢梭那里也是一种外在的客观强制，社会是加诸于自然之上的东西。迪尔凯姆说："也许对卢梭更绝对，社会体系的基础，是客观上的利益一致状态以及舆论风尚和习俗状态。法律必然会表达这种状态，一个个体不可能表达普遍意志，因为普遍意志超越于个人意志。"② 也就是说，卢梭也确立了"社会实在"，并且通过对公民社会及普遍意志的阐释来论证了这种"实在"。

大体而言，上述的理由可以看成迪尔凯姆把社会学肇端拉到孟德斯鸠和卢梭的原因。在迪尔凯姆看来，孟德斯鸠区分了社会现象

---

① [法]爱弥尔·涂尔干.孟德斯鸠和卢梭[M].李鲁宁.赵立玮译.上海人民出版社．2003.第3页.
② 同上书，第121页.

并试图寻找其基础,这样的科学是社会科学。他说:"孟德斯鸠试图通过找到社会现象的基础,寻求这些现象的起源,发现其物质和道德上的根源……孟德斯鸠的科学其实是社会科学。它所要处理的是社会现象,而不是个体的心理……孟德斯鸠的主要目的是去认识并解释什么存在或什么已经存在。"①而且迪尔凯姆认为孟德斯鸠通过对"自然法"的分析连带出社会现实的基础,并把法的基础导回到对社会有机体的理解之上。迪尔凯姆对此说道:"依照他的意思,这些法律的基础都是现实,但其形式与自然法不同,因为它们来源于社会的本性,而不是人的本性,我们该从社会条件中而不是人的心灵中去寻找它们的根源。"②在孟德斯鸠那里,整个法律体系都是自然的,这样的自然本性恰恰根源于社会有机体的本性。迪尔凯姆说:"然而,他没有从人的本性而是从社会有机体的本性中推出了法律。"③

而且,迪尔凯姆也从孟德斯鸠的社会分类看出其对社会学的贡献。迪尔凯姆说:"孟德斯鸠区分了三种类型:共和政体,君主政体,专制政体……亚里士多德及其追随者的分类来源于国家的抽象观念,而孟德斯鸠所依据的是现象本身。他并没有根据先验的原则推导出他的三种类型,而是从他的历史研究,从旅行家们的记载或他自己的旅行中,认识到这些类型的不同之处。"④孟德斯鸠并没有把自己局限在社会分类中,他相信社会现象,而法作为社会现象,它和事物本性必然相连。迪尔凯姆评价道:"法也应该服从于理性的解释。孟德斯鸠开门见山就说明了这个想法,这里,我们可以找到他著名的定义'法是来源于事物本性的必然关系'。这个定义不仅适

---

① [法]爱弥尔·涂尔干.孟德斯鸠和卢梭[M].李鲁宁.赵立玮译.上海人民出版社,2003.第14~15页。
② 同上书,第18页。
③ 同上书,第19页。
④ 同上书,第23页。

用于自然法,也适用于那些支配人类社会的法。"①这里,孟德斯鸠在对法的界定中所用到的"事物的本性"的表述,所表达的是事物的本质。迪尔凯姆说:"在使用这个术语时,孟德斯鸠不是指一个事物的所有本性,而是那些包含其他属性并决定这个事物所属门类的本性;简言之,就是事物的本质。"②法所表达的是事物本质的必然关系,对这些具有普遍关系的认识在孟德斯鸠那里是借助于实验的手段、归纳和演绎的方法而获得的。这一点也被迪尔凯姆指出来,迪尔凯姆认为这同样也是影响社会科学方法的。他说:"不管孟德斯鸠是靠推理还是靠归纳前进,他所遵循的都是现代科学不应忽略的方法论规则。"③可见,孟德斯鸠对社会科学是有贡献的。迪尔凯姆评价道:"后继者们确立的社会学,不过是为孟德斯鸠所开创的这一领域赋予的名称而已。"④

总之,孟德斯鸠确立"社会现象"作为"社会实在",这种社会现象对科学研究具有重要性,而且创造了两个基本概念——"法"和"社会类型"。这两个概念对确立社会科学来说是必不可少的,正是在这个意义上,孟德斯鸠首次确立了社会科学的基本原则。而在卢梭那里,社会不仅是自然的也是人为的结果,社会不仅是一个整体,而且还是一个道德整体。迪尔凯姆指出在卢梭那里:"直到这种交往通过一种确定的方式被调整和组织起来,才会构成一个社会,社会是一个道德整体,它所具有的特殊性质不同于构成其个体存在的那些性质……社会事实的秩序总体上不同于纯粹个体事实的秩序。社会是存在于纯粹心理世界之上的新世界,这种观念甚至远远超过

---

① [法]爱弥尔·涂尔干.孟德斯鸠和卢梭[M].李鲁宁.赵立玮译.上海人民出版社.2003.第33页。
② 同上书,第40页。
③ 同上书,第49页。
④ 同上书,第51页。

了像斯宾塞这样最近出现的理论家的观念。"①迪尔凯姆认为,卢梭已经把社会既看作理性观念的产物,也看作有机体整体,这样的判断无疑对社会科学的形成和发展起到至关重要的作用。也有利于从论述自然状态和公民状态角度确立德性伦理,有利于确立"社会实体"的概念,并且其对自然状态到公民状态的论述也有利于确立德性伦理。迪尔凯姆评论说:"从自然状态到公民状态的转换,在人身上创造了一个非常显著的变化,从而带来从事实秩序到法律秩序的转换,使道德产生了。"②重要的是,卢梭这样理解社会,并引出道德产生的路径,这为后来的社会学处理道德问题提供了重要的思想资源。在此意义上,迪尔凯姆才认为,卢梭和孟德斯鸠是社会科学的开创者,社会学理论的开端在他们这里。迪尔凯姆认为,这种指认在思想史研究上是至关重要的,它阐释了社会学乃至社会科学何以会产生以及凭借什么样的路径发展起来的。

第四节 社会事实论的社会历史语境特征:后革命时代及社会转型

1. 后革命时代及社会转型的历史语境分析

以上分别对社会事实论的双重诉求、基本界定、源头做了分析和阐释,接下来笔者要对社会事实论的社会历史语境加以分析和论述。如果说以上的论述更多的是从思想史的角度对迪尔凯姆社会事实论的基本思想做出梳理,那么对社会事实论的社会历史语境的揭示将从社会情境的角度点出社会事实论的历史语境和实践诉求,即社会事实论发生在那个特定的社会历史时期,它背后的社会历史情境及其问题。这样一来,从两个层面,即从思想史和社会历史语

---

① [法]爱弥尔·涂尔干.孟德斯鸠和卢梭[M].李鲁宁.赵立玮译.上海人民出版社.2003.第75页。
② 同上书,第92页。

境的层面去理解社会事实论,能够有助于我们理解迪尔凯姆理论的丰富性、深刻性及其与时代的关联性。

总的来说,迪尔凯姆社会事实论的社会历史语境是指它处于后革命时代,并处在社会转型的历史情境中。这一点我们可以从迪尔凯姆所处的社会背景中得到线索,如科塞所指出的那样:"涂尔干步入成年时,处于摇篮里的第三共和国正经受着剧烈的社会动荡,法国正在从对德战败和巴黎公社的创伤中缓缓复苏。1875年的宪法通过后,共和国陷入了新的危机。"①也就是说迪尔凯姆所处的那个时代,正是法国社会处于不稳定时期,处于迅猛变革时期。不仅法国如此,从某种程度上来说,这也是欧洲社会从未有过的危机时期。所以,点出迪尔凯姆的社会历史语境至关重要。

对于这种历史语境的揭示,正如肯·莫里森(Ken Morrison)所指出的那样:"历史的来说,迪尔凯姆的理论兴趣扎根于法国1870年到1895年的政治氛围,到1871年止,法国处于一场深深的政治危机中,这场危机导致了国家团结的衰败,这种社会和政治的剧烈变化塑造了知识界和社会的氛围。到1880年,法国开始推进政治巩固的政策来重建法国的民族认同。"②这样的政策主要从两个方面入手:一个是通过推进政治和教育的改革来推进法国制度结构的整合;另一个是通过重建集体道德秩序来改变因个人主义导致的法国大革命对法国社会的破坏的局面。莫里森对此评价道:"迪尔凯姆的研究核心命题基于如下的一个观点:个体自治发展只有一种方式,即以牺牲社会集体团结为代价。"③

所以,我们到此就能理解迪尔凯姆要把社会秩序和道德整合作

---

① [美]刘易斯·科塞. 社会思想名家[M]. 石人译. 上海人民出版社. 2007. 第139页.

② Ken Morrison. Marx, Durkheim, Weber [M]. second edition, sage publications, 2006. pp. 149

③ Ken Morrison. Marx, Durkheim, Weber [M]. second edition, sage publications, 2006. pp. 149

第四章 迪尔凯姆的社会事实论：确立社会学真正研究对象

为其理论的中心议题的原因。笔者认为，对迪尔凯姆理论形成的社会背景，一定要关注或重视，可以说，迪尔凯姆的理论为对处于后革命时代及社会转型中的法国乃至欧洲社会提供了挽救危机的路径。

此处，笔者之所以用"后革命时代"及"社会转型"这两个关键词来统摄迪尔凯姆所处的时代特征，是因为就其社会历史语境而言，法国乃至欧洲社会的社会动荡和社会转型是当时的主要历史特征，这里的"后革命时代"的基本含义是指在"革命之后"，这里的"革命"不仅是指1789年的法国大革命，还包括工业革命。迪尔凯姆要解决的就是对法国乃至欧洲社会，在经历工业革命及法国大革命以后的社会秩序的理解和重建问题。

我们也可以援引尼斯比特的评述，他分析迪尔凯姆理论的社会历史语境说："迪尔凯姆的中心视野包括：欧洲社会通过工业革命和法国大革命所创造出来的制度情境……迪尔凯姆的社会学是要回应这样的重大变化，这样的变化是上述两种革命的结果。"[1]迪尔凯姆要面对这样的问题，一般意义上，我们认为法国大革命是启蒙运动的高潮。迪尔凯姆一方面承认启蒙理性和工业革命对社会进化具有推进作用，法国大革命是启蒙理性和实业体系双重进化的结果；但另一方面，迪尔凯姆的思想也是反对革命主张的，在一定意义上它很接近保守主义思潮的主张。就此而言，迪尔凯姆的思想有试图回到传统的倾向，这表现在对启蒙运动存在的矛盾的自我反思上，甚至我们可以说其理论是反对启蒙的，具有反启蒙的逻辑。因为他认为"大革命"存在两个致命的问题：一是它没有建立起任何新的东西。他指出："它宣称人们不必再被迫接受旧的信仰，却没有试图去详细阐明一种能够让所有心灵都能接受的新的理性信仰。"[2]即大革命直接导致信仰的缺失，导致社会精神文化出现危机。其二是

---

[1] Robert A. Nisbet. emile durkheim : makers of modern social science. Prentice—Hall. 1965:19

[2] [法]爱弥尔·涂尔干.孟德斯鸠和卢梭[M].李鲁宁.赵立玮译.上海人民出版社.2003.第263页。

"大革命"让一切稳固的社会凝聚力全部消失,以至于这种刚诞生的新社会脆弱的凝聚力已然成为一种更严重的社会危险。他认为:"社会体甚至根除了绝大多数的纽带,它做得如此彻底,以至于它不再有任何纽带了。"①由此,可以看出,他对启蒙革命持保守的立场,这是他对启蒙的反叛,或者说是一种对启蒙的自觉的批判性反思。而为了应对启蒙问题,迪尔凯姆所做的努力就是要回归传统秩序,这里的传统不是指旧的秩序,而是指要在新的基础上去重建秩序。所以他说:"人们有必要在新的基础上按照一种并非只是重现旧体制的计划去重构社会。"②也就是说,迪尔凯姆社会学的目标就是要借助于科学和实业,在理性和世俗的基础上重建由于旧制度的毁灭而变得混乱不堪的社会体制。正如他说的那样:"国务活动家的责任不再是强行推行社会朝着他们认为是很有魅力的理想发展,而是担任医生的角色:以良好的医疗预防疾病的发生,疾病一旦发现就设法医治。"③由此我们可以看出,迪尔凯姆的社会事实论及社会学立场是不同于马克思的立场。同时,我们需要强调,不能简单地把迪尔凯姆思想理解为顺承启蒙传统或反启蒙传统。较为妥当的说法,我们认为迪尔凯姆理论同时具有启蒙和反启蒙的双重逻辑,或者说其理论是游走在启蒙和反启蒙之间的实证社会理论。

以上是笔者对迪尔凯姆理论的社会历史语境、双重逻辑及保守主义立场的分析。同时,我们也能看出,迪尔凯姆理论就是要破除个人主义、功利主义对社会生活的负面作用。在迪尔凯姆看来,若想为社会提供道德整合的路径,就必须正面回应个人主义、功利主义、实用主义等思潮。迪尔凯姆确立"社会事实"这个概念,强调社会"道德事实"的客观性,在一定意义上就是回应个人主义和功利主

---

① [法]爱弥尔·涂尔干.孟德斯鸠和卢梭[M].李鲁宁,赵立玮译.上海人民出版社,2003.第264页。
② 同上书,第265页。
③ [法]迪尔凯姆.社会学方法的准则[M].狄玉明译.北京:商务印书馆,2009.第91页。

义。因为从"社会"概念形成开始起,个人主义就一直霸占着对社会的解释。如尼斯比特说的那样:"17世纪的培根和笛卡尔的思想,开启了整个新世纪的新视野,表述了新世纪的轮廓……而对于最近的三百年,直到19世纪末期,社会的主导形而上学是个人主义,迪尔凯姆所主张的社会学思想,在很大程度上,可以看成对18世纪的个人主义、生物主义、道德进步的理念的回应的产物,这三种的每一个思潮都对19世纪产生过重大的影响,且每一种主义都是迪尔凯姆所反对的。"①

迪尔凯姆对"社会事实"客观性的论述就是在回应抽象的道德观念及生物主义和个人主义。迪尔凯姆在论述道德事实时主要针对的是个人主义和功利主义。迪尔凯姆在批判以往伦理学时,指出以个人主义为基础的伦理学是一种错误的伦理学。他说:"这种个人主义认为,世界上唯一的实在就是个人,一切事物都与个人有关。家庭、国家和人类只是维护个人自由发展的方式……这种个人主义伦理学的基础通常是一种错误的形而上学理论。"②迪尔凯姆认为,这种个人主义伦理学之所以是成问题的,是因为它没有看到"道德事实"是外在于个人的,"道德事实"具有超越个体性的特点。

不仅如此,迪尔凯姆同样反对功利主义,而提倡"利他主义"。他认为功利主义不利于社会道德的重建。在集体生活中尤其在宗教生活中有"利他主义"要素存在。他说:"所有人都与他们的同类具有自然的亲和性,只要人们共同生活,换言之,自从人类最初出现的那一刻起,这一点就很明显了……亲和性是社会取向的最早形式,不管这种感情有多么初级,都不是利己主义的产物。"③在迪尔凯姆看来,最早的社会纽带,即人与人之间的关系离不开这种亲和性,

---

① Robert A. Nisbet. emile durkheim: makers of modern social science. Prentice—Hall. 1965:10
② [法]爱弥尔·涂尔干.职业伦理与公民道德[M].渠东译.上海人民出版社.2006.第214页。
③ 同上书,第208页。

这种亲和性通过语言、习惯和举止体现出来,成为集体生活的纽带。其实,迪尔凯姆是想通过对亲和性的论证来反对当时时代的功利主义,通过对亲和性的分析,得出的是利他关系和利他主义的存在,带出的是利他关系和利他主义。迪尔凯姆说:"这样一来,利己主义因素便彼此中和、相互抵消,而真正的利他主义趋势则会突出重围,凸显出来。"① 迪尔凯姆其实是想通过集体意识中的利他主义来实现社会道德整合。

2. 回应实用主义思潮

迪尔凯姆也指出自己的社会学和实用主义之间的区别。之所以要做这样的区分,是因为实用主义也是他所处时代较为流行的理论之一。也是他要反对的。迪尔凯姆说:"为什么我把这些演讲称作《实用主义和社会学》呢?首先,因为实用主义几乎是目前唯一流行的真理理论,其次,因为实用主义同社会学一样,都讨论生活和行动的意义,这两者都是同一时代的产物。"② 在迪尔凯姆看来,自己的社会学理论和实用主义是有根本的区别的,需要做出一番澄清。

首先,迪尔凯姆看到并肯定实用主义的某些价值。他认为实用主义的三位主要代表是杜威、席勒和詹姆斯,他们主要的一致性观点是"真理即是有用的观念,是实用主义的根本原则"。③ 这样的原则批判了传统理性,并提示传统理性的缺点。传统理性及理性主义的问题就是它的教条主义。迪尔凯姆评述道:"教条主义把真实的理念看成外在实在的摹本,不管这种实在究竟是由物质对象构成的,还是由绝对精神的理念、概念构成或思想构成的……假如真理

---

① [法]爱弥尔·涂尔干.职业伦理与公民道德[M].渠东译.上海人民出版社.2006.第209页。
② 同上书,第1页。
③ [法]爱弥尔·涂尔干.实用主义与社会学[M].渠东译.上海人民出版社.2000.第5页。

只能去模仿实在,那么,它究竟有什么用?它似乎什么用也没有。"①这样一来,因为心灵与其对象之间有一条鸿沟,所以我们无法看到思维是如何掌握这些事物的。迪尔凯姆说:"这就是杜威、席勒和詹姆斯对理性主义持有的态度,传统理性主义是将思想和实存割裂开来,思想是内心中的;实存则是内心之外的。所以,这两种实在形式永远无法汇合在一起。"②

迪尔凯姆认为实用主义抓住了传统理性主义的问题。因为在传统理性主义那里,既然思想是超验的和非人格的,而且被置于实存之外,那么思想和实存两者之间的鸿沟是永远无法填平的。而实用主义就是为了解决这样的问题,它把思想仅仅看成"实在"的一个要素,思想在实用主义那里是"实存"和生活的一部分。顺着这个视角来看,传统理性主义的问题就被以某种方式解决了。所以迪尔凯姆说:"把思想和实存与生活联系起来,就是实用主义的根本观念。"③迪尔凯姆援引詹姆斯的原话来说明实用主义的此种特征,即"(詹姆斯说)对理性主义来说,实在是现成的,永远完成了的,而对实用主义来说,实在仍然处于形成之中,只有等待未来才能最终完成。"④从这种意义上来讲,与行动有关联的思维创造了"实在"本身。

但是,迪尔凯姆同时也指出实用主义的问题,他说:"它必须证明实在与思维之间存在相当大的异质性。然而,实用主义并没有为此提供证据。"⑤实用主义虽然指出了传统理性主义的重大缺陷,但是并没有给出足够有说服力的论证。而且,迪尔凯姆也指出实用主义是彻底的经验主义,这样的经验主义通过"有用就是真理"的命题

---

① [法]爱弥尔·涂尔干.实用主义与社会学[M].渠东译.上海人民出版社.2000.第29页。
② 同上书,第30页。
③ 同上书。
④ 同上书,第41页。
⑤ 同上书,第47页。

得到集中表达。但是就其本质来说,实用主义乃是逻辑功利主义。迪尔凯姆批判地说:"更重要的是实用主义论题本身。我们将会看到,真理即有用的命题已经变成了把我们带回功利主义的公式。实用主义理论就是逻辑功利主义。"①

为什么有这样的断定?因为迪尔凯姆认为实用主义把真理定义为有用,其实表达的是真实行动的原则,在实用主义那里,真理并不具有思辨的功能,所有的一切都是实践的有用性,这是成问题的。因为,信仰就不在行动之内,但是信仰同样是符合人性需要的。他说:"然而,几个世纪一来,人性都离不开非实践性的真理,信仰与行动截然不同,就其本质而言,神话也没有实践的特征。在原始文明中,它们不仅自成一体也是信仰的对象。它们不单单具有诗的形式,也是旨在解释世界的表现群,具有纯粹思辨功能的观念体系。长期以来,神话都是表现人类社会知识生活的手段。"②在澄清实用主义对传统理性主义的批判和推进之后,迪尔凯姆对自己的社会学和实用主义做出区分,不能接受实用主义的说法,他认为,实用主义其实是从心理和主观的角度来解释真理。

问题就在于,基于彻底的个体主观经验的实用主义,怎么能够保证有统一的理性,即理性共识怎么可能从单纯个体的经验过程中产生出来。对这样的问题实用主义回答是不能让人满意的。在此意义上迪尔凯姆认为,社会学是区别并高于实用主义的。迪尔凯姆说:"将一切抹平的实用主义,并没有认识到分别由个体经验形成的心性之间的两重性,从而使自己很难提出这样的诠释。社会学则不同,它告诉我们,社会的东西往往比个体的东西具有更高的威望,它认为,真理同理性和道德一样,通常都具有更高的价值。当然,这并妨碍我们去解释真理。社会学视角的优势,就在于能够促使我们去

---

① [法]爱弥尔·涂尔干.实用主义与社会学[M].渠东译.上海人民出版社.2000.第120页。

② 同上书,第127页。

分析那些令人敬畏的事物,即真理。"①迪尔凯姆做这样的区分是必要的,因为对实用主义的回应有助于确立社会事实论,并巩固实证社会学理论路径的合理性。

3. 回应社会主义思潮

在迪尔凯姆所处的时代,还有一种凸显的社会思潮不能视而不见,这种思潮是社会主义思潮。在迪尔凯姆看来,自己的社会学理论是和社会主义和共产主义学说有区别的。他说:"这样理解的社会学,既不是人们通常所说的个人主义的社会学,又不是人们所说的共产主义和社会主义的社会学。原则上说,社会学不理睬这些理论,不承认它们的科学价值,因为它们想直接做的不是说明事实,而是改造事实。要使社会学关心这些理论,最低限度得使它从它们当中发现有助于它理解社会现实的社会事实,看到对社会有鼓励作用的需要。"②从迪尔凯姆这个表述中我们可以看出,迪尔凯姆不认同社会主义立场。在他看来,政治革命和议会改良都是徒有其表,代价极大,他从内心是反对所有阶级间和国家间的战争的,他所渴望的是整个社会在原有基础上的重建,而不是社会剧烈动荡和变革。

但是,放在他所生活的那个特定历史情境下,迪尔凯姆又必须面对社会主义思潮。因为,社会主义思潮在19世纪有着广泛和深刻的社会影响力,这一点如国内学者邹诗鹏先生所指出的那样:"在涂尔干的时代,社会主义已成为欧洲主流的社会思潮,但社会主义又出现了新的分野:一是马克思、恩格斯的科学社会主义及其实践传统;二是第二国际的社会民主主义传统,这一传统影响了后来的西方马克思主义的社会主义观;三是民族主义以及宗教传统的回复和结合,国家社会主义是这一路向的变异了的极端形式。涂尔干当

---

① [法]爱弥尔·涂尔干.实用主义与社会学[M].渠东译.上海人民出版社.2000.第114页。
② [法]迪尔凯姆.社会学方法的准则[M].狄玉明译.北京:商务印书馆.2009.第151页。

然重视社会主义传统,而且他大体分享了第二个传统并与社会连带主义有关。"①而且邹先生也指出迪尔凯姆对社会主义的态度:"涂尔干对社会主义的处理,正是把社会主义看成一种实证性的而不是目的性的要素。这种做法,在很大程度上是受饶勒斯等第二国际人物的影响的结果。"这样的理解是重要的,它不仅指出了迪尔凯姆涉及社会主义理论的原因,同时也指出迪尔凯姆是了解社会主义的途径和对社会主义的态度。这方面,正如科塞所说:"他(涂尔干)赞成社会连带主义的部分观点……然而,涂尔干却对法国社会主义的阶级特点及其对阶级斗争的强调表示反感,他从未成为社会主义者,而终生置身于不偏不倚的环境中。他同情社会主义者,同情饶勒斯,同情社会主义。但从未献身于它。"②

既然迪尔凯姆不认同社会主义,而且他一再强调自己的社会学和社会主义有着根本的区别,那迪尔凯姆为什么还要重视社会主义呢?按照迪尔凯姆本人的看法,是社会主义已经交代出问题并且也涉及社会秩序重建的方面,尽管社会主义强调社会重建是一种全盘改造,但是对它的研究非常重要。迪尔凯姆说:"社会主义提供给社会科学的帮助比它从社会科学中所得到的帮助多得多。这是因为,社会主义已经唤醒了反思,激发了科学的活力,鼓起了研究的热情,提出了问题,所以,社会主义的历史不止以一种方式融入到社会学的历史中。"③所以要研究社会主义。

在迪尔凯姆看来,社会主义虽然不是"社会事实"的科学表达,不是对事实的正确描述,但仍有着"社会事实"的特点。迪尔凯姆说:"社会主义却可以从另外一种不同的视角来考察。如果它不是对社会事实的科学表达,那它本身就是一种最重要的社会事实。如

---

① 邹诗鹏. 唯物史观和经典社会理论[J]. 学术研究,2010,01:9
② [美]刘易斯·科塞. 社会思想名家[M]. 石人译. 上海人民出版社. 2007. 第153页。
③ [法]爱弥尔·涂尔干. 孟德斯鸠和卢梭[M]. 李鲁宁. 赵立玮译. 上海人民出版社. 2003. 第132页。

第四章　迪尔凯姆的社会事实论：确立社会学真正研究对象

果不是科学的工作,也是科学的对象。科学关注它的目的,不应该为了从它那里借用某种现成的命题,而应该去了解它：它是什么、从哪里来、到哪里去。"①如何理解这样的表述?为什么迪尔凯姆说社会主义不是"社会事实"的科学的和正确的表达?因为在他看来,社会主义属于实践学说而不是思辨科学,社会主义不符合现代性和社会分工体系的要求,社会主义把握不了那个时代。迪尔凯姆对此说："社会主义依然没有把握这个时代;也许,甚至有人会说,社会主义还没有拥有这个时代。"②对社会主义研究的主要目的是去理解社会主义作为一种"社会事实"、它的边界及时代性意义,迪尔凯姆说："如果不降低一下社会主义的重要地位和意义,我们就没法承认社会主义具有真正的科学性质。"③那么,迪尔凯姆是如何研究社会主义呢?

迪尔凯姆首先指出社会主义乃是一种"物",一种"社会实在"。研究社会主义所采用的立场是实证社会学的基本立场。迪尔凯姆指出："我们将把社会主义当作一种物,一种实在,尝试去理解它。我们将试图确定社会主义的要素,社会主义的发端,社会主义经历过哪些转型,决定这些转型的因素是什么。这样一种研究与我们前些年所从事的研究没有什么显著的差别。我们将要进行的社会主义的研究,与我们做过的自杀、家庭、婚姻、犯罪、惩罚、义务以及宗教研究都是同样类型的研究。"④可见,迪尔凯姆把社会主义当成一种"社会事实",和他的其他相关研究主题是等同的,对事实的研究在他看来,必须站在实证主义的立场上去研究,而这种研究必然具有实证意义。这一点,如邹诗鹏先生说的那样："在涂尔干那里,社会主义的研究,与他有关分工、组织、团结、伦理、道德、失范、自杀、

---

① [法]爱弥尔·涂尔干.孟德斯鸠和卢梭[M].李鲁宁.赵立玮译.上海人民出版社.2003.第133页。
② 同上书,第132页。
③ 同上书,第131页。
④ 同上书,第136页。

犯罪以及宗教等问题的研究是等同的,都属于构成性的和规范性的研究。"①那么,接下来,笔者就着重论述迪尔凯姆对社会主义的基本理解和主张,主要有如下几点:

其一,迪尔凯姆对社会主义的基本界定更多的是从经济功能和国家关系之间具有关联性来谈的。他说:"我们称为社会主义的每一种学说,都要求所有经济功能,或其中的某些(目前这些功能依然是分散的)与带有指导性和有意识的社会核心建立联系。"②他还对这个定义加以补充说明:"人们也把那些虽然与经济秩序没有直接关系,却有所联系的理论称为社会主义。这样社会主义就必然在根本上由经济概念来定义,同时也能够扩展到经济概念之外。"③如何理解迪尔凯姆的这番话呢? 其实,迪尔凯姆强调的社会主义,更多的是强调社会主义要求经济生活和国家建立联系,而不要求经济生活由国家来控制。在迪尔凯姆看来,社会主义突出经济生活和国家之间的纽带关系,是想让经济生活反作用于国家,以至于能产生出和谐的效果来。他说:"这种和谐的关系应该产生这样的效果:不是让工商业利益从属于政治利益,而是将前者提高到后者的层次。一旦这种持续的沟通得到保证,这些经济利益就将比今天更深刻地影响到政府功能的发挥,在更大程度上决定其进程……而是让它们在整个社会生活中扮演一种比当今社会所要允许的重要得多的角色。"④这样理解的社会主义其实是一种有组织的运动。在迪尔凯姆看来,社会主义作为组织运动它有着重组社会结构的愿望。迪尔凯姆补充说:"社会主义首先是一种重组社会结构的愿望,实现这种愿望的办法,就是重新安排产业结构在社会有机体总体中的位置,使

① 邹诗鹏.唯物史观和经典社会理论[J].学术研究,2010,01:9
② 同上书,第147页。
③ 同上书,第156页。
④ 同上书,第149页。

它脱离自动发挥功能的阴影,暴露在阳光之中,有意识的控制之中。"①所以,社会主义是一场运动,这场运动旨在对处于转型中的社会进行社会结构重组,使得经济功能和国家产生和谐联系。所以严格来说,以往的社会主义学说都在一定程度上存在着问题。迪尔凯姆把马克思理解为社会主义理论家。在他看来,马克思的社会主义学说强调社会只有经济功能,国家会自然而然地消亡。社会主义概念中需要突出的是经济功能和核心社会机构之间的联系,而不是经济功能和国家之间的关系。迪尔凯姆指出:"根据最著名的社会主义理论家的看法,如我们所知,国家将会消亡,不再是经济生活的核心,而不是说经济生活被国家所吸纳……在马克思的学说中,这样的国家,也就是说,国家具有一种特殊的作用,代表着高于工商业利益的自成一类的利益,代表着历史传统、共同信仰和宗教或其他性质等等将不复存在。今天依然具有其特殊领域的纯粹政治功能,也不再有存在的理由,到那时只有经济功能存在。国家也将不再叫国家了。"②迪尔凯姆在强调社会主义特征时,没有使用"国家"一词,而是使用"具有认知和管理作用的社会机构"③这样的表述,这种更普遍的说法,才更能表达对社会主义的理解,他认为,从社会主义本质上而言它是社会重组的运动,并且它有两个目标:一个是经济生活的组织化,一个是减少大多数人的不利处境。社会主义的两种实践诉求,不能分开对待。

其二,在迪尔凯姆看来,共产主义和社会主义根本不是一回事,两者具有本质的区别。他首先指出不能把社会主义看成共产主义的简单变种。他说:"但是,尽管经常会出现这种混淆,却不可能据

---

① [法]爱弥尔·涂尔干.孟德斯鸠和卢梭[M].李鲁宁,赵立玮译.上海人民出版社,2003.第154页。
② 同上书,第149页。
③ 同上书。

此把共产主义视为社会主义的一个简单变种。"①迪尔凯姆认为,社会主义和共产主义不是一回事,社会主义不是古老的共产主义概念的复活,两者有着根本的差别。共产主义在柏拉图那里首先被提出,在现代的莫尔的《乌托邦》和康帕内拉的《太阳城》再次被讨论。可以说,柏拉图、莫尔和康帕内拉是共产主义思想的源头,共产主义思想有着很长的思想史背景。而社会主义是19世纪才出现的,他说:"有一个基本事实可以使我们小心提防上述混淆:社会主义一词是一个相当新的说法。这个词最先出现于1835年的英格兰,当时,在欧文的资助下,曾经创立一个叫'一切国家一切阶级的联合会',人们在讨论中第一次使用了'社会主义'和'社会主义者'这样的说法。1839年……雷博甚至声称他是社会主义一词的原创者,无论如何,这个词的历史都不会超越50年。"②迪尔凯姆认为社会主义是新事物,那么,社会主义和共产主义的区别何在?社会主义和共产主义有如下三个层面的区别:

区别一:社会主义是一场社会结构重组运动,这种运动可以"通过思考我们眼皮底下的工业社会而构想出来的社会组织,不可能当这些社会尚未存在的时候就能从先验的角度想象出来"。③也就是说,社会主义是社会转型中需要的一种社会结构重组的运动,有其现实的基础。而共产主义是抽象的,也是无用的。他说:"他们的理论所表达的,与其说社会一般和通常的状态,不如说是每一个理论家的人格,这些理论只不过是能够使他们的慷慨仁慈的精神感到愉悦的一些梦想而已,他们关注和支持这样的兴趣,只是出于他们的高贵和尊严,而不是为了回应社会有机体所感受到的真正需要,因此,它们只存在于想象之中,实际上,这些理论没有什么用处。此

---

① [法]爱弥尔·涂尔干.孟德斯鸠和卢梭[M].李鲁宁.赵立玮译.上海人民出版社.2003.第142页。
② 同上书,第159页。
③ 同上书,第142页。

外,这些人就是以这种方式来构想和表现自己的。"①迪尔凯姆认为共产主义理论无论是在柏拉图那里还是在莫尔那里,社会主义学说都是乌托邦,根本无力改变现实,尽管和社会现实稍有相似。只是社会主义无论是在圣西门,还是在傅里叶及欧文那里,都是对集体需要的回应,它是能够产生实际结果的。这是迪尔凯姆的第一个指认。

区别二:经济活动和社会机构的关系不同。迪尔凯姆说:"社会主义将经济活动与国家联系起来(我们是在一种简化的意义上使用国家这个概念的,尽管这样做很不准确),共产主义则将经济生活排除在国家之外。"②迪尔凯姆认为当社会主义改革寻求将经济有机体置于社会有机体的中心时,柏拉图等共产主义思想则尽可能将其安置在远离中心的位置上。而且,迪尔凯姆还指认后来的共产主义和柏拉图共产主义的关系,他说:"所有后来阐发的共产主义理论,都来自柏拉图的共产主义,这些理论几乎没有多大的变化。"③社会主义作为一种社会重组的运动,它的目的是通过将产业与国家联系起来,进而提高产业的地位。而财富在没有社会化的情况下即私人占有的情况下是有害的,只要财富被国家社会化,即国家占有以后,财富就能变成有利于推动社会福祉的有利资源。而共产主义是抽象的,是想把国家从产业中排除出去来提高国家的地位,共产主义认为财富充满着罪恶,因此必须把财富从社会中驱逐出去。

区别三:社会主义和共产主义的原则是不同的。在迪尔凯姆看来,共产主义是仁爱和同情的原则,社会主义则是现实整合原则。对此,他说:"共产主义无非是一种可以被提升为所有社会立法之基本原则的仁爱原则;这是一种强制性的仁爱,因为它意味着每个人都必须与其他人分享一切……共产主义除了将仁爱推进到压制所

---

① [法]爱弥尔·涂尔干.孟德斯鸠和卢梭[M].李鲁宁,赵立玮译.上海人民出版社,2003.第159页.
② 同上书,第161页.
③ 同上书,第162页.

有财产的地步外,简直毫无作为。共产主义源于一种双重的感受:对不幸者抱有同情,对财富在人们心中唤起的反社会的贪婪和憎恨感到担忧。在共产主义最高贵的形式中,它所表达的是一种关于爱和同情的运动。从根本上来说,社会主义则是一个经济集中化和中心化的过程。它间接地将社会中的一个整体,即工人阶级(因为他们是经济活动的组成部分),纳入到社会体的指导中心的运行轨道之中。"① 他认为马克思思想属于社会主义学说,他先后多次提到马克思属于社会主义之类。如他说:"甚至根据最著名的社会主义理论家的看法,如我们所知,国家将会消来,不再是经济生活的核心,而是经济生活被国家所吸纳……例如在马克思的学说中……"② 再如他说:"在马克思主义的社会主义中,资本并没有消亡;只是由社会而非个人来管理。"③ 笔者认为,这样的判定尽管看到马克思的学说的强烈实践指向,尽管他承认在马克思那里,经济生活乃是首要的因素。但是,凯尔凯姆把马克思学说划到社会主义学说一类,是有问题的。迪尔凯姆认为马克思的学说是在"大革命"以后产生的,是关于社会转型时期工业社会重建的学说。但是根据马克思的本意,其学说中共产主义思想占了很大的部分。这是不是意味着马克思就是迪尔凯姆所理解的社会主义学说?还是迪尔凯姆误解了马克思?笔者认为,马克思学说是共产主义学说,而且这种学说和迪尔凯姆所说的从柏拉图以来就存在的"共产主义"有着根本的区别。这些问题笔者打算在下一章中重点给予澄清。在此先做一下交代。

以上就是对迪尔凯姆社会事实论的社会历史语境特征,也即对后革命时代及社会转型的说明以及迪尔凯姆对社会转型时社会思潮的回应和评述。到此为止,我们基本从思想史背景和社会历史背

---

① [法]爱弥尔·涂尔干.孟德斯鸠和卢梭[M].李鲁宁.赵立玮译.上海人民出版社.2003.第185页。
② 同上书,第149页。
③ 同上书,第185页。

第四章　迪尔凯姆的社会事实论：确立社会学真正研究对象

景两个层面做了梳理和交代,分析了迪尔凯姆的社会事实论是如何从这些思想史以及社会语境中产生出来的。大体说来,"社会事实"是迪尔凯姆实证社会学的真正研究对象,并且"社会事实"也包括道德事实,社会的、道德的和宗教的这三个维度都在"社会事实"中呈现出来。"社会事实"这个概念担负着迪尔凯姆社会学复兴的重任,是其整个学说体系的根基性概念,所以笔者重点就"社会事实"及相关问题做了探讨和说明。那么,接下来,笔者将通过迪尔凯姆的相关著作,尤其是《社会分工论》、《职业伦理和公民道德》《道德教育》、《自杀论》及《宗教生活的基本形式》这几本著作来探讨迪尔凯姆如何表达了其对社会转型中社会事实及社会道德的基本理解和整合方式,这样的讨论是重要的,对它的探讨关系我们正确把握迪尔凯姆对转型中的工业社会的理解和道德整合的路径。

第五章

社会"道德事实"的理解和整合：分工、团结及法团建构

本章内容主要是三个问题，第一个问题：迪尔凯姆如何论述分工的社会根源和社会功能？第二个问题：迪尔凯姆在理论中如何应对失范现象或者说反常现象，为什么说在他的研究中失范现象是边缘现象，不具有合法性？研究这些边缘的或失范的现象有什么意义？第三个问题：迪尔凯姆为应对社会危机，如何论述通过职业伦理的组织方式来拯救败落的社会道德并建构功能和谐的新型社会？

第一节 分工的社会根源和社会功能分析

1. 分工的社会根源和功能分析

迪尔凯姆主要是从社会根源上来论述分工根源的，迪尔凯姆的分工思想一方面通过探讨其社会根源来展开，另一方面通过对古典经济学和古典法学研究分工路径的批判来推动的。在迪尔凯姆看来，古典经济学和古典法学认为分工的基础是"私利"与"公益"，或者是"私法"和"公法"，迪尔凯姆对此是持批判态度的。社会学不能仅仅停留在利益层面上去研究分工，而要从能够将个体维系起来的社会纽带，即具有道德特性的集体意识这个层面去理解分工的根源

及其功能。迪尔凯姆关注分工,可以说是他根据实证科学方法来考察道德生活事实的一个尝试。因为,迪尔凯姆认为,社会学真正的研究对象是社会事实,而道德事实也是社会事实,分工现象包含道德事实,对道德事实的研究能帮助我们建立一种道德科学。迪尔凯姆对此说:"我们并不想从科学中推导出道德来,而是建立一种道德科学,这两者之间有着天壤之别。同其他事物一样,道德事实也是一种现象。这些现象构成了各种行动规则,并通过某些明显的特征而得到认识,这样我们就能够观察它们,描述它们,区分它们,同时也能够找到解释它们的规律。"[①]他认为对分工问题做理论上的探讨是符合实证科学方法的,既表现出对事实的尊重,也表达了理论研究和实践要求的一致性和密切关系。他说:"我们之所以小心谨慎地把各种理论问题和实践问题划分开来,并不是因为我们忽略了实践问题。恰恰相反,我们的目的就在于更好的解决实践问题。"[②]在他看来,理论研究是为了满足实践需要,分工有助于解决社会道德问题。可以说,对分工的考察与研究离不开道德危机的现实情况,道德危机已经对社会产生了破坏。如他说的那样:"道德,既是理论意义上的,又是伦理习俗意义上的,正在经历着骇人听闻的危机和磨难……新的道德还没有迅速成长起来,我们的信仰也陷入了混乱状态。"[③]那么,道德危机如何能够凭借对分工问题的研究得到解决?或者说,为什么分工能够担当拯救道德危机重任?迪尔凯姆的回答是:"分工不仅能够展现出我们所确定的道德特征,也可以逐渐成为社会团结的本质条件……分工产生道德价值,个人再次意识到了自身对社会的依赖关系,社会也产生了牵制和压制个人无法脱离自身限度的理想。总而言之,分工不仅变成了社会团结的主要源泉,同

---

① [法]埃米尔·涂尔干.社会分工论[M].渠东译.北京:三联书店.2000.第6页。
② 同上书,第7页。
③ 同上书,第366页。

时也变成了道德秩序的基础。"①由此可见,迪尔凯姆从分工的研究中得到了什么,分工成为连接个人与社会的纽带,分工对社会团结和道德整合有着积极意义。因此,迪尔凯姆对转型中的工业社会的理解从分工切入就能被我们所理解了。既然分工有这样的积极作用,那么,道德整合和道德理想就可以从对分工的理解中得到启发和思路。其实,在迪尔凯姆看来,研究分工就是为了建构"实证道德理想",此道德理想是从事实中来,又超越事实。迪尔凯姆说:"我将会阐明科学是如何帮助我们找到我们应该具有的行为方式,如何帮助我们确定我们模糊感受到的理想的。但是,我们只能在观察了现实以后,才能提出这种理想,因为理想是从现实中提炼出来的……理想如若不深深扎根于现实的话,就不过是一纸空文。"②从中我们可以看出,建构实证道德理想是迪尔凯姆研究分工问题的主要目的。我们想问的是,迪尔凯姆是如何从对分工问题的探讨中建构出实证道德理想的?

　　迪尔凯姆首先对经济学视野中的分工做了批判性分析。他认为最早对分工理论进行阐发的是亚当·斯密,生物学等其他学科也都重视分工及其规律。在迪尔凯姆看来,可以说自地球上有了生命开始,分工就出现了。迪尔凯姆说:"所谓社会劳动分工只不过是普遍发展的一种特殊形式。社会要符合这一规律,就必须顺应分工的趋势,这种趋势远在社会出现以前就已经长久存在,并且遍及整个生命世界。"③也就是说,分工已经作为一种自然规律而被承认。但迪尔凯姆同时也指出,"自亚当·斯密以来,分工理论丝毫没有进展。"④他认为,需要对分工给予足够的重视,在他看来,劳动分工是社会基础。他说:"无论对劳动分工持有何种态度,我们任何人都已

---

① [法]埃米尔·涂尔干.社会分工论[M].渠东译.北京:三联书店.2000.第358~359页。
② 同上书,第8页。
③ 同上书,第4页。
④ 同上书,第8页。

感觉到它已经渐渐成为社会秩序最重要的基础。"①这一点可以从对分工的功能分析上得到。

进一步理解，那么，分工具有什么功能呢？迪尔凯姆首先指出劳动分工具有道德属性，并且分工是道德中立的，在道德评价中不能全肯定，也不能全否定。即不要从劳动分工带来的经济进步或者道德退化这种永远纠缠不清的争论出发去探讨它。对此他说："如果劳动分工的作用只陷入创造文明，那么它也只具有同样的道德中立性……实际上，即使在道德领域内存在着一个中立区，劳动分工也必定会置身其外……如果分工没有其他的目的，我们要权衡它所带来的经济进步与道德退化，就会陷入一个无法解决的矛盾之中。"②这是迪尔凯姆首先所强调的，我们不能单单抓住劳动分工"善"的一面或"恶"的一面来分析它的功能和意义。

实际上，在他看来，劳动分工的真正功能是社会团结感的建立。迪尔凯姆对此说道："实际上，分工所产生的道德影响，要比它的经济作用显得更重要些；在两人或者多人之间建立一种团结感，才是它真正的功能。无论如何，它总归在朋友之间确立一种联合，并把自己的特性注入其中。"③迪尔凯姆指出，实际上，分工让团结以及社会成为可能。"如果说分工带来了经济收益，这当然是很可能的。但是，在任何情况下，它超出了纯粹经济利益的范围，构成社会和道德秩序本身"。④ 在迪尔凯姆的思路中，因为分工，个人才会摆脱孤立的状态，而形成相互间的联系；有了分工，人们才会团结。也就是说，分工担负着一种重要的功能，人们借助于分工形成一种稳定的联系，并使社会团结成为可能。可以看出，迪尔凯姆通过对劳动分工的功能分析直接搭建了分工和社会秩序本身的联系。如迪尔凯

---

① [法]埃米尔·涂尔干.社会分工论[M].渠东译.北京：三联书店. 2000.第4页。

② 同上书,第17页。

③ 同上书,第20页。

④ 同上书,第24页。

姆所说的那样:"如果分工的功能如此的话,它必然具有一种道德属性,一般而言,正因为分工需要一种秩序、和谐以及社会团结,所以它是道德的。"①那么,迪尔凯姆接下来要确认的是劳动分工在何种程度上带来了社会团结,社会团结在本质上是不是劳动分工带来的结果问题。

为什么这样考察,迪尔凯姆有着明确的目的。按照他的话说:"只有这样,我们才会了解它究竟重要到什么程度,它是不是社会凝聚的主要因素;或者相反,它只是一种次要条件或附属条件。"②也就是说,需要确定分工对社会团结的影响程度,这可以说是迪尔凯姆探讨分工必须要明确的内容。而要想把这个问题探讨清楚,就需要从社会团结的转型过程入手,如迪尔凯姆本人所说的那样:"要解决这种非常明显的矛盾现象,就要从社会团结的转型问题着眼,而后者正是伴随着劳动分工的迅速发展而产生的,因此,这就是我们今天研究的主题。"③迪尔凯姆认为研究社会团结的转型问题要从法律事实开始,因为法律是社会组织中最稳固、最明确的形式。而习俗看似与法律相矛盾,其实它正是法律存在的基础。迪尔凯姆说:"正因为法律表现了社会团结的主要形式,所以我们只要把不同的法律类型区分开来,就能找到与之相应的社会团结类型。同样,我们可以确定,法律完全可以对劳动分工所导致的特殊团结作出表征。"④那么,如何划定法律类型呢?是不是按照法学家惯用的方法呢?迪尔凯姆坚决反对,认为那样做恰恰是有问题的。他说:"最普遍的划分就是把法律分为公法和私法,公法规定了国家和个人的关系,私法规定了个人之间的关系。然而,如果我们仔细地考察这两个术

---

① [法]埃米尔·涂尔干.社会分工论[M].渠东译.北京:三联书店.2000.第27页。
② 同上书。
③ 同上书,第12页。
④ 同上书,第31页。

语,就会发现,起初还显然异常分明的界限渐渐消失了。"①他认为私法和公法界限模糊。在某种意义上,所有的法律都变成了私人的,因为每时每刻具体的行动的发动者都是一个个体。而在另外一种意义上,所有的法律都变成公共的,因为所有人都承担了社会功能的不同方面。法律既是个人的,也是公共的,这里面是有矛盾的。因此,社会学家不能使用常用的法律分类方法。他认为法律的本质是制裁,因此可以根据制裁的类型分类。迪尔凯姆说:"我们应该把法规主要分为两类:一类是有组织的压制性制裁,另一类是纯粹的恢复性制裁。第一类包括刑法,第二类包括民法、商业法、诉讼法、行政法和宪法等,任何刑法都不应该划入这种类型中来。"②第一种类型是建立在痛苦之上,或至少要给犯人带来一定的损失。它的目的就是要损害犯人的财产、名誉、生命和自由,或者剥夺犯人所享用的某些事物。第二类制裁并不一定会给犯人带来痛苦,它的目的只在于拨乱反正,即把已经变得混乱不堪的关系重新恢复到正常状态,或者将它斩草除根,即剥夺这种行为的一切社会价值。

迪尔凯姆认为,与上述法律类型相对应的社会团结类型也有两种:一种是与压制法相应的社会团结,迪尔凯姆把它称为"固有团结"或"机械团结"。他首先指出:"与压制法相应的是一种'关系一断即为犯罪'的社会团结关系。"③而且犯罪在迪尔凯姆看来,其基本定义是:"一种行为触犯了强烈而又明确的集体意识,那么这种行为就是犯罪。"④迪尔凯姆在此强调的是犯罪行为对社会集体意识的违背,那么,我们要问研究犯罪和对犯罪的惩罚为什么能够说明团结的类型呢?在迪尔凯姆看来,关键的一点是犯罪违反的是集体意识,犯罪一定会受到集体的一致反抗,这里集体及集体意识之中一

---

① [法]埃米尔·涂尔干.社会分工论[M].渠东译.北京:三联书店. 2000.第31页。
② 同上书,第32页。
③ 同上书,第33页。
④ 同上书,第43页。

定有团结的事实。在迪尔凯姆看来,压制性法律所给予的惩罚虽然是机械的,但是对社会团结发挥着重要作用。迪尔凯姆认为:"尽管惩罚来源于一种非常机械的反抗作用,但它还是在发挥着有效的作用……刑法的真正作用在于:通过维护一种充满活力的共同意识来极力维持社会的凝聚力。如果这种意识遭到了人们的彻底否定,它就必然会丧失掉自己的权力,而无法在感情上唤起共同体的反抗作用,无法弥补自己的损失,因而社会团结的纽带松懈了……它是一种标志,说明集体感情仍然是完整无缺的,人们心中的共同信仰仍然是至高无上的。"①压制性法律表现出来的团结就在于构成一种集体的、具有相似性的或者说在相似性基础上的社会凝聚力。压制性法律能够凸显集体类型的个体人格之间的高度相似,与之相应的社会团结类型在迪尔凯姆看来:"人格和集体类型之间还是有联系的,因为它们最终共同构成一种实体,它们共同具有唯一或相同的有机基质,所以它们就能紧密地结合在一起。这样就产生了一种固有的团结,它来源于相似性,同时又把个人与社会直接联系起来。在下一章里,我将更为明确地说明为什么我们把它称为机械团结。"②也就是说,这种团结不仅使普遍的个体从属于群体,而且还能够使人们的具体行为相互一致。

另外一种社会团结类型是有机团结,这是和恢复性制裁相一致的团结类型。这种恢复性制裁的标志按照迪尔凯姆的说法是"它并不具有抵偿性,而只是将事物恢复原貌。违背或拒认这种法律的人将不会遭受到与其罪行相对应的痛苦;他仅仅被判处要服从法律"。③也就是说,在恢复性制裁中,人格和集体意识之间的关联性更是为了还原人与物的关系,也就是"物的团结"。迪尔凯姆说:"我们就可以看到'物'的团结究竟是由什么组成的了:它把物与人直接

---

① [法]埃米尔·涂尔干.社会分工论[M].渠东译.北京:三联书店.2000.第70页.
② 同上书,第68页.
③ 同上书,第73页.

第五章　社会转型中的社会道德事实的基本理解和整合：分工、团结及法团建构

关联起来，而不是把人与人关联起来……物只能通过人作为中介将自己整合于社会，而这种整合所产生的团结则完全是消极的团结。它无法使个人的意志趋向于一个共同的目标，而只能按一定秩序把物排列在个人意识周围。"① 如何理解迪尔凯姆此处所说的"消极团结"？其实，我们可以看出，迪尔凯姆认为在恢复性制裁中，与它相应的恢复法其实是"物权的总合"。这种物权的规范导致的结果便是"消极团结"。迪尔凯姆对此说："总而言之，有关物权的规范，以及通过物权形式确立的人际关系构成一个确定的系统，这个系统不但不把社会各种不同的部分联系起来，反而将它们隔离开来，并为它们划定明确的界限。"② 也就是说，物权的规范根本结成不了一条积极的社会纽带。因此，在这个意义上团结则是消极的。但是，迪尔凯姆同时指出，消极团结和积极团结是同时存在的。他说："凡是存在消极团结的地方，都会有积极团结的存在，它既是前者的条件，又是前者的结果。"③ 消极团结完全是从积极团结里产生出来的，它是来自另一源头的社会感情在物权领域的回声。迪尔凯姆对此说："恢复法本身便还会包含一种确定的法律系统：如家庭法、契约法、商业法、诉讼法、行政法和宪法等。这些法律所规定的关系与我们前述的法律关系在性质上是完全不同的；它们表现出一种积极的作用，表现出一种基本上从劳动分工产生出来的协作。"④ 也就是说，与恢复性制裁相应的是有机团结。在以有机团结为特征的社会类型中，集体人格不是完全强制个体人格，而是和个体人格同步发展。社会给了我们更多的自由活动的空间。迪尔凯姆说："由此，整体的个性与部分的个性得到了同步发展，社会能够更加有效地采取一致行动，而它的元素也可以更加特殊地进行自我运动。这种团结与我

---

① [法]埃米尔·涂尔干.社会分工论[M].渠东译.北京：三联书店.2000.第78页。
② 同上书,第81页。
③ 同上书。
④ 同上书,第83页。

们所看到的高等动物是何等相似啊。实际上,当每个器官都获得了自己的特性和自由度的时候,有机体也会具有更大程度的一致性,同时它的各个部分的个性也会得到印证。借用这一类比,我们就把归因于劳动分工的团结称为有机团结。"①

从以上迪尔凯姆对团结的分类我们可以看出,区分机械团结和有机团结的关键就在于怎么看集体意识和个体人格之间的关系。大体而言,当集体意识完全覆盖我们每一个人的个体意识,并在所有方面都与我们息息相通的时候,那么从这种相似性产生出来的团结就是机械团结。这种机械团结的必然结果是集体意识强制到统摄个体人格,并为自己培养强活力。按照迪尔凯姆的说法:"确切地说,就在这种团结大显身手的时候,我们的个性就会消失得无影无踪,因为我们已经不再是我们自己,我们只是一种集体存在。以这种方式相互凝聚的社会分子要想一致活动,就必须丧失掉自己的运动,就像无机物中的分子一样。这就是我们把这种团结称作机械团结的原因。"②在这样的社会团结类型中,每一个个体意识不仅完全依赖于集体意识,它的运动也完全追随于集体运动,就像被占有的财物总要追随它的主人一样。而且如果这种社会团结越发达,那么个人也就越不属于他自己,他简直成为了社会所支配的物。

对比之下,伴随着劳动分工,专职工作的特性就能够摆脱集体意识的影响。这样一来,从事专门化、职业化的人们所感受到的不是对职能普遍性的认可。迪尔凯姆的说:"然而,如果这些职能越来越专门化,那么能够了解所有职能的人将越来越少,因此,它们也会越来越游离于共同意识之外。"③在此情况下,这种因劳动分工所导致的团结类型,其中的个体人格是一个不断成熟的过程。会进一步理解自我以及自我和他人、集体之间的关系。迪尔凯姆说:"这种团

---

① [法]埃米尔·涂尔干.社会分工论[M].渠东译.北京:三联书店.2000.第92页。
② 同上书,第91页。
③ 同上书,第88页。

第五章　社会转型中的社会道德事实的基本理解和整合：分工、团结及法团建构

结是以个人的相互差别为基础……每一个人都拥有自己的行动（范围），都能够自臻其境，都有自己的人格。这样，集体意识就为部分个人意识留出了地盘，使它无法规定的特殊职能得到了确定。这种自由发展的空间越广，团结所产生的凝聚力就越强。一方面，劳动越分化，个人就越贴近社会；另一方面，个人的活动越专门化，他就越会成为个人。"①由此可见，有机团结更多凸显集体意识和个体人格之间的张力，这种张力就体现在协作性法律中，或者我们称之为恢复性制裁的法律中。总之，这种团结之所以被称为有机团结，主要是因为个体不是完全依附于集体。

　　在对迪尔凯姆的团结类型做出梳理后，我们会追问的是，迪尔凯姆做这样的分类是为了说明什么？其理论目的何在？在迪尔凯姆那里，我们也能找到直接的回答。迪尔凯姆划分社会团结的类型其实是为了说明社会形态。迪尔凯姆说："因此我们可以说，我们越是上溯历史，社会就会有越多的同质性，我们越是接近高等社会形态，劳动分工就越发达。"②也就是说，在机械团结的社会形态中，个体之间具有相似性，越往前追溯，这种相似性或同质性越强。而在现代社会，也就是在迪尔凯姆所说的高等社会中，因为劳动分工而导致的职业内部的差异和分化越来越明显，个体和集体之间这种张力性的纽带关系，在迪尔凯姆那里是可以用"有机团结"来称呼的。问题的关键是，这种有机团结是否对社会具有一种凝聚作用？迪尔凯姆的回答是肯定的。他说："一般说来，机械团结不仅无法像有机团结那样把人们紧密地结合起来，而且随着社会的不断进化，它自身的纽带也不断松弛下来。"③有机团结为什么能够起到凝聚作用？其实，这里，迪尔凯姆主要是从劳动分工的部分功能之间的紧密联系来凸显有机团结的凝聚性。随着劳动分工越来越专门化，社会有

---

①　[法]埃米尔·涂尔干.社会分工论[M].渠东译.北京：三联书店, 2000.第91页。
②　同上书，第98页。
③　同上书，第113页。

机体也变成了一个各个部分都已经彻底分化的系统,系统之间的各个环节和要素因它们之间具有功能,而对一个系统来讲,每个部分功能之间都具有紧密联系。因此,从功能的关联性去理解有机团结的凝聚性就是自然而然的事情了。如迪尔凯姆所说的那样:"一旦劳动产生分化,社会就会发生翻天覆地的变化,群体的各个部分都具有了各自的功能,相互已经难以分割。"①

不仅如此,迪尔凯姆还指出能够具有社会统一性功能的只有劳动分工。他说:"人类越是进步,社会对自身与自身的统一性越有深切的感受。这种感受一定是另外一种社会纽带造成的,它非劳动分工莫属。机械团结最为强劲的反抗力是抵不上劳动分工所产生的凝聚力的,机械团结的运作范围也涵盖不了现代社会大多数的社会现象,这些明显的事实告诉我们,社会团结的唯一趋向只能是有机团结。劳动分工逐渐代替了共同意识曾经扮演过的角色,高等社会的统一完全要靠分工来维持了。"②从中可知迪尔凯姆看到劳动分工的社会功能有利于社会团结和社会凝聚性。可以说,劳动分工保证社会统一性,保证社会不会分裂,它甚至是防止社会解体的根本方式。

在此基础上,迪尔凯姆认为相应地存在两种社会结构类型:一种是具有机械团结关系特性的社会结构,另一种是有机团结占主导的社会结构。而后一种社会类型正是劳动分工的结果。迪尔凯姆说:"分工不仅为社会提供了凝聚力,而且也为社会确定了结构特征。所有这一切都预示了它在未来的美好前景。"③分工不仅影响社会结构和社会凝聚,而且分工本身也是社会的。也就是说,分工发展的真正原因也只能从社会环境的变化中找到答案。迪尔凯姆认为,分工的发展和人们的交换关系(人们的相互结合及其所产生的

---

① [法]埃米尔·涂尔干.社会分工论[M].渠东译.北京:三联书店. 2000. 第110页.
② 同上书,第134页.
③ 同上书,第155页.

第五章 社会转型中的社会道德事实的基本理解和整合：分工、团结及法团建构

非常活跃的交换关系)直接相关,这种交换关系用动力密度或道德密度来把握。他说:"社会容量和社会密度是分工变化的直接原因,在社会发展的过程中,分工之所以能够不断进步,是因为社会密度的恒定增加和社会容量的普遍扩大。"①

那么,为什么可以通过社会道德密度来把握社会关系呢？在他看来,是因为"竞争"这种社会环境,他说:"随着社会容量和社会(密度)的增加劳动逐渐产生了分化,这并不是因为外界环境发生了更多的变化,而是因为人类的生存竞争变得更加残酷了。正因为它们有着同样的需求,追求着同样的目标,所以他们每时每刻都陷入了一种相互敌视的状态之中……换言之,竞争的人数越多,对匮乏资源的欲望越强,战争就会越激烈。"②这样的竞争关系对于从事同一种职业的人而言,更是如此。对于从事同一职业的人们来说,如果不去损人,就很难利己。在社会中职业越相近,竞争就越激烈。种种竞争的结果便使分工发展越来越快,分工所带来的新的专门领域能够缓解竞争关系,使得社会不至于因竞争过于激烈而陷入冲突和震荡。迪尔凯姆认为竞争越来越激烈,分工也会变得越来越细,就此而言,分工是进步的动力。他说:"竞争越激烈,人们就要付出更多、更辛苦的努力,这不是使人类更加幸福的途径。任何事情都在循规蹈矩地进行着。一旦整个社会的平衡状态被打破了,各种冲突就会爆发出来,只有依靠更加先进的分工形式才能解决这些问题:分工就是进步的动力所在。"③迪尔凯姆之所以认为分工是进步的动力,原因在于"劳动分工是物竞天择的结果;这也是一种比较平心静气的解决方式。幸亏有了分工,不然竞争对手就会把对方置于死地,不能共同生存下去。在某些同质性较强的社会里,绝大多数个人都是注定被淘汰的,然而正因为有了分工的发展,这些人才能够

---

① [法]埃米尔·涂尔干.社会分工论[M].渠东译.北京:三联书店. 2000.第219页。
② 同上书,第223页。
③ 同上书,第227页。

自保和幸存下来"。① 分工不仅增加生产力,而且还创造出新的生存条件,分工的进步是与人类的变化和谐一致的。分工对现代社会起到凝聚力的作用。他说:"劳动分工也只能在现有的社会框架里产生出来。就此而言,个人之间不仅有着物质上的联系,还有道德上的联系。"②他认为随着分工的发展,集体意识变得越来越弱,因为集体意识逐渐产生了非确定性,所以,分工变成了团结的主导因素。由此,我们可以看出,分工有助于社会团结和社会整合。

2. 分工和实证道德理想

不仅分工有助于社会团结和社会整合,而且分工也是文明的根本要素之一,有助于实证道德理想的实现。迪尔凯姆说:"其实,文明只不过是分工的副产品而已。只有分工本身成为一种必然存在的时候,文明才有自身存在的理由。"③迪尔凯姆对分工的社会功能所做的探讨究竟是为了说明什么?在笔者看来,有如下两个层面的内容:其一是为了理解社会秩序和社会结构,尤其是分工的社会道德整合功能。二是分工的社会功能是为了论证实证道德理想。在迪尔凯姆那里,分工是社会结构、社会秩序的根本原因。既然分工是社会进步的动力,那么以分工为基础的社会就处于健康状态之中,分工起到了维护社会道德秩序和道德整合的作用,这是分工的正常形式和功能,因此,实证道德理想就有实现的社会土壤。关于这种理想,迪尔凯姆说:"当然,这种理想只不过是一种眼前的理想,因为我们的视野并不是没有边界的。在任何情况下,这种理想都不能毫无限制地确立各种社会力量,它只能使这些力量在特定的社会环境所划定的界限内得到发展。任何对特定环境的超越既是有害的,也是不充分的。难道我们还能提出其他理想吗?如果我们在现有环境所要求的文明之外,实现一种更高的文明,就等于想要在我

---

① [法]埃米尔·涂尔干.社会分工论[M].渠东译.北京:三联书店. 2000.第 228 页。
② 同上书,第 234 页。
③ 同上书,第 296 页。

们所属的社会引发一场疾病。"①在他看来,社会理想不是先验设定的,也不是抽象的,更不是进步机械论意义上的"理想来社会"。在他看来,理想有着现实的土壤,理想以社会环境为基础,而环境又是变动的。对此,他说:"进步机械论不仅剥夺了我们的理想,同时也使我们产生了不能没有理想的信念。正因为理想是以社会环境为基础的,而社会环境又是不断变化的,所以理想时常处于变动不居的状态中。我们没有理由担心我们会永远受到限制,我们只能因循守旧,我们已经不再有发展的余地。尽管我们所追求的目标总是有限的和确定的,但是在我们所能达到的极限和我们所追求的目的之间,还经常有一片广阔的天地等待我们去努力。"②

从中我们可以看出,迪尔凯姆以分工为基础,社会道德理想首先把他提倡的既有社会接纳过来。在迪尔凯姆那里,社会实证理想就是指社会健康状态。这种社会理想无法在朝夕之间就能实现。迪尔凯姆说:"这种理想的重要之处不在于超乎尘世、与世无争,而在于它为我们提供一个更加长久的前景,理想是无法在朝夕之间实现的。我们感到,要想建立一个社会,使每一个人获得应有的地位,获得与其付出相应的报酬,要所有人能都自然而然地进行合作,造福与社会也造福于个人,这是一件异常艰苦的工作。"③那么,如何理解这样的实证社会理想呢?在迪尔凯姆看来,要靠分工,因为分工能够产生团结,而道德理想则建立在团结之上。迪尔凯姆说:"它在人与人之间构建了一个永久地把人们联系起来的权利和责任体系。分工产生各种规范,可以保证相互分化的各种功能进行稳定和正常

---

① [法]埃米尔·涂尔干.社会分工论[M].渠东译.北京:三联书店.2000.第99页。

② 同上书,第303页。

③ 同上书,第366页。

的协作。"①所以,与分工相关的职业伦理等规范体系的建立和完善就是迪尔凯姆非常看重的,在他看来,分工是保证各功能正常协作及缓解人们之间竞争冲突的根本方式。

倘若立足分工及其事实,职业规范、职业伦理体系得到有效的实施和执行,则有机团结会是可能的并不断完善的。迪尔凯姆还强调,不仅要有规范,还要有公平。他说:"然而,只有规范还不够,还必须要有公平,要有公平,竞争的各种外部条件就应该是平等的……道德要求我们与人为善、公平待人、忠于职守,各尽其责、按劳取酬。"②在迪尔凯姆看来,职业伦理和道德教育是实现规范和公平的实证的方式。明确了这一点,我们接下来理解迪尔凯姆对职业伦理和道德教育的强调就容易得多,可以把职业伦理和道德教育看成迪尔凯姆实证道德的规范体系的基本内容。

第二节 失范现象的研究及其理论意义: 以反常分工和自杀为例

如果说在社会学研究中,迪尔凯姆把社会学研究对象定位为在社会有机体中有功能属性的"社会事实"上,并且"社会事实"作为社会学研究的合法性对象,自然成为社会学研究的中心议题,那么,"分工"作为"社会事实"之一种,有理由成为社会学考察和关注的问题。但是,在迪尔凯姆的社会学研究中,还有一类社会现象在迪尔凯姆看来是不属于社会学研究的中心议题,这类现象是指各种特殊的、反常的和病态的现象。迪尔凯姆明确指出这类社会现象的非合法性,他说:"为了使社会学真正成为一门研究事物的科学,那就必

---

① [法]埃米尔·涂尔干.社会分工论[M].梁东译.北京:三联书店,2000.第364页.
② 同上书,第365页.

第五章　社会转型中的社会道德事实的基本理解和整合：分工、团结及法团建构

须把现象的普遍性作为衡量现象是否正常的标准。"①在迪尔凯姆看来,那些特殊的、反常的和病态的现象不能视为社会学研究的对象,也就是说,特殊的、反常的和病态的现象处于社会学研究的边缘地位。但是,迪尔凯姆对这类问题也是关注的,因为在他看来,反常或失范现象可以称为"社会有机体"病理现象,对这类现象的研究,有助于社会生理学研究。这虽然是一种类比的说法,但是我们可以看出,迪尔凯姆关注反常现象的原因。确定这些病理学之社会现象,是为了更好地确立社会学之基本理论和研究领域。迪尔凯姆研究反常现象更多地集中于两个反常现象上,一是反常的分工,二是反常的自杀。

1. 失范现象中分工反常形式研究

先来看分工的反常形式。在迪尔凯姆看来,分工的病态形式需要分析,他说:"分工就像所有的社会事实一样,或者像更加普遍的生物事实一样,表现出很多病态的形式,这也是需要我们去分析的。就正常情况而言,分工可以带来社会的团结,但是在某些时候,分工也会带来截然不同甚至是完全相反的结果。因此,我们必须考察究竟是什么因素使分工偏离了它的自然发展方向。"②从这种表述中,我们可以看出迪尔凯姆研究分工病态形式的目的,即通过对病态形式的研究,可以更好地确定形成正常状态的各种条件。即"当我们知道分工在什么情况下不再会产生社会团结的时候,我们就更容易了解它行之有效的必要条件,在任何时候,病理学都是生理学的出色助手"。③ 那么,分工的反常形式有哪些呢?他指出,主要分为三种类型,一是失范的分工,二是强制的分工,三是过于发达的分工。在迪尔凯姆那里,失范的分工的最普通和最重要的现象有工商业的

---

① [法]迪尔凯姆.社会学方法的准则[M].狄玉明译.北京:商务印书馆.2009.第90页。
② [法]埃米尔·涂尔干.社会分工论[M].渠东译.北京:三联书店.2000.第313页。
③ 同上书。

危机和破产、劳资冲突这两种主要形式。对此迪尔凯姆说:"第一个例子就是工商业的危机和破产,它们足以使有机团结发生断裂。实际上,它们已经证明,在有机体的某些方面,某些社会功能相互之间是无法调和的……同一现象的另一个比较显著的例子就是劳资冲突。工业职能越是朝着专业化的方向发展,劳动和资本的对抗就越激烈,远远超出了社会团结的发展水平。"①迪尔凯姆不仅分析这两种普遍的例子,而且还指出这样紧张的社会关系随着17世纪以来的大工业时代的到来越演越烈。他说:"这样永无休止的敌对状态正是工业社会的显著特征。在这个社会里,所有的工人都无一例外地具有同样的遭遇。在小工业社会,劳动分工还很不发达,我们还能够看到雇主和雇工相对和谐的景象,但是在大工业社会,整个世界全部颠倒过来了。"②

既然这样,是不是意味着随着劳动分工的发展,社会有陷入瓦解的可能?是不是为了防止瓦解而加强国家的社会控制就可以摆脱这些危机呢?在迪尔凯姆看来,分工的发展会带来社会的分解。他说:"随着劳动分工的不断发展,在社会的整个范围,而不是几个特殊的领域内会不断产生分解作用。"③迪尔凯姆承认分工发展会给社会带来一定程度的分解。但是,是否意味着政府就能保证社会不分解呢?对此,迪尔凯姆明确否定。他说:"有人却说,只有政府才有资格发挥这种作用。话虽不错,但如果各种社会功能不能自发地进行合作,那么,政府的作用就显得太普通了,它(政府)根本保证不了这种合作。"④那么问题的关键在哪呢?到底是因为什么使得社会分工呈现出失范形式?

在迪尔凯姆看来,功能的分化不可避免地会带来道德的分化,

---

① [法]埃米尔·涂尔干.社会分工论[M].渠东译.北京:三联书店.2000.第314页.
② 同上书,第316页.
③ 同上书,第321页.
④ 同上书.

第五章　社会转型中的社会道德事实的基本理解和整合：分工、团结及法团建构

两者是同时形成的。这个时候，集体感情已经没有能力去限制分工所导致的离心倾向，这才是问题的关键。那么，有什么方法可以解决这样的难题？在迪尔凯姆看来，解决难题的关键在于一种新的组织形式以及与之相应的规范体系的形成。也就是说，有机团结应该具备的各种条件还没有完全实现。问题的解决仍然离不开分工的功能拓展和发挥。迪尔凯姆说："在任何情况下，如果分工不能产生团结，那是因为各个机构间的关系还没有得到规定，它们已经陷入了失范状态。既然规范体系是由各种社会功能自发形成的关系所构成的一个确定形式，那么，我们就可以说，只要这些机构能够得到充分的接触，并形成牢固的关系，失范状态就不可能产生。"①也就是说，分工作为一种规范形式，它带来的各种功能之间确立的关系需要转化为行为规范。有了明确的行为规范，各种功能就能合理地、和谐地发挥作用，则社会在经历一个打乱平衡、陷入混沌的阶段后，就能重新产生出和谐健康的状态来。所以，实证道德规范和职业伦理就成为规范体系的重要内容。迪尔凯姆说："我们要想准确地认识某种科学观念，就必须设身处地地实践这种观念，就是将这些观念注入生命。"②

他通过对"强制分工"和"失范分工"的分析，推导出"规范体系"确立的必要性和现实性，而且他通过"强制分工"的研究推导出"公正和平等"的重要性。迪尔凯姆说："然而，有了规范还不够，因为规范有时候也会成为弊害的根源，阶级斗争就是这种情况。阶级制度或种姓制度构成了分工组织，而且也具有非常严格的规定，它往往会带来分歧。"③在迪尔凯姆看来，本来决定分工的唯一因素是人们的能力差异，但阶级制度或种姓制度也会导致强制的分工。其实，迪尔凯姆想指出的问题是：如果分工是自发产生的，那么分工会形

---

①　[法]埃米尔·涂尔干.社会分工论[M].渠东译.北京：三联书店.2000.第328页.
②　同上书，第322页.
③　同上书，第333页.

成团结。但是,分工所具有的这种完备的自发性在任何时候都没有得到真正实现。没有实现的原因就在于社会环境仍存在着不平等的外部竞争条件。迪尔凯姆说:"在规则之外,总会有例外的情况发生,因此,个人与分配给他的那些职能往往是不和谐的……当种姓制度被法律废除以后,它在道德中存活下来。幸亏有许多成见保存下来,一些人受到了偏袒,另外一些人则相反,他们与价值没有多大联系。最后,即使我们抹平了过去的所有痕迹,财产继承关系也还会构成不平等的外部竞争条件,它会把各种利益赋予某人,而这些利益是与他们的个人价值不相符的。即使在今天,在最开化的民族中,还有许多职业是完全封闭的,是那些无法继承遗产的人们很难获得的。"① 这里,迪尔凯姆指出社会仍有不平等的关系,是指道德观念中存在的"不平等"意识。也就是说,外部竞争条件中的不平等关系直接造成强制的分工。如何理解? 在他看来,在工业社会中,契约团结是社会团结的主要形式,他说:"当契约发展成为社会团结的一种主要形式的时候,就不能受到任何危险,否则,社会机体的统一性就会受到危害。"② 在迪尔凯姆看来,尽管法律上的标准是以自由为前提建立契约关系,但是,在现实生活中,契约关系往往是不自由的,是强制的。迪尔凯姆指出:"如果人们只是迫于强力,或者迫于对强力的恐惧去遵守契约,那么契约团结必将会陷入一种险恶的处境之中,纯粹的外在秩序绝对不能很好地遮蔽冲突状态,这种冲突太普遍了,人们很难明确地限制住它……这些强制作用又是从何而来的呢? 它不仅仅在于直接使用暴力,因为间接的暴力同样会有效地剥夺自由。如果说,以死要挟别人的做法在法律和道德上都是无效的,那么我借助于某种非我谋得但却货真价实的地位而把他人逼

---

① [法]埃米尔·涂尔干.社会分工论[M].渠东译.北京:三联书店.2000.第337页.
② 同上书,第340页.

入你死我活的境地,这种做法又是如何有效的呢?"①迪尔凯姆无疑看到了社会的阶级或种姓制度以及相应的社会地位对分工所具有的自发性的破坏力,在此意义上来谈分工的强制形式,就显得极其有意义。

在此,迪尔凯姆把问题的矛头直指社会的阶级意识和种姓意识。迪尔凯姆指出:"如果某些阶级为生存所迫不得不为其他阶级服务,而其他阶级由于掌握了一定的资源就不用去服务了,尽管这些资源不一定是靠某些优先地位得来的,但后者也会对前者形成一种支配力量。换句话说,只要人类生来就有贵贱之分,就肯定有不公平的契约。当社会地位本身还是以遗产的方式来继承的时候,当法律还对各种形式的不平等肆意纵容的时候,上述情形就不能避免。"②基于此,社会担负公正的使命,他说:"最发达的社会的根本任务就是去完成建立公正的使命。"③在迪尔凯姆看来,社会需要实证道德,这样的实证道德一定是规范的,同时也是公正的。对此迪尔凯姆说:"我们的最高理想则在于建立一种更加平等的社会关系,保证所有具有社会效用的力量得到自由发展……就像古代民族没有共同信仰就无法生存一样,我们现在所需要的就是公正。"④从以上可知,迪尔凯姆通过对强制分工的分析而自然带出了实证道德理想之规范性和公正性的基本诉求。

第三种反常形式是分工过于发达。迪尔凯姆说:"分工过于发达也产生不了完善的整个作用。"⑤过于发达的分工不仅使团结的纽带松弛下来,而且使得共同协作受阻,造成很大浪费。"倘若有些功

---

① [法]埃米尔·涂尔干.社会分工论[M].渠东译.北京:三联书店.2000.第340页。
② 同上书,第342页。
③ 同上书,第345页。
④ 同上书,第346页。
⑤ 同上书,第347页。

能长时间陷入一种停顿状态,就必然会危及到其他功能甚至普通生活"。①在他看来,当功能受阻的时候,不管它们的分化程度有多高,都是徒劳无益的,因为它们的相互协作并不和谐,它们也不能充分地感受到彼此之间的依赖关系。这样一来,从事专业化工作的人们只是偶尔能够感受到他们之间的团结,那么,这种团结本身就处于松散状态。迪尔凯姆阐释道:"在工作量不大,甚至工作量不足的情况下,我们自然得不到很完善的团结,甚至根本得不到团结。在有些企业里,各种工作划分得过于细致,以至于每个工人的活力达不到他的正常水平,这样一来,各种不同的功能被割断了,它们无法明确地相互适应、相互协调起来,采取一致行动。彼此分散的状态就这样凸显出来了。"②因此,在迪尔凯姆看来,分工不能过于发达,要保持一定的限度。这种限度的根据被迪尔凯姆表达为:"分工不仅通过限制每个人的活力使个人之间确立了牢固的关系,而且也增加了个人的活力,它不仅加强了有机体的统一性,也助长了有机体的生命。"③在迪尔凯姆看来,过于发达的分工就成为反常或失范的形式,要想消除这种反常现象,就需要把分工限定在一定程度之内,分工不能太细化,要保持个人和社会之间的张力关系,这是实现个人自由的前提条件,如若没有这个条件,人的自由就沦为一种空谈。

2. 失范现象中自杀问题的实证研究

以上是对分工的反常形式的分析。那么,接下来,笔者把关注点转移到迪尔凯姆重视的另外一种反常形式,即反常的自杀。对这一层面的理解,我们也需要追问几个问题:一是迪尔凯姆如何看待自杀事实?二是反常的自杀和社会结构及集体有什么关系?

我们先来看第一个问题,迪尔凯姆如何看待自杀事实?这个问题要想获得满意的回答,我们首先要问迪尔凯姆为什么要研究自杀

---

① [法]埃米尔·涂尔干.社会分工论[M].梁东译.北京:三联书店.2000.第349页。
② 同上书,第351页。
③ 同上书,第353页。

问题,他的理论目的何在。总的来说,迪尔凯姆对自杀现象的研究可以看成他在《社会分工论》中对社会病态分析的续篇,自杀和反常的分工一样,都属于社会病症。也就是说,迪尔凯姆研究自杀现象,是因为自杀是一种特殊的社会现象,在特定的历史时期,即在资本主义社会中,这种现象之所以增多,它跟种族、遗传因素、个人素质、心理状态、精神病、自然条件、气候变化等因素并无重大关系,或者说关系不大。

但是,自杀现象是有着深刻的社会根源的。它是由资本主义经济发展、科学技术的进步和社会分工的变细所导致的社会病态引起的。在迪尔凯姆看来,自杀现象和社会环境,具体说是和经济危机、政治危机、社会动荡、改朝换代、工作变迁、生活变化等这些社会因素有着密切的关联。并且,自杀率的高低与人们所处的宗教信仰、文化程度高低和两性差别关系很大。迪尔凯姆研究自杀问题恰恰是为了防止和消除自杀。从大的层面来看,迪尔凯姆选择自杀作为例子,直接表明社会学没有对社会现象进行形而上学的思考,而是着力对一些社会现象、尤其是具有普遍性的现象,进行实证分析和考察,如迪尔凯姆本人说的那样:"应该把各种具有明确界限的现象作为研究的对象;这些对象可以说用手是能摸得着的,人们可以说出它们的来龙去脉,而且可以抓住不放……我们觉得自杀是一个特别适当的例子,尽管要明确划定这个课题的范围还需要做一番准备工作。但是,只要集中力量,我们便可以找到名副其实的规律,这些规律比任何辨证的论据更能证明社会学是切实可行的。"①也就是说,迪尔凯姆对自杀问题的实证研究恰恰说明实证社会学就要对现象进行实证分析。迪尔凯姆的确抱着这样的理论目的。

在迪尔凯姆看来,自杀现象乃是一种集体性疾病。他说:"自杀在今天的情况下正是我们所遭受的集体疾病的表现形式之一;因此

---

① [法]埃米尔·迪尔凯姆.自杀论[M].冯韵文译.北京:商务印书馆. 2008.第3页。

它将帮助我们理解这种疾病。"①自杀作为社会学的研究对象,可以说是把它作为外在于个人的现实事物纳入社会学的研究视野的。那么按照社会学的方法,各种社会现象都应该被看作事物,具有客观明确的界定。那么,迪尔凯姆是如何界定自杀的呢?迪尔凯姆指出:"人们把任何由死者自己完成并知道会产生这种结果的某种积极或消极的行动直接或间接地引起的死亡叫做自杀。"②而在以往的理论中,心理学一直在对此类行为进行解释。人们通常不是根据自杀者的脾气、性格、经历和个人历史上的大事件来解释此类行为。迪尔凯姆对此如何看待?在他看来,从非社会因素的角度去解释自杀问题的思路有很大的局限性,他说:"现在要加以解释的现象(指自杀现象)只能是属于具有极大普遍性的非社会原因,或者是属于严格意义上的社会原因。我们首先要考虑前者有什么影响,我们将会发现这种影响根本不存在,或者十分有限。"③在迪尔凯姆看来,自杀事实的决定性影响因素是社会因素。他说:"把自杀当作一个整体来考虑,我们就会看到,这个整体不是各个独立事件的简单的总和,也不是一个聚合性的整体,而是一个新的和特殊的事实,这个事实有它的统一性和特性,因而有它特有的性质,而且这种性质主要是社会性质。"④这样的性质在迪尔凯姆那里,是借助于自杀死亡率的统计学分析呈现出来的。这里所说的自杀死亡率被迪尔凯姆表述为:"自杀总数和总人口数之间的关系的数量表达。"⑤社会自杀率只能从社会学的角度来解释。他说:"在任何时候,决定自杀人数多少的都是社会的道德规范。因此,每个民族都有一种具有能量的集体力量推动人们去自杀。实际上,自杀动作是某种社会状态的继续

---

① [法]埃米尔·迪尔凯姆.自杀论[M].冯韵文译.北京:商务印书馆.2008.第4页。
② 同上书,第11页。
③ 同上书,第21页。
④ 同上书,第14页。
⑤ 同上书,第16页。

和延伸。"①也就是说,每个社会群体确实有一种自杀的集体倾向,这个倾向是群体所固有的,个人的倾向由此而来。迪尔凯姆补充说:"造成个人倾向的是利己主义、利他主义或反常等这样一些影响社会的潮流,无精打采的忧郁、积极的自我牺牲或者恼人的厌倦都是这些潮流引起的后果。正是这种集体的倾向侵入个人时才促使他们去自杀。"②而且迪尔凯姆借助于统计学的方法,分析得出诸多欧洲国家每年自杀率十分相近,这就说明了自杀具有一定的稳定性,因此具有普遍性质,对这类自杀现象原因的分析一定要追溯到社会因素上。

在迪尔凯姆看来,对于同一个社会来说,只要观察所涉及的时间不是太长,自杀的统计数字就几乎没有什么变化,他说:"这些统计资料所表明的是使每个社会都集体受到损害的自杀倾向。"③而且,自杀率的稳定性也反映出集体倾向是外在于个人的客观实在。迪尔凯姆指出:"既然像自杀这样的道德行为以不仅相同而且以更大的一致性重复,我们就应该承认这些行为取决于个人以外的力量。不过,由于这种力量只能是精神上的,而在个人以外,世界上除了社会没有其他精神上的存在,所以,这种力量必定是社会的力量。但是,不管叫什么名字,重要的是承认它的现实性,把它看成从外部决定我们的行为的全部能量。"④也就是说,通过道德统计学的分析,尤其是对自杀的实证统计分析,恰恰证明了社会学方法的原则:社会事实作为物,以及由此理解社会学的实证学科性质。在此,迪尔凯姆强调自杀的集体倾向。其实,他是试图让我们明白社会尽管是由个人构成的,但是社会实现了个人的联合,而且这种联合已经具有新的特征。他说:"只有个人联合起来形成一种新的精神存在,因

---

① [法]埃米尔·迪尔凯姆.自杀论[M].冯韵文译.北京:商务印书馆.2008.第321页。
② 同上书,第322页。
③ 同上书,第19页。
④ 同上书,第333页。

此这个精神存在有它自己的思维和感觉方式……联合本身也是一种产生特殊影响的积极因素。然而,联合本身又是一种新的东西。"①也就是说,社会虽然是由单个人所组成的,但是社会作为整体,已经具有新的特性,在此意义上社会和个人之间具有异质性的东西或层面。对此迪尔凯姆说:"我们要说的是,我们之所以肯定社会和个人的异质性,是因为上述看法不仅适用于宗教,而且适用于法律、道德、习俗、政治机构和教育实践等等,总之,适用于一切形式的集体生活。"②

当迪尔凯姆强调社会或者集体生活和个人之间的异质性时,其实是为了突出两点:一,由个人联合形成的群体是有别于单独的个人的实体;二,集体心理状态产生于群体的本性并存在于群体之中,而后一种新形式影响着个体,并内在于个体,这两点应用到自杀问题上来,就涉及三种类型的自杀类型:利己主义自杀、利他主义自杀和反常的自杀。

这里,需要分别对以上三种类型的自杀做出阐释和说明。迪尔凯姆认为所谓的利己主义自杀是指个人作为社会集体的组成部分,社会集体的结合程度与自杀成反比。这种类型的自杀属于利己主义自杀。关于社会整合和自杀之间的关系被表述为如下三个基本命题,即:"自杀人数的多少与宗教社会一体化的程度成反比;自杀人数的多少与家庭社会一体化的程度成反比;自杀人数的多少与政治社会一体化的程度成反比。"③总之,我们可以用一句话来表达,即自杀人数的多少和个人所属群体一体化的程度成反比。那么,如何理解利己主义自杀呢?迪尔凯姆对此说道:"如果可以把这种个人的自我在社会的自我面前过分显示自己并牺牲后者的情况称之为利己主义,那么我们就可以把这种产生于过分个人主义的特殊类型

---

① [法]埃米尔·迪尔凯姆.自杀论[M].冯韵文译.北京:商务印书馆. 2008.第334页。
② 同上书,第337页。
③ 同上书,第214页。

自杀称之为利己主义自杀。"①由此可见,这种类型的自杀是因社会整合的力度减弱,个人的人格逐渐被置于集体人格之上导致的。或者说,是因我们按个人的生活而生活只服从自己的自我感觉状态所导致的。

而利他主义自杀是指"某种极端利他主义所导致的自杀称之为利他主义的自杀,这里所说的利他主义是指:自我不属于自己,或者和自身之外的其他人融合在一起,或者他的行为的集中点在他自身之外,即在他是其组成部分的一个群体中"。②这种类型的自杀,更多的是突出一种义务,所以也称为义务性利他主义的自杀。

第三种类型的自杀是反常的自杀。迪尔凯姆把它界定为:"因人的活动失常并由此受到损害。根据其产生的原因,我们将这种自杀称之为异常的自杀。"③这种类型的自杀原因主要是社会平衡的秩序被打破后,社会出现混乱,常常来自混乱的工商界,社会平衡被打破,而个人的情欲不能得得到调节和控制,会导致自杀。迪尔凯姆说:"对平衡的任何破坏,哪怕由此而导致更大富裕和生活的普遍提高,也会引起自杀。"④在失去平衡的状态下,个人的各种欲望都处于一种自然而然的兴奋状态,这样的欲望得不到约束和满足,就会造成反常的自杀。以上就是迪尔凯姆对自杀类型的分类和理解。

在迪尔凯姆看来,社会道德生活中同时存在着利己主义因素、利他主义因素和一定程度的反常因素。它们在不同社会按照不同比例构成社会道德整体。按照迪尔凯姆的说法:"没有一个民族不同时存在着这三种思潮。"⑤当这三种思潮相互制约时,道德因素处

---

① [法]埃米尔·迪尔凯姆.自杀论[M].冯韵文译.北京:商务印书馆. 2008.第215页。
② 同上书,第230页。
③ 同上书,第276页。
④ 同上书,第261页。
⑤ 同上书,第346页。

于一种使人不受自杀念头侵袭的均衡状态。但是,问题就在于"当其中之一的强度超过其余两种一定程度时,由于那些已经说过的原因,它便在个体化时成为自杀的诱因"。① 那么,对于自杀和社会道德秩序之间的关系,迪尔凯姆是如何看的呢? 这里,迪尔凯姆提出一个颇具特色的见解。在他看来,自杀所起到的功能也不全是负面的,从功能角度来看,在一定程度上也是有好处的,能够起到一种安全阀门的作用。他说:"自杀是变相和弱化的杀人……我们不应该力求用某种禁止手段来限制自杀的发展,因为这样一来会使杀人不受限制。这是一个有必要让它打开的安全阀门。归根结底,自杀有这么一个极大的好处:使我们可以在不用社会干预的情况下以最简单、最经济的办法摆脱一定数量无用或有害的人。让他们自行消灭,难道不是比迫使社会用暴力把他们清除出去更好吗?"②

在迪尔凯姆看来,自杀和杀人在反常状态中是一种对立关系,但是这样的对立不妨碍协调。迪尔凯姆客观评价自杀,指出自杀的功能作用但不支持自杀。在他看来,现实社会对待自杀的态度应该是接受自杀的事实,同时谴责自杀。接受自杀的原因在于:"自杀是这些时代正常结构的组成部分,甚至很可能是任何社会结构的组成部分。"③在迪尔凯姆看来,自杀的增加恰恰是文明的代价。但是,迪尔凯姆同样指出:"自杀增加的根源很可能是现在伴随着文明的进步而来的一种病理状态,但不是必要条件。"④因此,自杀人数大大增加只能是一种越来越可怕的反常现象。对于这种现象应采取办法消除。

有哪些方法可供参考呢? 在他看来,大致有五种办法可以采用。其一是对自杀实行惩罚。迪尔凯姆说:"可能做到的一切就是,

---

① [法]埃米尔·迪尔凯姆.自杀论[M].冯韵文译.北京:商务印书馆. 2008.第 346 页。
② 同上书,第 371 页。
③ 同上书,第 397 页。
④ 同上书,第 403 页。

拒绝给予自杀者正式落葬的荣誉,剥夺自杀者的某些公民权利、政治权利或家庭的权利。"①只是这类办法只能产生非常次要的影响。二是对悲观主义者采取必要的措施,使其精神状态恢复正常。迪尔凯姆说:"唯一能够使我们采取比较严厉的办法就是对悲观主义者直接采取行动,使这种倾向恢复正常并加以限制,使大多数人的意识不受其影响并更加坚定,一旦大多数人的意识恢复了正常,就会以适当的方式抵制一切有害的倾向。"②三是教育人们并培养他们的坚强性格。四是重新发挥家庭在防止自杀中的作用。迪尔凯姆说:"还有家庭的预防作用也是肯定的。要把家庭力量的不可分割性归还家庭。"③第五种办法是最主要的办法,是恢复职业团体或者成立行会,建立不同的职业组织,使个人命运与集体组织联系起来。迪尔凯姆说:"行会的主要作用在将来和在过去一样,都是调节社会职能,尤其是经济职能,从而使这些职能摆脱现在所处的无组织状态。"④也就是说,重视行会的价值,发挥行会的促使个人意识成就集体意识的作用,客观上讲,行会对个体的团结和道德整合有着重要作用。行会可以消除自杀人数增多带来的社会危机。

以上就是迪尔凯姆对自杀现象的论述,从中我们可以看出,"反常的"自杀类似于"反常的"分工,其在社会学研究中尽管处于边缘地位,但对这些反常形式的研究无疑塑造着迪尔凯姆实证社会学的理论内容和实践价值。在此意义上,自杀现象成为社会学的关注点和研究对象,就变得可被理解了。

---

① [法]埃米尔·迪尔凯姆.自杀论[M].冯韵文译.北京:商务印书馆.2008.第407页。
② 同上书。
③ 同上书,第413页。
④ 同上书,第420页。

第三节 社会道德秩序的整合路径：
职业群体和道德教育

1. 道德秩序整合的路径分析

一般来说，无论是对社会事实概念的澄清还是对分工、自杀等问题的探讨，迪尔凯姆理论一直都贯彻着这样的思路，即他要通过实证的方式找到社会道德秩序整合的具体办法。在迪尔凯姆看来，社会道德秩序能够实现整合的一个前提是社会有机体的各个部分都能自发地实现其功能，并且功能之间要有牢靠的纽带，以保证它们之间有稳固的关联性，进而保证社会集体意识能够作为一种"外在实在"把人们凝聚在一起，并使得社会拥有向心力及活力。

而要想实现这样的整合路径，职业伦理和道德教育的普及势在必行。这里说的职业伦理和道德教育被迪尔凯姆看作实现世俗道德秩序规范的基本途径，迪尔凯姆正是想通过这样的路径去建构具有教化和规范意义的。在他看来，整合道德的路径不在于道德内容，而在于方法。他说："问题的关键不在于道德内容，而在于方法问题。人们怎么样才能从一种理性秩序转到另一种理性秩序呢？"① 在他看来，道德整合的路径是理性的。他想实现的也就是将科学理性运用到人的行为中去。对此，他说："换言之，如果既存道德原则上不可能转化为一种可理解的观念和关系系统，那么，我们就必须说道德不是理性的，或不完全是理性的。"② 他认为道德是理性的，但是理性的道德不能仅仅停留在"绝对命令"的层面上，如果道德仅停留在"绝对"的层面，那么它是反思性的，它在社会道德生活中会显得无力。他说："我们就得当心道德变成一种空泛和奢侈之物。绝

---

① [法]爱弥尔·涂尔干.职业伦理与公民道德[M].渠东译.上海人民出版社.2006.第262页。
② 同上书，第264页。

第五章　社会转型中的社会道德事实的基本理解和整合：分工、团结及法团建构

大多数的人都被动地履行道德律令,有教养的人只能部分地反思道德律令。毫无疑问,反思能够提高和完善道德,但反思并不是道德的必要条件。"①以往的道德理论往往陷入其中,迪尔凯姆批判道："康德学派或功利主义者的抽象理论……它们都没有给出我们描绘奋斗目标的前景,也没有给我们提出在具体生活环境中应该遵循的道路。"②迪尔凯姆这样断言的根据在哪呢？我们可以看看迪尔凯姆对道德的基本看法,他认为道德是人们创造的,而且可以通过通俗教育得到合理的传授,进而道德作为一系列行为规范和实践规范就可以被理解和被遵守。他有一段经典的表述："当我说道德是人类的创造,完全是理性的产物时,我并不是说我们可以凭空建构道德,不去研究道德,仅仅通过纯粹的知性理解道德。在我看来,道德家乐此不疲的辩证建构不过是逻辑学家的游戏,我在其他地方已经阐明了逻辑学家的无聊。道德不是几何学,道德不是借助于某些基本概念推导出来并被假定为不证自明的抽象真理所构成的体系。道德是不同秩序构成的复合体。它属于生活领域而不是思辨领域。道德是一系列行为规范,或是一系列实践规范。在特定的社会必然性中,这些规范是历史形成的。同神经系统产生于并传递着生命的本性一样,在其各个历史发展阶段中,所有同一类型的民族,都有一种源自于它们的组织方式并能够表达它们精神的道德。道德家的作用并不是要创造或发明道德,似乎道德并不存在似的：道德早就存在了,而且必然为他所认识……他能够而且必须做的事情,是根据对道德的理解,像物理学家为学习和理解物质世界中的现象而运用程序那样,把他的理性应用于道德。通过历史分析,通过利用道德统计提供的数据,人们能够合法从事的工作,就是尽力去发现哪些原因引发了我们遵循的道德规范,哪些原因维护这些道德规范。

---

① [法]爱弥尔·涂尔干.职业伦理与公民道德[M].渠东译.上海人民出版社.2006.第265页。
② 同上书,第242页。

换言之,既然这些规范都是从这些社会的需要、观念和集体感情中产生出来的,所以人们应该尽力去发现社会需要、观念和集体感情是什么,发现这些需要、观念和感情是如何与社会本质联系起来,并从中衍生出来的。这是使道德能够得到解释、能够变得明白易懂、能够得到合理的传授的唯一方法。为了达到这一点,完整的科学是必不可少的……20多年来,我一直致力于这门科学的发展……在任何情况下,任何一种能够使现时代道德的主要规则得到理解的方法,都将可以充分满足通俗教育的需要。"[1]从迪尔凯姆的这段表述中,我们可以看出,迪尔凯姆所提倡的实证道德理想的实现路径,就在于通过凸显实证研究道德和社会环境之间的关联条件,进而使道德化为完整的、体系的社会行为和实践规范。在这个意义上,道德是实证理性的,是先验的,同时也是经验的(如果愿意按照哲学传统中的分类方式来对待的话)。笔者认为,这样的判断是符合迪尔凯姆的思路和宗旨的,迪尔凯姆要实现道德整合,就要拒斥对道德法则探讨的抽象思辨方式。或者说不能停留在此,而要呈现出道德具有可求性的路径。而关于道德的可求性,笔者已经在社会事实论的双重诉求中重点分析了这个问题。在迪尔凯姆那里,道德是理性法则和行为规范的统一,是"强制性"和"可求性"的统一。这样的统一其实意味着传统道德的世俗化要求。道德不能仅仅停留在"星空"中,道德要内化为人们的行为法则,并有助于社会整合目标的实现。所以,迪尔凯姆十分重视道德教育、公民道德和职业伦理,这些论题也就很自然地出现在他社会学理论视野之中。可以说,这些都是他实证的或者说规范的社会学的基本要求。

2. 职业群体及职业伦理的作用

总的来说,迪尔凯姆重视职业群体(法团)及职业伦理对社会整

---

[1] [法]爱弥尔·涂尔干.职业伦理与公民道德[M].梁东译.上海人民出版社.2006.第244~245页。

第五章 社会转型中的社会道德事实的基本理解和整合：分工、团结及法团建构

合的作用。在他看来，职业群体及具有行为规范意义的职业伦理是保证社会组织稳定存在的关键要素。他在他的早年博士论文《社会分工论》中就已经提出要重视职业群体及职业伦理。他说："因此，只有在每个器官功能事先已经具备了发达的规范系统的情况下，组织社会才能得以存在。在劳动分工的同时，应该制定好许多职业道德和法律规定。"①在迪尔凯姆看来，职业伦理作为社会共同精神，它来源于社会。也就是说，职业伦理起源于社会，但是，在整个生活中，只能说是存在着非常初级的职业伦理，或者没有真正的职业伦理。他说："在社会生活的整个领域里，根本就没有职业伦理，或者至少可以说，即使有这样的职业伦理，也是非常初级的，我们至多可以从中看到其未来的模式和预兆。"②

而且迪尔凯姆还认为，工业社会的危机的部分原因就在于没有明确的道德规定，这样一来社会器官其他部分的功能因受到经济功能的压制而逐步衰败。对此他说："所有欧洲社会目前才会遭受危机。两个世纪以来，经济生活都在以前所未有的规模膨胀。它们从被贬低和委诸下等阶级的次要功能，一跃成为首要的功能。在经济生活面前，我们看到军事、行政和宗教的功能逐渐衰落了。甚至科学也很难赢得这一荣誉，除非它能够提供物质上的有用的物，除非它能够在经营中起到很大的作用，这些社会基本上已经变成了工业社会。"③这是迪尔凯姆对工业社会的指认，也可以看成他对现代社会的指认。在他看来，工业社会凸显的经济生活及功能要求统摄一切，生活已经被压缩到几乎只剩下单一的经济维度，大量的个体生活都已经被纳入工业和商业领域，而处于这种境地的人对道德只有微乎其微的印象，他们绝大部分的生活都远离了道德的影响，这样

---

① [法]埃米尔·涂尔干.社会分工论[M].渠东译.北京：三联书店. 2000.第260页.

② [法]爱弥尔·涂尔干.职业伦理与公民道德[M].渠东译.上海人民出版社. 2006.第9页.

③ 同上书，第10页。

就会导致整个社会道德堕落,这是危险的。他说:"经济生活的这种非道德化也是公共的危险……让我们看一看,伴随着共同道德的衰落,经济利益是怎样肆意蔓延的吧!我们看到,不管是企业家、商人,还是工人和雇工,都在其履行职责的过程中发现自己身上不存在任何用来制约自私自利趋向的影响;他用不着遵从任何道德纪律,他对任何这样的纪律都嗤之以鼻。"[①]所以迪尔凯姆认为,必须要保持一种让我们时刻感受到道德的社会环境,这样的环境不能是抽象的,一定是和每个人息息相关的。在迪尔凯姆看来,能够担负此功能的一定是职业群体,因为职业群体及职业伦理通过责任感和义务感把人们拉到道德生活中来。他说:"如果责任感依然是我们牢靠的根基,那么我们的生存环境就必然会使其保持积极的姿态。所以,即使我们充耳不闻,也必定会有一个群体像平常那样,时时刻刻让我们想起这样的感受。(指道德影响的感受)无论什么样的行为方式,都唯有通过习惯和训练才能按部就班地发挥其作用。如果我们整天都生活在没有是非的状态中,我们如何保证这种松松垮垮的生活能够带来道德呢?"[②]

正是基于这样的分析,迪尔凯姆认为经济生活必须受到规定,明确其界限,限制经济原则无底限扩张,而且法人团体的建构以及职业伦理的强调都是急需的。他说:"所以,最为重要的事情,就是经济生活必须受到规定,必须提出它的道德标准,只有这样,扰乱经济生活的冲突才能得到遏制,个体才不至于生活在道德的真空中。因此,在上述社会功能的秩序中,有必要确立职业伦理……治疗邪恶的真正办法,就是为经济秩序中的职业群体赋予一种从未得到过的稳定感。目前,同业行会和法团就是那些彼此还不能长久结合起来的个体所组成的集体,它们必然会转变为界限明确的、有组织的

---

① [法]爱弥尔·涂尔干.职业伦理与公民道德[M].渠东译.上海人民出版社.2006.第12页.
② 同上书,第11页.

第五章 社会转型中的社会道德事实的基本理解和整合：分工、团结及法团建构

团体。"①这些职业群体也被看成为法团。"在历史上,这种职业群体就称为法团(corporation)"。② 那么,法团的主要功能是什么?

在迪尔凯姆看来,法团是集体团结的纽带。这一点,从法团的历史源头上可以看出,他认为法团在罗马时代就出现了,而到了18世纪法团却几乎灭绝。但是,法团作为集体生活的纽带,并没有随着政治制度的变迁而消失。在他看来,法团能够满足集体生活深层的、持续的需要。他说:"法团所依赖的并不只是既定政治体制所特有的某种连贯的偶然的环境,而是有其更广泛更基本的根源。从城邦的出现到帝国的鼎盛时期,从基督教社会的兴起到法国大革命,法团都有其存在的必要性。这也许是因为法团能够满足深层的、持续的需要……今天,所有庞大的欧洲社会都已经感觉到有必要重新确定法团体系。"③

那么,如何理解欧洲社会这种强烈的重建法团的需要呢?在迪尔凯姆看来,只有法团,即职业群体,能够加强人们之间的纽带关系,使得人们拥有一种道德生活的整体,并使得个体在维护共同利益的同时保证自己的发展,并获得快乐。迪尔凯姆说:"一旦这种群体形成了,任何事物都阻挡不了这种恰如其分的道德生活演化下去……他们情不自禁地依附这个整体,与其休戚与共,用行动去报答它……所以当个体共同拥有同样的利益,他们的目的就不仅在于维护这些利益,或通过同伴之间的结合来保证自身的发展。甚至说,他们结合在一起,只为了快乐,他们可以融入同伴之中,不再会感到在他们的对手中迷失自己,这种快乐也是共同生活的快乐。简言之,就是用同样的道德目标来引导他们的生活。"④在迪尔凯姆那里,法团是集体生活的纽带,是和集体生活的现有条件一致的。那么,

---

① [法]爱弥尔·涂尔干.职业伦理与公民道德[M].渠东译.上海人民出版社,2006.第12页。
② 同上书,第15页。
③ 同上书,第17页。
④ 同上书,第22页。

它将采取什么样的形式呢？在他看来，法团要适应大工业的需要，就要建立一种公共制度，具有相对自治的特征，应该成为国家的组织。

在他看来，从历史事实上来看，法团是公社的基本要素，是政治体制的基础。对此他说："尽管法团起初是很模糊的，而且受到了政治组织的鄙视，并没排斥在外，然而我们看到，法团构成了公社的基本要素。此外，我们同时也发现，在所有重要的欧洲社会历史中，都始终有公社的影子；随着时间的推移，公社已经变成了它们的奠基石，公社是一种行会或法团的集合体，其本身也是按照法团的模式构成的。从这些事实中，我们可以看到法团最终为整个政治体系奠定了基础，而政治体系也恰恰是从公社的发展中产生出来的。"①既然法团在历史上是作为政治体系的基础，那么为什么会在18世纪失去生命力并走向衰落呢？迪尔凯姆有一番考察。他认为是现代大工业直接导致传统法团的衰退，因为法团按其来源来说，其产生直接和手工业相关。迪尔凯姆说："法团最初是怎样出现的呢？是手工业。这是因为手工业不再有家庭所特有的特征。"②从事手工业的人为了生活，不得不走出家庭，成为一个卖主，所以他不得不顾及同一行业的其他工匠在做些什么；他必须与这些人竞争，与这些人接触。这样一来，一种新的社会活动形式就确立下来了，法团就由此产生。可以说，法团的最初的形式是和手工业相一致的，并且能够实现社会团结。他说："只要手工业本身还具有公社的性质，那么它所带来的团结就会畅通无阻……法团与其紧密相连的局部结构就足以满足一切需要。"③而当现代大工业迅猛发展的时候，传统的法团遭到了致命的冲击。大工业所展开的社会活动关系和公社没有关系，直接导致法团的衰落。他说："不过，一旦大工业发展起来，

---

① [法]爱弥尔·涂尔干.职业伦理与公民道德[M].渠东译.上海人民出版社.2006.第29页。
② 同上书，第23页。
③ 同上书，第30页。

第五章　社会转型中的社会道德事实的基本理解和整合：分工、团结及法团建构

情况就完全不同了。就其本身而言，大工业与城镇的机构是不匹配的。像法团这样的与公社密切相关的制度，已经无法适用于和规定这种生活了。事实上，大工业一经产生，就会自然而然地游离在古老的法团体系之外。"①而且，迪尔凯姆补充说："法团不能适应正在出现的新生活，所以生活自然会抛弃它。所有这些事实都解释了大革命前夜法团状态：它俨然变成了行尸走肉，变成了唯有在社会有机体中苟且偷生的陌路人。难怪社会无情地将其弃之门外。"②总之，在迪尔凯姆看来，法团之所以分崩离析是因为法团的转换实在太慢了，无法承受新需求的压力。"法团没有随着时间的推移而改变，丝毫不受影响；法团依旧死守着自己过去的方式和习惯，对人们全新的要求无动于衷，这里，我们看到了法团名誉扫地的另外一个根源"。③ 在迪尔凯姆看来，传统法团遭遇到了自身的困境，并且法团要随着社会从手工业社会到大工业社会的社会转型而调整，甚至要改革传统法团的组织结构和目标。所以，重新复活法团的结构和功能显得尤为重要，这样做不是意味着复活旧式法团，而是法团的重组。新的法团形式既有自己自治的组织，也要成为一种更具普遍意义的公共制度，并同国家建立更为密切的联系。迪尔凯姆对此说："我们可以想象，在整个国家里，各种各样的工业都以相似性和自然亲和性为基础，根据不同的范畴加以归类。行政管理机构作为通过选举来任命的微型议会，掌握着每个群体。我们还可以想象，这种机构或议会牢牢把持着权力，控制着与商业有关的一切活动：雇主与雇工的关系、劳动条件、工资或薪俸、竞争关系等等，这样，我们便恢复了法团，只不过这种法团具有一种全新的形式。中央机构是为管理一般群体而得到确立的，并不排斥服从其指导的下属机构和地方机构。这样，它所制定的普遍规范即是专门的，也适用于工

---

① [法]爱弥尔·涂尔干.职业伦理与公民道德[M].渠东译.上海人民出版社.2006.第30页。
② 同上书，第31页。
③ 同上书，第32页。

业领域内的各个部门。"①这是迪尔凯姆所强调的法团整合的方式。

3. 基于公平契约关系的公民道德

首先,迪尔凯姆想通过重构法团来使得政治体系适应工业社会的转型要求。这种新的法团按照迪尔凯姆的理解,就是"一种全面的,国家意义的,一致的同时也是复杂的结构组织"。② 这里的"全面"涉及经济领域、政治领域、习俗和道德等领域。而强调法团的国家意义,是强调法团和国家的密切关系,以及法团可以起到对国家功能的修补作用。即"一致的但是复杂的"是在强调规范性和多样性的融合。迪尔凯姆正是基于"社会结构是复杂的"观点,认为不能用单一的方式来理解社会秩序。他说:"凡是能够理解社会生活复杂性的人,都会知道社会生活为激烈冲突的各种因素留出了空间,所以也很明白目前的各种程式过于简单化。"③所以,我们可以从迪尔凯姆对重组法团的思路中看到他的改革方案,正是法团有助于社会整合,尤其是在社会转型过程中,所以,重构法团是加强集体团结并实现社会秩序走出危机的最适合的路径。

其次,迪尔凯姆提倡发展基于公平契约关系的公民道德。迪尔凯姆首先指出,对所谓的公民道德主要是从个人和国家的关系的角度来探讨的,这里的"国家"在迪尔凯姆看来,是指整个政治社会。他说:"通常我们并不用这个说法来指称政府工具,而是指称整个政治社会,或者把被管理的人们与其政府结合在一起。"④那么,什么是"政治社会"呢?在迪尔凯姆看来,它是指"各种职业或各种种姓的集合体……于是,我们就可以把政治社会确定为由大量次级社会群体结合而成的社会"。⑤ 也就是说,国家是政治社会的最高机构,"国

---

① [法]爱弥尔·涂尔干.职业伦理与公民道德[M].梁东译.上海人民出版社,2006.第31页。
② 同上书,第32页。
③ 同上书,第34页。
④ 同上书,第39页。
⑤ 同上书,第37页。

家"一词所指称的不等同于国家直接管辖的次级机构。迪尔凯姆说:"国家是由谁来构成的呢?这个问题需要进一步澄清,因为目前的讨论使这个主题含糊不清。每天,我们都会听说,公共服务就是国家服务;法院、军队、教会都是构成国家的一部分。然而,我们不能把属于国家直接管辖范围的次级机构与国家本身混淆起来。与国家有关的这些机构只是执行部门。至少可以说,这些从属性的次级群体具有更加专业化的行政管理功能,必须把它们所服从的群体或专门群体与国家区别开来,因为国家是复合群体。"①在迪尔凯姆看来,国家是由诸多群体联系在一起所形成的公职群体。那么,国家的功能是什么以及这种功能和个人的关系如何?

在迪尔凯姆看来,国家的责任就在于制定对集体有利的政策和法规,而国家的功能就在于引导集体行为。迪尔凯姆说:"严格地说来,国家是社会思维的器官。同各种事物一样,思维的直接目的也是实践意义上的,而不是思辨的。一般而言,国家不是为了思考而思考,也不是为了建构一种学说体系,而是为了引导集体行为。当然,它的主要功能是思考。"②在这个意义上,国家引导集体生活一定绕不开另外一个重要问题,那就是国家和个人的关系。从狭义来说,是公民与国家相互负有什么样的义务这个问题。迪尔凯姆是如何回应这个问题的呢?大体来讲,迪尔凯姆对国家和个体关系的理解有破有立,破的是功利个人主义和康德的个人主义,这是迪尔凯姆破除的一种类型,同时破除黑格尔式的神秘色彩的理解类型,这是迪尔凯姆说的另外一类。所立的则是道德个人主义。迪尔凯姆批判以往的个人主义解决方案,这些理论认为国家功能就是保证个人先天的权利。迪尔凯姆批判道:"首先,是个人主义的解决方案,它一方面得到了斯宾塞和古典经济学家的阐释和辩护,另一方面得

---

① [法]爱弥尔·涂尔干.职业伦理与公民道德[M].渠东译.上海人民出版社.2006.第40页。
② 同上书,第42页。

到了康德、卢梭和唯灵论者的拥护。他们认为,社会的目的是个人,单凭这一原因,个人就是社会中真实存在的一切。既然社会只是个人的集合,那么社会的唯一目的就是个人的发展……国家到底发挥了什么的作用呢?答案是,国家能够消除团体所形成的某些病态效果。在康德那里,个人作为一种道德人格,拥有一种值得尊敬的特殊品性,无论是他处于一种公民地位,还是人们以为的自然地位,这种与生俱来的权利……某些中介机构必须被委任以明确的任务,保护这些个体的权利能够得到延续。"①

迪尔凯姆这样批判个人主义的理由是迪尔凯姆认为国家具有多元化的功能,它不仅仅限于保护个人权利。迪尔凯姆说:"从历史的角度来看,我们看到随着国家的重要性不断增加,国家的功能也呈现出多元化的趋势……国家还有其他的目的和任务应该履行,并不限于保护个人权利。"②这是迪尔凯姆对个人主义的批判,同时迪尔凯姆还对黑格尔在此问题上的神秘色彩的方案持批判态度。迪尔凯姆批判道:"我们都可以从黑格尔的社会理论中找到其更系统的表达。从这个角度来看,每个社会都有高于个人目标、与个人目标无关的目标。这种观点认为,国家的目的就是要执行这种真正意义上的社会目标,而个人只能是施行这一计划的工具,他既不可能制订计划,本计划也与其无关。他必须为社会的荣誉、伟大和富庶而工作:他唯有作为社会的一员,去分享他参与创造的财富,才能弥补自己遭受的痛苦。"③迪尔凯姆认为,这种对国家和个人义务关系的理解尽管采用去个人主义的思路,但是因为过于强调社会目标,同样也是成问题的。如果个人仅仅成为工具,那么,真正的主体性又怎么能建立呢?这也是迪尔凯姆所破除的思路。

迪尔凯姆立的是道德个人主义或者说国家个人主义。如何

---

① [法]爱弥尔·涂尔干.职业伦理与公民道德[M].渠东译.上海人民出版社.2006.第42页.
② 同上书,第43~44页.
③ 同上书,第44页.

第五章　社会转型中的社会道德事实的基本理解和整合：分工、团结及法团建构

理解呢？他认为，个人权利不足是先天的，对个人权利要将其和社会道德及社会制度结合在一起考察。迪尔凯姆说："个人主义不是理论，它存在于实践领域，而非思辨领域之中。若要成为真正意义上的个人主义，它必须将自身印刻在道德和社会制度之中。"①在迪尔凯姆看来，国家意志并不是和个人截然对立的，国家的功能就在于解放个人，他说："国家的主要功能是为何和如何解放个人人格的。这恰恰是因为，通过控制构成它的各种社会，国家防止它们在个人之上构成压制性的作用……事实上，国家自身的意志并不是与个人截然对立的。只有通过国家，个人主义才能形成。"②在迪尔凯姆看来，真正的个人主义一定是社会的，道德的，国家的。如迪尔凯姆所说："因为他们通过国家，而且唯有通过国家，才能获得一种道德存在。"③这里，我们就能看出迪尔凯姆提倡的是"道德个人主义"，或者说，迪尔凯姆的基本立场是"道德个人主义"，此个人主义不是一种抽象的、先天的判断，而是个人自由和国家意志之间的某种结合，在个人主义之中已经有社会对个人内在影响的价值存在其中。

在迪尔凯姆那里，他认为自己的道德个人主义之所以成立，是因为有前提的。这个基本的前提是：人不仅是一种道德存在，而且个人的权利的真实基础是在社会那里。对此迪尔凯姆说："个人的权利的基础并非是个人是其所是的观念，而是社会实践、看待和估评这种权利的方式……问题的关键，并不在于个人是什么，而在于他有多少价值，而在于社会赋予他哪一种重要习惯，赋予与其有关的事物多少价值。社会必须全力以赴提高个人的地位，促进个人的

---

① ［法］爱弥尔·涂尔干.职业伦理与公民道德［M］.渠东译.上海人民出版社.2006.第 48 页。
② 同上书，第 50～51 页。
③ 同上书，第 51 页。

发展。"①从这种表述我们可以看出,个人的权利及价值来源是社会。这也是迪尔凯姆所提倡的道德个人主义或国家个人主义成立的基本理由。

因此,在迪尔凯姆看来,是国家解放了人格,其作用是积极的。他说:"我们的道德个性并不与国家相对立,相反,它是国家的产物,是国家解放了这种个性,这种渐次的进步不仅驱散了那些妄图吞并个人的敌对势力,也提供了个人活动的环境,从而使得个人能够自由的发展他的才能。国家的作用绝对不是消极的。国家将在社会状态允许的范围内实现最完整的个人化。它也不再对个人施暴,而将个人从社会中解救出来。"②这是迪尔凯姆关于道德个人主义的基本结论。

明确了迪尔凯姆这样的立场后,我们再来看迪尔凯姆的公民道德理论就容易得多。对于公民道德,迪尔凯姆最强调的就是爱国主义,并将爱国主义和世界性的爱国主义做了区分。在他看来,国家的基本义务不仅在于去促使个人以一种道德的方式生活,尽管此道德理由是公民道德的唯一基础。而且,就目前而言,国家的首要义务则是使其由成员构成的集体不受干扰。为什么他要强调这个方面呢?是因为国际间竞争还在。他说:"可是,我们知道,国际竞争并没有结束,在某种程度上,甚至文明国家相互关系的基础依然有战争,他们彼此威胁。"③所以,这样一来国家就具有两重性的功能,一方面是要引导集体生活;一方面是要组织自身,保护自身,防止威胁,甚至是组织反击。所以国家作为一种政治社会组织,要能实现这样的双重功能,就需要道德纪律。他说:"其整个组织形式的前

---

① [法]爱弥尔·涂尔干.职业伦理与公民道德[M].渠东译.上海人民出版社.2006.第54页。
② 同上书,第56页。
③ 同上书,第57页。

第五章　社会转型中的社会道德事实的基本理解和整合：分工、团结及法团建构

提，是一种与人的崇拜所潜藏的纪律完全不同的道德纪律。"①在他看来，国家要实现这样的功能，就需要担负组织和提高社会道德水准以及维持道德结构的重任，国家首先是道德纪律的机构，这种道德法律要随着历史的发展而加以调整，即对公民道德有新要求和新调整。对此，他说："国家首先是一个道德纪律的机构，它目前的作用与以前一样，尽管纪律已经发生了改变。"②这种道德纪律的首要要求就是凸显爱国主义，他说："如今，爱国主义显然是能够把个人与某一国家维系起来的全部观念和感受。"③这里，迪尔凯姆所凸显的爱国主义不是世界性的爱国主义，在他看来，正是爱国主义和世界性的爱国主义才是道德冲突的根源。他所强调的爱国主义是基于民族的爱国主义，但是又不等于民族主义。我们从如下两个层面来逐一分析这个问题：

其一，冲突的根源，在迪尔凯姆看来就在于爱国主义和世界性爱国主义之间的冲突。正是世界性的爱国主义让人们意识到在国家生活之外还有更高的力量，因此，国家的道德力就失去权威。对此他说："随着我们不断进步，我们看到人们所追求的理想，已经摆脱了世界某一地区、某一人群的地域条件或民族条件，超越于所有特殊的事物，逐步达到一种普遍性。道德力已经根据普遍性或分散性的程度具有一种等级秩序。一切均证明了我们的看法，国家的目标并非处于这一等级秩序的顶端，唯有人类目标才注定会成为至高无上的目标。"④也就是说，国家道德力已经受到威胁。而国家的首要义务就在于保护自身，所以，强调爱国主义就成为公民道德的首要内容。

其二，真正的爱国主义是对自身群体的忠诚。在迪尔凯姆看

---

① ［法］爱弥尔·涂尔干.职业伦理与公民道德［M］.渠东译.上海人民出版社．2006.第 57 页。
② 同上书，第 58 页。
③ 同上书，第 59 页。
④ 同上书，第 58～59 页。

来,抽象的世界性的爱国主义是成问题的。他说:"某种坚信世界国家或世界性的爱国主义的信仰形式,也是非常接近于自我中心主义的个人主义。由此产生的结果,将损害既有的道德法则,而不能创造出其他具有更高价值的法则。"①也就是说,基于人性而建构的世界大一统的国家尽管有实现的可能性,但是按照迪尔凯姆的说法,就目前的道德生活条件而言,还是显得遥远。因此,爱国主义或具有民族性的爱国主义向世界爱国主义逐渐转化是可行的,但是要有很长的路要走。因此,就目前的道德条件而言,爱国主义更多地还是要根据群体来谈。他说:"真正的爱国主义,似乎只能从内在的角度出发,以一种面向世界的集体行动形式呈现出来;对我们来说,当我们自身所爱戴的国家群体与其他群体发生冲突的时候,我们只能向我们自身的群体表示忠诚。"②但是迪尔凯姆也补充道:"它绝不排斥任何民族自豪感。"③我们可以看出,迪尔凯姆提倡的公民道德的爱国主义作为国家首要任务的内容,其意义在于通过强调爱国主义来恢复法兰西第三共和国的国家的道德整合力和国家凝聚力。爱国主义和法团建构类似,都对社会道德整合发挥着重要作用。从中我们也可看出,迪尔凯姆的理论自始至终都有现实的关怀,他的理论就是要为法兰西的道德整合提供理论支持。

以上对公民道德的理论是从国家如何保护个人的权利以及国家如何保护自身的角度来探讨的。针对公民道德,迪尔凯姆还凸显了公民道德是一种新型契约关系的道德。这里所强调的新型契约关系不是以物权契约为基础,而是以合意契约为基础而达成的公平契约,它和合意契约相关,但又超越合意契约。

为了讲清楚这些问题,我们首先来解释迪尔凯姆的契约及其根据是什么。在迪尔凯姆看来,契约是指"约束关系"。他说:"契约的

---

① [法]爱弥尔·涂尔干.职业伦理与公民道德[M].渠东译.上海人民出版社.2006.第59页。
② 同上书,第60页。
③ 同上书。

说法指的就是由此形成的约束关系。"①这种约束性源于神的属性及其被赋予的道德声望。他说:"契约关系并非是最早时期的产物,同时,我们能够容易地看到,它是怎样在晚近时期才被创造出来的。那么,这些约束关系,换言之,这些来源于人或物的状态或状况的权利和义务究竟是从哪里产生的呢?实际上,它们来源一方或另一方的神圣属性,来源于它们直接或间接地被赋予的道德声望。早期的人认为自己的义务与其自身的群体是维系在一起的。因为在他眼里,这个群体是至高无上的事物。如果他承认他对构成群体的个体也负有同样的义务,那是因为整体的某种神圣不可侵犯的性质传递给了部分……如果权利的起源是物,它就是从物的神圣本性中派生出来的。"②迪尔凯姆认为人的权利不是先天的,而在于作为"物"的社会事实具有神圣性,而"物"或社会事实之所以具有神圣性,是因为"物"是社会集体象征的体现。或者说,社会的、集体的力量作为一种道德整体,充满着神圣性,人被给予着这种神圣性,体现在财产等众多形式的"物"上。

对于"物"何以具有神圣性,迪尔凯姆说:"神不过是以物质形式人格化和结晶化了的集体力。归根到底,信仰者所崇拜的社会,神对于人的至高无上,其实就是群体对其成员的至高无上。早期的众神都是作为集体象征的实在对象,正因为如此,它们也是集体的表现:这些表现的结果,就是由个体构成的社会激发出来对众神的尊重感。这便是神圣化的根源。"③物的神圣性在于群体及社会的神圣性,而契约关系的起源就具有这种神圣性。他说:"契约的起源具有一种神圣性质:这就是圣言(sacramentum)的习俗。"④在迪尔凯姆看来,从宗教、习俗等活动中产生的对个人的约束关系渐渐地为契

---

① [法]爱弥尔·涂尔干.职业伦理与公民道德[M].渠东译.上海人民出版社.2006.第140页。
② 同上书,第141页。
③ 同上书,第129页。
④ 同上书,第145页。

约约束关系提供一种模式。而要想契约关系成立,需要如下几个条件:一是该物的状态和条件,以及它的法律地位;二是意志通过言辞或者誓言把自己宣布出来,具有合法性。这样我们去理解迪尔凯姆所说的物权契约就容易得多。物权契约的起源被他表达为:"如果某物构成了另外一个人的世袭财产的一部分,我就必须尊重它;不过如果它应该成为我的世袭财产,我就必须恢复它,或交出它的等价物……只有借助于这种活动,得到物的一方才会发现自己承揽着一种义务,即交出该物的等价物。这就是我们所谓的物权契约的起源。"①

但是,物权契约还不是真正的契约,问题何在?在迪尔凯姆看来,物权契约实现的只是物的让渡,对个体之间的约束力并不大,而适合时代发展的新的契约形式乃是公平契约。这种契约是从合意契约中诞生出来的,这里的合意契约是作为物权契约的顶点出现的。他说:"归根到底,合意契约(通过交互的合意达成的契约)可以说是物权契约和仪式性的口头契约在发展过程中的聚焦点和顶点。"②合意契约的核心是个体受到双重约束,即"既受缚于契约之中的道德权威,个体之间也彼此约束"。③ 但是,这种契约关系在社会发展中出了问题。迪尔凯姆说:"个人的权利只是在很小程度上能够得到尊重。结果,在每个契约中,个人的有关权利也只能在很小程度上得到保护。"④在迪尔凯姆看来,这样的契约关系仍不能成为一种规范性的契约,因为这种契约更多的是突出刑罚制裁,这种制裁并没有考虑契约对个体产生的影响。迪尔凯姆说:"真正的制裁只是敦促契约当事人恪守诺言,或赔偿损失,或因不能履行承诺而多另一方当事人造成的伤害进行赔偿。换言之,这一阶段的刑罚制

---

① [法]爱弥尔·涂尔干.职业伦理与公民道德[M].渠东译.上海人民出版社.2006.第143页。
② 同上书,第156页。
③ 同上书,第157页。
④ 同上书。

裁只与契约有关,侵犯之举所违背的似乎只是公共权威:人们还没有考虑到契约对个体产生的影响。"①在迪尔凯姆看来,既能实现加强人与人之间纽带关系,或者说相互约束关系,又能保证这种契约对个体双方都是善的,那么,这种契约就是公平契约。迪尔凯姆说:"就像合意契约是从要式契约中产生的一样,一种新的契约形式也会继续从合意契约中诞生出来,这就是公平契约,这种契约在客观上是公平的。"②那么,公平契约的要义是什么?"公平契约不仅仅是没有受到明显强制,它是可以自由达成合意而形成的契约,同时也是以真实和正常价值,即公平价格来交换物和服务的契约"。③ 其实,迪尔凯姆这里是从契约给契约当事人是否造成强制及不公的后果来界定契约的有效性的。

公平契约更应该凸显道德的、诚信的、善的约束力,以让个体所接受。他说:"因为契约若要作为道德约束力的契约让我们接受,不仅必须征得契约当事人的同意,也必须尊重他们的权利。在这些权利中,首要的权利就是物和服务必须基于一个公平的价格进行交换……这些来源于良知的观念,迄今为止依然是道德的观念,它们还没有对法律产生巨大影响。"④这里,我们可以看出迪尔凯姆所要解决的问题,是试图去建立一种在公平契约关系基础上的道德。

同时,他也指出这种契约关系的道德建设面临一个实际的障碍,那就是继承制度。对此,他说:"继承制度从人们诞生之日起就在人们之间构成了各种不平等,它与功德和服务无关,从而在根本上使整个契约体系失效。"⑤问题就在于继承制度造成现实社会中的不公以及道德中的冲突。他说:"继承制度作为一种制度,却造成了

---

① [法]爱弥尔·涂尔干.职业伦理与公民道德[M].渠东译.上海人民出版社.2006.第157页。
② 同上书,第165页。
③ 同上书,第168页。
④ 同上书,第168页。
⑤ 同上书,第170页。

人生而贵贱有别的结果。也就是说,社会中存在着两大主要阶级,其间由各种类型的中间阶级相连:以生存为目的的阶级一定会不惜代价,使自己的服务可以让另一方接受;而另一方阶级可以没有这些服务,因为它可依赖某些特有的资源,不过,也许这些资源与拥有并出售服务的人所做的服务并不相等。"①在迪尔凯姆看来,只要社会出现阶级,那么这个社会的运作系统一定是非公正的,而继承制度是带来阶级区分的根本原因,这是引起社会反抗及道德冲突的深层原因。因此,要想公平契约得到实现,一定要保证人们所得到的任何价值都必须等于他所提供的服务。要保证这一切,就需要废弃继承制度,在迪尔凯姆看来:"正是因为有了继承制度,所以从某种程度上说,这种契约是不公平的,是契约当事人固有的不平等状态所带来的结果"。②迪尔凯姆补充道:"通过继承权实现的继承,作为一种家族共同占有制中陈旧的权利的存续,目前已经成为一种古老的残余,不再有存在的理由。它已经不再符合我们的伦理,即使将这种残余废除掉,也不会扰乱我们社会的道德结构。只要这种由遗嘱指定的继承继续存在,问题就似乎更棘手。"③社会不平等的现象以及带来的道德冲突已经成为把人们拉入生活险境的根源。同时就社会规范而言,继承制度同时也严重影响着公平契约的运作。因此,继承制度应该废弃,这样才能保证公平契约的运转及社会道德秩序的和谐。

这里,迪尔凯姆是把社会仁爱作为公平的顶点的。他说:"仁爱漠视或否定一切从通过遗传获得的天赋或心力中产生的功德,所以,这也是公平的顶点。我们发现,只有社会才能对自然实行全面的支配,为自然立法,将这种道德的平等凌驾于事物所固有的物质

---

① [法]爱弥尔·涂尔干.职业伦理与公民道德[M].渠东译.上海人民出版社.2006.第170页。
② 同上书,第171页。
③ 同上书,第172页。

不平等之上。"①而且，迪尔凯姆认为，从公平契约中能够开拓出人类社会未来的新希望。他说道："伴随我们的脚步，真正意义上的仁爱将会变得越来越受人瞩目，所以，它不再是随意性的，也不再会超出应然的范围，它将会变成一种严格意义上的义务，这也许就是新制度的源泉。"②

总而言之，从迪尔凯姆这里，我们基本可以看出迪尔凯姆的思路，他从对契约的基本理解开始，点出从物权契约到要式契约到合意契约到公平契约的一脉相承的关系，以及通过公平契约所开启的社会改良之路。从个人和国家的关系而言，所谓的公民道德建设一定是和国家社会改革及公平契约的实现情况直接相关。只有社会实现了公平契约，公民道德所强调的爱国主义等因素才不至于沦为一种抽象。在迪尔凯姆看来，只有通过公平契约关系的建立，道德上的冲突及社会矛盾才能消除，个体和社会的纽带关系才是健康的、和谐的，而非冲突的、松散的，在此基础上，爱国主义才能成为公民道德的实在内容。

4. 理性的道德教育势在必行

迪尔凯姆强调理性道德教育的目的在于拯救公共道德。他说："任何降低教育有效性的东西，任何打破各种关系模式的东西，都将从根本上威胁到公共道德……我们决定让我们的儿童在国内学校接受一种纯粹世俗的道德教育。至关重要的是，这意味着一种不是从启示宗教里派生出来的教育，而是一种仅仅取决于只对理性适用的那些观念、情感和实践的教育，一句话，是一种纯粹理性主义的教育。"③迪尔凯姆重视世俗理性道德教育，并且认为现实是可以凭借理性加以把握的，对此他说："现实中，任何事物都没有理由被认为

---

① [法]爱弥尔·涂尔干.职业伦理与公民道德[M].渠东译.上海人民出版社.2006.第175页。
② 同上书,第175页。
③ [法]爱弥尔·涂尔干.道德教育[M].陈光金.沈杰译.上海人民出版社.2006.第6页。

从根本上超出了人类理性的范围。"①也就是说,现实中的事物都是可以用理性语言来表达的,而且可以透过理性,看出各种事实之间已经形成的联系。道德生活中的现象类似自然现象,也是理性能够把握的对象。因此理性道德教育是可能的。如他说的那样:"不仅纯粹理性的教育从逻辑上说是可能的,而且这种教育似乎也取决于我们的全部历史发展。"②

迪尔凯姆指出,从历史上来看,原始民族也是有道德的,确切说是一种宗教社会中的道德,这样社会中的教育更多的是教会人们面对宗教应该采取什么样的行为方式。而到了基督教这里,道德教育归根到底已经转移到人的问题上。迪尔凯姆说:"上帝仍然在道德中扮演着重要的角色。只有上帝,才能保证人们尊重道德,压制违反道德的行为。违反道德就是冒犯上帝。不过,上帝被归结为保护人的角色。道德纪律不是为了上帝的利益而制定的,而是为了人的利益而制定的。上帝的介入,只是为了使道德纪律行之有效。"③而随着新教的兴起,道德越来越多地获得了自主性,宗教仪式本身被逐渐弱化了。在这样的背景下,世俗的道德教育其实就意味着让道德教育从宗教观念中摆脱出来,并在社会中找到能够担当过去宗教观念的功能的理性替代物。这种理性替代物就是"社会理想",或称为实证道德理想。所以,迪尔凯姆说:"必须找到一种方法,使儿童不通过任何神话中介就感觉到它们(道德力)的实在性。这是这项事业的首要工作,即使道德教育成为理性的教育,同时使道德教育产生本应预期的全部结果。"④我们可以看出,迪尔凯姆所倡导的道德教育想通过道德教育来加强社会道德凝聚力,并引导社会道德走向实证社会道德理想的方向上来。因此,迪尔凯姆在指出教育者的

---

① [法]爱弥尔·涂尔干.道德教育[M].陈光金.沈杰译.上海人民出版社.2006.第7页。
② 同上书,第8页。
③ 同上书,第9页。
④ 同上书,第12页。

第五章 社会转型中的社会道德事实的基本理解和整合:分工、团结及法团建构

任务时说:"他必须帮助年轻的一代逐渐意识到这种新的理想,因为他们只是懵懵懂懂地朝向这一理想发展。要把他们引入这样方面,仅仅留在过去是不够的,他必须为未来做准备。"①可以看出,引导道德教育的方向,即准备面向未来的道德,在迪尔凯姆看来,就是实证的道德理想。但是,他同时也指出,在着手道德教育世俗化时,问题极为复杂。他说:"这里,有一大堆极为复杂和实际的问题,当我们着手使道德教育世俗化时,我们必须注意到这些问题。"②道德教育世俗化的道路同样是艰辛的,但是迪尔凯姆充满乐观,他说:"这远未使我们感到沮丧,只能促使我们作出更艰辛卓绝的努力。"③那么,迪尔凯姆所强调的道德教育的世俗化有哪些基本的要点呢?

其一,迪尔凯姆强调纪律精神是道德的首要要素。迪尔凯姆从"道德事实"出发,认为道德的所有行为是一个规范系统,都有纪律精神作为基本内容。对此他说:"所有规范都能下命令。道德规范完全是一种命令,而非其他。正因为如此,道德规范才会以这样的权威向我们发号施令,当它发号施令时,所有其他的想法都必须退居其次……所以,道德不只是一个习惯行为体系,而是一个命令体系。"④道德的功能首先是确定行为,固定行为,消除个人随意性的因素,也就是说,道德的首要功能是作为一种规范,促使人们按部就班地行为,这就要求在道德方面应恪守常规,重视习俗等常规性因素的制约。道德规范还作为权威而存在,所以,道德规范包含常规性和权威性两个层面,且这两个层面共同构成统一的道德整体,而纪律是其基本的要素。对此,迪尔凯姆说:"在道德生活的根基中,不仅有对常规性的偏好,也存在着道德权威的观念。进一步说,道德的这两个方面是紧密相连的,两者的统一性来源于一个更为复杂

---

① [法]爱弥尔·涂尔干.道德教育[M].陈光金.沈杰译.上海人民出版社.2006.第13页。
② 同上书,第12页。
③ 同上书,第14页。
④ 同上书,第26页。

的、能够将两者都包含在内的观念,这就是纪律的概念。实际上,纪律就是使行为符合规范,纪律意味着在确定条件下对行为的控制。不过,倘若没有权威,没有一种能够起到规定作用的权威,纪律就不会出现,因此,我们可以说,道德的基本要素就是纪律精神。"①但是,难道纪律不是一种约束和束缚吗?难道纪律不会对人和事物的本性造成伤害吗?在迪尔凯姆看来,纪律本身具有社会功能,同时也是保证个人生活的基本条件。因为纪律作为一种规范,对于社会而言具有效用。他说:"所有现存的组织都以某些明确规范为前提,倘若忽视了这些规范,必然会招致严重的混乱。社会生活要持续下去,就必须每时每刻地得到这样的塑造,以便应对环境的紧迫性。"②也就是说,纪律是社会生活包括家庭生活、职业生活、公民生活在内的正常、稳定运转的保证。而且,迪尔凯姆认为,纪律对于个人而言也是有效用的,在他看来,如果一个人没有能力把自身限制在明确的限度内,那么,这就是一种疾病的征兆,他说:"摆脱所有约束和规范,不再维系于某一明确目标并通过同样联系而受到限制和控制的需求和欲望,对所有能够体验到它们的人来说,都只是能够经常引起焦虑的根源。"③

在迪尔凯姆看来,道德是通过纪律精神来限制个人行为的范围。他说:"正因为这些激情受到了抑制,所以才会有能满足它们。"④限制激情或节制欲望是幸福和道德健康的条件,不仅如此,道德纪律能够构成一般意义上的人格。迪尔凯姆说:"性格最根本的要素就是这种约束的能力,或者根据我们的说法,是一种禁止的能力,这种能力可以使我们收敛我们的激情、我们的欲望、我们的习

---

① [法]爱弥尔·涂尔干.道德教育[M].陈光金.沈杰译.上海人民出版社.2006.第27页。
② 同上书,第31页。
③ 同上书,第32页。
④ [法]爱弥尔·涂尔干.职业伦理与公民道德[M].渠东译.上海人民出版社.2006.第34页。

惯,使它们服从法律……而道德纪律告诉我们,不要出于转瞬即逝的冲动来行动,也不要不论愿意与否,把我们的行为置于自然倾向的水平上。它告诉我们,行为中有一种努力,只有当我们限制这些倾向,压制某些欲望,减弱某种趋势的时候,行为才能成为合乎道德的行动。就像道德规范比其他所有规范都显得更稳定一样,学会合乎道德地行动,也就是学会有秩序的行为,即遵循各种永恒的原则并超越各种偶然的冲动与联想而形成的行为。"①从这种表述我们可以看出,道德纪律是保证行为规范有效性的一个基础,道德纪律不仅支撑了社会道德生活,而且也是个体的幸福和健康的条件。如他说的那样:"正因为规范可以教会我们约束和控制我们自己,所以规范也是解放和自由的工具。"②这些就是迪尔凯姆强调道德纪律的根本理由。

其二,迪尔凯姆强调道德的次要要素是对社会群体的依恋。迪尔凯姆对此先是给出一个基本的判定,他说:"无论行为可能是什么,如果行为只指向行动者的个人目的,就不具备道德价值。"③他这样说的理由在于道德是属于群体行为规范,道德行为所追求的一定是非个人的目的。那么,在他看来,只有社会才有资格作为超个人的"道德实在",道德行为的正常目标就是社会。"正是人类群体,才会拥有一种与彼此分离的群体成员进行思考、感受和生活的方式完全不同的方式"。④ 也就是说,只有社会才能发挥个人所不能发挥的道德功能,即只有在我们作为社会存在的意义上,我们才是道德存在。所以,在此基础上,迪尔凯姆就得到了道德的次要要素,对此他

---

① [法]爱弥尔·涂尔干. 职业伦理与公民道德[M]. 渠东译. 上海人民出版社. 2006. 第37页。
② [法]爱弥尔·涂尔干. 道德教育[M]. 陈光金. 沈杰译. 上海人民出版社. 2006. 第39页。
③ 同上书,第45页。
④ 同上书,第48页。

说:"道德的次要要素,就是个人对他所属群体的依恋。"①迪尔凯姆这样的论述是不是仅仅在说社会能够保证个人利益的实现,或者说,对个人有用,所以才把个人对社会的依赖作为道德的次要要素的呢?显然,在迪尔凯姆本人看来,绝非如此。他说:"如果我们打算考虑公共良知这一形式原则,同时拒绝承认自我中心的行为是道德的,那么,我们就必须认为,社会就其本身而言就是可以获得的,而且不单是因为社会对个人有用。"②也就是说,社会本身作为道德实在、精神实在,它具有集体人格,且是可以被认知的,我们不能仅仅从个体的角度去理解社会存在的必要性和合理性。在迪尔凯姆看来,我们有必要重新梳理个人和社会的关系。从这里,我们可以引出社会和个人的关系。

迪尔凯姆认为社会和个人的关系类似整体和部分的关系,个人和社会不同,但并非决然对立,即"个人与社会当然具有不同本性的存在,但是,这两个范畴之间远非存在一种无法表达的对立,个人也远非只有或全部或部分地放弃自己的本性才能认同社会,恰恰相反,事实上,除非个人投入社会之中,否则他无法成为真正的自己,无法完全认识他的本性"。③这里,迪尔凯姆强调道德一定是超个人的,一定要在社会中寻找根据,社会作为实在,其本身也具有道德功能,个体的道德性直接体现于他对社会群体的依赖,其实,他这里想表达的就是道德的社会性理解,同时指出人的本性也在于其社会性。可以说,迪尔凯姆已经把社会看成人的组成部分,看成人之为人的根本依据。如他说的那样:"构成我们自己最重要的组成部分就是社会。社会是我们自身存在的一个组成部分,在某种意义上构

---

① [法]爱弥尔·涂尔干.道德教育[M].陈光金.沈杰译.上海人民出版社.2006.第50页.
② 同上书,第52页.
③ 同上书.

成了我们身上最好的东西。"①

因此,在迪尔凯姆那里,正是社会和个人之间的这种既外在又内在的关系,才使得个体依赖社会群体成为可能。这里所说的社会外在于个人,意在强调社会超越个人,并拥有自己的本性;而说社会内在于个人,是因为社会是个体的组成部分,社会为我们植入了根深蒂固的根基。社会本性和个人本性具有一致性,也可以说,社会和个人之间不存在任何不可逾越的鸿沟。所以,道德纪律的次要要素,即个人对群体的依恋,是在成全社会,也成全着个人。对此迪尔凯姆说:"因此,就像道德可以根据我们本性的要求来限制和约束我们一样,在要求我们对群体承诺和服从时,道德也使我们实现了我们自身……我们愿意把自身交付给它,甚至把它推举给我们本身。"②因此,"道德教育的首要任务就是使儿童与其周围的社会重新合为一体,也就是与家庭合为一体"。③ 其实,这里,迪尔凯姆把学校教育看成道德上的代理人,他试图通过道德教育来重塑法兰西的民族认同。这里的民族认同不是以自我膨胀为表达方式,而是把民族国家定位为实现人类这一概念的合作机构,对此,他说:"道德的起点,就是社会生活的起点……真正享有首要位置的是政治社会,即民族国家。然而,只有人们没有把它构想为一种肆无忌惮地以自我为中心的、只关心有害于相似实体的扩张和自我膨胀的存在,而是为了逐步实现人类这一概念而必须合作的机构,它才享有道德上的这种首要性……就这里所理解的民族而言,学校只是道德上的代理人,通过它,儿童能够系统地学会认识和热爱他的国家。正是这一事实,为今日学校在国民道德的塑造过程中所扮演的角色赋予了突

---

① [法]爱弥尔·涂尔干.道德教育[M].陈光金.沈杰译.上海人民出版社.2006.第55页.
② 同上书,第56页.
③ 同上书,第60页.

出的重要地位。"①迪尔凯姆试图通过道德教育来提高民族认同,并在此基础上整合道德。

其三,迪尔凯姆认为道德还有第三个要素,即自主或自决。在迪尔凯姆看来,上述的道德的两个层面,即道德的首要要素"纪律精神"和道德的次要要素"对群体的依恋",其实两者是统一于社会的。迪尔凯姆说:"它们不过是同一个东西,即社会的两个方面而已。事实上,如果我们不认为社会在指挥我们、命令我们、把它的法则转交给我们,那么什么才是纪律呢?就其次要素,即对群体的依恋而言,我们在这里再次发现了社会,只不过社会被认为是一种可求的和好的东西,就像是一个吸引我们的目标,一个有待实现的理想一样。"②其实,迪尔凯姆这里指出的是社会强制并约束我们,以及社会滋养、保护我们,它们是同一的。这里,就出现了社会道德的双重面孔,按照迪尔凯姆的说法:"一方面,道德作为一种绝对法则,需要我们完全服从;另一方面,道德作为一种完美的理想,我们自发地追求着它。"③也就是说,道德的规范纪律和道德理想同属于社会道德实在,在不同的历史时期有着不同的偏向,有时偏重道德纪律,有时偏重道德理想的诉求。而放在迪尔凯姆所处的历史时代而言,道德纪律和道德权威的弱化恰恰成为欧洲危机的重大推动力。迪尔凯姆对此说:"确实,欧洲社会在这一个多世纪里陷入了严重的危机,像这样严重的历史危机,历史上还没有任何记载。传统形式的集体纪律已经丧失了权威,就像各种干扰公共良知的不同倾向以及由此导致的普遍焦虑所证实的那样。因而,纪律精神本身也已经丧失了它的支配地位。在这些情况下,唯一的解决办法就是求助于道德的另外

---

① [法]爱弥尔·涂尔干.道德教育[M].陈光金,沈杰译.上海人民出版社,2006.第60页。
② 同上书,第69页。
③ 同上书,第73页。

一个要素。"①在迪尔凯姆看来,个人对群体的依恋有助于解决道德危机,这种依恋离不开道德的第三个要素,即自主。也就是说,要合乎道德地行动,仅靠遵守纪律和效忠群体是不够的,不管是遵从规范还是忠于集体理想,还必须对我们的行为的理由有所了解,并尽可能清晰完整地明白这些理由。按照迪尔凯姆的说法是"这种自觉意识为我们的行动赋予了自主性"。② 这样一来,道德规范不再是单向的强制性的规范,必须同时也是人们自愿地向往的规范。而人们之所以自愿地遵守规范,是因为我们就是这样看待它,我们因此也自愿地服从于它。迪尔凯姆说:"通过履行义务,人们可以获得对适度,即自制的偏好,而这恰恰是幸福和健康的必要条件。"③

以上就是对迪尔凯姆道德教育世俗化基本要点的理解,道德纪律、对群体的依恋以及自主性同属于道德理性的层面,迪尔凯姆强调通过学校把道德教育的基本主张解释给学生,这样的道德教育是理解并整合时代精神的重要步骤。迪尔凯姆说:"由此看来,这种合乎道德地培育儿童的方法,并不是以多么丰富的情感和多么坚定的信念向儿童重复灌输万事皆准的真理,而是使他理解他的国家和他的时代,使他感受到他的责任,把生活的基本知识和技能传授给他,从而让他准备好在他将要遇到的各种集体任务中发挥他的作用。"④

5. 对宗教关注的意义在于宗教承载着社会理想

迪尔凯姆不仅强调外部的控制力量,如法律、道德等对社会秩序整合的作用,而且强调宗教对社会整合的影响。迪尔凯姆关注宗教的目的就在于找寻一种能在个人身上创造出从属于社会需求的责任感的力量,以此来拯救社会危机。迪尔凯姆重视宗教及其功能,也正如科塞所说的那样:"因为他所处的时代基本上是宗教的时

---

① [法]爱弥尔·涂尔干.道德教育[M].陈光金.沈杰译.上海人民出版社.2006.第76页.
② 同上书,第89页.
③ 同上书,第91页.
④ 同上书.

代,所以他所探寻的就是今天所说的类似于宗教功能的替代物。"①那么,在迪尔凯姆看来,什么是宗教?传统宗教功能的替代物为何?他为什么要强调这一维度?在迪尔凯姆看来,宗教的本质是社会性的。他说:"宗教是一种与既与众不同、又不可冒犯的神圣事物有关的信仰所组成的统一体系,这些信仰与仪式将所有信奉它们的人结合在一个被称为教会的道德共同体之内。"②宗教是集体的产物,是社会的产物,宗教不是先验的,而是集体生活的产物。他说:"宗教明显是社会性的,宗教表现是表达了集体实在的集体表现;仪式是在集合群体之中产生的行为方式,它们必定要激发、维持或重塑群体中的某些心理状态。"③也就是说,宗教通过聚合性、激发性、惩戒性等功能赋予人以存在的意义。

这里,我们可以援引研究迪尔凯姆的学者阿尔伯特(Harry Alpert)的说法,他说,在迪尔凯姆那里,宗教的功能在于"作为社会组织的宗教,将个人与归根结底植根于社会的超自然价值观联系起来,赋予人的存在这一范畴以一定的意义"。④ 也正如尼斯比特说的那样:"在迪尔凯姆看来,没有宗教仪式,社会就会衰落,宗教仪式的首要功能就在于激发人们的行动,增进人们之间的密切关系。"⑤从这些表述我们可以看出,宗教因其具有聚合性等功能而能加固人与人之间的纽带,并承载着人生存的意义。但是,宗教这种巨大的聚合力在迪尔凯姆所生活的时代已经衰落了,并对道德危机的产生起到了一定的作用,那还有什么方式可以消除现代社会趋于解体的倾

---

① [美]刘易斯·科塞.社会思想名家[M].石人译.上海人民出版社. 2007. 第 122 页。

② [法]爱弥尔·涂尔干.宗教生活的基本形式[M].渠东译.上海人民出版社. 2006. 第 42 页。

③ 同上书,第 8 页。

④ 转引自[美]刘易斯·科塞.社会思想名家[M].石人译.上海人民出版社. 2007. 第 125 页。

⑤ Robert A. Nisbet. emile durkheim :makers of modern social science . Prentice— Hall. 1965:86

向呢？

在迪尔凯姆看来，宗教是社会的，传统宗教的消失并不意味着社会的消失。现代社会的成员可以直接去认识以前仅仅通过宗教所了解的个人对社会的依赖性，能够担当宗教功能的理性替代物就是社会，社会是人类之父。他说："社会是宗教的起源。"①社会作为一种实在，是宗教产生的原因之一，没有社会性因素的影响，没有集体意识的外化和对象化，对宗教的探讨就无从谈起，宗教崇拜的只不过是集体人格，同时社会也是人类道德的根源。他补充说："这种构成宗教经验的各种自成一类的感觉的绝对而永恒的客观原因，其实就是社会。我们业已表明，在信仰者进行膜拜的时候，这个实在是怎样产生道德力的，怎样使他觉得自己找到了避难所，受到了庇护者和保护人的支持的。是社会把人提升起来，使他超越了自身；甚言之，是社会造就了人。"②如何理解这样的表述？其实，在迪尔凯姆那里，宗教只不过是社会的产物，实际上是被神化了的社会人格或集体人格，人们共同崇拜的神不过是社会力量的化身，宗教的本质是社会性。

不仅宗教的本质是社会性的，而且思维和范畴的起源也是社会的，对此迪尔凯姆说："既然整个概念体系所表达的世界就是有关社会的世界，那么，唯有社会才能提供表现这个世界的最一般的观念。"③在迪尔凯看来，社会产生了概念，概念形成了逻辑思维，因此，在逻辑思维的起源中，社会起着决定性的作用。迪尔凯姆在此为知识确立了真正的来源，即社会是知识的来源和根据，因为由范畴所表达的关系，要去社会中才能被了解。他说："还有个理由可以说明为什么范畴的构成要素应该来源于社会生活：这是因为，这些要素

---

① [法]爱弥尔·涂尔干.宗教生活的基本形式[M].渠东译.上海人民出版社．2006．第399页。
② 同上书。
③ 同上书，第419页。

所表达的关系只有在社会中并通过社会才能被了解。"①总之,社会是人类之父,不仅是道德的根据,同时也是知识的根据。在此意义上,社会是最高级的实在,我们应该将迄今为止我们赋予神的巨大感激之情赋予社会。因为在他看来,"社会绝不是无逻辑的或反逻辑的存在,也不是混乱的和虚幻的存在,尽管人们常常这样认为。恰恰相反,集体意识是精神生活的最高形式,因为它是各种意识的意识。既然集体意识超然于和凌驾于个体和局部的偶然性之上,它就会从永恒和本质的方面来看待事物,并将此结晶化为可沟通的观念。与此同时,集体意识既站得高,又看得远;在任何时候,它都包容了所有已知的实在;正因为如此,唯有它才能为心灵提供适用于事物总体的模式,并使这些事物具有被理解的可能性"。②

从中我们可以看出,迪尔凯姆其实已经用"社会"来替代以往只有宗教才能担当的功能,甚至超越宗教的功能。就此而言,"社会"在迪尔凯姆的视野中具有非常崇高的地位。这一点,如学者邹诗鹏先生所评述的那样:"颇有意味的是,费尔巴哈的社会观,在作为实证主义社会学学科创始人涂尔干那里再次复活。费尔巴哈把社会提升成了新宗教,涂尔干则把宗教的本质归结为社会,宗教不仅是社会的产物,而且本身就是神化了的社会,而人们对神的崇拜,本质上就是对社会的崇拜。在一定意义上,涂尔干是用社会'祛'宗教之'魅',因此社会是人类之父。"③由此可见,迪尔凯姆宗教研究的重点仍是"社会"。

那么,迪尔凯姆如此强调社会及其功能,是何用意? 在他看来,对社会秩序的理解和道德整合一定可以开出拯救社会危机的路径来,在迪尔凯姆的思路中,对任何理论的探讨都不能离开社会道德整合及拯救社会危机问题,这可以说是迪尔凯姆理论中的强烈的问

---

① [法]爱弥尔·涂尔干.宗教生活的基本形式[M].渠东译.上海人民出版社.2006.第419页.

② 同上书,第421页.

③ 邹诗鹏.唯物史观和经典社会理论[J].学术研究,2010,01:8

题意识和现实关怀。社会是集体的行动,社会关系着人们之间的纽带,健康稳定的社会秩序只有借助于对集体表现的修正和改良才可以得以实现。如迪尔凯姆本人说的那样:"事实上,正因为有了集体表现,全新的心态才开始萌芽,而单靠个体的力量,无论如何也不可能把自身提高到如此程度:正是借助集体表现,人类才能够开辟出通向稳定的、非个人的和有组织的思想的道路。"①从中我们可以看出,在迪尔凯姆看来,对社会本身的理解及对集体表现的调整是有助于人类社会理想的推进和实现的。也就是说,要想更深入地理解并阐释人类社会理想,就离不开对宗教根源及其功能的探讨。在此意义上,我们可以说,对宗教关注的原因在于宗教承载着社会理想,为社会整合提供有效的支撑。

---

① [法]爱弥尔·涂尔干.宗教生活的基本形式[M].渠东译.上海人民出版社,2006.第421页.

第六章

迪尔凯姆社会事实论的思想史意义和当代性

我们在前面章节分别考察了迪尔凯姆社会事实论的启蒙语境及迪尔凯姆实证社会学对以往社会学传统乃至哲学传统的清理、批判和考察等。可以说,迪尔凯姆的社会事实论是基于启蒙的基本语境,延续了孔德实证社会学的基本方向,推动了实证社会学的精细化和学科化。迪尔凯姆面对充满张力的启蒙语境,立足于"社会事实"这个基本概念,把它作为认识的前提,且论证的基本主题是如何理解社会道德秩序及其可能的出路,无论是对分工还是对职业群体、甚至自杀等问题的研究都始终没有离开这个主题。

从社会历史语境来看,迪尔凯姆的社会事实论为社会动荡和社会转型时的法兰西第三共和国的社会道德危机提供了理论支撑,这可以看成迪尔凯姆社会事实论的实践指向。那么,在我们系统论述完迪尔凯姆社会事实论的基本主张和见解后,我们现在回头来看,如果在思想史上给迪尔凯姆社会事实论一个定位的话,它该具有什么样的位置?换句话说,从思想史的角度而言,迪尔凯姆的社会事实论其意义何在?另外一个重要的问题是迪尔凯姆社会事实论的当代性又何在?这是本章主要论述的两个基本问题。前一个问题可以看作从时代语境的角度审视迪尔凯姆社会事实论及其思想谱系;后一个问题有助于理解迪尔凯姆社会事实论及其学科意义,即迪尔凯姆理论的基本研究范式,这样的范式对同时代和现代社会科学研究的价值何在?

第一节　迪尔凯姆社会事实论的思想史意义

我们要想很好把握迪尔凯姆社会事实论的思想史意义,就要对迪尔凯姆所面对的基本语境及所遵循的基本理路和所属的思想谱系进行分析。总的来说,迪尔凯姆理论路向是延续孔德所开创出来的实证社会学的道路,而孔德的实证社会学正是对启蒙问题的回应,可以说是启蒙运动和启蒙问题塑造着实证主义和实证社会学,这样的判断是符合孔德本人的论述的。迪尔凯姆接着孔德的实证社会学往前走,尽管这种推进是通过一种批判性的继承的方式进行的,但在根本的方向上,我们需要承认,迪尔凯姆社会事实论是孔德实证社会学的某种延续。而且,倘若我们把迪尔凯姆的社会事实论放在思想史中来看,有三个方面的特征是明显的。第一,迪尔凯姆的社会事实论是对启蒙传统的回应,它面对的是启蒙理性自身的问题,社会事实论试图以社会学的视角解决启蒙难题,但是终究落入启蒙传统中,尤其是实证传统中,甚至我们可以说,仍从属于意识哲学。虽然他也对启蒙问题进行批判并有所突破,但其始终没有摆脱启蒙传统和意识哲学,仍落入意识哲学的范围内。第二,迪尔凯姆社会事实论使得结构性、构成性、规范性社会理论成为一门学科。这种构成性和规范性的社会学的创立既有理论的诉求,也有现实的要求,即对法兰西共和国道德危机的拯救的要求。从这个视角来看,迪尔凯姆社会事实论开出的这种结构性、构成性、规范性社会学理论在思想史上意义重大。第三,迪尔凯姆社会事实论是以保守主义的方式拯救自由主义传统(或称为保守自由主义)的,同时也标志着实证主义传统在改良主义方向上的延续和复兴。

一、迪尔凯姆社会事实论是对启蒙传统的回应,但仍落在意识哲学范围内

从总的方面而言,迪尔凯姆的社会事实论是沿着孔德、斯宾塞实证社会学的道路向前发展的,而实证主义和实证社会学从创始人孔德那里就是启蒙传统的产物,或者说是启蒙理性的产物。这一点如法国著名的哲学家和社会学家雷蒙·阿隆(Raymond Aron)说的那样:"人们可以看出奥古斯特·孔德的基本思路是:社会现象取决于一种严格的决定论;这种决定论是以人类社会不可避免的变化形式出现的,而人类社会的变化又是受人类理性的进步所支配的。"① 在阿隆看来,实证社会学从创始人孔德开始,就是根据启蒙理性来阐发实证主义及实证社会理论的。笔者同样认为,阿隆对孔德这样的评判是符合孔德本人的思路的,因为孔德在《论实证精神》一书中同样也有类似的表述。孔德说:"对自然的实证研究今天开始受到普遍赏识,尤其是这种研究实际上正作为人类作用于外部世界的理性基础。"② 从这种表述中,我们可以看出,在孔德那里,实证研究的目的即是为外在世界之理性基础提供证明,也就是说,外部世界最初的根据是理性原则的。而且孔德认为对未来社会的预测也是通过理性原则来判断的。他说:"它根据人类的整个过去断定社会的未来,不带乌托邦幻想,由此而确立真正的政治科学,这是相应工艺的理性基础。"③ 需要补充的是,孔德强调实证社会学的普及教育,在他看来,实证社会学或实证理性的训练是符合人类理性的发展序列的,他说:"现代实证观念的系统发展基本上是源于由哥白尼、开普勒和伽利略开创的伟大的天文学革新。现代实证观念正公开趋向

---

① [法]雷蒙·阿隆.社会学主要思潮.[M].葛志强译.上海译文出版社. 2005. 第63页。

② [法]孔德.论实证精神.[M].黄建华译.北京:商务印书馆. 2009. 第22页。

③ 同上书,第90页。

于形成新的哲学体系……而这门决定性哲学的直接确立则有赖于普遍传授。这无疑是人类理性全面发展过程中理应为其承担的最终基本任务;理性一旦在所有人中间达到真正的实证状态,接着就会在新哲学的推动下前进。"①我们可以看出,从源头上来说,孔德的实证主义和实证社会学是理性主义的建构结果。具体来说,是对启蒙理性及其问题的一种回应和纠正,这一点笔者已经在第二章有详细的论述和阐发。这里,我们可以援引美国社会学家刘易斯·科塞对孔德思想的评论来看,科塞指出孔德实证社会学是对具有内在张力的启蒙问题的回应。他说:"孔德自视为培根和笛卡尔两个互不相同的科学传统的继承人,但他也对天主教印象很深。孟德斯鸠和休谟,孔狄亚克和观念学派,以及从牛顿到当代的重要自然科学家们,都对他的思想产生了相当大的影响。"②也就是说,孔德的思想是启蒙运动的产物,是对启蒙传统的回应。我们甚至可以说,是启蒙传统、尤其是启蒙及其问题塑造出孔德的实证社会学理论,如科塞说的那样:"孔德是启蒙运动的产物,深受18世纪末进步哲学家们的思想影响。"③我们认为,这样的判断大体是正确的。从孔德对培根和笛卡尔的重视和信奉,我们可以看出孔德思路中被启蒙传统影响的痕迹。我们可以援引阿隆对孔德社会学的定性来说明,阿隆认为:"在孔德那里,社会学是一门知性科学……这种真正的知性科学就是今天我们所称的知识社会学。这是一门观察、分析和理解人在历史进程中用自己的业绩表现出来的智力的科学。社会学之所以是一门知性科学还因为思维方式和思想活动总是与社会背景联系在一起的。用自省分析的方法能够把握得到的先验自我是没有的。思想是社会的思想和历史的思想,每个时代或每个思想家的思想也

---

① [法]孔德.论实证精神.[M].黄建华译.北京:商务印书馆.2009.第85页。

② [美]刘易斯·科塞.社会思想名家.[M].石人译.上海人民出版社.2007.第21页。

③ 同上书,第20页。

是在社会的背景中总结出来的。"①笔者非常认同这种判定和指认。孔德的实证社会学就是一门知性科学,而且是在对启蒙传统的回应中产生出来的,明确这一点是至关重要的。如果,我们从思想史的谱系中找到迪尔凯姆思想的来路,那么,我们在思想史中把握迪尔凯姆社会事实论及其社会理论就有了很大的信心。那么,迪尔凯姆的社会学是否和启蒙传统有着根本的关联?其本质是否也是一门知性科学?这里,我们还是用迪尔凯姆本人的表述来论证其社会学理论和启蒙传统的根本关联。

  首先,从思想史的谱系上来讲,迪尔凯姆社会事实论及其社会学理论是延续着孔德实证社会学的基本思路来进一步阐发的。迪尔凯姆本人也指认自身理论和社会学传统之间的继承关系,迪尔凯姆在论述社会事实论中就指出,自己之所以赋予社会事实以客观性的地位,是因为他是忠于社会学传统的。迪尔凯姆的原话是这样的:"这就是为什么我认为要把它(社会事实的客观性)从其他一切次要问题中单独提出来加以反复强调的有益的原因,而且我确信,我赋予这个原理以这样的优势地位,是表明我忠于社会学的传统,因为归根到底,关于社会事实的客观性的观点是全部社会学的出发点。"②从迪尔凯姆的这种表述中我们可以看出其社会学理论是对孔德、斯宾塞甚至圣西门实证社会学思想的继承和发挥。

  就此而言,如吉登斯所说的那样:"法国的学术传统对于涂尔干成熟学术立场的形成具有重要的影响。圣西门和孔德对于封建制度的瓦解和现代社会形态的出现作出了相同的解释,它们构成涂尔干所有著作的主要基础。确实,可以这么说,涂尔干毕生著作的主题都在于,力图将孔德有关社会实证阶段的观念与圣西门稍有差异

---

① [法]雷蒙·阿隆.社会学主要思潮.[M].葛志强译.上海译文出版社. 2005年.第84页.

② [法]迪尔凯姆.社会学方法的准则[M].狄玉明译.北京:商务印书馆. 2009.第20页。

的有关工业主义的阐释融合在一起。"①因此,从孔德和圣西门对迪尔凯姆的影响来看,我们可以说,迪尔凯姆的的确确是沿着实证社会学的研究路径而一步步推进社会学的研究及其理论的传播的。而在上述论述中,我们已经明确的是孔德社会学传统是对启蒙传统的回应,那么,迪尔凯姆的实证社会学是否具有这样的关联性呢?科塞说:"在法国学术历史中,涂尔干思想的主要来源是启蒙主义传统,尤其是卢梭和孟德斯鸠的思想……但是孔德和圣西门对他的影响更大。涂尔干多次强调自己是孔德和圣西门所开创的思想的继承人。"②这里我们可以再次看出迪尔凯姆的思想和社会学传统以及和启蒙传统之间的关联性和继承性。这里更多地体现法国启蒙传统对迪尔凯姆的影响。

同样,我们也需要重视德国启蒙传统对迪尔凯姆的影响。这一点,从迪尔凯姆对康德道德学说的重视和批判性吸收就能看出德国启蒙传统对他的影响。如科塞说:"至于德国思想家,与涂尔干(也翻译为迪尔凯姆)思想最为接近的哲学家是康德。涂尔干对康德的认识论和一般哲学并没有像对待康德严谨的道德义务哲学那样感兴趣。当涂尔干发展自己关于时空观念的社会起源理论时,他特别反对康德的人类思维固有范畴的学说,但是,涂尔干认真地指出,自己着重研究道德行为合意性的道德社会学,不过是对康德责任和道德义务概念的补充。这被涂尔干表达为:我们不能完成一项仅因被命令去做才具有某些意义的行动。从心理学的角度看,追求一个与我们毫无关系的目标是不可能的……那么,道德不仅必须是义务性的,而且必须是合乎意愿的。"③从这种表述中我们可以看出,迪尔凯姆虽然认为康德在分析道德行为时过分强调"义务"的概念,但他依

---

① [英]安东尼·吉登斯.资本主义与现代社会理论[M].郭忠华译.上海译文出版社.2007.第77页.

② [美]刘易斯·科塞.社会思想名家.[M].石人译.上海人民出版社.2007.第149页.

③ 同上书,第154页.

然非常赞赏康德的基本见解,尤其是对道德义务的基本理解。从中我们同样也能确认以康德为代表的德国启蒙传统对迪尔凯姆的影响和塑造。这样的判断是可靠的,因为无论是卢梭还是孟德斯鸠、康德等人,他们都是启蒙运动者或杰出的启蒙思想家,只是从地域概念上来说,前两者属于法国启蒙传统,康德则属于德国启蒙传统。但不管怎么说,我们都能得出一个结论,即迪尔凯姆社会学理论同样也是对启蒙传统的回应,是启蒙传统塑造出迪尔凯姆的社会事实论及其实证社会学理论。

其次,从迪尔凯姆立足"社会事实"这个基础性概念来阐发其社会学理论来看,他以社会事实为立论基础的社会学理论同样是理性主义的,迪尔凯姆所延续的社会学理论则同样是知性科学,是以理性范畴作为支撑的。因为迪尔凯姆在《社会学方法的准则》一书中系统论述了社会事实,但是,他在论述社会事实以及由此展开的社会学理论时,他对自己的理论主张有这样一个基本的指认,他的原话是这样的:"无论是唯物主义者还是唯心主义者,用在我头上都不准确,我唯一能接受的称号是理性主义者。实际上,我的主要目的在于把科学的理性主义扩张到人行为中去。"[①]从迪尔凯姆对自己理论的这种表述中我们可以看出其理论的基础是理性主义的。对于这一点,我们也可以援引阿隆的评论,他这样说道:"在涂尔干的思想中心,我看出了他为论证理性主义、个人主义和自由主义思想是历史发展中暂时的终点所做的努力。这一适合现代社会结构的思想学派应该得到认可。但是,如果那些对任何'协调一致'都是必不可少的集体准则未得到加强。那么,哲学学派就有引起社会瓦解和混乱的危险。"[②]从迪尔凯姆本人的论述和阿隆对他的评价来看,迪尔凯姆社会学思想背后有着理性主义原则。那么,迪尔凯姆在论述

---

① [法]迪尔凯姆.社会学方法的准则[M].狄玉明译.北京:商务印书馆.2009.第4页。

② [法]雷蒙·阿隆.社会学主要思潮.[M].葛志强译.上海译文出版社.2005年.第324页。

社会事实的过程中,是如何体现理性主义原则的呢？或者进一步说,是如何属于意识哲学范围以内呢？因为理性主义是意识哲学的基本原则。这一点,我们可以从他对社会事实的基本界定上得到理解。

在迪尔凯姆那里,对"社会事实"的理解是根据社会实体的外部特征而归纳得到的,比如在他那里,他把一切行为方式,只要这种方式从外部给予个人以约束力,不管这种约束在个人身上的表现如何,都叫做"社会事实"。不仅如此,迪尔凯姆还特别强调观察"社会事实"的第一条最基本的准则是"要把'社会事实'作为物来考察"。① 在迪尔凯姆那里,这种对事实的界定及考察的准则的依据是什么？迪尔凯姆的原话是:"只应取一组预先根据一些共同的外部特征而定义的现象作为研究的对象,并把符合这个定义的全部现象收在同一研究之中。"② 这是迪尔凯姆社会认识论的基本观点,概括起来可以被表达为三句话:应该把"社会事实"当作物,根据"社会事实"产生的强制作用来认识"社会事实",社会学认识的基本方法是分类和下定义的方法。而问题的关键就在这里,这其实也反映出迪尔凯姆虽然是社会学家,但本质上他还是一名哲学家,一个概念论者。如阿隆所评述的那样:"涂尔干作为一位哲学家,他还是一个概念论者。他倾向于把概念当作实在之物,或者至少可以说,他倾向于认为'种'和'属'的区别是铭刻在现实本身的东西。因此,在他的社会学理论中,定义和分类问题占了相当重要的地位。"③ 可以说,在迪尔凯姆的许多著作中,每一部著作的论述都是从给有关现象下定义开始的,如对分工、道德、宗教、社会形态等都是沿着分类的思路来进行的。这一点,正如迪尔凯姆本人所说的那样:"任何科学研究都牵

---

① [法]迪尔凯姆.社会学方法的准则[M].狄玉明译.北京:商务印书馆.2009.第35页。
② 同上书,第55页。
③ [法]雷蒙·阿隆.社会学主要思潮.[M].葛志强译.上海译文出版社.2005年.第297页。

涉到确定一批符合同一个定义的现象。因此,社会学家首先必须对他要研究的事物下个定义,以便使大家知道,也是使社会学家自己知道问题的所在。这是取得证据进行考证的首要的和最必不可少的条件。事实上,一个理论,只有在人们确认了它所解释的事实时,才能够得到检验。此外,既然科学研究的对象是由这个最初的定义构成的,那么这个对象到底是不是一个事物,就要看这个定义是怎样作出的了。"[1]也就是说,在迪尔凯姆那里,社会学认识是从对事实下定义开始的,这样的思路贯穿了他的一生,比如他对"犯罪"的研究就是从下定义开始的,他这样说:"比如说,我们可以找到某些具有所有这种外部特征,而一经完成就必然引起社会对它们作出我们称之为犯罪的反应的行为。我们把这些行为归为一个特别的类,并给它加上一个共同的名称,称一切受到惩罚的行为为犯罪,并把如此定义的犯罪作为一个专门学科即犯罪学的研究对象。"[2]

同样,迪尔凯姆对社会形态的把握也是从定义开始的。他说:"因为这些特征属于形态学领域,所以可以把社会学中以构成和划分社会类型为任务的这部分称为社会形态学。"[3]我们可以看出,迪尔凯姆总是倾向于认为,一旦确定一类事实的涵义后,人们就能够对这一类事实作出解释,而且只有一种解释。一定的后果总是出于一个原因。迪尔凯姆说:"同样的结果总是有同样的原因。"[4]这样的方法其实是有问题的。危险一,这种方法是用本质性的定义来取代对社会事实的认识;危险二,这种方法属于武断地预先假定,即凡是被列在同一个种类的现象都必然是由一个唯一的而且是同样的原因引起的。

所以,从迪尔凯姆以"社会事实"为认识起点到对社会各种事实的把握和理解的方法来看,迪尔凯姆努力去实现的普遍的社会学理

---

[1] [法]迪尔凯姆.社会学方法的准则[M].狄玉明译.北京:商务印书馆.2009.第54页.
[2] 同上书,第55页.
[3] 同上书,第98页.
[4] 同上书,第141页.

论,或者说实证社会学理论仍从属于观念主义哲学,仍落入意识哲学的范围内。这一点,如阿隆指出的那样:"涂尔干社会学……这种社会学的理想之处是,可以引出一种普遍的社会学理论。这种理论的原则是观念主义哲学。观念主义哲学,包括社会事实分类的理论、社会的'种'和'属'的概念,以及把社会环境解释为社会事实决定性形成原因的学说。"① 笔者很赞同这样的评价,迪尔凯姆的社会学理论的的确确是从对事实的"种"和"属"的范畴界定开始的,虽然迪尔凯姆也强调要把"社会事实"当作物来对待,但是在笔者看来,他所指的物,只不过是意识哲学之范畴规定的物相化,或者说是社会化的表征。这一点,如学者邹诗鹏先生早已指出的那样:"迪尔凯姆相信社会的动因决定了社会的自我进化,并把自我进化的社会看作客观的社会事实,他的社会事实进一步确认了黑格尔那种把社会看成是与生命相对立的第二自然的思想。"②

因此,我们有非常充分的理由可以认定,迪尔凯姆社会事实论及所开创的社会学研究路径仍是意识哲学的,就其本质而言,其社会学理论仍是一门知性科学。因为它仍是认识论模式,或者说仍是从二元分立的角度试图来实现对对象世界的认识。如邹诗鹏先生指出的那样,这里的认识论模式是"在既定的哲学传统中,有两种主要的哲学范式:存在论哲学和认识论哲学(意识哲学)。存在论乃是存在自我论证和阐释的哲学……认识论则是主体对象化的结果,其核心是主体对于对象世界的认识图示,它实际上意味着主体分裂出一种能够反映对象世界的客体性,客体其实是主体分化的结果"。③

最后,笔者认为,迪尔凯姆社会认识论仍从属于笛卡尔主义。

---

① [法]雷蒙·阿隆.社会学主要思潮.[M].葛志强译.上海译文出版社. 2005年.第301页.
② 邹诗鹏.马克思对现代社会的发现、批判和重构[J].中国社会科学, 2009,04:12
③ 邹诗鹏.当代政治哲学的复兴与马克思主义政治传统[J].学术月刊, 2006,12:26

之所以有这样的判定,是因为从迪尔凯姆本人的思路来看,他是从规定"社会事实"开始的,在他那里,社会事实是认识的起点,至于社会事实从何而来,迪尔凯姆没有给出明确的回答,或者说是拒绝回答的。我们可以从他把社会事实比作物的原话里得到提示,迪尔凯姆这样说:"凡是有自己的固有存在的东西,比如集体的行为方式和思维方式,都是物。个人所见到的物是已经形成的现成的物,个人不能使物不是物或使物成为别的东西。因此,个人必须按物的原样认识物,而且很难改变物,因为物在不同程度同社会对其成员具有的物质和精神的优势有关系。"①也就是说,在迪尔凯姆那里,社会事实作为物,它已然存在,这就是最大的现实,认识就是从承认物的存在或者说是从承认社会事实的存在开始。这固然在认识领域是可靠的,且迪尔凯姆也仅仅停留于此,并没有进一步回应社会事实何以会如此存在这样的问题。这样的思路其实是在实证社会学孔德那里就已经存在,拒斥形而上学的追问,以承认经过经验检验的事实为认识起点。只是在迪尔凯姆这里被表达得更为直接明确罢了。迪尔凯姆社会学认识起点的"社会事实",是作为已然存在的前提,是不用加以质疑的前提。其实这和笛卡尔开启的近代认识论的革命是有关系的,迪尔凯姆在文本中直接表明了他对笛卡尔主义的信奉,他在《孟德斯鸠和卢梭》一书中明确强调,他的原话是这样的:"我们可以说,在法国哲学的整个历史中,除了笛卡尔主义外,再也没有什么比实证哲学更重要的了。而且,这两种哲学不止在一点上可以彼此合理地协调起来,因为两者都是由同一种理性主义的信仰激发出来的。"②

因此,我们可以基本认定,迪尔凯姆的理性主义路向可以说和笛卡尔主义具有一致性。因为他们虽有所不同,但是一致地分享着

---

① [法]迪尔凯姆.社会学方法的准则[M].狄玉明译.北京:商务印书馆.2009.第18页.

② [法]涂尔干.孟德斯鸠和卢梭[M].李鲁宁,赵立玮,付德根译.上海人民出版社.2003.第243页.

认识的自明性前提,而这种自明性本身是有问题的,是未证明的且有待证明的。具体来说,笛卡尔认为理性形式的天赋观念的自明性是认识的前提,而迪尔凯姆认为,已然存在的社会事实中的道德原则的载体如法律、习俗等形式同样也是自明的,是认识"社会事实"乃至社会其他方面的前提。但问题在于,这种"理性之一般"、这种自明性前提本身是有问题的。有一点是清楚明白的,即迪尔凯姆把笛卡尔式的理性作为考察"社会事实"乃至建构社会道德的前提和基础。就迪尔凯姆本人的论述而言,理性乃是其理论建构的本体和前提,指出这一点是至关重要的。因此,我们可以认为,迪尔凯姆的社会学认识论是笛卡尔主义的延续。从思想史上而言,其理论意义在于,它是以社会学的视角去试图解决哲学史上先验和经验之间不一致的难题,其意义更多的是认识论革命后的延伸研究,只是以社会学的视角来重新解决先验和经验之间的沟通问题。从迪尔凯姆既强调经验观察也强调理性原则来说,"社会事实"既是经验的也是先验的,是事实和价值的统一。类似地,"社会"作为一个重要概念也是如此,既是先验的也是经验的,即社会是"社会事实"的整体,同时社会承载着社会理想和价值引导。

迪尔凯姆思想史的意义就在于其理论以社会学的视角去为沟通经验和先验做出的努力。这一点如阿隆说:"涂尔干竭力证明,他设想的这种社会学的认识论,能够提出解决经验论和先验论之间的矛盾的办法……不论是先验论还是经验论,它们都没有看到,这个在可感觉到的已知事物之外的东西,必须有一个来源,必须对它进行解释。只有集体生活能够说明这些概念和类别。正像理性主义理论家所希望的那样,概念是带有普遍性的表象,因为它们是集体的表象。从本质上说,集体的思维和个人的思维截然不同,而概念则是强制个人接受的表象,因为它们是集体的表象。此外,作为集体的表象,概念立刻具有一种普遍性的意义。"①从这种表述中,我们可以看出,迪尔凯姆是通过集体事实和"社会"概念而赋予事实以普遍性的。

综合以上三点的分析,我们可以看出,迪尔凯姆视野中的"社会事实",是理性实体范畴的社会化身。从迪尔凯姆对传统社会学等批判来看,迪尔凯姆在一定程度上试图突破纯粹的先验理性原则,这从他对社会事实的规定能够看出,虽然他在论述社会事实时,尝试用经验原则确认社会事实的客观性,但是他视野中的社会事实背后仍分享着笛卡尔的理性主义。迪尔凯姆所延展开的社会认识论仍是对近代自笛卡尔以来的认识论范式革命成果的社会学应用。凡是符合理性原则的,在迪尔凯姆那里,便具有普遍性的意义;而不符合理性原则的,在他看来,就被赋予社会学研究中的反常形式,也就是失范形式,比如分工和自杀。从这个层面我们可以看出,"社会事实"作为理性原则的社会外化形式,其是否具有合法性,是否能够成为社会学真正的研究对象,就要看它是否符合理性原则。从迪尔凯姆把反常形式置于社会学研究的边缘我们就能确认他的理论重点仍是理性主义范式,或者说是意识哲学、观念主义的态度。而从理论结果上来讲,我们既要看到他通过社会学视角解决哲学难题,试图沟通经验现实和先验原则;同时我们要也看到,在他的理论中,先验和经验、理性和感性始终没有在理论中实现贯通,所以他的理论就无法消解溢出理性原则之外的反常形式,也导致他对世界有一个二元分立的见解和抽象的人性论看法。总之,迪尔凯姆的社会事实论以及社会学理论表现出来的是对近代启蒙传统、尤其是英法传统和德国传统的批判性继承,其社会学理论和启蒙传统有根本的关联,而且从内容上来说,其社会学认识仍落在意识哲学的范围内,因此,我们可以说,其社会学理论就其本质而言,乃是一门知性科学。

---

① [法]雷蒙·阿隆. 社会学主要思潮. [M]. 葛志强译. 上海译文出版社. 2005年. 第291页。

二、迪尔凯姆社会事实论开启结构性、构成性、规范性社会理论

迪尔凯姆社会事实论的重要层面之一是"社会事实"的结构功能分析,并由此开启了规范社会理论。尽管功能分析在社会学传统孔德、斯宾塞那里已初见端倪,但是系统的社会学结构功能分析则是由迪尔凯姆创建的,迪尔凯姆强调社会事实的结构功能作用,社会事实的功能的确定对完整理解社会事实的重要性,认为社会事实的结构功能分析对构建社会秩序起到重要作用。

迪尔凯姆是通过对"社会事实"的结构功能的分析去理解社会结构的,迪尔凯姆看到功能结构作为社会事实的属性,对社会结构的理解起着重要作用。正如科塞说的那样:"无论是研究宗教现象还是犯罪行为,无论是试图阐明劳动分工还是家庭权力结构的变化对社会的影响,涂尔干都不愧是一位功能分析大师。虽然他试图追寻社会现象的历史起源,但是他并不仅仅满足于此,而是从探索社会现象的直接有效原因转向研究不同社会现象对各自所依存的社会结构的影响。涂尔干连贯地而不是割裂地思考问题,这样,他就应当被看做功能分析的直接创始人。"①迪尔凯姆的社会事实之所以从结构功能的角度来理解,不仅仅是因为结构功能是社会事实的本质规定,而且在于社会是一个有机体,它是由各个有机要素组成的整体。要素则是作为部分或者说局部参与其中,从社会有机体的构成性来看,在社会之中的社会事实具有结构功能就不奇怪了。可以说,"社会有机体"这个构成性的概念,规定并制约着社会事实的基本内涵。

因此我们可以看出,社会事实也是构成性的,同时也是结构功能主义的。那么,为什么说迪尔凯姆通过对构成性的、同时也是结

---

① [美]刘易斯·科塞. 社会思想名家.[M]. 石人译. 上海人民出版社. 2007. 第127页.

构功能性的社会事实的基本理解开启的则是规范社会学理论呢？这里面主要的根据有如下两个层面：

一是，从迪尔凯姆社会事实论所遵循的实证社会学方向而言，实证的一定是合乎现实的，这就意味着实证的也是追求规范的，故而迪尔凯姆的社会学理论在根本原则上并未远离对实证社会学的基本理解，而是很接近。如阿隆所说那样："迪尔凯姆的研究和孔德开创的传统一脉相承，迪尔凯姆以各种方式忠于实证主义创始人的思想……按照同样出于实证主义学说的要求，迪尔凯姆只能在科学思想里才能找到社会秩序的基础。"[1]也就是说，在迪尔凯姆那里，社会秩序的基础就是社会事实，对社会事实的认识就是理解社会秩序基础的基本依据，迪尔凯姆按照实证社会学的要求，以接受现有的社会事实的前提来建构社会学理论，所以在这个意义上，其社会学阐释路向一定是寻求规范的。因此，从这个角度而言，我们就能理解社会事实的结构功能和规范社会学理论之间的直接联系。

二是，如果说前一个层面是从思想传统的角度来理解迪尔凯姆寻求规范社会学理论，那么，我们同样不能忽视迪尔凯姆思想深处的社会历史语境和他对社会秩序的基本理解。在前面的章节中，我们已经揭示了迪尔凯姆社会事实论产生于后革命时代及社会转型时期，这一时期的法兰西第三共和国面临着社会危机和道德危机。迪尔凯姆身处这种语境中，对秩序和国家统一有一种强烈的渴望，所以迪尔凯姆就想从社会事实论中开出理解社会秩序并能够实现社会团结的现实路径。如科塞说的那样："涂尔干为公民道德寻求一个新的世俗的基础，他回答了在基本的世俗化和部分混乱的社会中公众对共同信仰和价值基础的需要，但是他又不得不创建一种世

---

[1] [法]雷蒙·阿隆.社会学主要思潮.[M].葛志强译.上海译文出版社. 2005年. 第303页.

俗道德取代曾指导自己成长的宗教准则。"[①]

在迪尔凯姆看来,处于社会转型中的法国社会,急需社会道德秩序的重建。他自己所努力推进的社会学研究就是要为道德危机寻求出路。在他看来,危机的根源不是资本主义社会出了问题,这一点和经典社会理论视野中的马克思和韦伯理解都不同。在马克思那里,对社会的基本理解是把包括资本主义社会在内的社会看成人类历史的史前社会,也即异化社会。在解释学社会理论开创者韦伯那里,把现代社会理解为日益成为官僚主义的和符合理性的组织,社会中科层制日渐凸显。而迪尔凯姆认为现代社会以工业社会为特征。"尤其是在工业社会,更看不到表现在什么地方,因为工业社会的目的就是要恢复个人的自由及其自然冲动,使个人摆脱一切社会约束"[②]。那么,社会危机就是因以往的政治权力和神权已不再适应工业社会的性质而造成的。

在迪尔凯姆看来,社会危机的根源不是经济基础问题,而是社会道德危机问题,或者说是社会组织和社会团结的问题。比如工人和企业主之间的冲突是作为现代社会无组织状态或局部混乱的证据出现的。因此在迪尔凯姆看来,必须对这些反常形式加以纠正。换句话说,这些反常形式的出现是因为社会组织不力或社会团结出了问题,因此必须加以规范和引导。这一点,我们可以援引阿隆的评论,他认为在迪尔凯姆的理论中"社会问题并不首先是经济问题,它主要是一个协调问题,也就是说个人的共同感情问题,正由于这种共同感情,矛盾才能得到缓和,利己主义受到抑制,社会安宁得以维持。社会问题是一个社会化的问题。就是说,要使个人变成集体的成员,应反复教育他们尊重社会的指令、禁令和各项义务,不然,

---

[①] [美]刘易斯·科塞. 社会思想名家. [M]. 石人译. 上海人民出版社. 2007. 第144页.

[②] [法]迪尔凯姆. 社会学方法的准则 [M]. 狄玉明译. 北京:商务印书馆. 2009. 第116页.

集体生活就不可能存在"。① 从这种表述中我们也可以看到,迪尔凯姆专门写《道德教育》《职业伦理和公民道德》等著作的动机,部分原因就在此。因为在迪尔凯姆那里,在工业社会及处于后革命时代的社会转型中,社会问题已经变成组织问题和社会团结问题。迪尔凯姆正是根据这样的基本见解,才花大力气去推进社会学研究走向规范社会学。因为社会问题是一个组织问题和团结问题,所以要加以纠正,把社会成员引导到集体生活中,加强社会团结,通过道德教育及职业集体的建立去建构个人和社会、国家之间的关系,在这个建构过程中,爱国主义成为一个现实的路径。这一点,我们可以从他对道德教育及爱国主义的强调中看出,迪尔凯姆正是想通过道德教育,尤其是爱国主义教育加强法兰西民族的集体信念和自我认同。

概而言之,无论是出于对思想传统的传承的考虑,还是出于对国家危机的忧虑,在迪尔凯姆的理论视野中,规范和道德教化成为一个基本的方式。"社会事实"这个概念很重要,但就他的整个理论视野而言,社会事实仅仅是起点,对社会危机的担忧和对民族国家的使命感,以及对国家民族的自我认同的重新建构理论,则是迪尔凯姆在后期的论著中重点关注的问题。甚至我们可以说,这是其社会学理论的基本使命和目标。但是,不管怎样说,我们都能从他的思路中看出一个基本的事实:迪尔凯姆的社会事实论以及由此开启的社会学见解是构成性的,也是规范性的社会学理论。如英国政治学家理查德·贝拉米说的那样:"涂尔干那里,他认为社会本来就是和谐的,它们只能维持一套行为规范,维护它们而不是设法改变它们,我们就能得到最好的回报。"②

---

① [法]雷蒙·阿隆.社会学主要思潮.[M].葛志强译.上海译文出版社. 2005年. 第304页.

② [英]理查德·贝拉米.自由主义与现代社会[M].毛兴贵译.南京:江苏人民出版社. 2008. 第102页.

三、迪尔凯姆社会事实论是保守自由主义和改良主义方向

我们从他与启蒙传统的关联可以看出,迪尔凯姆的社会事实论离不开对启蒙传统的基本信任。而且在启蒙传统中,对进步秩序的信奉和对自由主义的信念贯穿启蒙运动始终。那么,迪尔凯姆和自由主义有没有关联呢?回答是肯定的,迪尔凯姆在批判斯宾塞的自由思想时说:"社会只是以个人在它的作用下发生的变化为媒介才具有了原因的效力……工业社会的目的就是要恢复个人的自由……"①尽管迪尔凯姆认为社会作为一个有机体,其地位优先于个人,但是,社会和个人的关系并不是完全对立的,而是相容的,社会就是要让个人获得自由。社会约束和自由是不矛盾的。而从其生平中,我们也能够看出迪尔凯姆对自由主义的认可。如科塞所指出的那样:"在第三共和国的早期,理论和思想武器却主要是由巴黎大学提供的。这时涂尔干已成为巴黎大学中自由主义政治势力有影响的代言人……1900 年前后,巴黎大学——涂尔干已在此成为重要人物——已发展成为科学和自由主义的捍卫者、抵制反科学的坚强堡垒。"②从这种表述中我们可以看出迪尔凯姆对自由主义的信任。那么有没有更多的证据说明这一立场呢?

基于文本,我们可以肯定地说,从他的第一部著作《社会分工论》开始起,就有围绕自由问题而展开的一些分析和论述。迪尔凯姆在《社会分工论》序言中以这样的问题作为开端:"为什么个人越变得自主,他就会越来越依赖社会?为什么在个人不断膨胀的同时,他与社会的联系却越加紧密?尽管这两者看似矛盾,但它们亦步亦趋的活动却是不容反驳的事实。这就是我们为自己所设定的

---

① [法]迪尔凯姆.社会学方法的准则[M].狄玉明译.北京:商务印书馆.2009.第 116 页。

② [美]刘易斯·科塞.社会思想名家.[M].石人译.上海人民出版社.2007.第 143—144 页。

问题的本质。"①正是对自由问题的追求,才使得迪尔凯姆去研究分工和社会团结之间的关联性。在迪尔凯姆看来,通过劳动分工,个体又一次认识到自己对社会的依赖的事实。那些使个体受约束并使他在一定界限内活动的力量正是来自社会。也就是说,既然劳动分工成为社会团结的主要源泉,那么,同时它也就成为道德秩序的基础。现在问题来了,尽管迪尔凯姆在《社会分工论》中关注自由问题,探讨分工问题时也有自由主义思路,但是迪尔凯姆面对一个难题,即如果说劳动分工是自我调节的,能够自动调节社会道德秩序,那么,劳动分工的理论是如何能够解释当时法国的阶级冲突和混乱的经济道德秩序呢?

  迪尔凯姆在面对这样的难题时,他看到了法国当时动乱的社会现实对社会秩序的破坏和严重影响,所以促使迪尔凯姆开始反思自己对自由主义的基本信念。正是迪尔凯姆对法国大革命的批判性反思,才使得他的理论呈现出保守自由主义的倾向,或者说呈现出自由主义在改良主义道路上的复兴的迹象。如阿隆所指出的那样:"因为大革命打乱了社会秩序,使人感觉到危机即将到来,迫使思想家们去寻求危机的原因。"②迪尔凯姆的理论诉求面对这样的语境即社会危机的现实情境,只是在迪尔凯姆看来,社会危机或者说法国大革命带来的危机,不是经济问题,而是社会生活中的集体认同出现了问题。而且,迪尔凯姆认为这只是社会失范状态,其理论依据在于这是随着社会从简单状态逐渐发展到复杂的和差异性的状态而出现的从"机械团结"向"有机团结"的自然演化的结果。这里,我们就能看出迪尔凯姆其实已经把社会阶级冲突问题化解为社会转型中的社会团结的问题。也就是说,当时法国的问题是因为国家处于社会转型或过渡阶段,在这个转型阶段中,劳动分工的扩大暂时

---

  ① [法]埃米尔·涂尔干.社会分工论[M].渠东译.北京:三联书店.2000.第11页.

  ② [法]雷蒙·阿隆.社会学主要思潮.[M].葛志强译.上海译文出版社.2005年.第307页.

超过了支配它的道德规范传统。如阿隆所指出的那样:"商业危机、破产、劳动和资本之间的对抗都证明了社会有机体的各个器官之间缺乏调节,涂尔干把处于这种无规范状态(normless condition)称为失范(anomie)。然而,如果有足够的时间,规则本身就会自发地在不同的社会职能职能将自己建立起来,为雇用和交换服务制定公平的契约,并且协调市场,使供求不再超过需求。"①从这种表述中,我们也能够看出迪尔凯姆转换看问题的视角,用社会转型和社会纽带问题来消解马克思思想中阶级冲突问题,在他看来,是因为传统社会纽带的断裂造成的道德凝聚力和共同信仰的缺乏,这是属于社会转型的问题。这一点和马克思有本质的区别。在马克思那里,社会危机的实质就是阶级冲突。而在迪尔凯姆这里,社会危机的化解是可以通过改良主义就可以实现的。

可以说,迪尔凯姆对失范问题的研究其实就是以保守的形象修正自由主义的。在他那里,失范状态或无规范状态被看成过渡时期的一个短暂阶段。一旦现代的生产模式建立起来,这个危机就会退却。而当时的法国社会的危机,尤其是劳动和资本之间的对立而展开的阶级战争是由不恰当的规则造成的。他指出这种冲突已经成为工业社会的基本特征,他说:"这种无休止的敌对状态正是工业社会的显著特征。在这个社会里,所有工人都无一例外地具有同样的遭遇。"②这种遭遇的根源则被他理解为:"阶级战争之所以爆发是因为服务的交换是由一套不恰当的规则所调整,这套规则建立在地位和世袭特权的基础上。"③

在迪尔凯姆那里,下等阶层的人因为受到压制,所以他们才求

---

① [英]理查德·贝拉米.自由主义与现代社会[M].毛兴贵译.南京:江苏人民出版社,2008.第80页.
② [法]埃米尔·涂尔干.社会分工论[M].渠东译.北京:三联书店,2000.第316页.
③ 转引自[英]理查德·贝拉米.自由主义与现代社会[M].南京:毛兴贵译.江苏人民出版社,2008.第120页.

助于革命。问题的关键就在于没有公平的契约,他对此说:"没有不公平的契约就没有天生的富裕和贫穷。"①所以,在迪尔凯姆看来,要建立一种公平的基于契约关系的规范道德和相应的体制,这样失范状态作为一个暂时状态就不可能产生。他说:"既然规范体系是各种社会功能自发形成的关系所构成的一个确定形式,那么我们就可以说,只要这些机能能够得到充分的接触,并形成牢固的关系,失范状态就不可能产生。"②

从以上的分析我们可以看出,从迪尔凯姆对分工的自发功能的分析,以及迪尔凯姆身处启蒙语境中受到启蒙思想的影响来看,迪尔凯姆仍从属于自由主义。只是在他那里,是用社会转型理论的改良主义思路在一定程度上纠正自由主义的激进形象。这一点,可以说迪尔凯姆从反启蒙思想中吸纳了一定的见解,他从反启蒙的视角看到了法国大革命的危害及激进自由主义的先天不足。关于迪尔凯姆和反启蒙思想之间的关联性,前文中已经指出。而关于迪尔凯姆部分同意保守主义的一些见解,这里,我们可以援引贝拉米的评论:"在涂尔干的回答中,他冷静地同意保守主义的下述主张,即'为了团结一致,所以社会都要求其成员紧盯着同一个目标,团结于同一种信仰。'"③从中我们可以看出迪尔凯姆在社会团结和社会信仰层面上比较同意保守主义的一些见解。但是我们不能因此就把迪尔凯姆归为反启蒙或保守主义之列。因为就其理论本质而言,他仍是自由主义的,我们可以用"保守自由主义"来称呼其思想倾向。这样称呼是恰当的,这从法国当时的社会政治语境中也可以得到确认。

需要强调的是,自从法国大革命以来,法国始终处于政治动荡

---

① 转引自[英]理查德·贝拉米.自由主义与现代社会[M]毛兴贵译.南京:江苏人民出版社.2008.第120页.

② [法]埃米尔·涂尔干.社会分工论[M].渠东译.北京:三联书店.2000.第328页.

③ [英]理查德·贝拉米.自由主义与现代社会[M].毛兴贵译.南京江苏人民出版社.2008.第132页.

之中,1871年第三共和国的成立,才标志着资产阶级自由主义价值迟来的胜利。这样的结果便如贝拉米所指出的那样:"因此,法国的自由主义比英国的自由主义更为关注争权的稳定问题,自由派不得不在保守派与雅格宾派之间寻求平衡。19世纪80－90年代的社会经济变革给政权的稳定再次带来威胁,其社会问题排到政治日程的首位⋯⋯涂尔干的社会观和政治观众存在的矛盾在很大程度上反映了法国激进自由主义的矛盾。"① 笔者以为,迪尔凯姆试图通过社会学视野去尝试解决激进自由主义问题,迪尔凯姆走的道路是改良主义的,这正如邹诗鹏先生所指出的:"涂尔干对社会的理解标示着实证主义传统在改良主义方向上的延续和复兴。"② 因此,我们认为,迪尔凯姆是沿着实证主义的基本方向对启蒙传统中的自由主义加以纠正,在此过程中吸纳保守主义和反启蒙思潮的一些见解,通过强调"社会有机体"概念和"社会事实"的结构功能以及劳动分工的自发功能,而使自由主义在改良主义方向上得到延续和发展。

四、迪尔凯姆的思想见解和特点

通过发掘迪尔凯姆实证社会学的思想史意义,笔者从迪尔凯姆的理论本身出发看出了其理论与启蒙传统、自由主义、意识哲学的关联性。我们通过前面的论述,可以看出迪尔凯姆实证社会学传统的基本逻辑和建构思路,迪尔凯姆社会事实论的双重诉求及社会转型中道德整合的路径。其理论涉及的层面比较多,有启蒙理性和实证理性、孔德和斯宾塞社会学传统、分工、自杀、道德教育、宗教、社会等层面。可以说,社会事实是迪尔凯姆社会学的起点,他的理论探讨就是从努力去为社会学确立真正的研究对象开始的,为了达到

---

① [英]理查德·贝拉米.自由主义与现代社会[M].毛兴贵译.南京:江苏人民出版社.2008.第11页。

② 邹诗鹏.唯物史观和经典社会理论[J].学术研究,2010,01:9

这个目的，他先后对众多思潮进行了论述和判定，心理主义、利己主义、古典政治经济学、康德伦理学、社会主义及实用主义都是迪尔凯姆——要与之对话并回应的思潮。也正是在与众多思潮的回应和对话中，迪尔凯姆才为社会学确立了真正的研究对象，即社会事实。

他把社会事实确立为真正的社会学研究对象后，又先后通过分工、自杀等问题切入时处于社会转型中的现代社会秩序的基本理解及社会道德危机的种种表现，对分工事实的理解得出社会转型中的社会秩序的理解方式；同时，对失范分工及反常自杀等问题的探讨，从反面为社会生理学的理解和发展提供了真实的社会情境。而对宗教问题的研究，强调社会的集体人格的重要性。在迪尔凯姆的理论视野中，社会则是最高的实在，在社会学研究中拥有最高的位置，其社会结构直接影响着人们之间的凝聚和团结。

为了弄清楚这个根本的问题，或者说为了想给这个问题一个根本的解决办法，迪尔凯姆指出了社会历史语境，即后革命时代，社会处于工业革命和大革命时，社会动荡且极不稳定，社会转型已经成为现实，转型中的社会何以能够保持稳定健康的状态？这是迪尔凯姆面对的语境和问题。迪尔凯姆给这个问题寻找的答案是法团建构和道德教育。也就是，迪尔凯姆是从一种改良主义的角度去复活实证主义传统，想以此来实现他的理论和实践诉求。这一点明显不同于马克思的立场。

总的来看，迪尔凯姆对实证社会学的批判性复兴的进路，就迪尔凯姆本人的论述而言，有几点是非常突出的：

一是理性主义原则。迪尔凯姆本人多次论述自己的这个主张，他所要实现的目的就是把科学的理性主义纳入人的行为中去。这样的立场一直都贯穿他的文本，从早期的博士论文到晚年的宗教研究，比如他从宗教研究中得出的仍是社会，只是社会这个范畴，在他看来只不过是宗教功能的理性替代物。不仅如此，在迪尔凯姆看来，社会事实及社会实在本身都是理性的实体存在。

二是迪尔凯姆的改良主义立场。迪尔凯姆的整个思路,从他对分工的理解和对道德教育的强调、寻求社会规范及道德整合来看,都是改良主义路向的。可以说,这样的理解路向一方面由其理论立场决定,另一方面和对社会革命的反思和担忧有很大关系。就此而言,迪尔凯姆和马克思具有不同的立场,他更多地是站在保守主义立场上来分析的。

三是社会转型和社会建构是新时代交出的新问题。迪尔凯姆站在实证社会学的基本立场上,通过将社会学研究进一步科学化和细化,为解决新问题提供了新的理论视野。比如,他用社会学统计方法研究自杀问题,得出自杀问题和社会结构之间有关联的结论,以及为防止自杀要注意的问题,这种社会学探讨模式无疑为我们理解社会结构及自杀事实提供了重要的思想资源。也就是说,迪尔凯姆实证社会学理论为处理社会转型时期的很多问题提供了实证的理解路径,也是迪尔凯姆的重大贡献。

基于以上分析,总的来说,我们认为,迪尔凯姆社会事实论及其社会学理论在思想史上意义重大。可以说,迪尔凯姆的社会事实论是对启蒙传统的回应,社会事实论试图以社会学的视角解决这样的难题,但是终究落入启蒙传统中,仍从属于意识哲学。而且迪尔凯姆社会事实论使得结构性、构成性、规范性社会理论成为一门学科。迪尔凯姆社会事实论开出的这种结构性、构成性、规范性社会学理论在思想史上意义重大。最后,迪尔凯姆社会事实论是以保守主义的方式拯救自由主义传统的,这也标志着实证主义传统在改良主义方向上的延续和复兴。

第二节 迪尔凯姆社会事实论的当代性

究竟该如何理解迪尔凯姆理论的当代性呢?有没有这个必要呢?回答是肯定的,迪尔凯姆社会事实论及所展开的社会学理论对当代社会科学和当代社会现实的影响巨大。从思想影响上说,迪尔凯姆思想影响广泛,不仅对社会学理论本身产生重要影响,而且对法学、政治学、教育学等人文科学都有着重要影响。而如果从经典社会学理论来看,无论是对马克思、恩格斯所开创的唯物史观及社会批判理论,还是对由韦伯开创的解释社会学理论的发展和阐释都有着重大的影响。我们可以把对迪尔凯姆的理论本身的探讨作为唯物史观及其批判理论和解释社会学理论的延伸性研究,这也是笔者重视迪尔凯姆理论的原因之一。因此,明确迪尔凯姆社会事实论及其社会学理论的当代性就显得非常重要。

对于这种重要性,这里,笔者援引学者邹诗鹏先生的判定:"在面对当代思想家有关历史唯物主义研究成果时,常常会伴随着一种困惑,即这些思想家所展开的问题视域,与通常的历史唯物主义话语并不是那么协调,有时甚至是完全迥异的。出现这种状况,与我们有关唯物史观研究中经典社会理论视野的缺失是有一定关系的。在西方学术思想史上,唯物史观的当代性研究,必定要经过经典社会理论这一重要环节,才成为稳定的问题或课题。在这种情况下,如果舍弃涂尔干及韦伯的经典社会理论传统,自然容易对当代社会理论中有关唯物史观的探讨产生误解。"[1]这种见解准确地把握了迪尔凯姆和韦伯的思想对唯物史观当代性研究的意义。而且对于迪尔凯姆和马克思学说互动的必要性,也正如英国 Goran Therborn 教授所指出的那样:"对迪尔凯姆的分析必须在一定比较框架内进行更好,这里,社会学的先驱们他们思想之间是相关的,在这些人之间,明显地,我们可以看出,迪尔凯姆受圣西门、孔德和斯宾塞影响很多,同时,它也必须重视马克思的学说,这里的马克思是作为历史唯物主义和政治经济学批判的创立者出现的。"[2]那么,这里,笔者更为关注的是迪尔凯姆思想的当代性问题,对它的理解是对经典社会

---

[1] 邹诗鹏.唯物史观和经典社会理论[J].学术研究,2010,01:12

[2] Goran Therborn. Science, Class and Society. printed by Lowe and Brydone,Thetford,Norfolk. 1975:247

学理论中唯物史观及其批判理论研究的一个延伸题。

为了弄清楚迪尔凯姆社会事实论及其社会学理论的当代性问题,笔者打算从以下三个层面进行分析。

一、迪尔凯姆社会事实论开启的学科意义

在上一节中,笔者已经说明迪尔凯姆创建了一门实证的同时也是构成性的、结构性的规范社会学理论。迪尔凯姆对社会分工、社会分层、社会团结和整合以及失范问题的研究所用的结构功能分析方法对当代社会学理论及相关社会科学的研究有着重要的指导意义。可以说,迪尔凯姆的实证社会学开启了近代社会科学研究的实证结构功能理解范式,这一点在其理论中是十分凸显的。我们可以从他对社会事实的结构功能的强调和以此为基础所展开的对知识社会学、宗教社会学的研究中可以看出结构功能主义的论证力。如科塞指出的那样:"无论是研究宗教现象还是犯罪行为,无论是阐明劳动分工还是家庭权力结构的变化对社会的影响,涂尔干都不愧为一位功能分析大师。"[1]由此可见,结构功能分析方法及阐释路向在迪尔凯姆那里具有极为重要的理论地位。

不仅如此,如果从其对相关学科的影响上来看,迪尔凯姆的这种实证的结构功能分析方法对西方当代社会科学的研究有着重要的影响。这一点,同样如科塞所言的那样:"迪尔凯姆应该被看作功能分析的直接创始人。这种功能分析先后发展为受拉德克利夫·布朗、马林诺夫斯基影响的、占统治地位的不列颠人类学与受帕森斯和默顿影响的美国功能主义社会学。"[2]也如尼斯比特指出的那样:"在19世纪初期,迪尔凯姆已经在美国被大家所熟知……所有这些都使得美国社会学家意识到迪尔凯姆的真理价值以及他独

---

[1] [美]刘易斯·科塞.社会思想名家.[M].石人译.上海人民出版社.2007.第127页.

[2] 同上书.

特的问题解决办法,且这种社会学广泛地统治美国社会学30年之久。"①从这种表述中我们可以看出迪尔凯姆对当代社会学的影响的重大。

正是迪尔凯姆通过强调结构功能才使得社会学阐释路向逐渐摆脱了一种个人主义的社会心理分析模式,而从整体结构的角度去思考并理解社会及社会问题。这样做的理论意义重大。如国内学者于海教授所指出的那样:"第二次世界大战后,功能主义已成为主要的社会学范式。到了50年代,功能主义不再被人看做仅仅是诸多社会学方法之一,而是被视为唯一的社会学方法。一直到60年代中期,功能主义主导了美国社会学理论的发展方向。"②可以说,在社会学传统中使用结构功能分析法是从迪尔凯姆开始的。

从其内容上我们就可以看出这一点,迪尔凯姆社会学的首要关注点是社会整体或社会有机体的整合和团结,即如何保证和维护社会有机体的正常秩序和人的行为的规范和自由。在迪尔凯姆看来,各种社会组织的存在,仅仅是作为一个整体的要素参与整体之中,仅仅是为了满足特定的社会需求。在他那里,社会诸多层面之间的因果关系和社会结构功能不是同一个概念,我们不能把现象与现象之间的因果关系等同于它们之间的结构关系及功能关系,社会事实是社会认识论的基础,迪尔凯姆特别强调在理解社会事实时,不仅要重视社会事实存在的原因,还要去解释它们对于社会整体的功能。而且,迪尔凯姆在研究社会功能、宗教生活等社会事实时,在进行因果分析的同时,也致力于它们对社会团结的作用的功能分析。也就是说,迪尔凯姆理论中的这种功能分析是他理论的一个特点,这一点要加以重视。从迪尔凯姆这个理论层面上去理解当代社会理论中的结构功能理论就自然得多。这是对迪尔凯姆结构功能分

---

① Robert A. Nisbet. emile durkheim:makers of modern social science. Prentice—Hall. 1965:4

② 于海.西方社会思想史.[M],上海:复旦大学出版社.2009年.第381页。

析的基本判定。

而且,迪尔凯姆的这种方法对当代教育学理论及法律社会学甚至历史社会学都有着重要影响。我们可以说,迪尔凯姆理论所展开的问题域及所用的方法已经成为现代社会学甚至现代社会科学的基本组成部分,在社会科学的研究中,诸多理论都不能回避迪尔凯姆的思想价值和贡献。如科塞说的那样:"用涂尔干自己的话来说,作为社会理论家,他的'主要目标是将科学的理性主义扩展到人类行为'。可能涂尔干在许多领域内并未取得成就。但是,他的著作已成为现代社会学的基础组成部分,这一事实证实了他的全面功绩。"①

同时,迪尔凯姆的社会结构功能主义分析方法也对各种非结构功能的阐释路径形成回应。可以说,当代的各种非结构功能阐释路径同样也离不开对迪尔凯姆的方法的挑战和回应。比如以狄尔泰和李凯尔特为代表的人文主义社会学、实用主义和互动理论,以及冲突社会学、交换理论,包括法兰克福学派的批判的社会学,甚至包括马克思的唯物史观和韦伯的解释社会学。这些不同于迪尔凯姆阐释路向的理论,要想取得自己理论的合法性,其中一个环节是要回应迪尔凯姆的学说及其方法。而对于诸多学科的发展而言,回应迪尔凯姆的思想就显得尤为重要。如于海教授说的那样:"虽然功能主义在一年一度地、一学期一学期地死亡着,在学期开始的导论课上遭到宗教仪式般地判决,但是它的周期却像古老东方死而复生的神的周期一样。对功能主义的批判,促进了一系列替代理论的兴起。诸如冲突理论、交换理论等都与功能主义有某种或远或近的因缘。"②

而从学科意义上来讲,我们认为,迪尔凯姆的社会学理论是对

---

① [美]刘易斯·科塞.社会思想名家.[M].石人译.上海人民出版社. 2007.第127页。

② 于海.西方社会思想史.[M].上海:复旦大学出版社.2009年.第408页。

启蒙问题的回应。

其所开创的知性社会科学是对启蒙精神的继承和发挥,启蒙要求实现理性的自主,表现为知识的扩张及诸多学科追求。如邹诗鹏教授指出的那样:"启蒙将自然科学及其理性精神向包括历史、社会、宗教、日常生活等实践领域的扩张和渗透,在学科上表现为自然科学向人文学科的扩张和渗透。现代自然科学的兴起,作为理性向自然对象的知性化的结果,本身就是启蒙的结果。现代性人文社会科学的兴起,同样也是启蒙的成果形式。"①迪尔凯姆的社会事实论及其社会学理论就是作为启蒙的成果形式而产生出来的,我们要能看到其理论的学科意义及对社会学甚至对现代人文社会科学的重大影响。但是,我们同样也要看到以实证主义为根本原则的实证社会学理论是作为现代知性科学出现的。这一点,如吴晓明教授指出的那样:"拒斥形而上学的实证主义是一种对于自身前提未加批判检审的形而上学,这一点在今天已经无需作出进一步的证明了;而知性科学的全部预设,虽说后来有过一些调整,但总已在现代形而上学的建制中奠定了根本性的基础。"②

二、迪尔凯姆对马克思的批判并留给唯物史观的问题

在经典社会学三大理论传统中,迪尔凯姆、马克思和韦伯三者所分别开启的社会学视野和阐释路向尽管有着根本的差异,但它们之间却存在着彼此塑造和彼此推进研究的现实。这里,笔者主要考察迪尔凯姆学说对推进马克思唯物史观研究的影响。在此,我们需要追问的是,迪尔凯姆坚守的是实证社会学的基本立场,那么,迪尔凯姆在对现代社会学理论的批判性理解中,他是如何回应马克思学说的呢?这种批判在唯物史观那里,又该如何去回应?

---

① 邹诗鹏.唯物史观对启蒙的转化和超越[J].哲学研究,2008,06:7
② 吴晓明著,《形而上学的没落》,[M],北京:人民出版社,2006年版,第557页。

第六章 迪尔凯姆社会事实论的思想史意义和当代性

1. 迪尔凯姆对马克思唯物史观的批判

先来看第一个问题,即迪尔凯姆对唯物史观的批判。在他的论著中,他直接论述马克思、恩格斯的篇章很少,但是我们也能从他对马克思、恩格斯这两位历史唯物主义学说的创始人的评价中得到线索。总的来说,迪尔凯姆对唯物史观及其批判理论的理解方式主要是批判的,而且迪尔凯姆拒绝承认马克思对他的影响。尽管他们在反个人主义及肯定社会化、社会存在方面有很多相似之处,但是迪尔凯姆拒绝承认自己受到马克思学说的影响,他认为自己提出从"社会事实"的外部去解释"社会事实"的思路,和马克思从外在结构角度去考察社会尽管有相似的成分,但是"对我们自身来说,在我们了解马克思以前,就已经得出这个命题,我们根本没有受到马克思的影响"。① 这是迪尔凯姆首先指认的一点。从整体来说,迪尔凯姆是反对马克思的学说的。

那么,他是如何批判马克思的呢?我们从他通过间接评价拉布里奥拉和查理德的思想来定性马克思学说来说明他对马克思思想的批判。其指认的要点之一在于,他把马克思的学说当成经济唯物主义,而且还认为此学说缺乏足够论证的抽象原则,他说:"即使不把特定的事实与经济唯物主义对立起来,人们如何才能看到后者所依据的论证是不充分的呢?这真是一种假扮历史的规律。"②也就是说,在他看来,马克思所开启的唯物史观及其批判理论本质上只不过是经济唯物主义,而且,在他的表述中,还批判了唯物史观的非实证的论证方法,这在他看来同样是成问题的,无法得出真正的历史规律。

批判的第二个方面是:他认为马克思对社会的理解使用的是单一的解释模式,在他看来,马克思单一的解释模式是成问题的,而且

---

① [法]爱弥尔·涂尔干.乱伦禁忌和起源[M].汲喆.渠东译.上海人民出版社.2003.第341页.
② 同上书,第343页。

认为从经济角度去解释社会是错误的。在他看来,就本质来讲,宗教是最原始的社会现象,对社会的考察要从此处开始。对此他说:"集体活动的所有其他的形态都源于宗教:法律、道德、艺术、科学、政治形势等等,原则上说,一切事物都是宗教的,我们从来就不晓得把宗教还原为经济的方法,也不知道所有进行这种还原的尝试。"① 那么,这里面就产生了阐释路向上的根本分歧。

批判的第三个方面是,他明确反对马克思学说提倡的暴力革命。在他看来,社会完全可以在建构、改良主义的运作下趋向社会理想,而暴力革命是一种人类灾难。迪尔凯姆反对暴力革命的原因在于,在他那里,暴力革命,如法国大革命往往带来危险和灾难。它摧毁了一切旧的制度,但没有建立起真正值得人们信奉的信仰,而且,大革命后的人仍是无法自由的,因为这是属于失范状态,此时的个人并不自由,因为他们被自己无尽的欲望束缚住了。他说:"权利和自由就其本身而言,并不是人类所固有的东西。社会将个人神圣化,并使他出类拔萃,令人尊敬。他们逐步获得了解放,这并不意味着社会约束的弱化,而是社会约束的转化,个人服从于社会,而这种服从是他获得解放的条件。"②所以迪尔凯姆立足于现代工业社会,反对马克思的暴力革命的见解,认为通过规范把个人整合到社会中,通过强调纪律及职业伦理可以使社会在改良主义的引导下维持正常状态。他说:"因此,本世纪发生的经济转型,即大规模的工业代替小规模的工业,根本没有必要推翻和更新社会秩序,甚至欧洲社会所罹患的疾病,也没有必要把这些转型当作它们的原因。"③

---

① [法]爱弥尔·涂尔干.乱伦禁忌和起源[M].汲喆,渠东译.上海人民出版社.2003.第343页.
② 转引自[英]安东尼·吉登斯.资本主义与现代社会理论[M].郭忠华译.上海译文出版社.2007.第133页.
③ [法]爱弥尔·涂尔干.乱伦禁忌和起源[M].汲喆,渠东译.上海人民出版社.2003.第344页.

以上几点就是迪尔凯姆批判马克思的地方。那么,到底是迪尔凯姆根本误解了马克思,还是马克思就如他说的那样就是经济唯物主义?这里面需要清理的东西很多,虽然迪尔凯姆对马克思的批判所占用的篇幅不多,但是就他对马克思唯物史观的批判要点来看,这种批判是严厉的。对于这些批判,我们该如何理解呢?

在笔者看来,一方面要澄清这种误解,因为这里存在着迪尔凯姆对马克思的误解的层面。另一方面,我们也需要站在两种社会理论阐释路向上去分析他们面临的相似的思想史问题和不同的社会历史语境,并在此基础上分析他们思想的根本差别。可以说,迪尔凯姆的实证社会学与唯物史观有着完全不同的理论前提。虽然他们都面对着启蒙的问题,但是对社会的认定截然不同。

这里,首先来澄清迪尔凯姆对马克思的误解。笔者之所以能够有如此的判断,是因为迪尔凯姆对马克思学说及其唯物史观的接受主要来自于第二国际理论家拉布里奥拉和同一时代的社会学家查理德那里,迪尔凯姆从他们那里理解马克思唯物史观及其学说。但是,把拉布里奥拉甚至查理德视野中的马克思就直接理解为马克思本人的思想是成问题的。在迪尔凯姆看来,拉布里奥拉在其《论唯物主义的历史概念》一书中所表达的就是经济唯物主义,他认为这是符合马克思本人思想的。他在书中说:"该书的目的,是对作为马克思主义基石的历史哲学原则进行分析,进行新的阐述,这样做不是为了修正,而是为了澄清,并使其更加准确。这条历史原则指出,历史的发展归根结底取决于经济原因。这就是所谓的经济唯物主义的教条。"[①]从迪尔凯姆的表述中,可以看出,拉布里奥拉写这本书的目的就是为了走向马克思,为了澄清马克思学说。迪尔凯姆在此基础上误解了马克思,他说:"正如对我们来说,正确的做法是从个体表现之外寻找社会现象的原因,同样道理,如果认为社会现象最

---

① [法]爱弥尔·涂尔干.乱伦禁忌和起源[M].汲喆,渠东译.上海人民出版社.2003.第337页。

终可以还原为工业技术的形态,认为经济因素是进步的主要原因,那么,这样的看法也是错误的。"①错误的原因在迪尔凯姆看来,是因为这些事实根本不构成序列。他说:"这是一种假扮的历史规律,为了说明这条规律,人们就得引入一些松散的、杂乱的事实,这些事实根本不能构成方法上的序列,也没有得到清晰的阐释:原始共产主义、贵族和平民的斗争、普通人与上等人的斗争,都诉诸于经济解释。"②。

不仅如此,迪尔凯姆认为在马克思主义那里,虽然这种马克思主义并不等于马克思本人的思想,客观概念的证明是有问题的:"马克思主义起初宣称社会生活是取决于意识和自觉理性之外的因素。后来,为了解释这些原因,人们都不得不采用间接的、像自然科学那样复杂的程序;为了分门别类地发现这些因素中的一些因素,各种观察、实验和烦琐的比较都是必要的,更不用说即刻获得一个单一的表现了。一眨眼的工夫,我们似乎澄清了所有神秘的东西,非常便捷地解决了这些人类理智很难洞察的难题。难道我们不能说我们刚才概括的客观概念并没有得到客观证明吗?再没有什么比这更为千真万确的问题了。"③也就是说,在迪尔凯姆看来,马克思主义者所表达的马克思思想——"社会存在决定意识"是马克思最有代表性的命题,这个命题在迪尔凯姆看来并没有得到很好的证明,并且论证过于简单,没有看到社会生活的复杂性和多维性。

在迪尔凯姆看来,工业社会是复杂社会,生活具有多种维度,在社会生活中,法律、道德、艺术、科学、政治都同时存在,如果一定要问最初的根基的话,那就是宗教。他说:"宗教是最原始的社会现

---

① [法]爱弥尔·涂尔干.乱伦禁忌和起源[M].汲喆.梁东译.上海人民出版社.2003.第342页.
② 同上书,第343页。
③ 同上书。

象。"①宗教具有最原始的本体地位。需要指出,迪尔凯姆误把拉布里奥拉指认的历史唯物主义看成马克思本人的思想,也是成问题的,因为在拉布里奥拉那里,历史唯物主义已经被曲解为经济决定论或经济唯物主义。拉布里奥拉曾说:"我们的学说不是要把历史发展的整个复杂的进程归结为经济范畴,而只是要从构成历史事实的基础的经济结构来归根到底解释每一个历史事实。这样的任务要求分析并找出最简单的因素,然后再把彼此相联系的单个因素连接起来。"②而且拉布里奥拉在表达的时候,经常使用"法律几乎可以直接还原为经济"之语。③ 这样的表述,难怪迪尔凯姆会这样判断拉布里奥拉的思想,认为他视野中对历史唯物主义的解读正是表达了马克思本人的思想。也就是说,迪尔凯姆把以拉布里奥拉等为代表的第二国际所宣讲的历史唯物主义等同于马克思、恩格斯创立的历史唯物主义学说。问题就出现在此,如学者邹诗鹏先生所指出的那样:"第二国际所宣讲的历史唯物主义,其实正是恩格斯十分反感的经济唯物主义,其实证色彩十分浓厚,就连涂尔干、韦伯以及西美尔等所面对的,也正是这种被改装了的历史唯物主教条,而非马克思、恩格斯对唯物史观的全面论述。"④因此,我们可以看出迪尔凯姆对马克思的误解的部分原因是因为他经历过第二国际,他所看到的唯物史观就是被第二国际表达的经济唯物主义。

迪尔凯姆本人有没有直接阅读马克思、恩格斯的著作呢?其实,迪尔凯姆本人在短暂停留德国期间,曾读过马克思、恩格斯的著作,这一点从他的侄子同时也是他的弟子莫斯那里看到迪尔凯姆对

---

① [法]爱弥尔·涂尔干.乱伦禁忌和起源[M].汲喆.渠东译.上海人民出版社.2003.第343页。

② [奥]拉布里奥拉.关于历史唯物主义[M].孙奎译.北京:人民出版社.1981.第62~63页。

③ 转引自[法]爱弥尔·涂尔干.乱伦禁忌和起源[M].汲喆.渠东译.上海人民出版社.2003.第339页。

④ 邹诗鹏.唯物史观和经典社会理论[J].学术研究,2010,01:10

马克思思想的重视。莫斯指出:"在德国停留期间,涂尔干开始阅读马克思的著作……在他学者生涯的初期,当他开始关注当代社会现象的时候,涂尔干已对技术的和唯物主义的视角表现出一定的兴趣。"① 也就是说迪尔凯姆重视过马克思的学说。那是什么原因导致迪尔凯姆反对马克思的基本见解? 笔者认为,除了迪尔凯姆思想和马克思思想的前提完全不同外,还与他们对社会本质的理解不同相关。甚至和他们处于不同的社会历史时期有关,成熟时期的马克思身处在维多利亚时代,这个时代是充满自信的时代,标志着工业革命的、充满着痛苦磨难的时代已经过去,这个时代的资本主义处于上升时期。而迪尔凯姆身处的时代是社会危机四伏的时代,是社会处于转型的后革命时代,这个时代的道德危机和社会秩序存在严重问题。

总之,迪尔凯姆对马克思的批判是基于两个主要原因:一是迪尔凯姆的的确确存在对马克思思想的误读,这是由于第二国际理论家在某种程度上以修正主义或简化的方式处理马克思学说的缘故。二是由于迪尔凯姆站在实证社会学的立场上,为了捍卫自身理论的合法性,需要通过对马克思阐释路向及相关内容的批判去澄清自己理论的基本见解。换句话说,因为迪尔凯姆和马克思学说它们各自的理论前提及身处的社会时期不同,应对的问题不同,因而,呈现出不同的思考方式和阐释路径。

2. 唯物史观对迪尔凯姆质疑的回应

笔者在上面已经重点论述了迪尔凯姆对马克思的批判及留给唯物史观回应的问题。可以说,把马克思误解为经济决定论,通过否认马克思的经济基础说,进而否认马克思的存在论根基,以及反对马克思的暴力革命理论,是迪尔凯姆从自己的立场向马克思学说提出的挑战,马克思历史唯物主义学说或唯物史观及其批判理论有责任回应迪尔凯姆的声音,同时澄清自己的理论前提和基本见解,

---

① [法]马塞尔·莫斯.爱弥尔·涂尔干.论技术、技艺与文明[M].蒙养山人译.北京:世界图书出版.2010.第5页.

以此来捍卫理论的合法性并彰显其当代意义。

笔者首先将结合对唯物史观中一个最为基础的概念"社会存在"概念的理解去澄清唯物史观及其批判理论的真实语境和基本见解,以此回应迪尔凯姆对历史唯物主义学说的错误判定。笔者之所以打算从"社会存在"这个概念入手去澄清马克思唯物史观及其批判理论在存在论上的合法性,是因为可以把社会存在和意识的关系问题看成唯物史观的第一条原理。这一点如邹诗鹏先生所指出的那样:"从马克思哲学的存在论性质来看,应把马克思主义哲学标示为唯物史观或历史唯物主义。马克思在存在论问题上的最根本突破及其贡献,就是把传统的哲学的基本问题即思维和存在的关系问题,转换或提升为社会存在和意识的关系问题。并把社会存在决定意识确立为哲学基本问题的第一个方面的解答,这正是历史唯物主义的第一条原理。"①

如何从"社会存在和意识的关系"角度去理解唯物史观所开启的存在论视域呢?唯物史观的这第一条原理在创始人马克思、恩格斯那里是不是一蹴而就的呢?在马克思、恩格斯那里,是不是作为一条先验的范畴规定的命题而直接被给予呢?这个问题看似很简单,其实对它的回答却能真实地展现唯物史观在创立过程中所经历的很多环节,以及马克思所开启并发动的哲学革命和存在论变革的视野。因此,笔者打算围绕马克思、恩格斯如何达到对"社会存在"的理解这个基本问题,去澄清马克思的哲学视野。然后,通过对马克思学说最为基本问题的澄清去回应迪尔凯姆认为的"宗教是根源,不是社会存在作为根源"的见解。

如果从马克思思想发展史的角度稍微加以展开的话,我们可以看出,在唯物史观创立之前,政治、宗教、文化、理性等也曾是马克思重点关注的问题。在青年马克思时期,那时的马克思作为青年黑格

---

① 邹诗鹏.何以要回到历史唯物主义研究范式[J].哲学研究,2010,01:31

尔派的一员，曾积极进行宗教批判和政治批判，唯物史观是马克思在成熟时期提出来的，在此之间，对宗教的分析和宗教批判一直是马克思关注的对象。但是，对于成熟时期的马克思来说，宗教分析及对宗教的批判仍是对启蒙的回应，并没有跳出近代形而上学的魔咒。因此，在马克思看来，要走一条对政治经济学的批判的道路才能对市民社会及其基础加以批判，在此基础上，新唯物主义的新世界观才能走出一条扬弃近代形而上学的并扬弃近代启蒙且通向人类解放的存在论之路。这可以看成马克思唯物史观创立的大致步骤。在此，我们需要追问，何以见得马克思实现了这种对启蒙传统、近代形而上学乃至一切哲学的扬弃？接下来，通过"社会存在"来展开马克思哲学革命存在论视域。

三、对马克思"社会存在"概念的存在论解读

这里，笔者主要是通过对唯物史观中的基本概念"社会存在"概念的澄清，去提示唯物史观及其批判理论对社会权力（social power）的关注和对激进社会革命运动的强调。唯物史观的这种批判既是理论批判也是实践批判，此学说融通了事实判断和价值判断，并做到了事实和价值的统一，它植根于对历史语境的分析和阐释，为人类社会的未来指明了共产主义方向。而且，它通过对"社会存在"概念的探讨为唯物史观学说确立了超越以往一切哲学传统的新的根基，此根基被马克思表达为"感性对象性活动"原则。也可以说，正是借助于此原则，唯物史观的基本概念及其所开启的基本视域才能够被澄清和表达。

总的来说，"社会存在"概念是从超越理性理解范式的"感性对象性"原则中呈现出来的，"社会存在"所表达的是物质生活条件，它既超越了旧唯物主义哲学范式中的"物"的概念，也超越了意识哲学范式中"物相"的概念。明确这两层的超越，才有可能领会马克思发动的哲学革命以及存在论变革。重要的是，马克思、恩格斯是从"社会存在和意识"关系的角度去理解存在的，即从社会关系的角度去

第六章 迪尔凯姆社会事实论的思想史意义和当代性

理解存在,确立了唯物史观的基本立场。我们通过对"社会存在"的探讨可以发现,唯物史观洞察到了社会生活之分裂、社会权力之异化状态,以及在此基础上形成的阶级对立和阶级对抗,对这种社会冲突的揭示和表达,其实也正是唯物史观及其批判理论的核心所在。一个基本的结论便是:一切社会历史都是史前史,真正的人类社会还未实现,工业社会中的阶级冲突和阶级对抗作为现代社会结构不合理的证据,它直接表明了现代社会仍是从属于近代形而上学和资本原则的共同支配和建构之下,其本质是理性主义的。

在此,唯物史观及其批判理论对这种理性主义范式是批判的。按照马克思、恩格斯的说法,资本主义是注定要灭亡的,而未来社会的开创有待无产阶级通过社会革命的形式去推翻资本主义制度,并在新的原则中去理解新社会的人类的真实的解放。如果要表达唯物史观的主题,我们可以说,唯物史观及其批判理论是立足于感性对象性活动原则,表达了社会结构中社会对抗和社会压迫的异化本质,通过无产阶级的暴力革命瓦解旧社会,创立新社会,最终实现政治解放和人类解放,共产主义即是这种历史运动的结果,它不是理想,而是指明了人类社会历史运动的方向和人类解放的路径。

所以,为了探讨清楚这些基本问题,笔者打算主要结合马克思、恩格斯对"社会存在"概念的阐发去理解唯物史观中的感性对象性原则的超越层面,并在此基础上去理解和阐发马克思、恩格斯所开启的哲学革命。以下笔者就对马克思的基本思路加以梳理,重点是关注马克思扬弃哲学传统的出场语境。

从基本思路上来看,马克思在达到对"社会存在"理解时,它离不开对以往哲学传统的基本指认和扬弃,尤其是对旧唯物主义和意识哲学的批判和超越。而且联系"社会存在"本身的界定来看,我们会发现,其所要表达的正是借助于对以往哲学传统的"物"和"物相"这两个层面的批判性超越而实现的。也就是说马克思正是通过对"社会存在"概念的分析,指出以往的哲学传统中的"物"及"物相"的实质,进而指出以往哲学传统中的根本问题,并加以超越,所以才使得这种批判和扬弃成为可能。需要补充的是,马克思、恩格斯唯物史观所实现的批判性超越,不是意味着对哲学传统的单纯的否定。在笔者看来,马克思哲学与西方哲学传统有着密切关系,尽管它们有着原则的区分。因此,我们有必要去看清楚它们之间的这种既关联又区分的关系,因此,笔者打算通过对思想史的回溯以及对马克思、恩格斯的文本的解读来共同达到这一目的,即弄清楚唯物史观对哲学传统的批判和扬弃。

首先我们要明确的是,这里所指的以往的哲学传统,按照马克思、恩格斯本人的说法,集中指向两个传统:一个是意识哲学的传统,在黑格尔那里达到顶峰;另一个是包括费尔巴哈在内的旧唯物主义传统。这两个传统在马克思、恩格斯那里成为被集中批判的对象。那么,在讲唯物史观对这两种哲学传统的批判和超越维度时,我们不能回避年轻时期的马克思、恩格斯和这两种哲学传统之间的联系。换句话说,我们需要重视青年时期的马克思和恩格斯对这两种哲学传统的认可、重视和信奉。为什么要这样说?我们还是要通过唯物史观创立者马克思、恩格斯本人的表述来说。

1. 马克思从中学毕业论文到博士论文时期:意识哲学的影响

作为唯物史观的创始人马克思、恩格斯在青年时期,已经表现出对意识哲学的关注和推崇,这可从1835年马克思的中学时期的毕业论文《青年在选择职业时的考虑》、1841年以"德谟克利特的自然哲学和伊壁鸠鲁的自然哲学的差别"为题的博士论文中可知。对意识哲学传统的关注和信奉,可以说是青年马克思比较重视的方面,这样的思路一直持续到1843年马克思退出《莱茵报》为止。这一阶段由唯心主义逐渐向唯物主义转变。那么,在这样一个时期,有什么可以作为青年马克思对唯心主义"意识哲学"信奉的根据呢?以及在此基础上,马克思理解的意识哲学的基础又是什么?

《青年在选择职业时的考虑》一文,展现了青年马克思卓越超群的抱负,以及对现实的社会环境的重视。这一时期的马克思思想受到启蒙思想、理性主义和人道主义的重大影响。他把人类幸福作为自己职业的目标,对此,马克思说:"在选择职业时,我们应该遵循的主要指针是人类的幸福和我们自身的完美。如果我们选择了最能为人类而工作的职业,那么,重担就不能把我们压倒,因为这是为大家做出的牺牲;那时我们所享受的就不是可怜的、有限的、自私的乐趣,我们的幸福将属于千百万人,我们的事业将悄然无声地存在下去,但是它会永远发挥作用,而面对我们的骨灰,高尚的人们将洒下热泪。"①而且,马克思在此文中不仅强调了职业要以人类幸福为目标,而且还认为对于职业的选择,一定要凭借理性才能真实地确立,既要结合自己的兴趣,又能服务于从人类幸福的目标。换句话说,理性的考虑是职业选择的一个根本方法,也是确立自我存在的根本路径。马克思强调指出理性作为自我存在确认的根据,它比起热情有着基于人性的优越性,热情很可能是倏忽而生,倏忽而逝,他批判地指出:"也许,我们的幻想猛然迸发,我们的感情激动起来,我们的眼前浮想联翩,我们狂热地追求我们以为是神本身给我们指出的目标;但是,我们梦寐以求的东西很快就使我们厌恶,于是,我们便感到自己的整个存在遭到了毁灭。"②而理性在马克思看来才是确认存在的根据,他说:"在这里,我们自己的理性不能给我们充当顾问,因为当它被感情欺骗,受幻想蒙蔽时,它既不依靠经验,也不依靠更深入的观察。然而,我们的目光应该投向谁呢?当我们丧失理性的时候,谁来支持我们呢?"③从中我们可以看出,这一时期的马克思思想流露出了对理性的信任。在马克思看来,理性分享着神性,是神给人指定共同的目标,他说:"神也给人指定了共同的目标,使人类和他自身趋于高尚,但是神要人自己去寻找可以达到这个目标的手

---

① 马克思恩格斯,《马克思恩格斯全集》[M],第1卷,北京:人民出版社,1995年版,第459页。
② 同上书,第456页。
③ 同上书,第457页。

段;神让人在社会上选择一个最适合他的、最能使他和社会变得高尚的地位。"①马克思指出人的理性分享着神性,因此,人要凭借理性去思考自我的限制及能够有利于人类幸福的职业。这一时期的马克思思想比较看重理性及人性的尊严。

而到了大学期间,尤其在1836年马克思到了柏林大学以后,接触到青年黑格尔派的思想,这对青年马克思的影响很大。而放在当时的社会语境中来看,柏林大学作为当时德国思想交锋的中心,其学派的左翼即青年黑格尔派在这里十分活跃。马克思于1937年起,成为柏林青年黑格尔派的积极成员。马克思开始对古希腊哲学,尤其对伊壁鸠鲁哲学感兴趣,而研究的成果就是马克思的博士论文《德谟克利特的自然哲学和伊壁鸠鲁的自然哲学的差别》。马克思的博士论文主要是沿着意识哲学的路向来推进研究的,主要体现在强调自我意识哲学上。马克思主要通过论述德谟克利特和伊壁鸠鲁在自然哲学方面的差别,揭示了伊壁鸠鲁原子学说的哲学意义。马克思认为,伊壁鸠鲁用原子脱离直线做偏斜运动的论点纠正了德谟克利特的机械决定论,打破了命运的束缚,从而从自然的角度来阐明了个人的意志自由、个性和独立性。在博士论文的序言中马克思说:"只要哲学还有一滴在自己那颗要征服世界的、绝对自由的心脏里跳动着,它就永远用伊壁鸠鲁的话向它反对者宣称:渎神的并不是那抛弃众人所崇拜的众神的人,而是把众人的意见强加于众神的人。"②在马克思看来,哲学自身的使命在最高尚的圣者和殉道者普罗米修斯那里得到了表达,即"总而言之,我痛恨所有的神"。③也可以说,哲学的格言就是自我意识原则,自我意识具有最高的神性。马克思说:"哲学自己的格言,表示它反对不承认人的自我意识是最高神性的一切天上的和地上的神。不应该有任何神同

---

① 马克思恩格斯,《马克思恩格斯全集》[M],第1卷,北京:人民出版社,1995年版,第455页。
② 同上书,第12页。
③ 同上书,第12页。

人的自我意识相并列。"①在马克思那里,哲学的任务就是要克服客观存在的非理性,使世界和人本身变得合乎理性。

在论文中,马克思的所有论述也都是围绕着这一主题来展开的。马克思指出在伊壁鸠鲁那里,哲学原则就是自由原则,他说:"要得到真正的自由,你就必须为哲学服务,凡是倾心降志地献身于哲学的人,用不着久等,他立即就会获得解放,因为服务于哲学本身就是自由。"②而联系伊壁鸠鲁的哲学来看,马克思认为,伊壁鸠鲁的原子学说不同于德谟克利特学说的地方是伊壁鸠鲁提出"原子偏离直线而偏斜",这为自由做了最好的论证。在伊壁鸠鲁那里,原子偏斜作为一种对必然性的直接否定,它不是对必然性的服从,而是有自由存在的理由。即"原子就是抽象空间的直接否定,因而也就是一个空间的点……但是我们已经看到,原子概念中所包含的一个环节便是纯粹的形式,即对一切相对性的否定,对于另一的整个关系的否定"。③

在马克思看来,原子的偏斜打破了原子对盲目必然性的服从,实现了个别性和独立性,马克思说:"正像原子由于脱离直线,偏离直线,从而从自己的相对存在中,即从直线中解放出来那样,整个伊壁鸠鲁哲学在抽象的个别性概念,即独立性和对同他物的一切关系的否定,应该在它的存在中予以表述的地方,到处都脱离了限制性的定在。"④也就是说,原子偏斜打破了必然性或者说命运的束缚,这样一来,肯定原子的抽象个性,也即论证了人的自我意识和人的自由。马克思补充说:"最后,在抽象的个别性以其最高的自由和独立性,以其总体性表现出来的地方,那里被摆脱了的定在,就合乎逻辑地是全部的定在,因此众神也避开世界,对世界漠不关心,并且居住

---

① 马克思恩格斯,《马克思恩格斯全集》[M],第1卷,北京:人民出版社,1995年版,第12页。
② 同上书,第24页。
③ 同上书,第33页。
④ 同上书,第35页。

在世界之外。"①

从这种表述中我们可以看出,抽象的个别性、人的自我意识具有独立性。从这个视角,马克思所展开的是对宗教神学和封建专制的无情批判,这一点在马克思的思想中是通过对德国古典哲学的批判来展开的,即是通过对谢林哲学和对黑格尔哲学的批判体现出来的。在马克思看来,谢林强调的理性是神的理性,神是知识的现实基础,马克思对此批判道,在谢林那里:"软弱的理性不是那个不认识客观的神的理性,而是那个想要认识神的理性。"②而且在谢林那里"我们假定被规定为客体的神是我们知识的现实基础,那么,在这种情况下,既然神是客体,神本身就进入我们的知识范围之内,因而对我们来说,就不可能是这整个范围所赖以建立的最后根据了"。③马克思反对这样的见解。

在马克思看来,不仅在谢林哲学中,而且在德国哲学中,尤其是在黑格尔哲学中,对神的存在的论证同样是成问题的。马克思对此指出:"关于神的存在的证明,必须指出,黑格尔曾经把这一神学的证明完全弄颠倒了……譬如黑格尔就对世界的存在到神的存在的推论作了这样的解释:'因为偶然的东西不存在,所以神或绝对者存在。'但是,神学的证明恰恰相反:'因为偶然的东西有真实的存在,所以神存在。'神是偶然世界的保证。不言而喻,这样一来,相反的命题也被设定了。"④马克思认为德国古典哲学包括谢林、黑格尔乃至康德在内都犯了类似的错误。马克思说:"或者,对神的存在的证明不外是空洞的同义反复,例如,本体论的证明无非是我现实地想象的东西,对我来说就是现实的表象,这东西作用于我,就这种意义上说,一切神,无论是异教的还是基督教的神,都曾具有一种实在的

---

① 马克思恩格斯,《马克思恩格斯全集》[M],第1卷,北京:人民出版社,1995年版,第35页。
② 同上书,第100页。
③ 同上书。
④ 同上书,第100页。

存在……康德所举的例子反而会加强本体论的证明。"①马克思直接指出了问题的要害。在马克思看来,对神的论证也不过是对人的自我意识存在的证明。马克思说:"对神的存在的证明不外是对人的本质的自我意识存在的证明,对自我意识存在的逻辑证明。例如,本体论的证明。当我们思索存在的时候,什么才是直接的呢?自我意识。"②由此可见,马克思这个时期主要是从自我意识哲学的立场去理解世界的,通过对伊壁鸠鲁自我意识哲学的理解和阐发,去论证人的自我意识具有最高的神性,从而在此意义上论证人的主体性意义及人的自由的可获得性。

尽管如此,那是否意味着这一时期的马克思完全赞同伊壁鸠鲁的自我意识哲学呢?其实,在马克思的论述中,我们也能看出,马克思虽然站在自我意识原则上,但是马克思所说的自我意识已经和伊壁鸠鲁的自我意识有了很大的差别。在伊壁鸠鲁那里,自我意识的最终目的在于心灵的宁静,而不是认识本身。马克思说:"伊壁鸠鲁承认,他的解释方法的目的在于求得自我意识的心灵的宁静,而不在于对自然的认识本身。"③马克思并不赞成伊壁鸠鲁把自由理解为脱离现实世界的自由意识的心灵宁静。马克思认为,不能抽象地理解自由,不能把人同周围环境分开并把两者绝对对立,不能以此方法来实现自由。只有当人不被看作抽象的个别性时,当从人同周围环境的相互作用中来考察人的自由时,自由问题才能得到解决。马克思指出:"在自身中变得自由的理论精神成为实践力量,作为意志走出阿门赛斯冥国,面向那存在于理论精神之外的尘世的现实,这是一条心理学规律。"④

在马克思看来,哲学作为一种意志力量必然要同外部世界发生

---

① 马克思恩格斯,《马克思恩格斯全集》[M],第1卷,北京:人民出版社,1995年版,第101页。
② 同上书。
③ 同上书,第28页。
④ 同上书,第75页。

关系,变成一种实践力量。哲学和世界的相互作用,相互融合,一方面哲学不断扬弃自身内在的缺点或缺陷,另一方面世界也不断合理化。其结果是:"世界的哲学化同时也就是哲学的世界化。"①从这种表述中我们可以看出马克思在撰博士论文期间已经强调指出哲学和周围世界的关联性,哲学必须积极干预生活和现实,思想不能仅仅满足于伊壁鸠鲁那种心灵的宁静,而要致力于对周围环境的能动作用,使意识的力量走出阴影的王国,以反对不合理的现实世界。

需要补充的是,在这时期的马克思还指出哲学自我意识的两重性,并在两重性的基础上产生了两种极端对立的派别。马克思对此说:"哲学自我意识的这种两重性表现为两个极端对立的派别:其中的一个派别,我们可以一般地称为自由派,它坚持把哲学的概念和原则作为主要的规定;而另外一个派别则坚持把哲学的非概念即实在性的环节作为主要的规定。这第二个派别就是实证哲学。第一个派别的活动就是批判,也正是哲学转向外部;第二个派别的活动是进行哲学思考的尝试,也就是哲学转向自身。"②

总而言之,马克思站在自我意识哲学立场上,看到了伊壁鸠鲁的原子偏斜学说的哲学意义,即它提供了一种批判和否定的理解,提供了行动自由的可能性。它作为一种社会学说的基础,其实践意义是论证了人的自由。同时,马克思也对自我意识哲学持一定的批判态度,自我意识哲学的能动原则是马克思所赞同的,但是,马克思思想中流露出一种脱离青年黑格尔派运动之主观主义的意向,马克思更多地强调哲学和世界的相互作用,这可视为马克思新世界观形成的最初根源和理论素材的起点。

2. 马克思在《莱茵报》时期的理性立场和遇到的难题

到了《莱茵报》时期,也即从1842年5月马克思开始为《莱茵

---

① 马克思恩格斯,《马克思恩格斯全集》[M],第1卷,北京:人民出版社,1995年版,第76页。
② 同上书,第77页。

报》撰稿开始,马克思仍是从意识哲学的立场上去反对封建专制制度的。这主要体现在他坚持从理性原则出发论证出版自由及在批判普鲁士国家及其社会基础,捍卫全体人民的民主权利上。马克思《评普鲁士最近的书报检查令》一文运用哲学上的逻辑方法来分析政治问题,揭示普鲁士政府的行为在逻辑上的矛盾,证明普鲁士国家制度的不合理性,揭示普鲁士警察国家及其书报检查制度的目的不是要保障国家公民在法律面前的平等地位,而是要维护反动势力的利益,把反动统治者的观点和要求提升为法律,以压制广大人民群众的言论自由。因此,马克思得出结论:这个国家是和人民根本对立的。马克思批判道:"如果一个实行高压的国家想成为忠诚的国家,那它就会自己取消自己;那样一来,每一级都要求实行同样的压制和同样的反压制。最高书报检查机关也必定会受到检查……整治书报检查制度的真正而根本的办法,就是废除书报检查制度,因为这种制度本身是恶劣的,可是各种制度却比人有更力量。"[①]这一时期马克思的主要思想基调仍属于意识哲学,即从理性、应然的原则出发,试图从这些原则中开出平等、自由的观念和实践来。

我们可以援引马克思在另外两篇文章中的表述来说明。在《第六届莱茵省议会的辩论》一文中,马克思认为问题不在于新闻出版自由是否应当存在,而在于新闻出版自由是个别人的特权还是人民应当享受的权利。马克思在此已经关注自由问题和社会等级之间的关联性,马克思认为自由的报刊应具有人民性,自由报刊是人民自我信任的表现,是把个人同国家和世界联结起来的纽带。马克思批判地指出:"自由报刊的本质,是自由所具有的刚毅的、理性的、道德的本质。受检查的报刊的特性,是不自由所固有的怯懦的丑恶本质,这种报刊是文明化的怪物,洒上香水的畸形儿。"[②]在马克思看

---

① 马克思恩格斯,《马克思恩格斯全集》[M],第 1 卷,北京:人民出版社,1995 年版,第 134 页。
② 同上书,第 171 页。

来,自由可以被看作理性的普遍阳光所赐予的自然的礼物。这里,我们可以看出,马克思对理性原则及自由的推崇。

在另外一篇文章《科隆日报第179号的社论》中,马克思是通过揭示该报呼吁政府禁止在报刊上讨论宗教和哲学问题的反动主张,维护了哲学干预现实生活和探讨宗教问题的权利。他进一步发挥了自己在博士论文中提出的关于哲学和现实的关系的论点,他说:"任何真正的哲学都是自己时代的精神上的精华,因此,必然会出现这样的时代:那时哲学不仅在内部通过自己的内容,而且在外部通过自己的表现,同自己时代的现实世界接触并相互作用。那时,哲学不再是同其他各特定体系相对的特定体系,而变成面对世界的一般哲学,变成当代世界的哲学。各种外部表现证明,哲学正获得这样的意义,哲学正变成文化的活灵魂,哲学正在世界化,而世界正在哲学化。"①而且在此文中,马克思还站在黑格尔的国家观点上去批判宗教是国家的自然基础的封建国家观。马克思说:"然而你们将来定会承认,不应该根据宗教,而应该根据自由理性来建构国家。"②由此可见,马克思仍是站在黑格尔的理性国家的立场上反对宗教的,他所信奉是的人类理性的自然规律。

而且在《莱茵报》时期,马克思还梳理并批判了历史法学派。马克思指出的要点是,以胡果为代表的历史法学派其实是想通过修订普鲁士法律来恢复历史上已过时的制度,这种反动的浪漫主义也只不过以维护历史传统来为封建专制制度辩护。马克思以讥讽的口吻批判道:"确切地说,18世纪只有一种产物,它的主要特征就是轻佻,而这种唯一轻佻的产物就是历史学派……胡果就是还没有接触到浪漫主义文化的历史学派的自然人,他的自然法教科书就是历史

---

① 马克思恩格斯,《马克思恩格斯全集》[M],第1卷,北京:人民出版社,1995年版,第220页。
② 同上书,第226页。

学派的旧约全书。"①在马克思看来,这位自称康德学生的人,其实曲解了自己的老师康德,而且所用的实证方法是非批判的方法。马克思指出:"任何一种合乎理性的必然性都不能使各种实证的制度,比如所有制、国家制度、婚姻等等,具有生命力;这些制度甚至是同理性相矛盾的;人们至多只能在拥护或者反对这些制度的问题上空发议论而已。我们决不应该把这一方法归咎于胡果的偶然的个性,其实,这是他的原则的方法,这是历史学派的坦率而天真的、无所顾忌的方法……他当着理性的面玷污它们,是为了以后当着历史的面颂扬它们,同时也是为了颂扬历史学派的观点。"②在马克思看来,胡果的论据及他的原则,都是实证的。也就是说,是非批判的。马克思说:"胡果的论据,也和他的原则一样,是实证的,也就是说,是非批判的。他不知道什么是差别。凡是存在的事物他都认为是权威,而每一个权威又都被他拿来当作一种根据。"③在胡果那里,理性被降低为动物的本性。马克思批判道:"胡果是一个十足的怀疑主义者。否认现存事物的理性的18世纪的怀疑主义者,在胡果那里表现为否认理性存在的怀疑主义。胡果承袭了启蒙运动,他不认为实证的事物是合乎理性的事物,但,这只是为了不把合乎理性的事物看作实证的事物……庸俗的怀疑主义,这种怀疑主义对思想傲慢无礼,对显而易见的东西却无比谦卑顺从,只有在扼杀实证事物的精神时才开始感觉到自己的智慧,目的是为了占有作为残渣的纯粹实证的事物。对胡果的理性来说,只有动物的本性才是无可怀疑的东西。"④

从马克思对胡果的批判来看,马克思这一时期批判的立足点是理性原则。正是基于理性原则,马克思批判胡果的实证原则既不是

---

① 马克思恩格斯,《马克思恩格斯全集》[M],第1卷,北京:人民出版社,1995年版,第230页。
② 同上书,第231页。
③ 同上书。
④ 同上书,第233页。

真正的实证原则,也不是对理性的真正理解,他仅仅把动物的本性当成理性真实的内涵,这在马克思看来,这是和当时的法兰西国家解体相联系的,它和"摄政时期放荡者的全部轻佻"相呼应,马克思对此说:"胡果同 18 世纪的其他启蒙思想家的关系,大体上就像摄政者的荒淫宫廷主政时候法兰西国家的解体同国民议会时期法兰西国家的解体的关系一样。两者都是解体。在宫廷主政时期,解体表现为放荡的轻佻,它懂得并嘲笑现存状况的思想空虚,但这只是为了摆脱一切理性的和道德的束缚,去戏弄腐朽的废物并且在这些废物的戏弄下被迫走向解体。"①在马克思的批判中,思想及其产生的时代背景被凸显出来。

可以说,马克思正是站在理性原则、自由的立场上,指出思想和时代现实之间的关联性,这些使得他和这一时期的"自由人"的观点相左,进而也决定了马克思和"自由人"的决裂。马克思说:"海尔维格和卢格认为,自由人的政治浪漫主义、自命天才和自我吹嘘损害着自由的事业和自由的拥护者的声誉。"②马克思在 1842 年 11 月 30 日写给卢格的信中指出了"自由人"的一些问题。马克思首先指出"自由人"肤浅的自由观。马克思说:"对他们作品的缺点直言不讳地说出了自己的见解,这些作品不是从自由的、也就是独立的和深刻的内容方面体现自由,而更多地是从不受任何拘束的、长裤汉的、而且是方便的形式方面体现自由。"③其次,马克思认为"自由人"偷运共产主义和社会主义的原理,马克思批判地说:"他们在偶尔写写的剧评之类的东西时偷运一些共产主义和社会主义的原理,也就是偷运新的世界观,我认为是不适当的,甚至是不道德的。我要求他们,如果真要讨论共产主义,那就要用另外一种完全不同的方式,

---

① 马克思恩格斯,《马克思恩格斯全集》[M],第 1 卷,北京:人民出版社,1995 年版,第 233 页。
② 同上书,第 946 页。
③ 同上书,第 527 页。

更切实地加以讨论。"①这是马克思批判的第二点。马克思批判的另外一点是"自由人"的宗教批判是抽象的,是无内容的。对此马克思批判道:"我还要求他们:更多地联系对政治状况的批判来批判宗教,而不是联系宗教来批判政治状况……因为宗教本身是没有内容的,它的根源不在天上,而是在人间,随着以宗教为理论的被歪曲了的现实的消灭,宗教也将自行消灭。"②从马克思的表述中我们可以看出这时期的马克思虽然站在理性、自由的立场上,但是马克思的视野中已经有一个现实维度,即哲学和历史条件的结合,也即哲学的世界化和世界的哲学化的统一。马克思希望能够凭借理性原则去建构出一个合乎人性的理想国家来。

但是,马克思的这种思路受困于在《莱茵报》后期的"物质利益难题。"正是"物质利益难题"开始让马克思对理性原则乃至意识哲学本身开始动摇和反思,从这一点上来说,这恰恰是马克思思想的一个转折契机。正是"物质利益难题"凭借理性原则无法解决,使得马克思在痛苦的探求以后开始对理性原则乃至意识哲学大成者黑格尔哲学展开严厉的批判。也正是在这一系列的批判中,马克思、恩格斯才渐渐创立唯物史观及其批判理论。可以说,"物质利益难题"带来的困境十分重要,对它的解读不仅关乎理解马克思唯物史观的原则和基础,同时也能看出马克思思想转变所经历的一个过程。

那么,"物质利益难题"到底是指什么?马克思又是如何从这种困境中走出来的?对于这些基本的思路,笔者认为有必要进行一番梳理,因为它能够帮助我们从马克思思想的转变来看出成熟理论唯物史观的基本原则和视野,这对于我们理解"社会存在"这个基本概念十分必要。那么将"物质利益难题"称为"难题"的依据何在?也

---

① 马克思恩格斯,《马克思恩格斯全集》[M],第1卷,北京:人民出版社,1995年版,第528页。
② 同上书。

就是物质利益难题之所以成为难题的根本原因。这里，笔者引用学者吴晓明教授的评论来回答，在他看来，物质利益难题并不是说马克思在突然介入到利益问题时才感到困惑，而在于"物质利益难题问题实际地、本质地介入到马克思先前的单纯理性的世界观之中，而且物质利益问题的介入第一次以超出这种世界观体系的方式向单纯理性的立足点发动致命的袭击……物质利益问题的实际介入立即就在很大程度上（甚至是在根本上）破坏了那种关于一致性的理性要求本身。因为马克思所面对的物质利益问题，不仅就其自身而言是内部分裂和矛盾的，而且是与思有同一的纯理性概念本身相对立的。这就是马克思在《莱茵报》后期所遭遇到的巨大矛盾"。①

也就是说，当时的马克思对"物质利益"问题的理解仍然一般地立足于理性的立场，这时的马克思看到利益和法的对立在单纯理性的范围里是无法克服的。马克思在《关于林木盗窃法的辩论》一文中具体论述了这种利益向单纯理性发动的严峻挑战，因为法在马克思看来代表着普遍的、客观的理性，但是，理性的法和私人利益之间的不法行为构成实实在在的对立。对于法律，马克思说："法律负有双重的义务这样做，因为它是事物的法理本质的普遍的和真正的表达者。"②法是基于法理的理性而呈现出来，但是，"各种最自由的立法在私法方面，只限于把已有的法表述出来并把它们提升为普遍的东西。而在没有这些法的地方，它们也不去加之制定"。③ 尤其是当法遇到了利益问题，两者之间的冲突是无法调和的，"法的利益只有当它是利益的法时才能说话，一旦它同这位圣者发生抵触的时候，

---

① 吴晓明著，《形而上学的没落》，[M]，北京：人民出版社，2006年版，第422页。

② 马克思恩格斯，《马克思恩格斯全集》第1卷，北京：人民出版社，1995年版，第244页。

③ 同上书，第250页。

它就得闭上嘴巴"。① 而且马克思还说:"利益是讲求实际的,世界上没有比消灭自己的敌人更实际的事情了。"②

在此,马克思不仅点出了法和利益之间有冲突,而且还看到了国家和法体现的都是特权阶级的利益。马克思批判道:"这种把林木所有者的奴仆变为国家权威的逻辑,使国家权威变成林木所有者的奴仆。整个国家制度,各种行政机构的作用都应该脱离常规,以便使一切都沦为林木所有者的工具,使林木所有者的利益成为左右整个机构的灵魂。"③马克思在这时已经对在理性原则基础上试图建构的国家社会理想产生动摇和质疑,为什么在现实生活中实际的关系却不是基于理性,而是基于利益?这种关系被马克思指出来:"省议会对下述问题进行了表决:应该为了保护林木的利益而牺牲法的原则呢,还是应该为了法的原则而牺牲保护林木的利益——结果是利益所的票超过了法的票数。人们甚至认识到了这项法律是法律的例外,并由此得出一个结论,在这项法律中任何例外的规定都是允许的。"④在马克思看来,法和利益的冲突使得权贵阶层和"只是生命、自由、人性以及除自身以外一无所有的"公民之间产生无限的对立。而基于理性原则的国家也只不过是"私人利益的物质手段"而已。

正是"物质利益"难题及所带来的社会不平等,促使马克思对理性原则产生了质疑,为什么不法的利益何以能在实际上颁布出法律来?这在实际上是如何成为可能的?马克思在《莱茵报》晚期需要直接面对这样的问题,法和利益的这种对立不可能在理性的范围内得到解决,这里马克思需要直接面对物质利益领域本身,而这恰恰为马克思在哲学立场上的转变准备好了条件。这一点,如吴晓明教

---

① 马克思恩格斯,《马克思恩格斯全集》第1卷,北京:人民出版社,1995年版,第287页。
② 同上书,第255页。
③ 同上书,第267页。
④ 同上书,第288页。

授指出的那样:"因此,正像物质利益问题在马克思的哲学立足点上引发了严重的危机,这种危机的克服不仅是物质利益问题的新的解决方案,而且必定是世界观方面的改弦易辙。"①

3. 马克思对意识哲学的理性原则乃至一切哲学的批判

正是"物质利益"难题开始让马克思意识到意识哲学的理性原则是有问题的,这时让马克思认识到用所谓的"应当"去处理"现实"显得多么无力。正如马克思所说的"思想一旦碰上利益,就会出丑"。物质利益难题让马克思认识到启蒙理性的立场和人道主义的绝对原则在现实的物质利益问题上是软弱无力的,不是启蒙理性的"应当"原则来规定"现实"的物质利益关系,倒是相反,是现实的物质利益关系决定着被视为作为普遍理性的法和国家的基本原则。所以马克思要做的事就是对自我意识哲学甚至是意识哲学的集大成者黑格尔重新加以认定和批判。马克思对黑格尔批判的直接理论结果便是1843年的《黑格尔法哲学批判导言》和《1844年经济学哲学手稿》以及同年和恩格斯合写的《神圣家族》。在这三部著作中,马克思重点批判了黑格尔的理性原则,同时也对法国旧唯物主义进行批判。对于黑格尔的批判,马克思指出的要点是:在黑格尔那里存在着某种颠倒:"观念反而成了主体;各种差别及各种差别的现实性和历史(现实和历史运动)被设定为观念的发展,观念的产物,其实恰好相反,观念应当从现实的差别中产生。"在马克思看来,整个法哲学只不过是逻辑学的补充,黑格尔走的道路是把世界命题化,把世界表述成命题的世界,试图通过命题的理解去改变现实。这是马克思特别反对的地方。马克思批判道:"德国的国家哲学和法哲学在黑格尔的著作中得到了最系统、最丰富的和最终的表述,对这种哲学的批判既是对现代国家和对同它相联系的现实所作的批判性分析,又是对迄今为止的德国政治意识和法意识的整个形式

---

① 吴晓明,《形而上学的没落》,[M],北京:人民出版社,2006年版,第429页。

第六章　迪尔凯姆社会事实论的思想史意义和当代性

的否定,这种意识的最主要、最普遍的、上升为科学的表现正是思辨的法哲学本身。"①

在此,马克思指出黑格尔之国家理性的虚幻性。这被马克思表达为:"思辨的法哲学,这种关于现代国家,它的现实仍然是彼岸世界。"②马克思还补充说:"对思辨的法哲学的批判既然是对德国迄今为止政治意识形式的坚决反抗,它就不会面对自己本身,而会面向只有用一个办法即实践才能解决的那些课题。"③在这个环节上,马克思通过对黑格尔法哲学的批判,得出一个基本的结论,即"法的关系和国家的形式一样,既不能由其本身来理解,也不能由精神的一般发展来理解;相反,它们根植于物质的生活关系中,亦即根植于市民社会中"。④马克思认为,对市民社会的解剖应该到政治经济学中去寻找线索。可以说,马克思正是通过对黑格尔法哲学的批判,才意识到启蒙理性和意识哲学的不足,这一点,对马克思向唯物主义的转变起着重要作用。

可以说,马克思从1844年起在巴黎就开始关注并研究政治经济学,并在这一时期,马克思阅读了许多经济学和社会主义的著作,《1844年经济学哲学手稿》可以看作马克思批判地研究德国哲学、资产阶级政治经济学和空想社会主义的最初成果。马克思在这一时期清理的问题很多,其中有两点比较突出:一是"异化劳动"概念的提出。马克思把德国哲学广为使用的"异化"概念用来分析社会,把它同私有制的统治和由私有制的统治所产生的社会制度联系起来考察。可以说,异化劳动的阐发恰恰为历史唯物主义打下基础,因此,我们可以说它奠定了历史唯物主义或唯物史观及其批判理论的根基,这一点如国内学者王德峰教授所指出的那样:"马克思所发

---

① 马克思恩格斯,《马克思恩格斯选集》[M],第1卷,北京:人民出版社,1995年版,第8页。
② 同上书,第9页。
③ 同上。
④ 同上书,第32页。

动的哲学革命正是起始于异化劳动学说,我们不能因为这一学说费尔巴哈式的表述就断定其为费而巴哈人本学在劳动分析上的简单运用,其实,倘若不在人学本身的领域内实现本体论变革,这种运用就是不可能的。在马克思的异化劳动学说中,近代哲学所形成的异化概念已被改造,正是在这一个改造中,马克思赢得了对形而上学思维框架的消解,形成了一种包括现象学原则的人学探索,从而为历史唯物主义奠定基础。"①笔者很是赞同这种判断,正是"异化劳动"学说在一定程度上对近代形而上学的消解,才使得马克思一步步走进唯物史观及其批判理论。马克思对黑格尔哲学进行了更为激烈地批判。在马克思看来,黑格尔哲学不是形而上学之一种,而是形而上学之完成和最高峰。黑格尔哲学所表达的历史,本质上来说,是抽象的,思辨的。马克思批判道:"黑格尔根据否定之否定所包含的肯定方面把否定看成真正的和唯一的肯定的东西,而根据它所包括的否定之否定方面把它看成一切存在的唯一真正的活动和自我实践的活动,所以,他只是为历史的运动找到了抽象的、逻辑的表达、思辨的表达。"②也就是说,在黑格尔那里,历史只是作为绝对精神的异化的表现,它仍是一种思辨的抽象,并没有具体赋予社会历史以真实的内容。如吴晓明教授所指出的那样:"马克思对黑格尔哲学的全部批判,包括对这一哲学各个支脉——施特劳斯、鲍威尔、施蒂纳等的全部批判,归结到一点,就是现代形而上学的本质对社会现实的根本性遮蔽。虽然黑格尔提示了在哲学上揭示社会现实的任务,但思辨唯心主义依其本性而言,最终只能把所谓现实置放到理性(实在的理性或意识到的理性)之中,把本质性导回到纯粹的思维之中。"③

---

① 王德峰,论异化学说对历史唯物主义的奠基意义[J].复旦学报(社会科学版),1999,05:44

② 马克思,《1844年经济学哲学手稿》,[M],中央编译局译,北京:人民出版社,2000年,第97页。

③ 吴晓明,论马克思主义哲学的学术向度[J].学术月刊,2008,07:31

马克思对黑格尔的卓有成就的批判,离不开费尔巴哈对他的影响。马克思承认费尔巴哈唯物主义对黑格尔思辨哲学的批判,在马克思看来,费尔巴哈的确看到黑格尔哲学中的范畴论路向,因为费尔巴哈对黑格尔做过这样的批判:"理念假定为他物的东西,在本质上以假定理念为前提,所以证明的只是一种形式的证明。"① 也就是说,在黑格尔那里,甚至近代哲学全部都是从思维原则或从理念出发,并以此作为开端,这在费尔巴哈看来是成问题的。费尔巴哈认为,这和真正的人的生活没有关系,对社会生活的考察不能从思维原则或理念考察起,而必须到前范畴规定领域中去寻找社会现实的真实基础。这个基础领域的原则被表达为"对象性原理"。马克思在《1844年经济学哲学手稿》中肯定了费尔巴哈的杰出贡献,马克思称赞道:"费尔巴哈是唯一一个对黑格尔辩证法采取严肃的、批判的态度的人,只有他在这个领域内作出了真正的发现。总之,他真正克服了旧哲学。"②

尽管马克思称赞费尔巴哈的杰出贡献,但是这不意味着马克思和费尔巴哈完全一致,也不意味着他们在存在论的根基上完全相同。马克思同时也指出费尔巴哈的根本问题。1845年秋至1846年5月马克思和恩格斯共同撰写了《德意志意识形态》(以下简称《形态》)。马克思还写了被恩格斯认为包含着新世界观的天才萌芽的《费尔巴哈的提纲》(以下简称《提纲》),马克思、恩格斯在阐发新世界观的同时,在对以往一切哲学的批判中都包含了对费尔巴哈的批判,马克思批判道:"从前的一切唯物主义(包括费尔巴哈的唯物主义)的主要缺点是:对对象、现实、感性只是从客体的或者直观的形式去理解,而不是把它们当作感性的人的活动,当成实践去理解,不是从主体方面去理解。因此,和唯物主义相反,能动的方面却被

---

① 费尔巴哈,费尔巴哈哲学著作选集,[M],上卷,北京:商务印书馆,1984年,第64页。
② 马克思,《1844年经济学哲学手稿》,[M],中央编译局译,北京:人民出版社,2000年,第96页。

唯心主义抽象地发展了,当然,唯心主义是不知道现实的、感性的活动本身的。费尔巴哈想要研究跟思想客体确实不同的感性客体,但是他没有把人的活动本身理解为对象性的活动。因此,他在《基督教的本质》中仅仅把理论的活动看作人的活动,而对于实践则只是从它的卑污的犹太人的表现形式去理解和确定,因此,他不了解'革命的'、'实践批判的'活动的意义。"①这是马克思对以往哲学传统进行批判的经典表述。从这段表述中,我们可以看出,马克思指出以黑格尔为代表的近代意识哲学的根本问题是它仅仅局限在"思想客体"的层面,就其本质而言,它作为主观意识哲学仍从属于意识范围内容。如吴晓明教授指出:"思辨唯心主义与其说是主观意识的终结者,毋宁说是主观意识在现代形而上学范畴内的完成者……黑格尔意义上的现实归结为本质的抽象物——思想物。"②也就是说,以思想物或自我意识的意识原则通过自己的外化所能设定的只是"物性"。这种"物性"在黑格尔那里,只是"抽象物、抽象的物,而不是现实的物。物性对自我意识来说绝不是什么独立的、实质的东西,而只是纯粹的创造物,是自我意识设定的东西"。③ 针对费尔巴哈,我们可以看出,在马克思看来,费尔巴哈尽管承认感性的人,但是,他认为感性的人其实仅仅是指生物学意义上的人,人是丧失历史性的。也就是说,费尔巴哈并没有把感性的人的活动看成人的感性对象性活动,人在费尔巴哈那里,还仅仅是一个"类"的概念,因此,这种"类"意义上的人不是现实的人,不是马克思唯物史观意义上的真正的现实的人。马克思对此批判说:"费尔巴哈对感性世界的理解一方面仅仅局限于对这一世界的单纯的直观,另一方面仅仅局限于单纯的感觉。费尔巴哈设定的是'一般人',而不是现实的历史的人

---

① 马克思恩格斯,《马克思恩格斯选集》[M],第1卷,北京:人民出版社,1995年版,第54页。
② 吴晓明,论马克思主义哲学的学术向度[J]. 学术月刊,2008,07:31
③ 马克思,《1844年经济学哲学手稿》,[M],中央编译局译,北京:人民出版社,2000年,第104页。

……在对感性直接的直观中,他不可避免地碰到与他的意识和他的感觉相矛盾的东西,为了排除这些东西,他不得不求助于某种二重性的直观,这种直观仅仅看到的眼前的东西的普通直观和看出事物的真正本质的高级直观。"①

  这里,我们要看到马克思和费和巴哈之间的根本差别。在费尔巴哈那里,当人类进入历史,就会沦为一种抽象,也就是说,费尔巴哈在自然观上是唯物的,但在历史观上又回到唯心主义的理解上,所以我们把费尔巴哈的唯物主义称为半截子唯物主义。对于费尔巴哈的批判,马克思的原话是这样的:"当费尔巴哈是一个唯物主义者的时候,历史在他的视野之外;当他去探讨历史的时候,他不是一个唯物主义者。在他那里,唯物主义和历史是彼此完全脱离的。"②这样导致的一个结果便是:"正是在共产主义的唯物主义者看到改造工业和社会结构的必要性和条件的地方,他却重新陷入唯心主义。"③可以说,正是在费尔巴哈止步的地方,马克思的新唯物主义开始起步。新唯物主义是领会并把握到了"历史的感性"的唯物主义,这一把握根据在于它展示了本体论的一种新境遇,即,把"感性"理解为"知识前的、创立和改变着现实的感性世界的活动",这是马克思历史唯物主义的起点。这样的感性不仅仅是生物学意义上的,甚至不是自然科学意义上的,而是指有激情、有需要、有欲望、有痛苦的人的感性的活动,新唯物主义的"新"就"新"在这里。

  也就是说,马克思通过对以往哲学传统的批判从而赋予社会历史以真正的内容,从而为自己思想寻找到了新的唯物主义基础。其实,我们可以说,马克思通过对以往哲学传统的批判和清理,实现的是一场思想革命,它突破了传统本体论一贯所遵守的"知识论路向",即把世界命题化,从命题的世界去阐释当下的世界,这种路向

---

① 马克思恩格斯,《马克思恩格斯选集》[M],第1卷,北京:人民出版社,1995年版,第75页。
② 同上书,第78页。
③ 同上书。

是马克思特别反对的。马克思自己建立的学说是抓住了人本身,即把现实的人及其活动作为理论的出发点,开启的则是存在论的新境遇。这种境遇在马克思这里被表达为:"意识在任何时候都只能是被意识到了的存在,而人们的存在就是他们的现实生活过程。"①

总的来说,通过对马克思思想发展史的大致的梳理,我们可以看出,马克思是如何一步步实现对以往的一切哲学传统的批判性扬弃,从而开启了新的历史唯物主义境遇。马克思正是借助于对以往包括意识哲学乃至费尔巴哈哲学在内的旧唯物主义的批判,马克思学说才真实地走出意识哲学和意识论、范畴论的阐释范式,从而开启了存在论或者生存论的理解范式。而马克思学说之所以能够做到这一点,究其原因,是因为马克思抓住了人本身,即现实的人及其活动,从而开启唯物史观及其批判理论范式。对于这一点,如马克思说的那样:"在思辨终止的地方,在现实生活面前,正是描述人们实践活动和实际发展过程的真正的实证科学开始的地方。关于意识的空话将终止,它们一定会被真正的知识所代替。对现实的描述会使独立的哲学失去生存环境,能够取而代之的充其量不过是从对人类历史发展的考察中抽象出来的最一般的结果的概括。"②明确唯物史观的逻辑起点是重要的,它可以帮助我们理解马克思的"社会存在"概念。

4."社会存在"作为扬弃"物"和"物相"的"物质生活关系"

"社会存在"作为唯物史观的一个最基础性的概念,它不是旧唯物主义视野中的物质概念,也不是意识哲学中的物或物相,从马克思的哲学革命及所展开的存在论范式的变革来看,"社会存在"作为成熟时期马克思学说的基础概念,对它的理解也必须顺着马克思本人的理解来对待。"社会存在"是在批判旧唯物主义的"物质"概念

---

① 马克思恩格斯,《马克思恩格斯选集》[M],第1卷,北京:人民出版社,1995年版,第72页。
② 同上书,第73页。

和意识哲学的"物相"概念的基础上形成的。

马克思早在《神圣家族》中指出,法国唯物主义理论有两个基本的来源:"法国唯物主义有两个派别,一个起源于笛卡尔,一个起源于洛克,后一派主要是法国有教养的分子,它直接导向社会主义。前一派是机械唯物主义,它成为真正的法国自然科学的遗产。这两个派别在发展中是相互交错的。"[①]也就是说,从笛卡尔物理学和牛顿的经典力学中走出来的一派是机械论唯物主义,这一派上承英国的培根、霍布斯,在法国的拉美特利那里达到最高阶段;而受洛克的经验论哲学影响的一派则表现为人本学唯物主义,以法国爱尔维修为主要代表,至费尔巴哈时为最后形式。但是,马克思指出,在机械论唯物主义那里,"机械运动作为物质生命的表现,物质是唯一的实体,是存在和认识的唯一根据"[②]。在另一派那里,尤其是在作为创始人的培根那里,马克思对培根的评价是:"英国唯物主义和整个现代实验科学的真正始祖是培根……唯物主义在他的第一个创始人培根那里,还在朴素的形式下包含着全面发展的萌芽,物质带着诗意的感性光辉对人的全身心发出微笑,但是,用格言形式表现出来的学说本身却反而充满了神学的不彻底性。"[③]

如果说,"物质"此时还以感性经验为基础,但是唯物主义却在以后的发展中变得片面了。马克思批判道:"霍布斯把培根的唯物主义系统化了,感性失去了它的鲜艳的色彩而变成几何学家的抽象的感性,物理运动成为机械运动或数学运动的牺牲品,几何学被宣布为主要的科学,唯物主义变得敌视人了,为了在自己的领域里克服敌视人的、毫无血肉的精神,唯物主义只好抑制自己的情欲,当一个禁欲主义者了。它变成理智的东西,同时以无情的彻底性来发挥

---

① 马克思恩格斯,《马克思恩格斯全集》[M],第2卷,北京:人民出版社,1995年版,第160页。
② 同上书。
③ 同上书,第163页。

理智的一切结论。"①也就是说,霍布斯虽然是把培根学说系统化了,但是他恰恰没有去详细论证培根那里物质是作为知识和观念的感性起源的思想,反而把唯物主义之物质抽象化、理性化了。马克思接指出:"唯物主义的真理就是唯物主义的对立面——绝对的、即至高无上、无拘无束的唯心主义。"②在马克思看来,旧唯物主义之"物质"概念,其实接近黑格尔的"物性"概念,如黑格尔指出的那样,唯物主义其实是把"感觉和物质看成唯一真实的东西,把一切思维、一切道德方面的东西全都归结为感觉和物质。认为只是感觉的变相"。③ 也就是说,旧唯物主义之物质范畴在本质上和在意识哲学那里作为自我意识的外化设定的"物性"保持一致。或者说,和近代思辨哲学一样,旧唯物主义的"物质"概念所表示的仍不过是一种"抽象的物质",是一种"无物质的物质"。如吴晓明教授指出的那样:"抽象物质概念同样完全从属于范畴论路向,并因而同样栖身于逻辑学的天国之中。正因为如此,所以'作为物性的物性'和'作为观念的观念'乃是同一种东西;泛神论、唯物主义、经验论等同样以抽象的概念或范畴为基础的,因而同样属于近代思辨哲学的组成部分。"④因此,我们可以看出,马克思的"社会存在"概念中呈现出来的是对"物"和"物性"的扬弃,并指示着存在论新视域下的物质生活关系。

那么,什么才是马克思视野中的"社会存在"呢?到底它指示着什么?"社会存在"的概念,在马克思的《政治经济学批判序言》里有明确的表述,马克思的原话是这样的:"不是人们的意识决定人们的

---

① 马克思恩格斯,《马克思恩格斯全集》[M],第2卷,北京:人民出版社,1995年版,第164页。
② 同上书,第178页。
③ 黑格尔,《哲学史讲演录》[M],第4卷,贺麟译,北京:商务印书馆,1997年版,第230页。
④ 吴晓明,《形而上学的没落》,[M],北京:人民出版社,2006年版,第284页。

存在,相反是人们的社会存在决定人们的意识。"①虽然马克思并没有直接给出"社会存在"的定义,而是从一个关系表述中去界定"存在",对于这种见解我们可以从以下几个方面来理解:

其一,"社会存在"不是一个纯粹思辨的概念。马克思在"存在"前面加上一个"社会"一词,而且不用直接下定义的方式而只用一种描述性的方式来表达,表明马克思的"社会存在"概念不再是思辨的,所以任何对"社会存在"做纯粹思辨的阐释都是违背马克思本意的。马克思就是要破除自柏拉图以来的西方知性化的理解模式,这种知性理解模式的主要特征是从观念、精神的角度去阐释社会历史。很明显,马克思对此是不满意的,认为一切社会生活从一开始都是实践性的,对理论本身的理解要从其根基处社会实践中得到理解。他说:"全部社会生活在本质上就实践的。凡是把理论引向神秘主义的神秘东西,都能在人的实践中以及对这个实践的理解中得到合理的解决。"②

可见,马克思对社会历史的理解,重要的是他没有拘泥于从意识内部去理解,而强调要通过理解市民社会理解社会历史。因为从市民社会中去找到打通理解社会的道路是一件根基性的事,马克思指出:"法的关系和国家的形式一样,既不能由其本身来理解,也不能由精神的一般发展来理解;相反,它们根植于物质的生活关系中,亦即根植于'市民社会'中。"③可见,市民社会的发现使得对社会的理解走出意识的范围,这种"走出"也决定性地开启了马克思理解社会存在的新的视野。即"社会存在"不再是一个意识能够涵盖的对象,不再是纯粹思辨的概念,而恰恰相反,此概念直接表明"社会存在"是一个根植于实践中也只能从实践中得到诠释的,而且也是指

---

① 马克思恩格斯,马克思恩格斯选集[M],第2卷,北京:人民出版社,1995年,第32页。
② 马克思恩格斯,马克思恩格斯选集[M],第1卷,北京:人民出版社,1995年,第56页。
③ 同上书①,第32页。

向社会世界之改变的概念。这也正如马克思所指出的那样:"哲学家只是用不同的方式解释世界,问题在于改变世界。"①其命题的意义就在于,对"社会存在"的理解已经超越按照范畴规定去理解的路向,需要到超出概念、逻辑和反思所支配和统治的世界中寻找答案。换句话说,实践活动才是真实理解"社会存在"的秘密所在。

其二,"社会存在"是指生成性的物质生活及其条件,是"关系存在"。如果对比迪尔凯姆的"社会事实"概念,也会发现有一个"社会"加以修饰,那么是不是就意味着两处的"社会"有着完全相同的根基和一致的视野呢?答案是否定的。而且可以补充的是,"社会"一词在两者思想的境遇中有着实质性的差别。在前面我们已经指出迪尔凯姆社会事实背后的理性主义根基,也就是说,迪尔凯姆虽然用"社会事实"来试图摆脱观念范畴的束缚,但是就其理论建构的根基而言,仍从属于理性主义路向。这一点明确区别于"社会存在"的理解路向。那么,马克思的"社会存在"到底开启了怎样的新视野呢?可以说,"社会存在"概念在马克思这里具有始源性,这方面得益于早年物质利益难题引导了马克思去发现市民社会进而发现"社会存在"这个始源性概念,"社会存在"的领域也就是人们的生活世界的领域。

这一点我们可以从马克思提出"社会存在"概念的语境中得到进一步确认,马克思指出:"人们在自己生活的社会生产中发生一定的、必然的、不以他们的意志为转移的关系,即同他们的物质生产力的一定发展阶段相适应的生产关系。这些生产关系的总和构成社会的经济结构,即有法律的和政治的上层建筑竖立其上并有一定的社会意识形式与之相适应的现实基础。"②按照马克思的理解,社会存在就是指人们的物质生活关系,一切社会关系都始源于这一领

---

① 马克思恩格斯,马克思恩格斯选集[M],第1卷,人民出版社,1995年,第57页。

② 同上书,第32页。

域,而且,这一领域绝不是在意识范畴内发生的,而是指理性前的感性生活的领域。这一领域也称为感性活动,它才是社会存在的诞生地,在其中诞生出来的社会存在不是作为一个范畴而存在,更不是传统形而上学规定下的知识性存在,而是一个生成性概念,这种生成使得自然存在生成为社会存在。

换句话说,当我们理解马克思的"社会存在"的时候,不能把它理解为实证主义意义上的经验知识,因为它不是抽象经验论所说的僵死事实的收集;也不能把它理解为纯粹的范畴规定,而应根据马克思的本意把它理解成具有生成性的物质生活关系。对于存在的"生成性",我们认为,存在不是一种静观的、知识性的对象,因为从来就没有什么现成的、等着人们去捕获的先在的存在。与之相反,存在总是在生存实践中展开并得到意义。如马克思认为的那样,新唯物主义在于描述现实的人及其能动的生活过程:"只要描绘出这个能动的生活过程,历史就再像那些本身还是抽象的经验论者所认为的那样,是一些僵死事实的收集,也不再像唯心主义者所认为的那样,是想象的主体的想象活动。"[①]因此,我们可以看出,马克思这里的"社会存在"概念是一种生成性的物质生活关系,是一个表述现实人的现实的历史活动的感性关系概念,就其本质而言,是"关系存在"。

其三,"社会存在"具有历史性。马克思认为,以往对社会历史的理解在一定程度上是对社会历史的抽象,并没有赋予社会历史以真正的内容,主要的原因在于历史性在以往是被抽象处理的,这直接造成传统形而上学对感性生活的遮蔽。而马克思认为对"社会存在"领域的揭示也就凸显出人和社会历史的历史性。这种历史性的揭示和马克思深入社会中去揭示当代人类生存困境直接相关。马克思认为,困境就在于感性现实的自我异化上,而感性现实的异化

---

① 马克思恩格斯,马克思恩格斯选集[M],第1卷,北京:人民出版社,1995年,第73页。

是作为历史性的证明呈现出来,而只有到感性现实中才能真正领会人的存在,因此,这件事需要从根基处重新理解。马克思这里所指的感性现实的异化实际上是指工业或者自身异化的劳动活动。并且这一点在马克思对以往哲学的清理中进一步得到呈现。

针对费尔巴哈,马克思认为,费尔巴哈的错误就在于"他没有看到,他周围的感性世界绝不是某种开天辟地以来就直接存在的、始终如一的东西,而是工业和社会状况的产物,是历史的产物"。[①] 从中,我们可以看出,"社会存在"的异化现实,即工业作为历史的产物,不是从来就有的。在对黑格尔的批判中也指出黑格尔对社会的分析汇集了思辨的一切幻想,而且还进一步指出"因为全部人的活动迄今为止都是劳动,也就是工业,就是同自身相异化的活动"。[②] 这是对感性现实异化状态的历史性分析。这一点说明马克思所说的"社会存在"的历史性一定是在时间框架内来谈的,这也正如海德格尔指出的那样:"存在就是时间,不是别的东西,由于时间,存在才被显露出来,所以时间便表示出无弊性,也就是说,表示出存在的真理了。"[③]可见,在时间维度中的"社会存在"具有历史性。马克思正是通过对"异化"、"资本"等历史性概念的揭示而深入历史的内部,并赋予历史以真实的内容。关于这一点,连海尔格尔也表示称赞:"因为马克思在体会到异化的时候深入到历史的本质性的一度中去了,所以马克思主义关于历史的观点比其余的历史学优越。但因为胡塞尔没有,据我看来萨特也没有在存在中认识到历史事物的本质性,所以现象学没有、存在主义也没有达到这样的一度中,在此一度

---

① 马克思恩格斯,马克思恩格斯选集[M],第1卷,北京:人民出版社,1995年,第76页。

② 马克思,《1844年经济学哲学手稿》,[M],中央编译局译,北京:人民出版社,2000年,第88页。

③ 海德格尔,人,诗意地安居[M],郜元宝译,上海远东出版社,2004年,第17页。

中才有可能有资格和马克思主义交谈。"①

综上所述,马克思的通过"社会存在"所表达出来的社会思想开启了一个新的视野,可以说,这种新的视野是对传统思辨的扬弃,不是给定的事实和关系通过理性得以阐释,而是产生这些事实和关系的历史运动得以表示并在新的基础上得到理解。这正如王德峰教授指出的那样:"历史唯物主义诞生了一场存在论上的哲学革命,它意味着对传统思辨知识的扬弃,从而为人类的知识开启了历史科学的境界。在此科学境界中,并不是给定的事实和关系(作为对象世界)被纳入理智王国,从而得到理性上正确的描述,而是产生这些事实和关系的历史运动(在历史中的生活世界)得到理解和描述。"②因此,这也就决定了马克思学说和实证主义不是一回事。如果对比迪尔凯姆的"社会事实"概念来看,虽然两者思想都受到了启蒙思想的影响,两者都被称为古典社会学家,但是,就两者理论的根本路向而言,两者背后的根基具有很大的不同。迪尔凯姆的社会事实论思想部分从属于启蒙的路向,表现在对实证主义的继承的发挥;部分却回归传统,表现在对道德秩序建构上,这是他理论的复杂性所在。

相比之下,马克思通过"社会存在"而确认的历史唯物主义学说却真实地超越了自启蒙以来的理性主义阐释路向,在对社会的理解方面跨出了决定性的一步,这种跨越我们可以从上述对"社会存在"的分析中得到证明。在马克思那里,"社会存在"概念则是作为关系存在,是扬弃"物"和"物性"的存在论概念。我们通过对历史唯物主义或称之为唯物史观中的基本概念"社会存在"的澄清,能够展现的还有唯物史观及其批判理论对社会权力(social power)的揭示,以及对激进社会革命运动的理论表达。马克思通过对"社会存在"的分析而深入异化的历史的本质性维度中,这恰恰在根基上为解释社

---

① 海德格尔,海德格尔选集[M]上卷,孙周兴译,北京:三联书店,1996年,第383页。

② 王德峰,从生活决定意识来看马克思哲学革命的性质[J].上海:复旦学报(社会科学版),2005,01:40

会权力奠定了基础,当然,在马克思对现代社会之社会权力的揭示的同时,也对分工问题进行了探讨。马克思对分工问题的探讨方式明显不同于迪尔凯姆对劳动分工的探讨方式,在马克思这里,分工是作为一把通达唯物史观及其批判理论的一把钥匙。可以说,马克思正是以分工切入对现代社会的批判性分析,并在此基础上展开了激进社会革命的学说。这一点是和迪尔凯姆的思想有很大差别的。

四、马克思以分工切入现代社会本质并对其批判

"分工"概念在历史唯物主义中占有十分重要的地位,可以说它是理解历史唯物主义的一个极其重要的尺度,原因在于它不仅仅是经济学概念,和"社会存在"概念一样,分工也是存在论的概念。在马克思学说中,从某种意义上可以说它是生产力的同义语,分工的实现是依赖于感性交往,是被感性交往所规定的,而被分工所决定的交往形式与分工的关系在根基上是源于生产与感性的相互规定。因此,对分工的理解和把握应该在感性交往及其社会关系的整个视野中加以把握,这样,不仅有助于从存在论视角去把握马克思所开启的哲学革命的伟大事业,而且我们能够从中看出,马克思对现代社会本质的发现和批判正是从对分工问题的探讨而切入的,在马克思那里,分工和异化劳动、社会结构、社会阶级及社会革命都有着根本的关联性。

可以说,正是通过对分工问题的探讨使得我们能更好地理解马克思,也可以让我们在更深刻的意义上去领会历史唯物主义关于要扬弃私有制就必须通过社会革命扬弃现有的社会结构及其制度的基本观点。同时,也可以突破传统哲学教科书的某些局限和束缚,帮助我们理解异化劳动和所有制等方面的问题。正是马克思通过对分工问题的考察,才真正为唯物史观奠定了真实的"实证"基础,也有利于我们更好地把握马克思视野中现代社会的基本结构及其问题。

事实上,从《1844年经济学哲学手稿》到《德意志意识形态》及

后来的《资本论》、《1857年-1858年手稿》,马克思、恩格斯通过对分工的深入研究,不仅为异化劳动理论在根基上找到了更为彻底的根据,而且还强调指出分工对生产劳动活动的制约作用以及分工和所有制之间的感性关系。在马克思看来,分工不是一个知性概念,分工是生产力发展过程中感性交往意识的必然结果。同时,分工又是生产关系发展变化的依据。因此可以说,分工是联系生产力和生产关系的纽带和中介。明确这一点,我们才能更好地理解马克思、恩格斯的关于生产关系和生产力之间的感性关系及其辩证法。辩证法作为历史唯物主义的方法,同样不是一个理性设定的规律,而是感性交往的人类实践活动的存在论叙述方式。

总的来说,无论是对唯物史观的整体视域的考察还是对其局部问题的理解和探讨,分工问题都是不可忽视的。对"分工"概念的存在论阐释可以说是我们理解并领会历史唯物主义学说的一个较好的视角,通过对分工的存在论解读,不仅能够再次确认马克思的存在论视野,而且我们通过分析马克思对现代社会的批判性阐释,可以更好地理解马克思的激进社会革命理论。所以,分工问题既能帮助我们澄清唯物史观的基本视野和基本立场,同时也能回应迪尔凯姆对马克思的误解和批判。

1. 作为生产力同义语的"分工"

如果想要从宏观上澄清社会分工对生产中的诸多感性层次的制约关系,我们可以作如下的阐释:分工的产生、发展和生产力的发展状况直接相关联,从一定意义上讲,它乃是生产力的同义语。原因在于它具有生产力的内在本质属性,这种生产力不是指工艺学意义上的技术层面,更不能在抽象意义上泛泛而谈,而只能在马克思新的存在论视域中加以理解和把握。分工其实是生产力发展过程中感性交往意识的结果,生产力发展过程中感性交往意识则是分工的最为真实的原因,并且其分工程度是与生产力的发展直接相关的。正如马克思、恩格斯在《形态》中所指出的那样:"一个民族的生产力发展水平,最明显地表现在该民族分工发展的程度上,任何新的生产力只要它不仅仅是现有生产力的量的扩大,都会引起分工的进一步发展。"①也就是说,每一次分工所实现的突破,或者说新的分工的产生,往往都是和生产力的发展直接相关,在马克思那里,新的分工直接指示着生产力的进一步发展,同时分工的专业化和细化直接体现着生产力的领域和范围。那么,是什么力量促使分工的每一次发展呢?在马克思那里,分工发展的依据乃是生产力发展中的交往意识,这种交往意识的发展恰恰又依赖于生产的发展。这种复杂的层层制约关系在最根本的意义上可以追溯到生产和感性的相互规定上面。如马克思说的那样:"生产本身又是以个人彼此之间的交往为前提的。这种交往的形式又是由生产决定的。"②生产、交往及交往形式、生产力、分工彼此之间存在一定的制约关系,并且这种关系不是一种单一的线性关系,更不是一种理性的、目的论的认知规律。如果我们仅仅把分工作为生产力的同义表达,然后根据生产力制约生产关系的规律,认为分工决定生产关系,则这样的解读是危险的,我们就很容易误解马克思的本意。在马克思这里,分工是生产力的同义表达,这固然没错,但我们同时也要看到分工的依据是感性交往及感性的交往意识。通过对分工的解读可知在马克思那里,"生产"和"感性"相互规定,这样的理解不是知性范畴式的,而是存在范式的新见解。

那么,对马克思视野中的分工该作何理解呢?在理解分工的最初形式时,马克思说:"分工最初只是性行为方面的分工,后来是由于天赋、需要、偶然性等等才自发地或自然地形成分工。分工只是从物质劳动和精神劳动分离的时候起才真正成为分工。"③其实,我们可以看出马克思这里强调的"分工"概念更多的是强调物质劳动和精神劳动分离后的社会分工。重要的一点是,在马克思那里,从

---

① 马克思恩格斯,马克思恩格斯选集[M],第1卷,北京:人民出版社,1995年,第68页。
② 同上书。
③ 同上书,第82页。

最初的分工到工商业和农业的分离、商业劳动和工业劳动的分离，以及同一个劳动生产部门内部的愈来愈细致的分工，这些都根源于生产力的发展和感性交往意识的发展。如马克思说的那样："只是在后来当这些城市彼此发生了关系的时候，这样的分工才发展起来。"①也就是说，只有在城市之间建立起交往，也就是在感性交往意识发展起来时，分工才逐步发展起来。由此可见，在马克思那里，分工发展的前提是交往及交往意识。也就是说，分工的发展会促进生产力的发展和感性交往意识的发展，而新的交往意识的发展也加剧了分工的进一步扩大，马克思对此说："分工的进一步扩大是生产和交往的分离，是商人这一特殊阶级的形式。"②也就是说，交往意识的发展使得分工进一步扩大，这种进一步的扩大又在各民族中成为现实。在这种扩大的过程中，马克思特别提到了商人的作用。马克思说："随着交往集中在一个特殊阶级手里，随着商人所促成的同城市近郊之外地区的通商的扩大，在生产和交往之间也立即发生了相互作用。城市彼此建立了联系，新的劳动工具从一个城市运往另外一个城市，生产和交往间的分工随即引起各城市间在生产上的新的分工。"③这种分工直接标示着生产力水平的进一步发展，这是以大工业为背景的资本主义社会结构形成的基础。马克思说："只有当交往成为世界交往并且以大工业为基础的时候，只有当一切民族都卷入了竞争斗争的时候，保持已创造出来的生产力才有了保障。"④从这种表述中我们可以看出分工标示着生产力的进步，这同时也意味着大工业社会结构的不断完善和扩张。这种分工的必然结果便是工场手工业的产生。马克思说："不同城市之间的分工的直接结果

---

① 马克思恩格斯，马克思恩格斯选集[M]，第1卷，北京：人民出版社，1995年，第71页。
② 同上书，第107页。
③ 同上书。
④ 同上书，第108页。

就是工场手工业的产生,即超出行会制度范围的生产部门的产生。"①

在马克思看来,分工的进一步扩大是作为生产力进步的同义语,要放置到社会历史中去理解。这就意味着,随着分工的发展、生产力的提高、手工业的产生和发展,都同时意味着旧的封建势力和封建制度的不断瓦解,而成就出来的则是现代意义上的资本主义大工业社会。如马克思理解的那样:"工场手工业还以人口特别是乡村人口的不断集中和资本的不断积聚为前提。资本开始积聚在个人手里,一部分违反行会法规积聚到行会中,一部分积聚到商人手中……随着摆脱了行会束缚的工业手工业的出现,所有制关系也立即发生了变化。越过自然形成的等级资本而向前迈出的第一步,是受商人的出现所制约的,商人的资本一开始就是活动的,如果针对当时的情况来讲,可以说是现代意义上的资本。"②在资本开始扩展自己的生存空间的时候,与现代资本诞生过程同步的则是封建制度的瓦解,表现在以下几个方面:一是农民的流浪,如马克思说的那样:"随着工场手工业的产生,同时也就开始了一个流浪时期,这种流浪现象是和封建制度的瓦解密切联系着的。"③二是旧的关系的瓦解,其中一点是封建的伦理关系的瓦解,马克思说:"随着工场手工业的出现,工人和雇主的关系也发生了变化……在比较大的、真正的工场手工业城市,则早就失去了几乎全部宗法色彩。"④三是商业具有政治意义,马克思指出:"随着工场手工业的出现,各国进入了竞争的关系,展开了商业斗争,这种斗争是通过战争、保护关税和各种禁令来进行的,而在过去,各国只要彼此有了联系,就相互进行和

---

① 马克思恩格斯,马克思恩格斯选集[M],第 1 卷,北京:人民出版社,1995 年,第 108 页。
② 同上书,第 109 页。
③ 同上书。
④ 同上书,第 110 页。

平的交易。从此以后商业便具有了政治意义。"①

从这几个方面,我们可以看出,分工的扩大导致工场手工业的发展,进而使社会结构也发生了变化,旧的封建势力日益退出历史舞台,而资本主义社会制度和所有制关系则日益凸显。而且,资本主义社会结构的诞生恰恰说明整个世界的生存形式的改变,马克思说:"各个相互影响的活动范围在这个发展进程中越是扩大,各民族的原始封闭状态由于日益完善的生产方式、交往以及因交往而自然形成的不同民族之间的分工消灭得越是彻底,历史也就是越成为世界历史……并引起这些国家的整个生存形式的改变。"②也就是说,马克思通过对分工问题的探讨指出现代资本主义社会的基本结构是如何历史地生成的,从它扬弃旧的封建社会而言,则是历史的进步。

通过以上的分析,我们可以看出,在理解分工时,要看出其与生产力和生产、感性之间的关联性,需要强调的是,我们对"分工"概念的理解要将其放置在生产和感性意识的相互规定的大背景中才更为可靠,"分工"可以说是我们理解生产和感性相互规定的一个重要中介概念。而且,从它与生产力的关联性上看,可以将其视为生产力的同义语。并且,具体到分工和感性交往意识的关系而言,我们认为,"分工"概念中不仅包含人和物的结合方式,而且还内含人的社会性、现实性以及人和人的感性结合方式。从这个角度来看,分工又具有生产关系的本质属性,因为生产力的发展和感性交往意识的发展决定分工的程度,而分工又作用于感性生产关系,即交往形式。从另外一个层面来讲,分工制约着生产关系,而分工的进一步发展就意味着多方面的新的感性关系的产生。我们从《德意志意识形态》一书就可以看到分工决定生产关系的诸多方面,并构成生

---

① 马克思恩格斯,马克思恩格斯选集[M],第1卷,北京:人民出版社,1995年,第110页。
② 同上书,第89页。

关系的基本内容。马克思、恩格斯指出:"分工发展的各个不同阶段,同时也就是所有制的各个不同形式,这就是说,分工的每一个阶段还根据个人和劳动的材料、工具和产品的关系决定他们之间相互的关系。"①在马克思看来,分工和所有制是两个同义语,马克思说:"其实,分工和私有制是相等的表达方式,对同一件事情,一个就活动而言,一个就活动的产品而言。"②马克思这里所讲的所有制是指对他人劳动的支配,如马克思说的那样:"家庭中这种诚然还非常原始进而隐蔽的奴隶制,是最初的所有制,但就是这种所有制也完全符合现代经济学家所下的定义,即所有制是对他人劳动的支配。"③从马克思对分工和所有制的论述来看,分工同时也具有生产关系的性质。

由此可见,分工不仅同生产力相关联,具有生产力的属性,而且在一定程度上是生产力的同义语。我们不能忽视的是分工同样具有生产关系的属性,因为在生产力和生产关系运动过程中,感性意识也是一个不断生长的过程。而分工作为一个中介因素,新的分工的实现在于新感性交往意识的生成,它取决于生产力发展过程中感性交往意识的发展,而交往形式对所有制关系的理解又要通过分工来把握,分工是交往形式变化的依据。对于这种关系的理解和把握,我们只有立足于感性和生产的相互关联的层面上才能达到真正的领会。因此,我们可以说,分工在一定意义上是生产力的同义语,因为在马克思的语境中,分工的社会力量就直接是指扩大的生产力。马克思说:"受分工制约的不同个人的共同生活产生了一种社会力量,即扩大的生产力。"④而且在马克思那里,这里所指的生产力不能离开交往形式去抽象地理解,因为交往形式甚至共同活动方式

---

① 马克思恩格斯,马克思恩格斯选集[M],第 1 卷,北京:人民出版社,1995 年,第 68 页。
② 同上书,第 84 页。
③ 同上书。
④ 同上书,第 85 页。

本身就是生产力,马克思对此说:"一定的生产方式或一定的工业阶段始终是与一定的共同活动方式或一定的社会阶段联系着的,而这种共同活动方式本身就是生产力。"①并且,马克思指出:"分工的阶段依赖于当时生产力的发展水平。"②

2. 作为异化劳动的感性存在形式的"自发分工"

马克思,对"分工"概念的阐释与异化劳动理论在本质上是相互贯通的,从一定意义上来看,自发分工是异化劳动的感性存在形式,分工不仅是生产劳动的基本形式,而且又是形成一定社会关系的基础。在马克思早年的《1844年经济学哲学手稿》中,马克思以异化劳动为基础展开社会批判理论的各个维度,马克思对分工进行了基本界定,马克思指出:"分工是关于异化范围内的劳动社会性的国民经济学的用语。换言之,因为劳动只是人的活动在外化范围内的表现,只是作为生命外化的生命表现。所以分工也无非是人的活动作为真正类活动或作为类存在物的人的活动的异化的、外化的设定。"③作为类的活动,人的活动这种异化了的和外化的形式就是分工的本质。马克思在批判国民经济学家时说:"关于分工的本质,劳动一旦被承认为私有财产的本质,分工就自然不得不被理解为财富生产的一个主要动力。"④由此可见,分工作为一种异化的劳动社会性的表现,也就是异化劳动的根源。需要强调的是,分工和异化劳动的关联在于:一方面是随着分工的发展,异化劳动的程度越深,人越被限制在单一的分工形式之中。另一方面是随着资本的积累,积累起来的抽象劳动强制具体劳动,把活劳动作为自己压迫的对象和材料。这样,劳动者日益依附积累起来的死劳动,就是极其片面的、

---

① 马克思恩格斯,马克思恩格斯选集[M],第1卷,北京:人民出版社,1995年,第80页。

② 同上书,第135页。

③ 马克思,《1844年经济学哲学手稿》,[M],中央编译局译,北京:人民出版社,2000年,第134页。

④ 同上书。

机械性的特定劳动。

而在《德意志意识形态》中,马克思、恩格斯进一步分析了分工和异化劳动之间的关系,指出分工产生发展的过程,也就是劳动之异化为奴役人、支配人的力量的过程。马克思、恩格斯说:"只要分工还不是出自自愿,而是自发的,那么人本身的活动对人来说就成为一种异己的、同他对立的力量,这种力量驱使着人,而不是人驾驭着这种力量。原来,当分工一出现之后,每个人就有了自己一定的特殊的活动范围,这个范围是强加给他的,他不能超出这个范围:他是一个猎人、渔夫或牧人,或者是一个批判的批判者,只要他不想失去生活资料,他就始终应该是这样的人。"①也就是说,这种自发分工使得每一个身处其中的人的角色都被固定化,马克思指出:"社会活动的这种固定化,我们本身的产物聚合为一种统治我们、不受我们控制、使我们的愿望不能实现并使我们的打算落空的物质力量,这是迄今为止历史发展的主要因素之一。"②在马克思看来,分工带来的直接后果是社会力量作为异化的力量,对我们施行强制。马克思对此说:"这种社会力量在这些个人看来就不是他们自身的联合力量,而是某种异己的、在他们之外的强制力量。关于这种力量的起源和发展趋向,他们一点也不理解,因而他们不再能够驾驭这种力量,相反地,这种力量现在却经历着一系列独特的、不仅不依赖于人们的意志和行为反而支配着人们的意志和行为的发展阶段。"③也就是说,分工其实已经作为异化劳动的感性存在方式,作为一种异化的社会力量,外在强制性地统治着我们。而且马克思还说:"个人本身完全屈从于分工,因此他们完全被置于相互依赖的关系之中……分工从最初起就包含着劳动条件:劳动工具和材料的分配,也包括着积累起来的资本在各个所有者之间的劈分,从而也包括着资本和

---

① 马克思恩格斯,马克思恩格斯选集[M],第1卷,北京:人民出版社,1995年,第85页。
② 同上书。
③ 同上书,第86页。

劳动之间的分裂以及所有制本身的各种不同的形式。分工越发达,积累越增加,这种分裂也就发展得越尖锐。劳动本身只能在这种分裂的前提下存在。"①马克思在《德意志意识形态》中还指出,异化劳动仍然是最主要的,仍是凌驾于个人之上的力量;只要这种力量还存在,私有制也就必然存在下去。由此我们可以看出,马克思这里对分工的论述其实是沿着异化劳动的思路进行下去的,对分工的探讨使得异化劳动理论得到更加有力的证明。

对于这样的探讨,马克思在《资本论》中有进一步的表述,马克思说:"于是劳动有了分工,各种操作不再由同一个手工业者按照时间的先后顺序完成,而是分离开来,孤立起来,在空间上并列在一起……每个人只从事一种操作。"②也就是说,分工使得职业片面化而致使个人畸形发展。也就使得人在资本的控制下承受着被支配、被主宰的角色。马克思批判道:这种以分工为基础的工业手工业"从根本上侵袭了个人的劳动力。工场手工业把工人变成畸形物,它压抑工人的多种多样的生产志趣和生产能力,人为地培植了工人片面的技巧,这正像在拉普塔各州人们为了得到牲畜的皮或油而屠宰整只牲畜一样。不仅各种局部劳动分配给不同的个体,而且个体本身也被分割开来,成为各种局部劳动的自动的工具。"③也就是说,工人只有在他从事这种异化劳动,并被固定在一个环节上时,他才能凭借出卖自身的劳动力,求得生存。如马克思讲的那样:"某种智力上和身体上的畸形化,甚至同整个社会的分工是分不开的。工场手工业时期大大加深了劳动部门的这种社会分裂;另一方面,因为它以自己特有的分工才从生命的根源上侵袭着个人,所以,工场手工业

---

① 马克思恩格斯,马克思恩格斯选集[M],第1卷,北京:人民出版社,1995年,第127页。
② 马克思恩格斯,资本论[M],第1卷上册,北京:人民出版社,1975年,第375页。
③ 同上书,第399页。

时期也首先给工业病理学提供了材料和刺激力。"①不仅工人处于这种异化劳动的社会分工组织形式中,而且,资本家也是作为资本的人格化,处在分工这种社会组织之中,马克思对此说:"资本家只有作为人格化的资本,他才有历史的价值。也只有这样,他本身的暂时必然性才包含在资本主义生产方式的暂时必然性中。但既然这样,他的动机,也就不是使用价值和享受,而是交换价值和交换价值的增值了……只有作为资本的人格化,资本家才受到尊敬。作为资本的人格化,他同货币贮藏者一样,具有绝对的致富欲,在货币贮藏者那里表现为个人的狂热的事情,在资本家那里却表现为社会机制的作用,而资本家不过是这个社会机制中的一个主动轮罢了。"②也就是说,以分工为基础建立起来的资本主义生产方式乃是一种人类劳动的异化形式,无论是工人还是资本家都是充当满足资本追求利润的工具罢了。

  马克思最初论述分工问题是在《1844年经济学哲学手稿》中,分工的本质是异化劳动。而在《德意志意识形态》中马克思、恩格斯对分工问题的探讨已经是站在新唯物主义的立场上,从分工的角度来寻找异化产生、消亡的根源,这促使马克思在异化劳动问题上克服和瓦解费尔巴哈的忽视社会性的感性直观的人本主义立场,这样一来,既可以摒弃从人本主义甚至抽象意义立场上人的类本质来研究人和人的活动,也可以避免把社会历史活动归结为自我意识的异化和复归,这对于把人类历史正确理解为人的劳动发展史,并在一个更广阔的社会历史领域考察异化和在更高的层次上把握分工消灭的条件都有着重要的理论意义。

  在马克思看来,分工不仅决定所有制的不同的形式,而且在交往活动中又制约着人与人之间的感性关系,即社会关系。马克思的

---

  ① 马克思恩格斯,资本论[M],第1卷上册,北京:人民出版社,1975年,第402页。

  ② 马克思恩格斯,马克思恩格斯选集[M],第2卷,北京:人民出版社,1995年,第240页。

分工理论的深刻之处恰恰在于将分工与所有制、社会关系结合在一起进行考察。在《德意志意识形态》中马克思主要用分工来划分历史时期和考察所有制形式,但并不意味着对异化劳动理论的取代和否定,相反是对异化劳动的根源进行更为根本意义上的深入探讨,《1844年经济学哲学手稿》只是提出分工问题而未展开论述,在《德意志意识形态》中马克思论述了历史唯物主义的具有标尺意义的分工范畴,与以往的理论不去考察分工和所有制的关系,即离开所有制的社会关系的背景而只是抽象地去谈论纯粹经济学意义上的分工概念不同,在马克思看来,这些都属于国民经济学式的表达。需要指出的是,马克思对分工的阐述和这些经济学家的讨论具有根本的差别,这种差别乃是具有存在论高度的原则差别。在马克思看来,研究分工问题,就必须考察分工、所有制和感性交往意识之间的复杂关系,也必须考察分工对私有财产产生的意义。而且马克思还特别分析了资本主义的条件下的抽象劳动对活劳动的占有和强制,以及分工所产生的物质与利益之间的对抗,才使得人们在交换过程中必须进行量价计算,并使得人与人之间的社会关系物化为商品交换关系,进一步导致商品拜物教的产生。

需要注意的是,和"社会存在"概念一样,自发分工是具有历史性的。具体来说,自发分工作为一种暂时的必然性,是和资本主义生产方式紧密联系在一起的。但是,人类未来的走向必然是要消灭这些异化的分工及其形式。在《德意志意识形态》中,马克思明确指出消灭异化分工的方式,他说:"个人力量(关系)由于分工转化为物的力量这一现象,不能靠从头脑里抛出关于这一现象的一般观念的办法来消灭,而只能靠个人重新驾驭这些物的力量并消灭分工的办法来消灭,没有集体,单个的个人是无法实现的。只有在集体中,个人才能获得全面发展其才能的手段,也就是说,只有在集体中才可能有个人的自由。"①而且马克思补充道:"分工不仅使精神活动和物质活动、享受和劳动、生产和消费由不同的个人来分担这种情况成为可能,而且成为现实,而要使这三个因素彼此不发生矛盾,则只有再消灭分工。"②

从以上的分析中我们可以看出,自发分工的本质是异化劳动,自发分工可以说是异化劳动的感性存在方式。对分工的理解能够打开马克思唯物史观所开启的存在论视野,分工提高了资本主义生产方式的组织和专业化程度,而同时也加剧了异化劳动的程度。资本在分工组织中成为积累的死劳动,工人和资本家则是作为资本强制的对象,它们一并成为异化劳动中活动的主体,成为自己的生产工具。马克思对此说:"他们的生产工具成了他们的财产,但是他们本身始终屈从于分工和自己的生产工具。"③

3. 分工与是社会权力(social power)的产生

在马克思那里,分工产生了不平等,同时导致社会关系中人们之间统治与被统治、支配与被支配的社会权力的产生。对于分工产生不平等,马克思说:"分工包含着所有的矛盾,而且又是以家庭中自然形成的分工和以社会分裂为单个的、互相对立的家庭这一点为基础的。与这种分工同时出现的还有分配,而且是劳动及其产品的不平等的分配。"④而且,需要说明的是,在马克思看来,分工是感性社会关系异化为支配关系的真实原因。它使生产力、社会关系和社会意识彼此间发生矛盾。分工的发展也使个人家庭的利益与所有互相交往的人们的共同利益之间发生矛盾,同时这种共同的利益不是仅仅作为一种"普遍的东西"存在于观念之中,而首先是作为彼此分工的个人之间的相互依存关系存在于现实之中。按照马克思的

---

① 马克思恩格斯,马克思恩格斯选集[M],第 1 卷,北京:人民出版社,1995 年,第 119 页。
② 同上书,第 83 页。
③ 同上书,第 129 页。
④ 同上书,第 83 页。

说法,"只要人们还处于自发形成的社会中,也就是说,只要私人利益和公共利益之间还存在分裂,只要分工还不是出自自愿,而是自发的,那么人本身的活动对人来说就成为一种异己的、与他相对立的力量,这种力量驱使着人,而不是人驱使这种力量"。① 在这种条件下通过社会关系而形成的个人力量便由于分工转化为物的力量,这种力量不是他们自身的联合力量,而是某种异己的、在他们之外的强制力量。而由分工而产生的私有制,使得人们之间的私人关系发展成为对抗性的阶级关系;而这种对抗性的关系对于个人来说也是一种必须屈从的强制性的力量,因此分工是使社会关系成为外在的异己物的原因,这表现为社会活动的固定化,我们本身的产物聚合为一种统治我们的、不受我们控制的、与我们愿望背道而驰的并且把我们的打算化为乌有的物质力量。

  这样论述的依据被马克思进一步分析为:其原因是各个人,他们的力量就是生产力,是分散的和彼此对立的。由于他们作为个人是分散的和对立的,但是分工使他们有了一种必然的联合。而这种联合又会因为他们的分散而成为一种对于他们而言是一种异己的联系。而受分工制约的不同,个人的共同活动产生了一种社会力量,即扩大的生产力,由于共同活动本身不是自愿而是自发形成的,因此这种社会力量在这些个人看来就不是他们自身的联合力量,而是某种异己的、在他们之外的权力。由此可见,正是因为分工才会造成资本和劳动的分离,导致了社会关系和生产力发展的对抗以及生产力和个人感性的对抗。如果我们沿着这个话题说开,就是只有当新的感性意识生长出来,或者已经在生长中时,分工才会改变,所有制的形式才会改变,社会关系对人来说才不是异己的力量。新的感性意识的成长需要漫长的时间,共产主义社会才是一种真正的联合社会力量体系而不是强制人、固定人的社会有机体。

---

  ① 马克思恩格斯,马克思恩格斯选集[M],第1卷,北京:人民出版社,1995年,第85页。

不仅如此，分工还使得社会关系共同体成为一种虚幻的共同体，因此要想用"真实的共同体"代替"虚假的共同体"，前提是我们必须消灭自发分工。分工的发展已经使得个人的特殊利益和相互交往的个人的共同利益发生冲突，并采用国家这种虚幻的共同体形式，这种共同体，对于个人来说表现为外在的、偶然的东西。它成为与个人力量相对立的异己力量，它使得单个人在与其他人交往中所形成的社会关系表现为物的必然性和外在的联系。正是由于分工内部社会关系的独立化，才使每一个个人生活同他的屈从于某一个部门以及与之相关联的各种条件的生活之间出现差别。这种共同体作为一种虚幻的共同体，要想其产生的外在力量重新被人所驾驭和控制，使社会生产力的发展和社会关系的发展相一致，就必须通过消灭自发分工才能实现。马克思说："上述三个因素即生产力、社会状况和意识，彼此之间可能而且一定会发生矛盾……而要使这三个因素彼此不发生矛盾，则只有再消灭分工。"① 马克思用"自由人联合体"来表达消灭分工以后的社会。在这种共同体中，他们之间的联合是以当时生产力的发展为基础的联合，这种联合把个人的自由发展和运动条件置于他们的控制之下，各个人在自己的联合中通过这种联合获得自己的自由。而且，要消灭分工就意味着消除资本和劳动之间的对立、体力劳动和脑力劳动、城市和乡村的矛盾，这样一来，社会活动的固定化模式将自行消失。马克思指出，在共产主义社会，任何人没有特定的活动范围，人都可以在任何部分发展，社会调节着整个发展，我们可以做自己喜欢的活动。马克思说："在共产主义社会里，任何人都没有特殊的活动范围，而是都可以在任何部门内发展，社会调节着整个生产，因而使我可能随自己的兴趣今天干这个事，明天干那个事，上午打猎，下午捕鱼，傍晚从事畜牧，晚饭

---

① 马克思恩格斯，马克思恩格斯选集[M]，第1卷，北京：人民出版社，1995年，第83页。

后从事批判,这样就不会使我老是一个猎人、渔夫、牧人或批判者。"①

通过以上分析可知,我们对分工的理解不能仅仅指经济学意义上的分工范畴,要从人类发展和生存境遇的状况上去加以理解和把握,更要在马克思所发动的具有存在论原则高度的哲学革命的层面上加以澄清。马克思从历史的维度切入劳动和社会分工问题,这就为马克思从异化理论向历史唯物主义的过渡架起一座桥。通过对分工问题的分析和深入阐释,异化劳动的根源、分工和所有制、感性意识的关系,以及未来共产主义社会的关系已经大致为我们所揭示。通过分工这把理解历史唯物主义的钥匙,我们可以看到马克思对社会异化的理解,同时也为马克思的激进社会革命理论找到支撑。因为在马克思那里,"对实践的唯物主义来说,及共产主义来说,全部问题都在于使得现存世界革命化,实际地反对并改变现存的事物"。②马克思通过分工研究看出社会权力对个人的强制,因此,在马克思看来,用暴力革命推翻资本主义制度是合理的,这样做的目的是为了人类的解放。这种解放乃是历史活动,马克思说:"解放是一种历史活动,不是思想活动,解放是由历史的关系,是由工业状况、商业状况、农业状况、交往状况促成的。"③所以"共产主义对我们来说不是应当确立的状况,不是现实应当与之相适应的理想。我们所称为的共产主义的是那种消灭现存状况的现实的运动。这些运动的条件是由现有的前提产生的"。④

通过以上分析我们可以看出,和迪尔凯姆不同的是,马克思在其著作中通过分工研究对社会历史作为异化历史,以及社会权力的异化,都一一作出说明。尤其是分工所表达的社会权力这一点,在

---

① 马克思恩格斯,马克思恩格斯选集[M],第1卷,北京:人民出版社,1995年,第85页。
② 同上书,第74页。
③ 同上书,第75页。
④ 同上书,第87页。

马克思的思路中显得更为重要,是我们领会马克思现代社会批判的基本依据。这一点,如王德峰教授指出的那样:"在异化的感性活动中产生出来的社会存在,是异化的社会存在,亦即在人与人之间发生对立的社会存在。在这种社会存在中,人与人之间形成的统治和被统治、支配和被支配的关系,而这就是所谓的社会权力……当自然的社会存在与其自身的感性本质相分离而成为某种脱离自然的东西时,这种社会存在才作为在个人之外,并支配着个人的异化力量。在这种情况下,就一定从社会生存条件中产生出社会对抗和社会统治,即社会权力。"①对分工的探讨揭示了社会权力的产生和社会现实下的异化处境。这一点至关重要。也就是说,马克思对现代工业社会的本质的理解是不同于迪尔凯姆的,马克思对现代社会的发现、批判和重建的道路在理论上走的是批判的范式,是通过社会革命去实现人类解放,实现共产主义。如邹诗鹏教授所说的那样:"马克思通过对他所发现的现代社会展开实践批判,同时也实现了对现代社会的重构。"②

澄清以上的问题,我们就基本能够理解马克思存在论革命及对现代社会的发现、批判和重构以及激进社会革命理论。我们同样也能看到马克思对社会存在、分工问题的探讨给出的依据。同样,我们也有足够的理由回应迪尔凯姆的宗教是一切最原初的现象和根据的判断。因为在马克思那里,宗教并不在马克思的理论视野之外,相反,宗教问题及宗教批判可以看成马克思全部批判活动的起点。

但是,在成熟时期的马克思那里,宗教是一种意识形态,虽然看似拥有独立的外观,看起来宗教是一些社会现象的最初根据。但实际上并不是如此,宗教和道德等意识形态仅仅是物质生产的产物。马克思在《德意志意识形态》中明确指出这一点,马克思批判道:"因

---

① 王德峰.从生活决定意识来看马克思哲学革命的性质[J].复旦学报(社会科学版),2005,01:39
② 邹诗鹏.马克思对现代社会的发现、批判和重构[J].中国社会科学,2009,04:9

此,道德、宗教、形而上学和其他意识形态,以及与它们相适应的意识形式便不再保留着独立性的外观。它们没有历史,没有发展。而发展着自己的物质生产和物质交换的人们,在改变自己的这个现实的同时也改变着自己的思维和思维的产物。"① 在马克思那里,宗教则是作为人们头脑中的模糊幻想出现的,但是马克思指出宗教的根源在人们的社会生产中,即"人们头脑中的模糊幻想也是他们的可以通过经验来确认的、与物质前提相联系的物质生活过程的必然升华物"。② 这里,我们就能看出马克思对宗教的基本见解。这一点,明显是不同于迪尔凯姆的,在迪尔凯姆那里,宗教的也即实证的,也即社会的。因为他的立场,他不可能看到马克思所揭示的层面。如邹诗鹏教授指出的那样:"迪尔凯姆依然是在社会进化论,以及古典政治经济学及其实证主义意义上展开社会研究的。"③因此,我们就能看出马克思比迪尔凯姆高明的地方。

五、迪尔凯姆对马克思批判的影响

通过以分析可以看出,迪尔凯姆和马克思在最基本的问题上有着不同的理解。而且,就经典社会理论的基本视野来看,马克思和迪尔凯姆分别开创的批判社会学理论和实证社会学理论,两者之间的交锋和对话是必要的。客观上来讲,迪尔凯姆对马克思的批判确实对唯物史观及其批判理论的发展产生了重要影响,它为许多对马克思学说持反对意见的人提供理论支持和基本思路,同时也为马克思主义者提供了反思唯物史观的重要参考。概括来说,迪尔凯姆对马克思的批判所带来的影响大体有两个方面。

第一,迪尔凯姆思想研究扩展唯物史观及其批判理论的视域。

---

① 马克思恩格斯,马克思恩格斯选集[M],第1卷,北京:人民出版社,1995年,第73页。
② 同上书。
③ 邹诗鹏.马克思对现代社会的发现、批判和重构[J].中国社会科学,2009,04:13

需要强调的是,迪尔凯姆思想研究对唯物史观的研究有很大帮助,它扩展了唯物史观及其批判理论的视域,使得唯物史观保持开放的视野。可以说,在经典社会学理论中,迪尔凯姆甚至韦伯对唯物史观做出的批判,直接拓展、延伸并影响着唯物史观的当代研究。这一点如邹诗鹏教授指出的那样:"诸如社会分工、社会事实、社会团结、宗教、民族国家等等问题,这些在马克思的唯物史观中是已被处理过并有定论的问题,因为现实实践以及理论结构的不同,成为相关经典社会理论的主要课题,而相应的研究成果也对唯物史观提出一些实质性的反思批判,进而激活了唯物史观的深入研究和视野的扩展。"①从这种表述中,我们就能看出迪尔凯姆社会学理论的当代性,同时也能看出唯物史观的当代性发展。

第二,迪尔凯姆思想研究为唯物史观研究提供了新的理论视角和理论路径。

经典社会学理论的不同阐释路向之间的批判性对话恰恰为反思、批判和重构唯物史观提供新了的理论路径。在迪尔凯姆那里,他和唯物史观的理解不同,他认为在马克思那里,什么都归因到经济层面上,虽然这里面有一定的误解成分,但是,我们也需要为了澄清马克思的基本理论,对很多基本概念加以重新理解,因为在迪尔凯姆那里,他认为现代社会是复杂的,是多维度的甚至多层面的,社会作为一个有机整体,不能因为强调一方而忽视另一方甚至否定另一方。这样的问题在马克思那里是存在的,比如宗教以及宗教社会学,唯物史观对宗教的批判是十分明确的,但是,在面对社会整合及现代社会的文化类型时,宗教传统对社会整合的意义非凡。迪尔凯姆的社会实证理论重视宗教社会学,这一点,西方马克思主义解放神学的兴起,可以看作马克思学说拓展出来的研究方向。而且,实证社会学的结构功能方法也为批判的社会学理论传统注入了新的资源。如邹诗鹏教授说的那样:"吉登斯对历史唯物主义的批判,列

---

① 邹诗鹏.唯物史观和经典社会理论[J].学术研究,2010,01:12

斐伏尔的空间理论以及大卫哈维的历史地理唯物主义的提出,知识社会学及其谱系方法对马克思主义意识形态批判活动的渗透,以及态势越来越明确的宗教社会学向马克思主义传统的渗透等等,都表明结构分析与功能分析已经深深地影响到唯物史观的当代研究。"①从这个意义上来说,唯物史观新的研究主题可以从中得到启发,并加以研究。

总的来说,迪尔凯姆实证社会学阐释路向和马克思批判社会学理论之间的对话和互动,是对两种理路的学说当代性的同时确认,这样说,不是意味着我们要沿着实证社会学的道路把唯物史观及其批判理论"实证化",而是说,在马克思同迪尔凯姆甚至韦伯的交锋中,在这种批判性对话中,唯物史观才能在澄清自己理论的同时更加确立了自己的立场和信念。

六、唯物史观对迪尔凯姆社会理论的超越维度

大体来说,唯物史观真实地实现了对包括迪尔凯姆社会理论在内的以往一切哲学的超越,这种超越,我们通过上文中的对马克思如何一步步达到对"社会存在"的理解,以及马克思如何通过分工揭示了社会权力和异化劳动的分析可知。因此我们可以做如下的结论:马克思开创的唯物史观是指向实践变革、指向人类解放的。因此,唯物史观作为一门历史科学及批判理论,它通过揭示人类异化状态来提供通向人类解放的共产主义道路。它指出无产阶级革命的合法性和实践指向,共产主义是旨在消灭一切形式的异化劳动。这种"消灭"又是通过无产阶级的阶级革命去完成。如马克思指出的那样:"共产主义革命则是针对活动迄今为止的性质,消灭劳动,并消灭任何阶级的统治以及这些阶级本身……这种变化只有在实际运动中,在革命中才有可能实现;因此,革命之所以必需,不仅是因为没有任何其他的办法能够推翻统治阶级,而且还因为推翻统治

---

① 邹诗鹏.唯物史观和经典社会理论[J].学术研究,2010,01:13

阶级的那个阶级,只有在革命中才能抛掉自己身上的一切陈旧的肮脏东西,才能成为社会的新基础。"①从分工到阶级、到暴力革命,到对共产主义的论证,马克思、恩格斯都给出了具体的说明。需要注意的是,在马克思、恩格斯创立唯物史观及其批判理论过程中,通过"社会存在"和"分工"、"异化劳动"、"感性"、"生产"、"交往"等概念所打开的存在论视野为我们理解唯物史观及其批判理论的立场、存在论范式、理论路径、理论追求等问题提供了最直接的理论支撑。通过以上几章的分析,我们可以看出唯物史观的的确确超越了迪尔凯姆社会理论。具体来说:

1. 唯物史观存在论范式对迪尔凯姆认识论范式的超越

笔者认为,唯物史观及其批判理论,就其根基而言,乃是存在论范式的社会批判理论,它超越了迪尔凯姆的社会事实论的认识论范式。这一点,我们无论是从唯物史观在发生学意义上所实现的对以往哲学的批判性超越,还是单从对核心概念的内涵阐释中,即"社会存在"作为超越物和物性的关系存在,它超越了作为"物"的"社会事实"这一个层面,我们都可以看出唯物史观开启的存在论革命及批判理论对社会事实论的超越。在迪尔凯姆那里,社会事实乃是作为"物",他视野中的"物"既包括物质性社会事实,也包括非物质性社会事实,并在一定程度上克服了旧唯物主义之"机械性"的特征,也在某种程度上克服了唯心主义的"抽象性"。但是,这种对唯物主义和唯心主义对立的调和,并没有真正地解决问题,哲学传统在这里被扬弃了,或者说,按其形式来说,是被克服了,因为迪尔凯姆认为社会事实概念的提出可以一劳永逸地解决唯物主义和唯心主义的对立。

但是,哲学传统的内容却被用另外一种改装的形式保存着。而且,就其社会事实论的理论本质而言,仍从属于意识哲学,仍是对笛

---

① 马克思恩格斯,马克思恩格斯选集[M],第1卷,北京:人民出版社,1995年,第91页。

卡尔开启的近代认识论范式的发挥和改造。就其理论根基而言，仍是认识论范式，认识的起点是直接被给予的"社会事实"，社会事实是缺乏历史性的。在迪尔凯姆的理论中，对社会事实根源的追究是不明确的，甚至是拒斥的，如果非要给"社会事实"一个根源的话，迪尔凯姆认为它是"宗教的"。对比之下，在马克思的思想中，宗教及宗教批判是被强调的，宗教在马克思那里虽然看似具有独立性的外观，其实它只是作为上层建筑呈现的，是被经济基础决定的。宗教在马克思那里，不是第一性的。而在迪尔凯姆那里，是作为一个基本原则被确认、接受下来。而且，迪尔凯姆多次承认自己理论和笛卡尔主义是一致的。所以，笔者认为迪尔凯姆的社会事实论和笛卡尔认识论范式是一致的。而"社会存在"作为超越"物"和"物性"的"关系存在"，这一点，笔者在前面章节已经给出了说明。可以看出，唯物史观开启的存在论革命及批判理论对社会事实论的超越。

2. 马克思的历史辩证法对结构功能主义分析方法的超越

从对基本概念的解读中，我们可以看出唯物史观对社会事实论的超越，不仅如此，我们也可以从唯物史观的方法中看出这种超越，迪尔凯姆社会事实论的方法是结构功能主义方法，这种方法背后是把社会看成一个有机整体，社会有机体作为一种理性的设定，这种设定是从生理学上吸收方法，把社会当作大写的"人"，赋予一定的结构功能的要素整体。结构功能主义分析方法就从中得出。也就是说，结构功能主义分析方法是理性主义的。这一点，迪尔凯姆是多次承认的，他说："人们所说的我的实证主义，不外是这种理性主义的一个结果。"[①]也就是说，迪尔凯姆是在理性主义的立场上来设定社会事实的结构和功能的。这样一来，"社会事实"有一定的结构，并具有一定的功能，只有功能有效发挥才能保证整个有机体健

---

① 迪尔凯姆.社会学方法的准则[M].狄玉明译.北京：商务印书馆，2009年，第4页。

康运行；功能减弱或者各部分之间功能不协调而导致的社会问题，这被他看作失范现象。但是，在他的研究中，这些失范现象是不具有社会学研究的合法地位的。从这一点我们可以看出，这种以理性原则为基础的方法是很难通达社会生活的全部，或许它能实现对社会局部的某些认识，但是，这种方法会导致社会生活的全部视野在一定程度上被遮蔽，从这一点，也足见其问题所在。相比之下，历史辩证法作为唯物史观的方法，就其本性来说乃是感性辩证法，可以说，历史辩证法或者说感性辩证法具有结构功能主义分析方法所无法具有的优势，它具有穿透性，并深入到历史的本质维度中去。这种优势之所以能够实现，是因为唯物史观的根基是建立在感性现实中，而不是用逻辑范畴建构在"社会事实"中。马克思反对以抽象的逻辑范畴去演绎活生生的现实世界，马克思批判道："形而上学者有理由说，世界上的事物是逻辑范畴这块底布上绣成的花卉……既然如此，那一切存在物，一切生活在地上和水中的东西经过抽象都可以归结为逻辑范畴，因而整个现实世界都淹没在抽象世界之中，即淹没在逻辑范畴的世界之中，这又有什么奇怪呢？"①马克思的辩证法是在批判黑格尔辩证法的基础上提出的，马克思说："我的辩证方法，从根本上来说，不仅和黑格尔的辩证方法不同，而且是和它截然相反。在黑格尔看来，思维过程，即他成为观念而甚至把它转化为独立主体的思维过程，是现实事物的创造主，而现实事物只是思维过程的外部表现。我的看法则相反，观念的东西不外是移入人的头脑并在人的头脑中改造过的物质的东西而已。"②在马克思看来，黑格尔作是"第一个全面地有意识地叙述了辩证法的一般运动形

---

① 马克思恩格斯，马克思恩格斯选集[M]，第 1 卷，北京：人民出版社，1995 年，第 139 页。

② 马克思恩格斯，马克思恩格斯选集[M]，第 2 卷，北京：人民出版社，1995 年，第 112 页。

式"。① 只是在马克思看来,这种辩证法是倒立着的。

按照马克思本人的理解,辩证法是批判的和革命的。马克思说:"辩证法,在其合理形态上,引起了资产阶级及其夸夸其谈的代言人的恼怒和恐怖,因为辩证法在对现存事物的肯定的理解中同时包含着对现存事物的否定的理解,即对现存事物的必然灭亡的理解;辩证法对每一种既成的形式都是从不断的运动中,因而也是从它的暂时性方面去理解;辩证法不崇拜任何东西,按其本质来说,它是批判的和革命的。"②在马克思那里,辩证法一定是和资本主义社会的社会结构本质关联在一起,历史辩证法就是要通过生产力和生产关系、经济基础和上层建筑之间的辩证运动去揭示资本主义必然灭亡、共产主义必然胜利的真理。对资本主义的社会结构及阶级斗争要根据历史辩证法来理解,如恩格斯说的那样:"以往的全部历史,除原始状态外,都是阶级斗争的历史;这些相互斗争的社会阶级在任何时候都是生产关系和交换关系的产物,一句话,都是自己时代的经济关系的产物;因而每一个时代的社会经济结构形成现实基础,每一个历史时期的由法的设施和政治设施以及宗教的、哲学的和其他的观念所构成的全部上层建筑,归根到底都是由这个基础来说明的。黑格尔把历史观从形而上学中解放出来了,使它成为辩证的,可是他的历史观本质上是唯心主义的。现在,唯心主义从它的最后的避难所即历史观中被驱逐出去了。一种唯物主义的历史观被提出来了。"③我们可以看出,历史辩证法的存在论根基被恩格斯表达为"用人们的存在说明他们的意识"。④ 可以说,历史辩证法超越社会事实论范式的地方,就在于其正确地把握到了社会的历史

---

① 马克思恩格斯,马克思恩格斯选集[M],第 2 卷,北京:人民出版社,1995 年,第 112 页。

② 同上。

③ 马克思恩格斯,马克思恩格斯选集[M],第 3 卷,北京:人民出版社,1995 年,第 739 页。

④ 同上书。

性。在唯物史观那里,辩证的社会历史运动和阶级斗争以及人类的解放都是联系在一起的。可以说,唯物史观的历史辩证法不是一种抽象,而是立足于现实世界,并且指向现实生活的变革。历史辩证法不仅仅是方法,更是一种存在论叙述,它不在意识哲学之内,而是超越了意识哲学,这一点从马克思、恩格斯对黑格尔辩证法的批判可以看出。重要的是,马克思的辩证的社会历史观的发现,正是马克思、恩格斯通过对政治经济学的批判来实现的,从这一点,我们可以看出《资本论》及其手稿在唯物史观及其批判理论形成中的极为重要的价值。如恩格斯称赞马克思时说的那样:"这两个伟大的发现——唯物主义历史观和通过剩余价值揭开资本主义生产的秘密,都应当归功于马克思,由于这些发现,社会主义变成了科学。"①

总之,唯物史观的方法即历史辩证法,因为其存在论视野,我们认为它不是认识论意义上的探讨,不是知性、理性原则上的探讨,而是立足感性对象性活动,亦即立足人类物质生活世界的本体论言说。因此,我们说,马克思的历史辩证法超越以理性主义为根基的结构功能主义分析方法。我们认为,唯物史观通过展开与迪尔凯姆社会事实论及实证社会理论的批判性对话,才使得唯物史观的很多基本问题得到不断的廓清和澄明。通过以上几章的分析,笔者先后对迪尔凯姆和马克思各自的理论视野做了澄清和梳理,我们可以看到他们两者面对的相似的启蒙语境,都在不同程度上受到启蒙传统及意识哲学的影响。但是,从理论路径和理论视野而言,迪尔凯姆的社会理论仍在意识哲学内部,而马克思通过存在论革命完成了对近代认识论理解范式的批判性超越。这一点,是我们需要强调的。但是,这并不意味着迪尔凯姆的社会事实论研究对马克思的唯物史观没有什么价值。需要指出的是,就经典社会理论阐释路向而言,迪尔凯姆以"社会事实"为核心概念而展开的社会理论对唯物史观

---

① 马克思恩格斯,马克思恩格斯选集[M],第3卷,北京:人民出版社,1995年,第740页。

的发展和推进有着积极的意义。所以在经典社会理论视野中,这种批判性对话是必要的,它不但有助于我们理解不同的阐释路向之间的分歧,而且通过对最基本问题的探讨和比较,更能够彰显不同理论范式之间的根本差别。笔者通过迪尔凯姆"社会事实论"的研究,一方面希望弄清楚迪尔凯姆"社会事实论"的理论问题和当代性,同时也希望通过考察唯物史观同它的沟通和对话,去澄清唯物史观的前提和自身视域。这可以看做本书的写作初衷。下面着重探讨迪尔凯姆社会事实论的中国借鉴价值,以此作为本书的结语章节。

七、迪尔凯姆社会事实论的中国语境和借鉴价值

对迪尔凯姆理论当代性意义的阐发,离不开对迪尔凯姆社会事实论及其社会学理论的中国语境和实践意义的考察。迪尔凯姆社会理论不仅对中国的社会学理论甚至马克思学说的推进都有着重要意义,而且,从社会历史的语境的角度来看,其理论魅力更加凸显,因为从迪尔凯姆自身理论来看,其理论主要是立足于后革命时代的社会转型问题。类似的语境在当下的中国现实中也是存在的。中国目前也处在社会转型之中,在通向现代化的进程中,社会转型在各个领域都十分明显。这里,我们就两个方面做出论述,一是中国社会转型的语境和事实;二是迪尔凯姆社会事实论及其社会学理论的借鉴价值。

首先来看中国社会转型的语境和事实。对于这个问题,我们该如何理解?我们知道,在迪尔凯姆那里,社会转型的基本特征我们可以做如下总结,之所以把迪尔凯姆的时代称为社会转型的时代,是因为自从 19 时期后期,包括法国在内的欧洲各国都进入了社会转型时期,具体来说,有如下几个特征:一是工业革命极大地推动了资本主义的经济发展,小规模的自由竞争逐步让位于垄断的大企业,经济衰退和危机时有发生。二是,经济结构进一步分化,政治力量进一步重组,传统的农业解体,但地主贵族和小农没有完全退出历史舞台,他们与教会势力构成反动势力。三是组织化工人运动与

社会主义运动兴起。四是社会生活方面，整个欧洲的人口数量激增，教育开始普及，普选制逐步得到落实，大众社会形成；在国际范围内，资本主义竞争和争夺殖民地的斗争加剧，各国矛盾加深。而且，欧洲社会以法国大革命为历史拐点，社会动荡危机频频发生，急需社会道德秩序的重建和整合。也就是在这样的社会转型时代，迪尔凯姆的理论应运而生。其理论强调有机团结和建立职业群体及道德教育，以此来摆脱社会失范带来的一系列问题。

当然，就中国的现状本质而言，不同于迪尔凯姆所处时期的资产阶级革命后的社会重建。在中国现实中，主要的问题是，无产阶级通过社会革命建立的社会主义国家如何让社会发展和人们福祉紧密联系在一起，如何解决物质生产力落后和人们的普遍需求之间的矛盾问题，如何进一步促进社会和谐等问题。但是，从社会发展过程来说，中国现在也面临一些社会转型的问题，中国在迈向现代化的进程中，在由传统的农业国变成现代化的工业国，在促进生产力发展的过程中，如何使社会分配制度既保持社会公正也保持效率；如何应对现代工业社会中出现的一系列问题，包括道德问题、教育问题、自杀问题、社会团结问题等。相对而言，眼下中国面临的问题显得更多。就此而言，需要借鉴西方社会理论的资源。以前中国处于社会转型之中，也遇到一些转型中的问题。欧洲当年总人口远没有中国现在人口多，其社会转型用了100年的时间，在很大程度上是靠对外扩张来暂时解决社会危机的，甚至因为社会转型激化了国家间的矛盾，从而引发了两次世界大战。而今日中国面临13亿人口的转型，转型的时间却比欧洲短得多，遇到的能源问题、环境问题、农村问题、城市问题等，都比当年欧洲遇到的问题更加严重，而且中国要靠自身力量从内部加以化解，这对中国来说，是不小的难题。总的来说，当今中国正处于社会转型时期，尤其是改革开放30年来，中国用很短的时间就走完了西方社会几百年才走完的路程，虽然取得了卓越的经济建设的成果，但由此衍生的社会问题却日渐突出，主要表现如下三个方面：

一是组织功能弱化和社会团结的纽带有待加强,社会整合需要借鉴新的路径;二是社会行为规范和道德规范有待进一步明确,并有待社会成员的监督和执行;三是社会转型带来的思想观念混乱以及由此造成的信仰缺失甚至精神上的虚无主义。对于因社会转型而出现的问题,我们援引余源培教授的看法,他指出,在社会转型过程中,各方面力量的相互摩擦、碰撞都会造成一些人在心灵上丧失三种东西:共识、秩序和意义。他说:"由于缺乏共识,就会产生误会和冲突,引起彼此的疏离;因为缺少秩序,社会就显得无规范;加上缺乏意义,没有明确的目标和方向,就会由困惑而混乱。我国社会转型所产生的这种负面效应,主要表现为某种程度的物欲化(拜金主义和享乐主义)、粗俗化(野蛮俗气流行)、冷漠化(见死不救和人际关系冷漠)、躁动化(急功近利和不择手段)、无责任化(只想获得利益而不愿承担责任)和虚假化(人格虚伪和产品虚伪)。这虽然不是主流,广大人民群众颇有意见,应当引起重视。"[①]因此,对于中国现实语境中的这些失范的社会问题,或者我们可以从迪尔凯姆那里找到启示和借鉴。

那么,我们就来看看迪尔凯姆社会事实论及其社会学理论的借鉴价值。笔者认为,迪尔凯姆的思想是旨在解决社会道德秩序危机的一次伟大的尝试。其理论则被作为人类的知识财富而传承着,可以说,在经典社会理论中,有马克思的地方,迪尔凯姆的思想也会显示其价值来。这不意味着可以用迪尔凯姆的思想取代马克思的学说和意义,而是说,在我们面对社会问题的时候,仍可以立足问题,从迪尔凯姆那里找到启示。如果用迪尔凯姆社会事实论及其社会学理论来面对中国社会转型问题,围绕重建社会共同体,实现新的社会整合这个主题,则有几个建议性的路径可以考虑:

其一,加强社会团结的纽带。在迪尔凯姆那里,是通过建立合理的分工制度来实现的,要求个人和社会、国家都要为之努力。个

---

① 余源培,余源培文集[M],上海人民出版社,2003年,第158页。

人要提高自己的专业水平,要在竞争中培养团队精神和协作精神,以适应日益竞争的社会;社会和政府则要以人为本,尊重知识和人才,鼓励创新,使社会充满活力。政府要继续扩大就业和保障体制,增强社会成员对社会群体的依赖感,保证社会成员都能在公平的社会规范系统内健康发展。

其二,职业群体的建立和职业伦理的教育。也就是说,要通过职业群体的建立和职业伦理的教育来保证法团和法团之间、个人和法团之间有一个健康的道德环境,从而在最大的可能性上实现社会整合。

其三,道德教育应内在地融入社会生活中,尤其是爱国主义教育。在迪尔凯姆那里,他之所以强调道德教育尤其是爱国主义教育,是希望凭借爱国主义教育来增强社会成员对法兰西共和国的认同。

因此,我们国家也可以借鉴迪尔凯姆的思路,在学校教育、社区教育、公共教育甚至家庭教育中都贯穿对国家认同的教育,并以社会主义核心价值观为指导,通过加强思想道德建设提高国民素质,使每个公民都养成爱国守法、明礼诚信、团结友善、勤俭自强、敬业奉献的基本道德规范,以此来增强社会主义的向心力和凝聚力。这对构建和谐社会意义重大。如胡锦涛同志说的那样:"一个社会是否和谐,一个国家是否长治久安,很大程度上取决于全体社会成员的思想道德素质,没有良好的道德规范,是无法实现社会和谐的。"[①]

总体来说,迪尔凯姆的社会学理论及其对社会整合和道德教育以及职业群体的强调,对解决当代中国因社会转型而出现的一些失范的社会问题,无疑有着重要的借鉴意义,同时它有利于促进和谐社会的建立和完善。但是,这不是说,在处理社会转型的问题时,就把迪尔凯姆的思想移植过来,这是不对的,因为如余源培教授说的

---

① 转引自南丽军,重视道德素质的关键作用[N],黑龙江日报,2005,08—01;9

那样:"有人受西方中心论的影响,主张移植西方的精神价值观。这忽视了社会主义与资本主义两种制度的本质差别,我们所要建立的社会主义市场经济,是以公有制为基础,以谋取全体人民的共同幸福为目标;而资本主义市场经济以私有制为基础、以资产阶级追逐利润为目标。这就使得与之相适应的伦理道德观念必然也有本质差别……这就必须以马克思主义为指导,立足于我国社会变革的实践对古今中外的遗产做出审视和辨析:对于外域的文化和遗产,既不能封闭也不能照搬,对于自身的传统文化,既不能割裂也不能复归。"①需要强调的是,我们在处理社会转型的问题时,要坚持马克思主义的指导,同时也要借鉴有利于社会主义建设的社会思想资源,但是我们不能完全按照迪尔凯姆的学说去建构中国社会学甚至指导中国社会实践。

事实上,迪尔凯姆社会理论的实践效果还是十分明显的,如邹诗鹏教授指出的那样:"涂尔干(也译为迪尔凯姆)的实证主义的社会理论传统与韦伯的解释性的社会理论传统,则在现代资本主义社会居于主流地位,发挥着直接的思想库作用,同样值得借鉴。涂尔干重视社会分工尤其是复杂分工,他事实上建构了基于社会转型及法治社会框架的诸种社会关系的统一:国家、社会与个人的统一,公民道德与职业伦理的统一,法治与德治的统一。涂尔干重视的是社会结构的稳定与有序,他强调对于法治的内在信念,强调社会整合与团结,重视价值的集聚与认同,重视国家意识形态的建设。涂尔干希望确保复杂的社会系统及其稳定性,使之能够有效避免极端化和激进化的阶级分化与冲突。涂尔干的失范理论提供了集体(共同体)与个人相关联的典范,在事实上,为维持法兰西第三共和国长达70年的团结稳定提供了基本的理论支撑。"②

---

① 余源培.余源培文集[M],上海人民出版社,2003年,第161页。
② 邹诗鹏.追求制度文明——基于"四个全面"的思考[J].探索与争鸣,2015,06:67

因此，我们不仅认为迪尔凯姆的思想仍具有当代性意义，而且通过迪尔凯姆思想的启示，我们可以借鉴迪尔凯姆处理问题的方式。可以肯定地说，迪尔凯姆的思想及其展开的问题域及方法是我们国家应对社会转型时期问题的重要思想资源，"但就其社会理论的功能而言，涂尔干及韦伯的古典社会理论资源，对于今天中国的社会建设及其思想文化建设，仍然具有重要的启发意义。在很大程度上，涂尔干及韦伯的经典社会理论，乃今日中国社会建设及其制度文明建设的理论原型"。① 可以说，对经典社会理论的考察和发掘，是我们推进中西方文化沟通和马克思主义现当代转化的基本依据，也是理论创新的基础和必要的途径。我们相信，在中西文化的融合中推进理论创新和实践创新，有助于早日实现中华民族的伟大复兴，进而提升中国的道路自信、制度自信和文化自信，并可以积极推进中国的社会建设和文化建设。这也是本书站在唯物史观的立场上考察迪尔凯姆实证社会理论传统的主要诉求。

---

① 邹诗鹏.追求制度文明——基于"四个全面"的思考[J].探索与争鸣，2015.06:67

结语

从思路上而言,本书先后梳理并对其所遵循的社会学传统的启蒙语境、基本思路和特点,以及社会事实的诉求、内涵、结构功能、历史语境、社会整合的路径、思想史意义和当代性等问题都一一做了说明和交代。这种清理是必要的,不仅有助于理解迪尔凯姆自身的理论内涵和理论品质,同时对经典社会理论的其他阐释路向,比如马克思的唯物史观及其批判理论都有着重要的意义。

在书中,关于迪尔凯姆理论,有几点是被强调的:

其一,迪尔凯姆面对的思想语境是启蒙语境,在这种大的启蒙语境中,理性主体性、对进步秩序和自由的信奉和追求,以及对宗教、对公民社会的重要性的补充,都是同时存在的,也就是说,在启蒙和反启蒙的冲突和较量中,以启蒙理性为主导的启蒙运动在17、18世纪是最为凸显的思潮。实证社会学传统就诞生在这样的语境下,迪尔凯姆自身的理论同样也是对启蒙传统的回应,但是,同样他也是从反启蒙思潮中汲取了营养,比如强调宗教的根基性作用,这和伯克等人的思想比较接近,但是我们不能把它看成反启蒙的延续,同样,我们也不能仅仅把它看成启蒙理性的简单延续,如果非要总结的话,笔者更愿意接受的是,迪尔凯姆的思想是对启蒙传统的批判性继承,或者说,迪尔凯姆的思想以启蒙理性为主导,同时汲取了反启蒙的因素,因此,具有双重的理论进路,既是启蒙的也是反启蒙的。

其二、从迪尔凯姆社会事实论总的思路来看，其实他要做的事情是为社会学确立真正的研究对象，并为道德整合提供理论支撑。这就是文中强调的社会事实论的双重诉求，一方面是社会学研究对象的真正确立，另一方面是为道德整合提供真实的理论依据。而这两点，在迪尔凯姆那里，是通过对社会学传统及其同时代其他思潮如心理主义、政治经济学、功利个人主义、实用主义、社会主义，以及同康德道德学说所展开的批判性对话基础上而实现的，这种理论探索，或者说对"实证社会学的批判性复兴"做出的努力，既有理论上的诉求，同时更是对社会生活要求的表达。而且，需要指出的是，迪尔凯姆虽然是作为实证社会学的继承人而出现的，定位在社会学的学科视野中，但这一点，从他自己的文本中就可以看出，正是迪尔凯姆推进了实证社会学研究的学科化和专门化，他通过对"社会事实"等社会学概念的理解和阐发努力为社会学确定真正的研究对象，以此开启了社会学研究的新篇章，因此，我们容易仅把他定位在社会学的学科之内。这一点固然没错，初看起来，似乎他的社会学视野和哲学视野再也没有关系，其实，迪尔凯姆并没真正拒斥哲学，他拒斥的是近代观念论意义上的抽象哲学以及功利主义个人式的哲学，我们可以肯定，迪尔凯姆的思想并未远离哲学，他正是通过对基本问题的回溯力求从社会学的视野去实现复兴哲学的使命。在此意义上，我们可以说，迪尔凯姆实证社会学新视野并未远离哲学，迪尔凯姆的思想隐性地一直在回应着近代启蒙哲学的难题。其理论的种种努力是在表明社会学在用何种方式及在何种程度上能够复兴哲学关注的最基本问题，比如道德问题、自由问题。而能够做到这一点，离不开对以往思想传统的批判性吸收，尤其是以下的两种思想传统：一是孔德、斯宾塞甚至是圣西门的社会学传统，迪尔凯姆要为社会学确立真正的研究对象，离不开对这一社会学传统本身的重新估量；另一个传统是哲学视野中的近代道德学说，迪尔凯姆尤其重视对康德道德学说的分析和吸收，可以说，迪尔凯姆从康德道德学说中吸取了很多灵感，迪尔凯姆对道德的理解虽然不同于康德的思路，但是康德道德学说对他的影响很大，从一定意义上，我们可以说，迪尔凯姆同时也在其对康德学说的回应中复活康德哲学的诸多方面，比如道德观念、义务等，尽管迪尔凯姆是通过一种批判性的分析来进行的。关于康德道德学说对其理论的影响，在文本中，迪尔凯姆对此是承认的。

总的来说，迪尔凯姆思路中有两个源头，一个是实证社会学传统，一个是康德道德学说。明确这两种学说，对我们把握迪尔凯姆的思想有着极其重要的意义。对上述两个传统的清理在迪尔凯姆看来是必要的，在理清这一切后，迪尔凯姆关注的问题是如何从社会学的角度去解释道德的本质和道德的社会作用、道德整合的路径及社会理想等。迪尔凯姆对以上问题的理论分析，其背后有着强烈的社会关怀的，迪尔凯姆希望社会学理论的这些新的研究成果，能够获得切合实际的结论，并能指导整个社会行动和集体生活。所以，在此层次中，迪尔凯姆关注分工、自杀、宗教、公民道德和职业伦理等，这些是他理论探讨的基本内容。社会学理论的探讨始终没有离开对人类的关怀以及对人类最基本问题的思考，在此意义上，社会学和哲学思想相遇，迪尔凯姆社会理论的新视野就是想在理解人类最基本的问题上，开出社会秩序和社会整合的基本路径，就他的思路而言，不是激进的，而是改良式的社会规范、社会整合及其建构，这也可看成迪尔凯姆的理论抱负。这种抱负，我们可以从他的诸多文本中看出，从早期的《社会分工论》、《自杀论》到《道德教育》、《职业伦理与公民道德》、《宗教生活的基本形式》等著作中，迪尔凯姆理论探讨的主题从未离开过社会整合及其建构。即"如何从对社会生活中道德问题的关注开出理解社会及创造出真正的具有超越原子式个人主义的社会理想"，这是笔者对迪尔凯姆理论抱负的总概括。这一抱负同时也是回应法国历史现实（法兰西第三共和国）诸多问题的理论产物。我们要看到迪尔凯姆的理论贡献，正是他，沿着社会学传统的路子制定出当代社会科学的基本理解范式，即理性实证科学的理解范式,这是迪尔凯姆的贡献。

其三,社会事实论的结构功能分析方法。迪尔凯姆的结构功能分析方法的独特魅力及所开启的学科意义同样也十分有价值。具体来说,其理论中的结构功能主义分析方法直接影响了当代社会科学学科的诸多分支,人类学、当代社会学,甚至与其对立的"冲突学派"也使用结构功能分析方法;另外,知识社会学、宗教社会学等学科的兴起,也能说明迪尔凯姆的学说价值。另外,迪尔凯姆开启的实证的规范性的社会理论的阐述路向对当代社会科学有着重大影响,无论是继承人的发挥还是批判者对它的批判,都离不开迪尔凯姆社会事实论及结构性、规范性社会理论。比如,在迪尔凯姆去世以后出现的各种新迪尔凯姆主义,都是对迪尔凯姆这种学说在不同程度上的发挥和继承;再比如西方马克思主义之法兰克福学派正是借助于对实证社会理论的批判,并继承马克思的批判理论传统而作为立论基础,从发生学上讲,当代社会理论的各个源头都可以在经典社会理论迪尔凯姆、马克思、韦伯那里找到源头。这也是本书考察迪尔凯姆理论的意义所在。

其四,后革命时代、社会转型及对中国和谐社会建构的启示。

迪尔凯姆社会事实论关注社会转型及社会道德整合,这对中国的现实建构有启示作用,迪尔凯姆的社会理论强调社会道德整合,在他那里,理论的直接目的是为了解决现代社会因社会转型而出现的一系列社会问题。而反观中国现实,中国目前面临着社会转型中的诸多问题,甚至有些因转型而产生的问题十分严重。因此,对迪尔凯姆社会事实论及其学说的把握和重估就显得非常有意义,通过对迪尔凯姆社会事实论的研究,这能够为解决中国社会转型问题提供一些建议。从这一点来看,如马克思一样,我们可以说,迪尔凯姆也是我们的同时代人,迪尔凯姆学说的价值不仅有助于相关学科理论的深入探讨和拓展,而且对中国现实和制度建设、公民道德建设都有着重要启示,这对我们建设和谐社会和包容性社会有着很好的现实意义。

结　语

第五,迪尔凯姆对马克思的批判和唯物史观的回应。

本书的最后一章也凸显了这一层面,即在经典社会理论视野中的一种比较研究,通过对迪尔凯姆对马克思的批判和误解,来澄清马克思理论前提和存在论视野,重要的是,这为我们提供一种比较研究的方式,通过对最为基础概念的发生学考察及理论内涵的发掘,连带出其与思想传统之间的关联和区别,可以说,迪尔凯姆和马克思面对的是启蒙语境。但是,通过对迪尔凯姆社会事实论及其整个阐释路向的分析和阐释,我们得出的结论是,迪尔凯姆社会事实论及其社会理论仍是在启蒙传统内部,并没有超越启蒙传统。在书中,笔者也给出了具体的论证,而通过对马克思如何一步步达成对社会存在的存在论见解的考察,我们得出的结论是马克思超越了启蒙传统,这样一来,通过对基础概念的解读分析而力图展现各自理论在阐释路向上的根本区别,这一个目的,算是基本实现了。这可以看做比较研究的一个推进方式,即立足于最为核心概念的解读和分析而打开整合理论视野,进而在此基础上加以比较研究。这不仅能够加深对经典社会理论传统中各阐释路向的理解,也是比较研究的一个不错的方式。

以上几点,可以看作本书强调的几个方面。澄清迪尔凯姆的前提及理论特征,是为了更好的理解他,以及在此基础上在经典社会理论中展开比较研究的各个维度,比如迪尔凯姆和马克思的比较研究、迪尔凯姆和韦伯的比较研究,甚至韦伯和马克思的比较研究。并且在这种比较研究的视野中,理论的各个维度也是能够被凸显出来的,比如可以进行迪尔凯姆、马克思、韦伯视野中的宗教、社会、资本主义、社会分层等问题的研究。因此,我们可以看出,迪尔凯姆社会事实论的探讨很有价值,无论是对其理论深度的发掘,还是对其理论当代性的考察,都能在很大程度上促使经典社会理论的几种阐释路向在理论视野及其理论内容上的拓展和深入。尤其是对于从事马克思主义哲学研究者而言,关注经典社会理论中的各个阐释路向的理论前提、理论进路、理论视野、时代语境、思想史语境、当代性意义等问题是拓展唯物史观及其批判理论的当代研究的一个重要起点和文本基础。

　　需要说明的是,本书只是在经典社会理论视野中对迪尔凯姆社会事实论及其社会理论研究的初步成果,书中的论证、表述尚有很多不足,且理论深度有待进一步加强。在以后的研究中,笔者会进一步加强对迪尔凯姆理论和唯物史观的研究,以求在最为基础的问题上,把比较视野下的经典社会理论之间的批判性对话引向深处。

参考文献

中文文献:

[1] [英]克里斯·希林、菲利普·梅勒,社会学何为?[M],李康译,北京大学出版社,2009

[2] [美]刘易斯·科塞,社会思想名家[M],石人译,上海人民出版社,2007

[3] [法]孔德,论实证精神[M],黄建华译,北京:商务印书馆,2009

[4] [美]詹姆斯·施密特,启蒙运动与现代性[M],徐向东、卢华萍译,上海人民出版社,2005

[5] [德]E·卡西尔,启蒙哲学[M],顾伟铭译,济南:山东人民出版社,2007

[6] [美]R.R.帕尔默、乔·科尔顿、劳埃德·克莱默,启蒙到大革命:理性与激情[M],陈敦劝译,北京:世界图书出版公司,2010

[7] [美]罗兰·斯特龙伯格,西方现代思想史[M],刘北成、赵国新译,中央编译出版社,2005

[8] [美]理查德·塔纳斯,西方思想史[M],吴象婴、张广勇、晏可佳译,上海社会科学出版社,2007

[9] [美]梯利,西方哲学史[M],葛力译,北京:商务印书馆,2006

[10] [美]斯通普夫,西方哲学史:从苏格拉底到萨特及其后[M],框宏译,北京:世界图书出版公司,2009

[11][英]肯尼,牛津西方哲学史[M],韩东晖译,北京:中国人民大学出版社,2008

[12][美]奥康诺,批判的西方哲学史[M],洪汉鼎译,北京:东方出版社,2005

[13][挪]G.希尔贝克.N.伊耶,西方哲学史[M],童世俊译,上海译文出版社,2004

[14][英]培根,新工具[M],陈伟功编译,北京出版社,2008

[15][英]培根,培根论文集[M],张造勋译,北京:中国社会科学出版社,2011

[16][法]勒内·笛卡尔,第一哲学沉思集[M],徐陶译,北京:中国社会科学出版社,2009

[17][荷兰]斯宾诺莎,笛卡尔哲学原理[M],王荫庭、洪汉鼎译,商务印书馆,2009

[18][法]笛卡尔,谈谈方法[M],王太庆译,北京:商务印书馆,2009

[19][法]笛卡尔,探求真理的指导原则[M],管震湖译,北京:商务印书馆,1990

[20][英]G.H.R帕金森,文艺复兴和17世纪理性主义.[M],田平等译,北京:中国人民大学出版社,2009

[21][美]维塞尔,启蒙运动的内在问题.[M],贺志刚译,北京:华夏出版社,2007

[22][英]布罗迪,苏格兰启蒙运动.[M],贾宁译,杭州:浙江大学出版社,2010

[23][英]努德·哈孔森,自然法和道德哲学:从格劳修斯到苏格兰启蒙运动.[M],刘科译,杭州:浙江大学出版社,2010

[24][英]努德·哈孔森,逻辑学、形而上学和人类的社会本性[M],强以华译,杭州:浙江大学出版社,2010

[25][英]托马斯.L.汉金斯,科学和启蒙运动.[M],张爱珍译,上海:复旦大学出版社,2000

[26][法]弗朗索瓦·阿祖维,笛卡尔与法国[M],苗柔柔、蔡若明译,北京:中国人民大学出版社,2008

[27][英]牛顿,自然哲学的数学原理[M],赵振江译,北京:商务印书馆,2006

[28][美]卡尔·贝克尔,18世纪哲学家的天城[M],何兆武译,北京:三联书店,2001

[29][英]洛克,人类理解论上[M],关文运译,北京:商务印书馆,1993

[30][英]洛克,人类理解论下[M],关文运译,北京:商务印书馆,1993

[31][英]洛克,政府论(上篇)[M],叶启芳、瞿菊农译,北京:商务印书馆,2004

[32][英]洛克,政府论(下篇)[M],叶启芳、瞿菊农译,北京:商务印书馆,2004

[33][英]约翰·麦克里兰,西方政治思想史[M],彭淮栋译,海口:海南出版社,2003

[34][英]詹姆斯·塔利,语境中的洛克[M],梅雪芹、石楠译,上海:华东师范大学出版社,2005

[35][美]列奥·斯特劳斯、约瑟夫克罗波西,政治哲学史(上下册)[M],石家庄:河北人民出版社,1993

[36][英]布莱克威尔,政治百科全书[M],北京:中国政法大学出版社,2002

[37][英]安东尼·肯尼,牛津西方哲学史(第三卷)[M]杨平译,长春:吉林出版集团,2010

[38][英]亚当·斯密,国富论[M],谢祖钧、孟晋译,武汉:中南大学出版社,2003

[39][英]亚当·斯密,道德情操论[M],韩巍译,北京:光明日报出版社,2007

[40][英]亚当·斯密,道德情操论[M],将自强译,北京:商务

印书馆,2003

[41][意]荣卡格利亚,西方经济思想史[M],罗汉译,上海社会科学院出版社,2009

[42][法]孟德斯鸠,论法的精神上册[M],张燕深译,北京:商务印书馆,1982

[43][法]孟德斯鸠,论法的精神下册[M],张燕深译,北京:商务印书馆,1982

[44][法]孟德斯鸠,波斯人札记[M],梁守锵译,北京:商务印书馆,2010

[45][法]孟德斯鸠,罗马盛衰原因论[M],婉玲译,北京:商务印书馆,2009

[46][英]柯林伍德,历史的观念[M],何兆武译,北京:商务印书馆,1997

[47][法]卢梭,论人与人之间不平等的起因和基础[M],李平沤译,北京:商务印书馆,2008

[48][法]卢梭,社会契约论[M],杨国政译,西安:陕西人民出版社,2004

[49][法]卢梭,爱弥儿(上下卷)[M],北京:人民教育出版社,1985

[50][法]约瑟夫·德·迈斯特,论法国[M],鲁仁译,上海人民出版社,2005

[51][美]杰里·马勒,保守主义[M],刘曙辉张容南译,北京:译林出版社,2010

[52][德]赫尔德,反纯粹理性[M],张晓梅译,北京:商务印书馆,2010

[53][英]伯克,法国革命论[M],何兆武译,北京:商务印书馆,2000

[54][德]黑格尔著,哲学史讲演录,(第四卷),贺麟王太庆译,北京:商务印书馆,1997

[55] [德]黑格尔,哲学史讲演录[M],第4卷,贺麟译,北京:商务印书馆,1997

[56] [德]黑格尔,法哲学原理[M],范扬译,北京:商务印书馆,2009

[57] 黑格尔,历史哲学[M],王造时译,上海书店出版社,2006

[58] 黑格尔,哲学科学全书纲要[M],薛华译,上海人民出版社,2002

[59] [德]海德格尔,存在与时间.陈嘉映[M],王太庆译,北京:三联书店,1999

[60] [德]海德格尔,康德与形而上学疑难[M],王庆节译,上海译文出版社,2011

[61] [德]海德格尔,康德关于先验原理的学说[M],赵卫国译,上海译文出版社,2010

[62] [德]海德格尔.形而上学导论[M],.熊伟.王庆节译.北京:商务印书馆,2009

[63] [德]海德格尔,路标[M],孙周兴译,北京:商务印书馆,2009

[64] [英]安东尼·吉登斯,为社会学辩护[M],周红云等译,北京:社会科学文献出版社,2003

[65] [美]乔治·瑞泽尔,布莱克维尔社会理论家指南[M],凌琪译,南京:江苏人民出版社,2009

[66] [英]安东尼·吉登斯,现代性的后果[M],田禾译,北京:译林出版社,2011

[67] [英]安东尼·吉登斯,历史唯物主义的当代批判[M],郭忠华译,上海译文出版社,2010

[68] [英]安东尼·吉登斯,资本主义和现代社会理论[M],郭忠华译,上海译文出版社,2007

[69] [英]安东尼·吉登斯,欧洲模式:全球欧洲,社会欧洲[M],沈晓雷译,北京:社会科学文献出版社,2010

[70][英]安东尼·吉登斯,批判的社会学导论[M],郭忠华译,上海译文出版社,2007

[71][英]安东尼·吉登斯,社会学方法的新规则[M],田佑中译,北京:社会科学文献出版社,2003

[72][英]安东尼·吉登斯,社会理论和现代社会学[M],文军译,北京:社会科学文献出版社,2003

[73][英]赫伯特·斯宾塞.社会静力学[M],张雄武译,北京:商务印书馆,2005

[74][英]赫伯特·斯宾塞,斯宾塞教育论著选[M],胡毅译,北京:人民教育出版社,2005

[75][美]亚历山大,社会学的理论逻辑(第一卷)[M],唐少杰等译,北京:商务印书馆,2008

[76][美]亚历山大,社会学的理论逻辑(第二卷)[M],夏光等译,北京:商务印书馆,2008

[77][美]布劳,社会生活的交换与权力[M],李国武译,北京:商务印书馆,2008

[78][法]阿兰·图海纳,行动者的归来[M],舒诗伟等译,北京:商务印书馆,2008

[79][法]昂惹勒·克勒默.马里埃蒂,我知道什么是实证主义[M],管震湖译,北京:商务印书馆,2001

[80][美]乔治·瑞泽尔,布莱克维尔社会理论家指南[M],凌琪译,南京:江苏人民出版社,2009

[81][法]让·卡泽纳弗,社会学十大概念[M],杨捷译,上海人民出版社,2011

[82][波]彼得·什托姆卡普卡,社会变迁的社会学[M],林聚任等译,北京大学出版社,2011

[83][美]沃格林,没有约束的现代性[M],张新樟译,上海:华东师范大学出版社,2007

[84][德]里夏德·范迪尔门,《欧洲近代生活——宗教、巫术、

启蒙运动》[M],王亚平译,北京:东方出版社,2005

[85][美]安东尼·J·卡斯卡迪,《启蒙的结果》[M],严忠志译,北京:商务印书馆,2006

[86][美]托马斯·奥斯本,《启蒙面面观——社会理论与真理伦理学》[M],郑丹丹译,北京:商务印书馆,2007

[87][加]查尔斯·泰勒,黑格尔与现代社会[M],徐文瑞译,长春:吉林出版集团有限责任公司,2009

[88][德]海德格尔,存在与在[M],王作虹译,北京:民族出版社,2005

[89][德]哈贝马斯,《现代性的哲学话语》[M],曹卫东等译,北京:译林出版社,2004

[90][德]哈贝马斯著,《现代性的地平线》[M],李安东译,上海人民出版社,1997

[100][美]威尔逊著,《启蒙运动百科全书》[Z],刘北成编译,上海人民出版社,2004

[101][匈]卢卡奇,《历史与阶级意识》[M],杜章志,任立译,北京:商务印书馆,2004

[102][德]伊曼努尔·康德,道德形而上学原理[M],苗力田译,上海人民出版社,2005

[103][德]伊曼努尔·康德,实践理性批判[M],邓晓芒译,北京:人民出版社,2003

[104][德]伊曼努尔·康德,纯粹理性批判[M],邓晓芒译,北京:人民出版社,2004

[105][德]伊曼努尔·康德,判断力批判[M],邓晓芒译,北京:人民出版社,2002

[106][德]伊曼努尔·康德,自然科学的形而上学基础[M],邓晓芒译,上海人民出版社,2003

[107][德]伊曼努尔·康德,康德论上帝与宗教[M],李秋零编译,北京:中国人民大学出版社,2004

[108][德]伊曼努尔·康德,历史理性批判文集[M],何兆武译,北京:商务印书馆,1990

[109][德]黑格尔.精神现象学(上下卷)[M].贺麟译.北京:商务印书馆,1996

[110][法]迪尔凯姆,社会学方法的准则[M],狄玉明译,北京:商务印书馆,2009

[111][法]爱弥尔·涂尔干,乱伦禁忌和起源[M],汲喆,渠东译,上海人民出版社,2003

[112][法]爱弥尔·涂尔干,社会分工论[M],渠东译,北京:三联书店,2008

[113][法]爱弥尔·涂尔干,社会学与哲学[M],渠东译,上海人民出版社,2002

[114][法]爱弥尔·涂尔干,宗教生活的基本形式[M],渠东译,上海人民出版社,2006

[115][法]爱弥尔·涂尔干,孟德斯鸠和卢梭[M],李鲁宁,赵立玮译,上海人民出版社,2003

[116][法]爱弥尔·涂尔干,职业伦理与公民道德[M],渠东译,上海人民出版社,2006

[117][法]埃米尔·涂尔干,社会分工论[M],渠东译,北京:三联书店,2000

[118][法]爱弥尔·涂尔干,实用主义与社会学[M],渠东译,上海人民出版社,2000

[119][法]埃米尔·迪尔凯姆,自杀论[M],冯韵文译,北京:商务印书馆,2008

[120][法]埃米尔·迪尔凯姆,迪尔凯姆论宗教[M],周秋良译,北京:华夏出版社,2001

[121][法]爱弥尔·涂尔干,道德教育[M],陈光金,沈杰译,上海人民出版社,2006

[122][法]爱弥尔·涂尔干,教育思想的演进[M],李康译,上

海人民出版社,2006

[123] [法]莫斯,涂尔干,原始分类[M],汲喆译,上海人民出版社,2005

[124] [法]莫斯,涂尔干,论技术、技艺与文明[M],蒙养山人译,北京:世界图书出版公司,2010

[125] 马尔科姆·沃特斯,现代社会学理论[M],杨善华译,北京:华夏出版社,2000

[126] [奥]拉布里奥拉,关于历史唯物主义[M],孙奎译,北京:人民出版社,1981

[127] [法]雷蒙·阿隆,社会学主要思潮[M],葛志强译,上海译文出版社,2005

[128] [英]安东尼·吉登斯,资本主义与现代社会理论[M],郭忠华译,上海译文出版社,2007

[129] [英]理查德·贝拉米,自由主义与现代社会[M],毛兴贵译,南京:江苏人民出版社,2008

[130] [德]海德格尔,人,诗意地安居[M],郜元宝译,上海远东出版社,2004

[131] [德]海德格尔,海德格尔选集[M]上卷,孙周兴译,北京:三联书店,1996

[132] [德]费希特,论法国革命[M],李理译,贵阳:贵州人民出版社,2001

[133] [意]克罗齐,19世纪欧洲史[M],北京:中国社会科学出版社.2005

[134] [德]马克思、恩格斯,《马克思恩格斯选集》(1—4卷),北京:人民出版社,1995

[135] [德]马克思、恩格斯,《马克思恩格斯全集》(第1、2、3、5、6、7、13、14、17、20、31、32、33、34卷),北京:人民出版社,1995

[136] [德]马克思恩格斯,马克思恩格斯全集[M],(第23、26、28卷),北京:人民出版社,1972

[137][德]马克思恩格斯,《资本论》(第1、2、3卷)[M],北京:人民出版社,1995

[138][德]马克思,《1844年经济学哲学手稿》,[M],中央编译局译,北京:人民出版社,2000

[139][德]费尔巴哈著,《基督教的本质》[M],荣震华译,北京:商务印书馆,1997

[140][德]费尔巴哈著,《费尔巴哈著作选集》(上、下)[M],荣震华等译,北京:商务印书馆,1984

[141][德]弗·梅林著,《马克思传》(上、下)[M],樊集译,北京:人民出版社,1972

[142][德]亨利希·库诺著,《马克思的历史、社会和国家学说》[M],袁志英译,上海译文出版社,2006

[143]欧力同,孔德及其实证主义[M],上海社会科学院出版社,1987

[144]邓晓芒,康德哲学演讲录[M],南宁:广西师范大学出版社,2005

[145]冒从虎、王勤田、张庆荣,欧洲哲学通史(上卷)[M],天津:南开大学出版社,1985

[146]于海,西方社会思想史[M],上海:复旦大学出版社,2009

[147]吴晓明著,《形而上学的没落》,[M],北京:人民出版社,2006

[148]吴晓明、王德峰,马克思的哲学革命及其当代意义,北京:人民出版社,2002

[149]余源培,余源培文集[M],上海人民出版社,2003

[150]王金林,世界历史意义的本质道说[M],上海教育出版社,2002

[151]俞吾金,《现代性现象学》[M],上海社会科学院出版社,2002

[152]孙承叔,《打开东方社会秘密的钥匙:亚细亚生产方式与

当代社会主义》[M],上海:东方出版中心,2000

[153] 陈学明、马拥军,《走近马克思》[Z],北京:东方出版社,2002

[154] 余丽嫦,培根及其哲学[M],北京:人民出版社,1987

[155] 周晓虹,社会学与中国研究[M],南京大学出版社,2011

[156] 邹诗鹏,生存论研究[M],上海人民出版社,2005

[157] 张一兵,马克思哲学的历史原像,北京:人民出版社,2009

[158] 唐正东,从斯密到马克思,南京:江苏人民出版社,2009

[159] 冯平,评价理论,上海译文出版社,2007

[160] 冯平,心灵主义路向,北京师范大学出版社,2009

[161] 冯平,经验主义路向,北京师范大学出版社,2009

[162] 冯平,先验主义路向,北京师范大学出版社,2009

[163] 冯平,语言分析路向,北京师范大学出版社,2009

[164] 郑召利,哈贝马斯的交往行为理论,上海:复旦大学出版社,2002

[165] 吴晓明,论马克思主义哲学的学术向度[J].学术月刊,2008,07

[166] 王德峰,论异化学说对历史唯物主义的奠基意义[J].复旦学报(社会科学版),1999

[167] 邹诗鹏,唯物史观对启蒙的转化和超越[J],哲学研究,2008,06

[168] 邹诗鹏,马克思对现代社会的发现、批判和重构[J],中国社会科学,2009,04

[169] 邹诗鹏,唯物史观和经典社会理论[J],学术研究,2010,01

[170] 邹诗鹏,当代政治哲学的复兴与马克思主义政治传统[J],学术月刊,2006,12

[171] 邹诗鹏.何以要回到历史唯物主义研究范式[J].哲学研

究,2010,01

[172] 王德峰,从生活决定意识来看马克思哲学革命的性质[J].复旦学报(社会科学版),2005,第1期.

[173] 南丽军,重视道德素质的关键作用[N],黑龙江日报,2005,08—01

英文文献:

[1] Auguste Comte, the positive philosophy. Vol. II. [M], London:George Bell &Sons,1896

[2] Herbert Spencer, the principle of sociology. Vol. I. [M], New York :D·Appleton and Company,1899

[3] Robert. Anisbet, emile durkheim:makers of modern social science ,Prentice—Hall,1965

[4] Warren Schmaus, Rethinking Durkheim and his tradition, Cambridge, UK. New York :Cambridge University Press,2004

[5] J. Habeimas, Theory and Practice, boston: Beacon Press ,1973

[6] Dukheim's Philosophy Lectures edited and translated by Neil Gross ,Cambridge, UK. New York :Cambridge University Press, 2004

[7] Ken Morrison, Marx, Durkheim, Weber [M]. second edition, sage publications,2006

[8] Goran therborn. Science, Class and Society. printed by Lowe and Brydone, thetford, Norfolk,1975

[9] Massimo rosati, Ritual and Sacred:A Neo—Durkheimain Analysis of Politics, Religion and the Self, MPG books Ltd, bodmin,Cornwall,1996

[10] Dukheim, Socialism and Saint Simon, London, Routledge&Kegan Paul Ltd. 2009

[11] Mike Gane, The radical sociology of Durkheim and Mauss, London and New York, Taylor&Francis e—library, 2002

[12] Peter Osborne, How to Read Marx, W. W. Norton & Company, 2006

[13] Karl L · with, Max Weber and Karl Marx, London, George Allen ɣUnwin, 1986

[14] Bryan S. Turner, religion and modern society, New York: Cambridge University Press, 2011

[15] Cotterrell. Roger, emile Durkheim: justice, morality and politics, Farnham, surrey: Ashgate, c2010

[16] Emile Durkheim edited by I.van Strenski. Burlington, VT: Ashgate, C2010

[17] Richard Munch, Understanding modernity: toward a new perspectice going beyond Durkheim and Weber, Routledge, 2010

[18] Marcel Mauss, Henri Hubert, Classsical Durkheim studies and society, Boulder, CO: Paradigm publishers, C2009

[19] Sociology and law : the 150th anniversary of emile durkheim, editied by Maria Serafimova, Cambridge scholarly Press, 2009

[20] Edward A. Tirykian, For Durkheim : Essays in Historical and cultural sociology, Burlington, VT surrey, England: Ashgate, C2009

[21] Malthus, Darwin, Durkheim, Marx, Weber: on human species survival, New York, NY, C2009

[22] James Dingley, Nationalism, social theory and Durkheim, Basingstoke, Hampshire, New York: Palgrave Macmilan, C2008

[23] EmileDurkheim: selected writings ond education, edited by W. S. F. Pickering. London: Routledge&Kegan Paul. 2006

[24] Anthony Giddens, Capitalism and modern social theory:

an analysis of the writings of Marx, Durkheim and Max Webber. Beijing: Peking University Press, 2006

[25] Charles Lemert, Durkheim's ghosts: cultural logics and social things, Cambridge: Cambridge University Press, 2006

[26] R. Keith Sawyer, Social emergence: societies as complex systems, Cambridge: Cambridge University Press, 2005

[27] Miller, Willie Watts, Durkheim and the Durkheimians: in search of Solidarity and the Sacred, Palgrave Macmillan, 2009

[28] M S. Romi. ukherjee, Durkheim and vilolence, Wiley—Blackwell, 2009

[29] John A. hughes, Wes W. Sharrock, peter J. martin, Understanding classical sociology: Marx, Webber, Durkheim, London: Sage Publications, c2003

[30] Rodgers, Jim, Reason, conflict and Power: modern political and socoal thought from 1688 to the present, University press of America, c2003

[31] Jonathan S. Fish, defending the durkheim tradition: religion, emotion and morality, Burlington, TV: Ashgate, c2005

[32] Dominick Lacapra, Emile Durkheim: sociologist and philosopher, Aurora, Davies Group, publishs, c2001

附录

迪尔凯姆的生平简介

埃米尔·迪尔凯姆(Amie Durkheim)也译为涂尔干,是经典社会理论之实证社会理论的创立者,在国内外理论界享有很好的声誉。生平如下:

1858年4月15日　迪尔凯姆生出于埃皮纳勒一个犹太教教士家庭。在他很年轻的时候,父亲就去世了。就读于埃皮纳勒中学。中学毕业时,通过法国中学会考,获得优胜。旋即赴巴黎路易十四中学准备投考巴黎高等师范学校。他在若弗雷寄宿处结识了让·饶勒斯,后者比迪尔凯姆早一年进入了于尔姆寄宿学校。

1978年　迪尔凯姆进入巴黎高等师范学校,受教于菲尔泰尔·德·库朗热和布特鲁。

1885年—1886年　获假一年在巴黎研究社会科学,继而去德国,受教于冯特。

1886年—1887年　旅居德国归来后在《哲学杂志》上发表了《社会科学最近研究》、《德国道德实证科学》、《德国大学里的哲学》等三篇文章。

1887年　部长斯皮雷颁布部令,被任命为波尔多大学文学院教育学和社会科学教授。这些课程是法国大学开设的第一批社会学课程。

1888年　在《哲学杂志》上发表了一篇题为《自杀和出生率》的

文章。

1891年　给哲学教师学衔考试投考人开课,以便与他们一起研究社会学的伟大先驱者,且专门研讨亚里士多德、孟德斯鸠、孔德以及斯宾塞等人的社会哲学和社会学思想。

1893年　提交博士论文《社会分工论》并通过答辩。《社会分工论》详细论述了"分工"、"社会团结"、"集体意识"等重要概念,奠定了其社会学思想的最初基础。论文后附用拉丁语写的文章《孟德斯鸠对社会科学之形成的贡献》。

1895年　著作《社会学方法的准则》出版,提供了以"社会事实"为核心的普遍的社会学方法论原则。

1896年　创办《社会学年鉴》,并在《社会学年鉴》上发表《禁止乱伦及其起源》及《宗教现象的定义》等重要理论文章。此时社会学课程成为极具权威性和影响力的社会学理论阵地,社会学首次获得了学科地位。

1897年　发表《自杀论》,进一步确立了社会学的理论立场,并提出失范理论及其围绕职业群体而确定的解决方案。

1898年　围绕《社会学年鉴》,领导许多年轻学者共同组成了社会学家团体——社会学年鉴学派。

1900年　发表《图腾崇拜论》和《社会学及其科学领域》。

1902年　出任巴黎大学教育学讲座代理教授。

1903年　与外甥莫斯共同发表《分类的某些原始形式》。比较重视"分类图示"和"象征仪式"在集体表现中的重要作用。并与福孔奈共同发表《社会学与社会科学》。

1906 年　正式出任巴黎大学教育学讲座教授,同时讲授教育学和社会学。在法国哲学学会作题为《道德行为的确定》的学术报告,引起轰动。

1909年　在法兰西学院授课,题为《18世纪以来法国的主要教育学说》,是1938年出版的两卷本《法国教育的演进》的雏形。

1911年　在博洛尼亚会议上作学术报告,题为《事实判断和价值判断》,掀起社会学方法论之争。

1912年　著作《宗教生活的基本形式》问世。

1913年　在法国哲学会议上作题为《宗教问题与人性二重性》报告,次年发表。社会学讲座荣获"巴黎大学社会学讲座"称号。

1915年　迪尔凯姆的独生子在萨罗尼卡前线阵亡。悲痛的心情促使他写下《"德意志高于一切",德国的精神状态及战争》和《谁要战争?从外交文件看战争的起因》两部政论性著作。

1917年　11月15日于巴黎逝世。

1918年　《卢梭的社会契约》(英译本题为《孟德斯鸠和卢梭》)发表于《道德形而上学评论》上,着重探讨了社会学先辈的思想。

1922年　《教育学与社会学》出版。

1924年　《社会学与哲学》出版,收录了探讨社会哲学的诸多重要文献。

1925年　《道德教育》出版。

1928年　《论社会主义》出版。该书追溯了社会主义学说,特别是圣西门学说的思想渊源,特别重申了其本人对社会主义学说及社会运动的基本看法。

1938年　两卷本的《法国教育的演进》出版。

1950年　《社会学教程》出版,1957年英译本改称《职业伦理与市民道德》。

1955年　《实用主义与社会学》出版。

后记

本书是在博士论文的基础上多次修改而成的,而我之所以选择"迪尔凯姆社会事实论研究——基于唯物史观及其思想史视野的考察"这个主题来写,主要是和2006年至2012年期间在复旦大学读研、读博期间的导师的指导学习直接相关。复旦大学在马克思主义哲学研究方面,非常重视文本基础性研究和思想史研究,我的导师邹诗鹏教授,经常会告诫我们,在研究马克思主义当代性问题时,一定要重视它们和思想传统之间的关系,也要重视比较研究,并要积极把握当下的问题,努力做到对概念及思想谱系的正本清源,并力争让思想引领时代。可以说,本书的主题是在这个大的问题域下面选取的一个重要问题来研究探讨的。经过多次修改,终于把书稿完成,算是对多年硕博阶段学习思考的一个交代。同时本书系2013年安徽省教育厅项目"迪尔凯姆社会事实论研究"(项目编号:SK2013B037)的成果。

本书修改完成,即将成书。首先要特别感谢导师邹诗鹏教授多年来对我的悉心教导和关心。从确定题目到每一章、每一节的写作,邹老师都给予了我多次细心、严谨的指导和纠正。没有邹老师的指导,我是很难顺利写出来的。不仅如此,导师的言传身教也直接塑造着我的性格,影响着我对生活的基本理解。可以说,没有邹老师的教导和关心,我到现在可能还是一个没有方向的人。在此,

后 记

我向我的恩师说一声：谢谢邹老师，您辛苦了。邹老师是我学术道路上最好的领路人和指引者，师恩永不忘。

我还要向复旦大学哲学学院的诸多老师表示感谢。因为，我作为一名普通的学生，能幸运地来到复旦大学哲学学院学习，可以说，我在学业和生活等方面都得到"启蒙"。记得2006年刚入学的第一学年，在学习《1844年经济学哲学手稿》和《德意志意识形态》、《社会哲学》、《哲学导论》等课堂上，我第一次为听到的新思想和新见解兴奋不已。但是，由于自己的基础不够好，理解老师们的见解很有难度，为此沮丧了好久。后来重新体会吴晓明老师对"取法其上，得乎其中，取法其中，得乎其下"的见解，我决心下工夫读原著，从基本概念的理解和澄清开始，这样慢慢地进入了本文和问题当中。这篇著术的题目也是本着这样的出发点而尝试做出的。可以说，正是哲学学院老师们的教导才促成了写作的顺利完成。在此向以下老师一并表示感谢，他们分别是：复旦大学哲学学院的余源培教授、吴晓明教授、孙承叔教授，王德峰教授、冯平教授、郑召利教授、陈学明教授、汪行福教授、王凤才教授、庄国雄副教授、王金林副教授、张双利副教授，以及邵强进老师、罗亚玲老师、盛情老师等等。

同时，我还要感谢我的母校安徽大学哲学系的诸多老师：张能为教授、任暟教授、郑明珍教授、许俊达教授等老师。谢谢他们对我的培养、教导和关心。从2012年2月我在安徽大学哲学系工作以来，诸位老师对我的帮助非常多，我的博士后导师张能为教授，在为人为学方面给予我很多的指导和帮助，让我备加感动，张老师学识渊博，治学严谨，是我辈后生学习之楷模。任暟老师也经常指导我的工作和科研，对我的帮助很大。在此一并感谢。谢谢您们。

回忆起来，在复旦读书的那6年时光，很幸运地认识一些同窗好友，我们一起上课，一起讨论，一起分享学习生活的心得、困惑、迷茫和快乐。正是这些感性的生活场景和素材成为我们青春的最好明证。在此对方广宇、曾海龙、胡斌、许小委、裴伟、张锦波、石洋、李忠杰等好友一并表示感谢。有你们在的日子，真的很快乐。而工作的这三年,我很幸运地认识一些志同道合的同事,我们经常在一起讨论学术观点,一起参加集体活动,这些工作生活的场景让我很怀念,很感谢!

我还要感谢安徽大学出版社的徐健、程中业两位老师,在本书出版过程中,他们给了很多的修改意见,在此一并感谢,谢谢您们。

我还要感谢我的家人和帮助我的亲人们,在我求学的道路上,你们给予了我太多太多的支持和鼓励,家人对我的呵护、关心和支持一直是我努力前行的动力。

我想对于学业、工作和生活,一切或许才刚刚开始,对于不可预期的未来,渺小的我,会以更踏实地步伐,带着信念坚定地走下去。而曾经,复旦,我生命中重要的一站,改变并重塑着我。再次道声:谢谢。我想,我会在未来的科研及工作中,继续努力,勤奋读书,严谨治学,超越自我,以报答教导我、帮助我的师长和我的家人。

由于水平的限制,本书在观点陈述和思路上有不足之处,恳请专家和同行多批评指正。

2015 年 10 月 9 日晚于合肥